FEELLIFE FEELLOVE

[体验生活 感受爱 三枪]

U0880365

2015营销模式重大转型——三枪生活馆诞生

龙头股份坚持面向“全国布局”的拓展思路，打造以上海纺织为品牌背景的集针织、家纺、服饰各品牌及外贸户外休闲服饰等产品于一体的家居生活馆——U love三枪生活馆。

U love三枪生活馆倡导“家居先导，大众时尚，物超所值，轻松便捷”的开店理念，简约醒目的形象设计，又不乏温暖关爱元素，诠释了feel life feel love的生活态度，引领快时尚的新风潮。

上海纺织 SHANGTEX

U♥三枪 生活馆 THREEGUNLIFE®

上海纺织
SHANGTEX
STRI

上海市纺织科学研究院
Shanghai Textile Research Institute

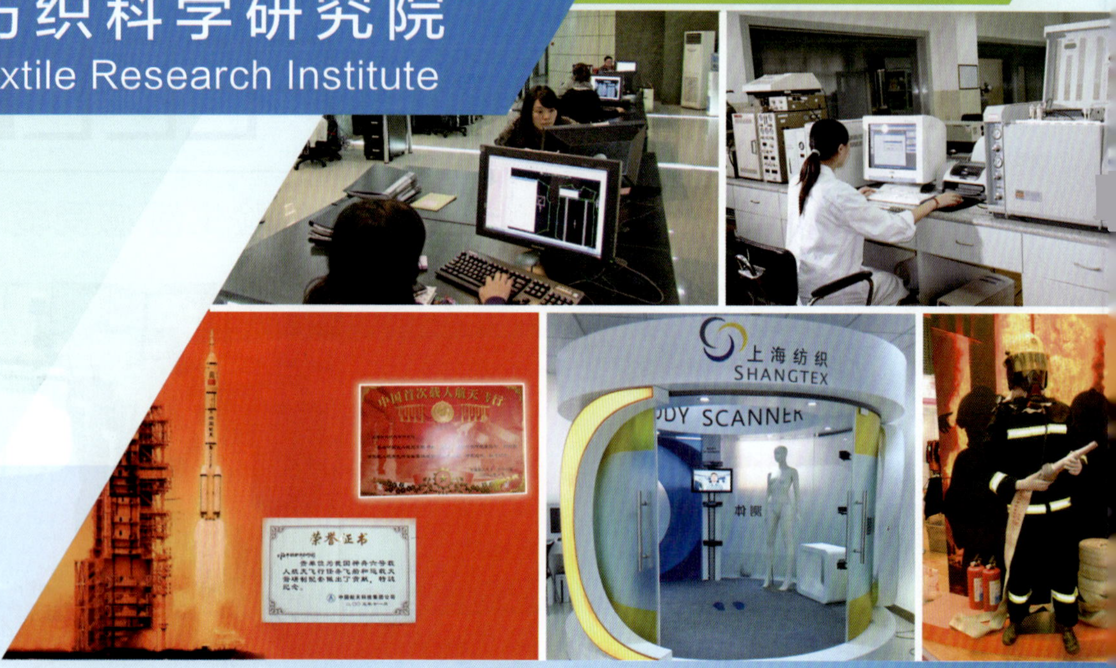

科技纺织的先导　时尚纺织的支撑

上海市纺织科学研究院创建于1956年，现隶属于上海纺织（集团）有限公司。主要从事纺织科技情报信息、纺织检测、纺织产品、工艺、设备和材料的开发应用研究，研究领域正从纺织扩展到环保、航空航天、冶金、家电、汽车等相关行业。

秉承上海纺织“科技与时尚”的发展理念，铭记“科技纺织、绿色纺织、品牌纺织、时尚纺织”的发展目标，努力打造现代纺织科技服务业，为全行业提供技术支撑和服务。

地址：上海市平凉路988号
Tel：021-55210011
Fax：021-55214191
网址：http://www.stri.cn
http://www.strdsp.com.cn
E-mail：strichsh@online.sh.cn

关注上海时装周官方微信
扫二维码，或搜索 shanghaifashionweek
INSTAGRAM @ shanghai_fashionweek
官方微博 @上海时装周
www.shanghaifashionweek.com
上海纺织
SHANGTEX

齐鲁宏业纺织集团有限公司

QILUHONGYE

QILU HOPE YEAR TEXTILE HOLDINGS GROUP LTD.

齐鲁宏业纺织集团有限公司是以纺织为主业的综合型企业集团，拥有30万枚先进水平棉纺锭、5400头进口全自动气流纺、12000锭倍捻机、1000台布机、70台进口针织大圆机和12条针织制衣生产线，建有先进水平中心实验室，配备全套乌斯特原棉、半成品和纱线检测试验仪器。集团下辖山东宏业纺织股份有限公司等7个控股企业，年产各类纱线3万余吨，针织布2500多吨，针织成衣200多万件。

宏业集团荣获“全国纺织工业先进集体”称号，是山东省“省级管理文明先进单位”，2015年荣获“济南市市长质量提名奖”，拥有“山东省企业技术中心”、“山东省工业设计

中心”和“山东省功能性差别化纤维纱线工程实验室”，分别被山东省政府和济南市政府命名为“创新型企业”,多次荣获中国纺织联合会产品开发贡献奖，连续多年名列“全国纺织行业综合竞争力百强企业”和“化纤混纺类产品10强企业”。“齐鲁宏业”牌差别化纱线于2014年被评为“山东名牌”，于2015年获评“中国驰名商标”。

宏业集团秉持“做精、做专、做强”的发展理念，集中精力做精品纱线，生产的高档纯棉系列针织用纱及涤棉混纺色织米通布用纱在市场上拥有很高的知名度，于1999年通过ISO9001/14001体系认证。近几年来，公司加大调结构转方式和转型升级力度，大力探索

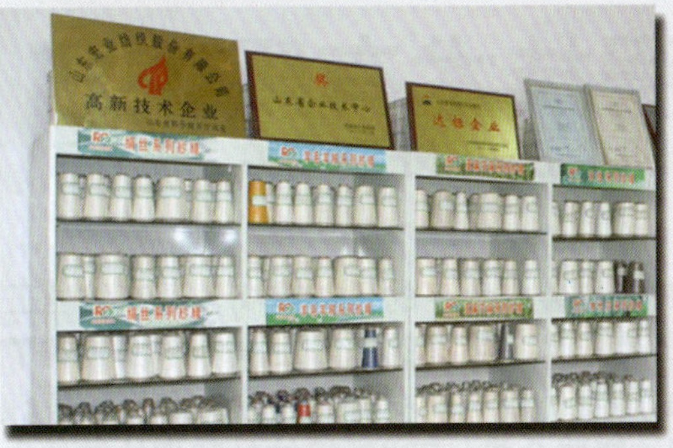

对产品结构的调整，确定以高起点、高难度、高科技含量和高附加值为定位，进行功能性差别化纤维纱线的开发生产，实现了从传统常规产品向高端差别化产品的转型，促进了企业健康发展。2010年以来宏业集团被中国纺织联合会产品开发中心持续认定为“国家功能性差别化纤维纱线产品开发基地”。

公司在功能性差别化纱线开发过程中，通过不断总结和积累经验，逐步形成了以毛、麻、丝、绒高档天然纤维及新型纤维混纺为主的产品特色，成功开发出大批填补国内空白并具有国际领先水平的产品和工艺技术。几年来，公司共申报受理和取得国家专利产品和技术45项，其中“聚成纺”等发明专利4项，填补国内空白6项，“芳纶耐高温面料”等4个新产品分别获得省、市科技进步奖，形成了亚麻混纺系列、羊毛（绒）混纺系列、绢丝混纺系列、新型（功能性）纤维系列以及聚成纺、雪花纱系列等几大成熟系列纱线产品，并以其高品质和稳定的质量、优质的服务深受广大客户的青睐，产品遍布江、浙、沪、粤等国内主要市场，并远销日本、韩国、美国、东南亚及中国香港等国家和地区。

北京中丽制机工程技术有限公司

BEIJING CHONGLEE MACHINERY ENGINEERING CO.LTD

北京中丽制机工程技术有限公司是中国纺织科学研究院控股的化纤机械工程公司，具有国家建设部颁发的甲级工程设计资质和国家发改委颁发的甲级工程咨询资质，是北京市高新技术企业。2009年，被中国纺织工程学会评为“改革开放三十年推动中国纺织产业升级重大技术进步”的企业。公司具有近四十年生产化纤成套设备的经验，依托中国纺织科学研究院的科研优势，通过自主开发及与国内知名高等院校和科研机构的合作，现在已经迅速成为（在化纤机械领域）实力雄厚，装备精良，工程承包水平领先的国际化工程公司。

目前，公司已成为中国最大的、现代化的化纤机械制造基地之一，引进世界先进水平的各类加工中心数控车床等制造加工设备，建立了国内一流的现代化化纤成套设备生产线和组装线。同时，公司拥有一批优秀的化纤工程、工艺、机械和电气自动化方面的专业人才，生产能力3500纺位/年，高速卷绕头3500台/年。

公司以适应市场为导向，通过自主开发和技术合作，形成了化纤成套设备全流程工艺研究和设备研发、制造能力，在化纤纺丝成套装备的制造，在化纤原料、化纤工艺的研究开发和化纤工程设计包括交钥匙工程等方面的研究，具有雄厚的实力；公司具有试验、检测及数字化加工设备，能做到技术开发与市场开发同步，工艺技术研究与工艺设备研制同步。进入二十一世纪后，随着国产化纤设备装备水平的日益提高，国产纺丝工艺技术日趋成熟，我国的化纤生产水平发展到了一个新的高度，公司开发和生产的主要产品有：FDY系列纺牵联合机、FDY直接纺丝和切片纺丝生产线、POY系列高速纺丝机、POY直接纺丝和切片纺丝生产线、细旦POY纺丝机、复合纺丝生产线，涤纶、锦纶工业丝纺丝机、差别化纤维纺丝机、系列假捻变形机，及其他化纤成套设备用电气控制柜和多种规格喷丝板等系列产品，主导产品达到国际先进水平，年生产全国产化纺丝牵伸卷绕设备3000多纺丝位，年生产自动高速卷绕头3000多台，产品遍及全国200多个化纤企业，并远销叙利亚、印度、伊朗和俄罗斯等国家，企业具有较强的市场竞争力和抗风险能力，市场占有率居行业前列。

中丽制机公司建立了完善的产品开发、工艺技术、生产制造、市场营销、经营管理体系，成为跨地域经营、国际化发展、拥有化纤成套设备研发生产能力的国际化纤机械工程公司。无论是产品市场占有率，还是年销售总额或利润总额均居国内同行业前列。

经过多年的努力，中丽制机公司基本实现了以市场为导向，技术为优势，成套设备生产为中心，服务为宗旨的良性循环，把企业效益与社会效益相结合，在实现企业效益的同时，推动行业的技术进步，努力创造社会效益。近年来，在新型化纤成套装备的研制和产业化推广、在化纤纺

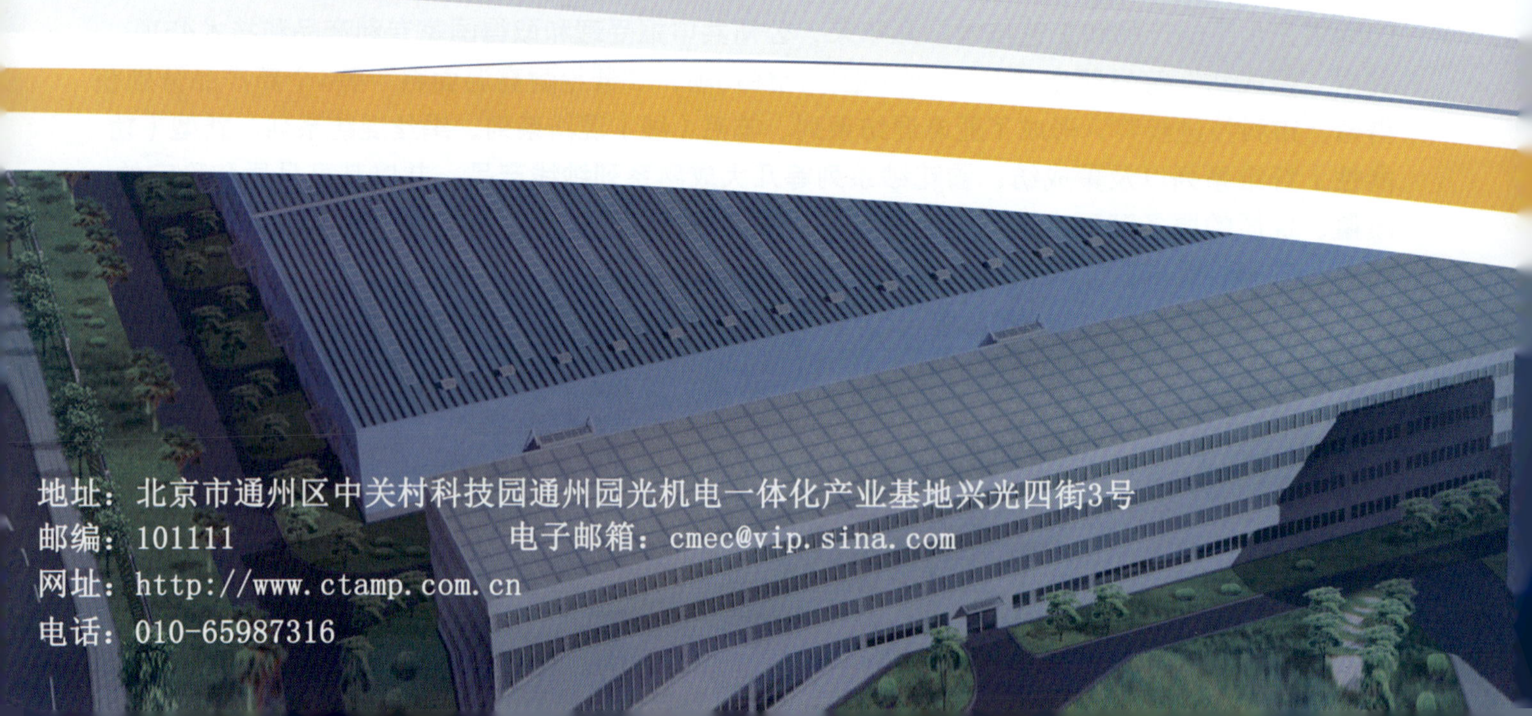

地址：北京市通州区中关村科技园通州园光机电一体化产业基地兴光四街3号
邮编：101111　　　　电子邮箱：cmec@vip.sina.com
网址：http://www.ctamp.com.cn
电话：010-65987316

丝工程化技术、在差别化产品设备研制、在计算机和机电一体化技术开发、在重大技术创新等方面的科技投入大幅度增加，使中丽制机公司形成一套完整的技术研发体系，自主创新能力不断增强。已成为北京市较突出的完整的机械设计、加工、制造基地。

中丽制机公司在本产业领域技术创新中处于领先地位，2000年以来，开发研制的科技项目和新产品都完成了科学技术成果鉴定，多项、多次获省、部级科学技术进步奖和国家科学技术进步奖，有的产品列入国家重点新产品计划，自主研发的技术成果获得国家专利。

CTAMP

北京中丽制机工程技术有限公司
BEIJING CHONGLEE MACHINERY ENGINEERING CO.LTD

关键核心技术　自主知识产权

具有四十多年专业化纤装备制造经验，
可提供化纤长丝、短纤成套技术和设备

纺丝部件生产线

具有国家甲级工程咨询资质，可提供化纤工程总承包服务的国际化工程公司

多项化纤装备多次获得国家专利，其中单双排外环吹风丝束冷却装置获国家节能减排推广技术

电气控制生产线

根据需求，提供量身定制的技术改造、优化配置、产品解决方案

卷绕头组装线

卷绕头加工生产线

地址：北京市通州区中关村科技园通州园光机电一体化产业基地兴光四街3号
邮编：101111　　　　　　　电子邮箱：cmec@vip.sina.com
网址：http://www.ctamp.com.cn
电话：010-65987316

江苏沭阳智能针织产业园优惠政策

沭阳地处江苏北部，县域面积2298平方公里，辖40个乡镇场（新城、街道），人口194万，是江苏省人口最多、陆域面积最大的县份；沭阳作为苏北地区第一个省直管试点县，机制更为灵活，政策更为优惠。

沭阳智能针织产业园座落于苏北唯一一家县域国家级开发区沭阳经济技术开发区。项目位于新205国道以东、沭七路以西、瑞安路以南、友富路以北，规划面积1030亩。产业园按照“未来针织靠智能　智能针织看沭阳”的发展定位，力争5-10年时间，将产业园打造成百亿级针织品生产基地。

1、厂房优惠：在厂房使用上实行租售结合，租用或购买厂房一般不少于一幢；整体购买的，可分期付款，第一年付购房总价款的30%，第二年付购房总价款的30%，第三年付购房总价款的40%；投资较大或整体购买厂房等超过2万平方米及以上的项目实行“一事一议”。

2、厂房租赁：厂房租金每年每平方米50元，暂定三年不变，所有入驻企业第一年租金全免，第二年租金减半；设备投入5000万元以上免租金两年，设备投资1亿元以上免租金三年，最长可免租金三年。

3、设备奖励：对入园企业年度内设备实际投资500万—1000万的给予设备额的3%奖励；1000万—2000万的给予4%奖励；2000万-3000万给予5%奖励；3000万-5000万给予6%奖励；5000万-1亿元给予7%奖励；1亿元-2亿元给予8%奖励；2亿元及以上的，给予10%奖励，最高不超过10%。

4、水气优惠：对入驻沭阳智能针织产业园的企业，水、气价格享受开发区大企业“一事一议”水气优惠政策。

5、配套保障：产业园区内实行“九通一平”，道路、绿化、亮化、供排水、供电、供气、供热、电信、有线电视等予以全部配套。

入驻沭阳智能针织产业园的企业除享受以上扶持政策外，同时享受沭发[2015]10号文件中规定的贷款贴息、厂房配套与股权投资、科技扶持等其他优惠政策。

地　址:江苏省沭阳县新205国道东侧、沭七路西侧

投资热线:0527-80817726　　18005241168　　13951391612　　13815719311

传　真:0086-527-83595555　　邮编：223600　　网　址:http//www.sykfq.cn

隆重推出：

2015/2016《中国纺织工业发展报告》

——中国纺织行业白皮书

由中国纺织工业联合会编著的《中国纺织工业发展报告》，是我国一本集权威性、前瞻性、研究性、指导性于一身的“中国纺织行业白皮书”。该书集中反映了中国纺织工业及化纤、棉、毛、丝、麻、长丝织造、印染、针织、服装、产业用、纺机制造的全行业年度发展与趋势的研究报告。自2001年出版发行以来，以其观点鲜明、内容丰富、数据翔实、指导性强，深受行业内外人士的欢迎，已成为行业的品牌图书。

《2015/2016中国纺织工业发展报告》，涵盖行业运行、科技创新、品牌与质量、行业研究、经济论坛、原料供求、行业新闻、行业奖项、统计资料等栏目，该书加强了新形势下对我国纺织行业影响的研究，栏目多样可读、内容丰富翔实、视角开阔新颖、研究深入实际，具有较高的使用和参考价值。

该书主要面向国内外纺织行业及相关企业，各级政府与行业社团组织，以及金融与投资、贸易与咨询、科研与教育机构，极具参考、使用、研究和收藏价值。

品牌图书　权威发布　每年推新

欢迎订阅

每本定价 380元

含邮资

订阅专线　010-85229411/010-85229695

本广告引用的相关数据和调查结果由中国纺织工业发展报告提供

2007-2016
CTEF
行业年度经济学术盛会

中国纺织经济论坛

CHINA TEXTILE ECONOMIC FORUM

宣读研究成果
专家学者演讲
企业精英交流

2016年11月在成都纺织高等专科学校召开

主办：中国纺织工业联合会
承办：中国纺织经济研究中心
成都纺织高等专科学校

协办：多家纺织企业联合协办
论坛组委会秘书处咨询电话：
010-85229424

CNTAC

中国纺织工业发展报告

CHINA TEXTILE INDUSTRY DEVELOPMENT REPORT

2015/2016

中国纺织工业联合会　　编著

中国纺织出版社

图书在版编目（CIP）数据

2015/2016中国纺织工业发展报告／中国纺织工业联合会编著. -- 北京：中国纺织出版社，2016.6
ISBN 978-7-5180-2636-4

Ⅰ. ①2… Ⅱ. ①中… Ⅲ. ①纺织工业－工业发展－研究报告－中国－2015－2016 Ⅳ. ①F426.81

中国版本图书馆CIP数据核字（2016）第126365号

策划编辑：秦丹红　　责任印制：何建

中国纺织出版社出版发行
地址：北京市朝阳区百子湾东里A407号楼　邮政编码：100124
销售电话：010－67004422　传真：010－87155801
http://www.c-textilep. com
E-mail: faxing@c-textilep. com
官方微博http://weibo.com/2119887771
中国纺织出版社天猫旗舰店
廊坊飞腾彩印有限公司印刷　各地新华书店经销
2016年6月第1版第1次印刷
开本：889×1194　1／16　印张：23.25
字数：500千字　定价：380.00元
京朝工商　广字第8172号

凡购本书，如有缺页、倒页、脱页，由本社图书营销中心调换

《2015/2016中国纺织工业发展报告》

编辑委员会

主　　任：王天凯

副 主 任：高　勇　孙瑞哲　徐文英　杨纪朝　夏令敏　陈伟康　王久新　陈树津　杨东辉　张延恺　张　莉　宋冬菊　李少苓

委　　员：（按姓氏笔画排列）

王树田　叶志民　冯德虎　冯国平　孙淮滨　朱北娜　许吉祥　乔艳津　邢冠蕾　李进才　李陵申　杨永元　杨兆华　杨　峻　张庆辉　陈大鹏　陈志华　郑伟良　倪阳生　徐迎新　袁红萍　梁　勇　黄淑媛　彭燕丽　端小平

特约撰稿人：王天凯　高　勇　孙瑞哲　杨纪朝

撰 稿 人：（按文章先后顺序）

孙淮滨　赵明霞　吴文静　马　琳　张书勤　刘文全　柳恩见　罗玉成　黄潇瑾　任　倩　丁思佳　刘添涛　林　琳　刘艳雪　杜岩冰　王　伟　刘　静　陈　润　郑俊林　季建兵　白　晓　孙少波　冯　丽　惠露露　董廷尉　刘珊姗　马　莉　张　倩　牛爽欣　王　丹　蒋雅丽　袁　媛　倪国苗　徐婷婷　施佳平　王秀一

中国纺织经济研究中心策划编辑

主　编：孙淮滨

副主编：吴　迪　张世平　张军胜　华　珊　程　皓

编辑部：赵明霞　张　倩　牛爽欣

发行部：夏　雪　刘　颖　玄　凯　侯晓春

CNTAC

内容提要

《中国纺织工业发展报告》是我国唯一一部集中反映纺织工业及其子行业年度发展与趋势的研究报告，即“中国纺织行业白皮书”。该书2015/2016年版主要包括：中国纺织工业现状与趋势综合分析；中国纺织12个行业包括化学纤维、棉纺织、毛纺织、丝绸、麻纺织、长丝织造、印染、针织、服装、家用纺织品、产业用纺织品、纺织机械年度状况分析与展望；科技创新；品牌建设；行业研究；原料供求；行业新闻；行业年度颁发的奖项及年度国内外统计资料等栏目和内容。《中国纺织工业发展报告》主要面向国内外纺织及相关企业，国内外金融与投资、贸易与咨询、科研与教育机构，以及各级政府综合管理部门和行业社团组织。为全面、客观了解中国纺织工业发展状况与趋势，提供权威性指南，为相关企业、部门机构科学决策和国家宏观经济管理提供可靠依据，极具研究和收藏价值。

Abstract:

China Textile Industry Development Report, the white paper for China textile industry, is the only report that reflects the annual development trend of China textile industry and individual sectors within the industry. The main contents of the 2015/2016 edition include the followings:

- The performance analysis of China textile industry in 2015 and the development trend prospection in 2016
- A review and prospection of the 12 sectors of China textile industry including: chemical fiber, cotton textile, wool textile, silk, bast fiber textile, filament weaving, printing and dyeing, knitting, apparel, home textile, industrial textile and textile machinery
- Technology Innovation
- Brand Construction
- Industrial Research
- Raw Material Supply
- News
- Annual Award
- Statistics

The target readers of the report are mainly overseas and domestic textile enterprises, departments of finance, investment, textile trade, scientific research and education, within the government, textile industrial associations and organizations. The report provides an authoritative guide for all textile organizations related and it is highly collectable.

目　录 Contents

行业运行　Industries

科技创新　Technology Innovation

CNTAC

品牌建设 Brand Construction

行业研究 Industrial Research

CNTAC

原料供求 Raw Material Demand and Supply

行业新闻 News

年度奖项 Annual Awards

CNTAC

统计资料 Statistics

国内统计 Domestic

国际统计 Overseas

CNTAC

中国纺织工业发展报告

CHINA TEXTILE INDUSTRY DEVELOPMENT REPORT

2015/2016

行业运行

纺织工业

中国纺织工业联合会产业部

2015年纺织工业经济运行情况

2015年，受到需求增长缓慢、国际竞争加剧、原料有效供给不足、综合成本上升、环保任务艰巨等因素影响，我国纺织行业发展压力明显加大，产销增速较2014年进一步放缓，出口呈现负增长态势。但是，纺织行业积极推进转型升级，努力化解各种外部风险，经济运行态势基本正常，效益情况及运行质量总体平稳，多项运行指标增速好于全国工业水平。2015年，纺织行业经济运行特点具体表现为：

一、生产增速有所放缓

2015年，纺织行业生产增速较2014年进一步放缓。根据国家统计局数据，全国38774户规模以上纺织企业工业增加值同比增长6.3%，增速低于2014年0.7个百分点，但与全国规模以上工业相比较高出0.2个百分点。

从全年走势看，上半年纺织行业生产增速相对平稳，下半年则呈现出增速逐步放缓态势，见图1。规模以上纺织企业工业增加值2015年增长6.3%，较一季度和上半年分别降低0.4和0.5个百分点。其中，产业链两端环节生产减速趋势更为明显，2015年规模以上化纤行业工业增加值同比增长11.2%，较上半年放缓0.8个百分点；服装和家纺行业工业增加值同比分别增长4.4%和2.2%，较上半年分别放缓0.7和1.6个百分点。

图1 全国工业及纺织工业增加值同比增长情况

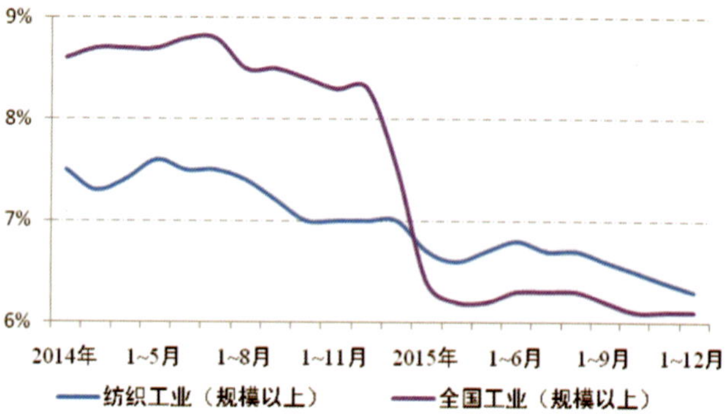

资料来源：国家统计局

表1 纺织行业主要大类产品产量情况

产品名称	单位	产量	同比（%）	产品名称	单位	产量	同比（%）
化学纤维	万吨	4831.7	10.1	苎麻布	亿米	5.8	13.1
纱	万吨	3538.0	4.7	亚麻布	亿米	3.1	−19.7
布	亿米	892.6	−0.1	蚕丝	万吨	17.2	4.7
印染布	亿米	509.5	−3.3	非织造布	万吨	442.9	14.7
毛机织物	亿米	6.3	0.5	服装	亿件	308.3	2.0

注 本表格中化纤、纱、布产量为全社会数据，其余为规模以上企业数据。

资料来源：国家统计局

主要大类产品中，化纤产量增速提升明显，2015年全国产量为4831.7万吨，同比增长10.1%，增速较2014年加快4.6个百分点。布、服装产量增速较2014年略有加快，2015年全国布产量为892.6亿米，同比下降0.1%，但增速较2014年提高0.3个百分点；规模以上企业服装产量为308.3亿件，同比增长2%，增速提高0.4个百分点。纱产量增速有所放缓，全国产量为3538万吨，同比增长4.7%，增速较2014年放缓0.9个百分点。2015年纺织行业主要产品产量情况见表1。

二、出口规模持续缩减

2015年，受到外需低迷、国际竞争加剧等因素影响，我国纺织行业出口总额持续负增长，且下半年降幅有所加深，见图2。海关统计数据显示，2015年我国纺织品服装出口总额为2911.5亿美元，同比下降4.8%，增速较2014年下降9.9个百分点。行业出口呈现量价齐跌态势，全年纺织品服装出口价格同比下降1.4%，出口数量同比下降3.5%。

图2 纺织品服装出口总额及价格同比增长情况

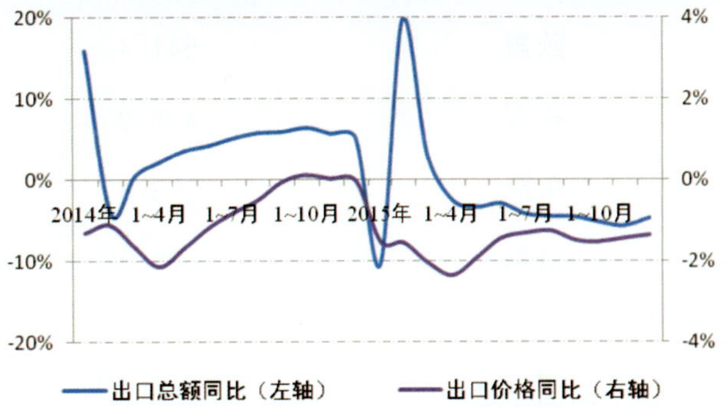

资料来源：中国海关

出口产品中，受棉花供给问题影响，棉制纺织品服装出口规模缩减明显，2015年出口额同比下降8%，其中棉纱线出口额降幅达到19.2%。受成本提升影响，劳动密集型加工环节的订单及产能向海外转移的趋势日益明显，2015年服装出口额同比减少6.4%，降幅大于纺织品出口增速4.1个百分点，其

表2 2015年我国纺织品服装分产品出口情况

主要出口产品	出口额（亿美元）	同比（%）	增速比2014年增减（百分点）
纺织品服装	2911.5	-4.8	-9.9
纺织品	1152.6	-2.3	-7.0
棉制纺织品	255.5	-6.3	-1.4
化纤制纺织品	639.2	-1.5	-10.0
服装	1758.9	-6.4	-11.8
棉制服装	626.4	-8.7	-4.9
化纤制服装	751.2	-5.3	-19.0
针织服装	838.1	-8.9	-3.9
梭织服装	784.9	-3.6	-22.9

资料来源：中国海关

表3 2015年我国纺织品服装分地区出口情况

国家和地区	出口额（亿美元）	同比（%）	增速比2014年增减（百分点）
欧盟	541.4	−9.3	−22.7
美国	499.9	6.7	−0.3
东盟	363.3	−0.8	−6.7
日本	225.5	−11.6	−2.7
非洲	211.0	4.6	−12.7
中国香港	140.2	−15.6	0.0
韩国	93.5	11.4	−9.6

资料来源：中国海关

中针织服装出口额同比降幅达到8.9%。主要纺织服装产品出口情况见表2。

出口市场中，美国市场增长较为平稳，2015年我国对其纺织品服装出口额同比增长6.7%。对欧盟和日本出口受欧元、日元贬值影响突出，2015年出口额同比分别减少9.3%和11.6%。新兴市场受宏观经济环境影响需求减速也较为明显，我国对东盟纺织品服装出口额同比下降0.8%，对非洲出口额同比仅增长4.6%，增速较2014年分别放缓6.7和12.7个百分点。2015年纺织品服装主要出口市场情况见表3。

三、内销增速稳中趋缓

2015年，我国内需市场增长基本平稳，仍是纺织行业发展的首要驱动力，但纺织品服装内需增速总体有所放缓，下半年逐月放缓态势尤为明显，见图3。2015年，全国限额以上服装鞋帽、针纺织品零售额同比增长9.8%，增速较2014年下降1.1个百分点，较2015年上半年放缓0.9个百分点，也低于同年全社会消费品零售额增速0.9个百分点。全国网上穿着类商品零售额同比增长21.4%，电子商务渠道仍保持较快扩展态势，但二季度以来增长也有所减速，2015年全年增速较一季度和上半年分别下降12.3和8.7个百分点。

图3 衣着类商品内需零售同比增长情况

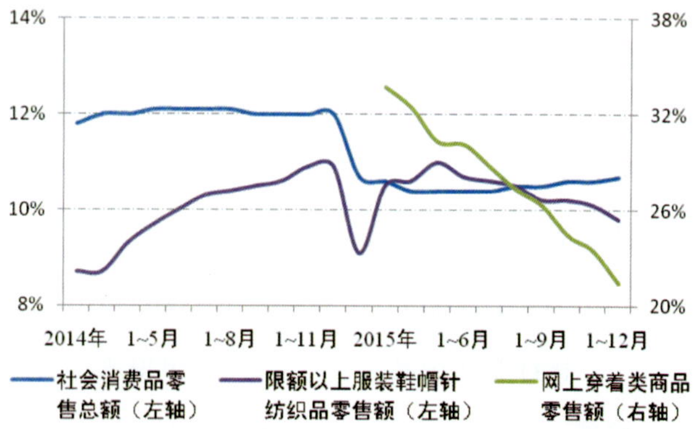

资料来源：国家统计局

我国内需消费增速趋缓，一方面与国内宏观经济增长放缓相关，另一方面，国内商业环境尚不完善也是制约内需潜力释放的重要因素。实体零售渠道费用过高问题长期存在，网络零售市场秩序有待规范，产品质量、知识产权保护等方面的市场监管仍显不足，造成网络渠道扩张对纺织制造业升级发展的实际贡献作用不及预期。

四、运行质效基本平稳

2015年，纺织企业效益情况总体正常，增速好于全国工业平均水平，但四季度增速有所放缓。全年，规模以上纺织企业累计实现主营业务收入70713.5亿元，同比增长5%，增速高于全国工业4.2个百分点，但较2014年和2015年上半年分别放缓1.8和0.3个百分点；实现利润总额3860.4亿元，同比增长5.4%，增速高于全国工业7.7个百分点，较2014年和2015年上半年分别放缓0.7和3.8个百分点。纺织行业效益增长情况见图4。

图4 规模以上纺织企业效益增长情况

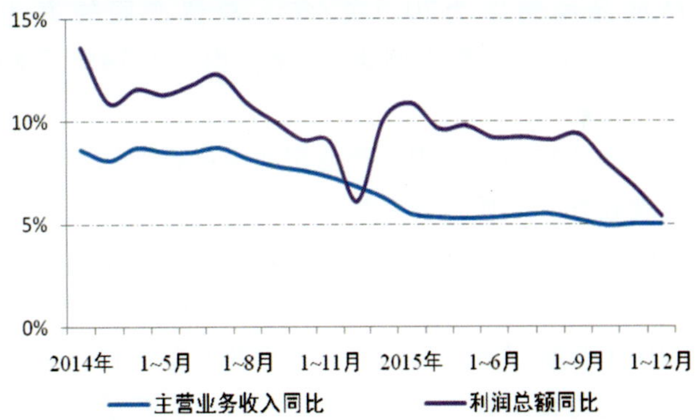

资料来源：国家统计局

表4 2015年规模以上纺织企业运行质量情况

行业	利润率		产成品周转率		总资产周转率	
	2015年（%）	同比（%）	2015年（次/年）	同比（%）	2015年（次/年）	同比（%）
纺织行业	5.5	0.1	20.7	0.4	1.6	0.4
化纤	4.3	0.5	16.7	−4.9	1.1	−2.6
棉纺	5.2	−0.2	25.9	2.4	1.8	3.0
印染	5.2	−0.2	27.3	3.6	1.4	3.1
毛纺	5.1	0.3	14.4	5.7	1.4	−3.5
麻纺	6.2	0.5	14.8	1.6	1.5	2.0
丝绸	5.4	0.1	16.9	3.0	1.7	3.2
长丝	5.3	0.2	13.0	−1.3	1.2	0.8
针织	6.0	0.4	21.8	5.1	1.4	−0.1
家纺	5.9	0.1	22.5	−4.5	1.8	−2.7
产业用	6.1	0.4	27	−0.9	1.7	−2.3
服装	5.9	−0.1	18.8	−0.5	1.7	−0.5
纺机	6.2	−0.2	20.3	−0.2	1.1	−1.6

资料来源：国家统计局

纺织企业经济运行质量总体平稳，成为行业保持平稳发展的根本支撑。2015年，规模以上纺织企业销售利润率为5.5%，同比提高0.1个百分点；产成品周转率为20.7次/年，总资产周转率为1.6次/年，三费比例为6.2%，均与2014年同期基本持平。

产业链各环节中，产业用纺织品行业运行质效表现较好，表明行业在需求带动及技术进步支撑下仍处于上升周期；化纤、印染及针织行业受同比基数较低影响，利润增速及主要运行质量指标也较2014年有所好转；棉纺行业受棉花问题影响，运行质效压力相对较大。2015年纺织行业及各子行业运行质效情况见图5、表4。

图5 纺织各子行业利润总额同比增长情况

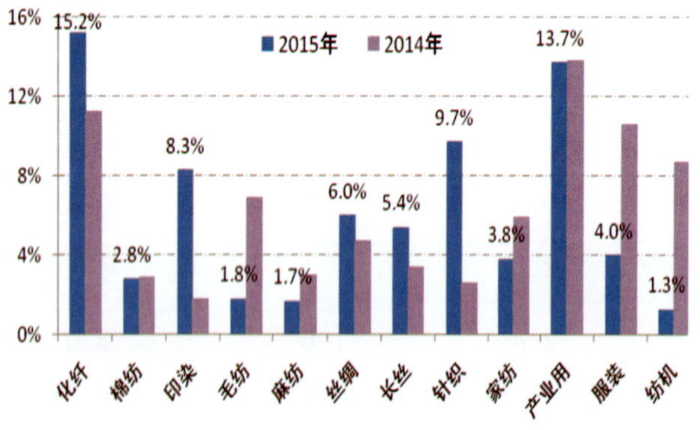

资料来源：国家统计局

五、投资信心有所回升

2015年，纺织行业固定资产投资增速较2014年有所回升，企业信心相对稳定。全年，纺织行业500万元以上项目固定资产投资完成额为11913.2亿元，同比增长15%，增速高于2014年1.6个百分点，高于全国固定资产投资（不含农户）增速5个百分点；新开工项目数为16149个，同比增长18.3%，高于2014年18.8个百分点。纺织行业固定资产投资增长情况见图6。

图6 纺织行业固定资产投资增长情况
（500万元以上项目）

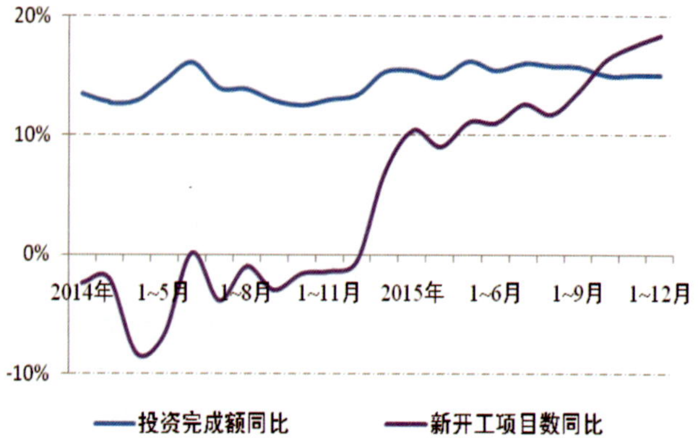

资料来源：国家统计局

从投资区域结构看，东部地区纺织企业转型升级投入增长较快，2015年固定资产投资完成额同比增长16.8%，高于全行业增速3.8个百分点，占全行业投资总额的比重为56.9%，较2014年提高0.9个百分点。西部地区投资下半年以来持续较快增加，全年投资完成额同比增长19.2%，占全行业比重为9.4%，较2014年提高0.4个百分点。中部地区投资增速则有所放缓，2015年投资完成额同比增加12.6%，低于全行业投资增速2.4个百分点，占全行业的比重也有所下降，见图6。

图7 纺织行业分地区固定资产投资完成额占比情况

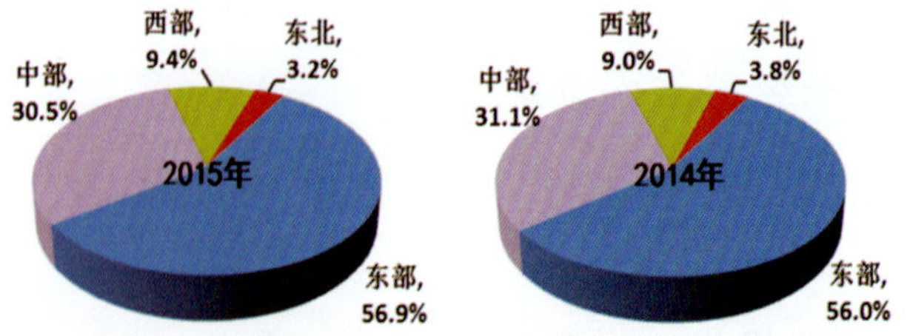

资料来源：国家统计局

2015年纺织行业运行中存在的主要问题

2015年，纺织行业发展压力有所增加，在要素供给、市场竞争、环境约束等方面面临一系列现实问题，需要加强关注。行业在运行中面临的突出问题具体表现为：

一、棉花政策的后续影响依然存在

2015年，国家试点棉花种植直补措施，带动国内外棉价差逐步缩小至1200元/吨左右。但是，2011～2013年间连续实施的棉花临时收储政策后续影响仍未消退，原料供给仍是影响纺织行业运行的重要因素。

高等级棉供给缺口加大。临时收储政策执行三年，造成国内棉花种植重量不重质，国产棉品质严重下降，进口棉受配额管制供给量有限，使得高等级棉短缺问题十分突出。纺织企业为解决原料问题，大量进口产自印度、巴基斯坦、越南等国的棉纱替代用棉，2015年棉纱线进口量达234.6万吨，同比增长16.6%，较2014年加快20.8个百分点，棉纱线进口情况见图8。棉纱大量进口，一方面加大了国内棉纺企业的竞争压力，2015年国内以纯棉产品为主的中小棉纺企业停产、减产情况有所增多；另一方面也造成了纺纱产能加快向海外转移，长期将破坏纺织产业链整合竞争优势，且用棉需求萎缩更不利于保护棉农利益。

棉花价格持续走低。截至2015年底，国储棉余量仍超过1100万吨，导致国内棉价持续走低，下游纱、布及纺织制品价格也呈现下行行情，增加纺织企业订单及库存亏损风险，压制市场采购积极性，降低企业开工率。受供给存量过大影响，棉花价格长期无法真实、有效地反映终端需求动态，也将制约市场机制对纺织行业发挥调节作用，影响纺织产业链健康发展。

图8 我国棉纱线进口情况

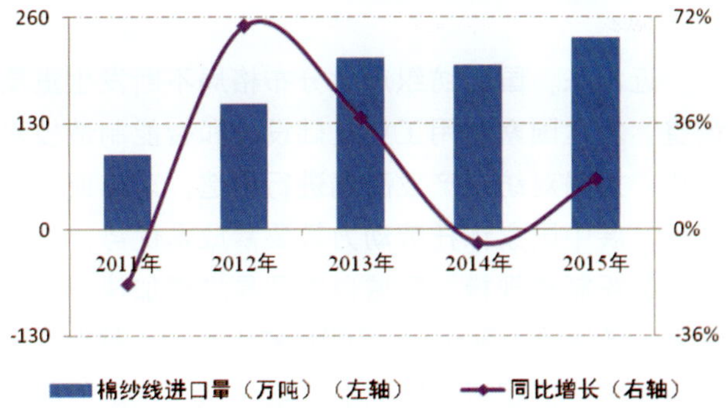

资料来源：中国海关

二、综合成本持续提升

2015年，纺织企业综合成本过高压力仍十分突出，且在国际比较中处于明显劣势，不仅压缩利润空间，更增加企业参与国际竞争压力。

劳动用工成本持续提升。受到人口结构及就业偏好改变影响，纺织行业用工价格持续上升已是常态。根据中国纺织工业联合会组织的《企业经营者跟踪调查》结果，66.1%的样本企业2015年用工成本较2014年有所提升，36%的样本企业成本涨幅超过10%。目前，沿海地区纺织企业人均月工资已达到3500～5000元/月，是越南的2～3倍，孟加拉的近5倍。

工业用电价格偏高。2015年，煤价已降至近十年最低的水平，但电价并未同步联动下调。纺织企业用电价格普遍为0.7元/千瓦·时左右，是越南波谷电价的近3倍、波峰电价的1.2倍，我国棉纺企业在美国投资的工厂用电价格也仅为国内的45%左右。

融资贵问题仍普遍存在。国家支持实体经济、中小企业融资的政策并未有效落实，中小纺织企业融资难、融资贵问题并未有效改善。据调研，目前纺织企业获得贷款利率普遍较基准利率上浮30%左右，综合融资成本平均超过6%，部分企业高达10%以上，而根据我国纺织企业在境外投资的融资成本仅有2%～3%。

三、国际竞争压力不断加大

近年来，国际纺织产业分布格局不断发生重要调整。发达国家利用工业基础设施和智能制造技术优势，加强对纺织产业高端进行再造，东南亚、南亚等发展中国家依托劳动力等要素成本优势，加速扩大纺织制造规模。区域自由贸易进程加快推进，跨太平洋伙伴关系协定（TPP）初步达成，越南等国参与其中，协定拟对纺织品采取“从纱认定”原产地规则，均将对纺织行业国际采购订单及产能布局向东南亚转移起到重要助推作用。

产业布局的新调整使得国际竞争更显激烈，我国纺织行业在综合成本高企的情况下，参与国际竞争的压力十分突出，在主销市场所占份额有所下降。2015年，我国在美国、欧盟、日本三大传统市场纺织品服装进口中占比分别为38.6%、36.8%和64.5%，较2014年分别下降0.3、1和3个百分点；同期，越南、孟加拉、印度尼西亚三国在日本纺织品服装进口总额中占比较2014年同期合计提高2.4个百分点，越南、印度、孟加拉三国在美国占比提高1.3个百分点，见表5。

四、环保任务艰巨

国家对纺织行业污染物减排的监管要求日益严格，客观上增加了纺织企业的压力。纺织产业链上受环保因素影响最为突出的印染环节近年来发展明显放缓，2015年规模以上印染企业产量为509.5亿米，同比减少3.3%，连续第4年负增长，见图9。这一趋势如长期延续，将逐渐形成产业链瓶颈，制约纺织全行业发展。

图9 规模以上企业印染布产量及增长情况

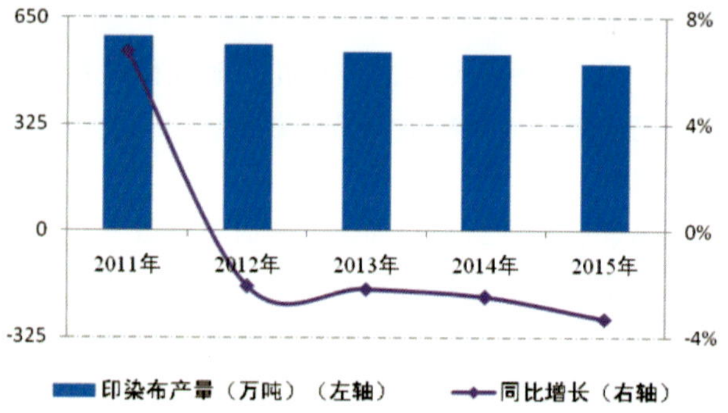

资料来源：国家统计局

表5 美、欧、日主要纺织品服装进口来源国所占份额情况

国家	美国		欧盟		日本	
	2015年进口额占比（%）	较2014年增减（百分点）	2015年进口额占比（%）	较2014年增减（百分点）	2015年进口额占比（%）	较2014年增减（百分点）
中国	38.6	−0.3	36.8	−1.0	64.5	−3.0
越南	10.1	0.8	2.9	0.3	9.5	1.4
孟加拉	5.0	0.3	12.6	1.4	2.3	0.6
印度	6.5	0.2	7.2	−0.1	4.0	0.4
印尼	4.6	−0.1	1.6	0.0	1.2	0.0

资料来源：美国商务部、欧盟统计局、日本海关

纺织行业化解环保压力的难度较大，既有自身原因，也有外部环境因素。从行业自身看，各种清洁生产技术，特别是污水深度处理技术仍存在应用成本过高问题。纺织企业当前生产经营压力较大，资金普遍紧张，一些地方金融机构以环保为由，对印染企业技术改造项目不予信贷支持。在技术改造投入较高的情况下，企业资金不足的问题更加突出，严重制约了行业升级改造进度。从外部看，国家环境监管标准不但提升，标准执行不设过渡期，与中小企业适应能力形成矛盾。有些地方环保部门为完总量减排任务，监管措施缺乏差异化，对印染项目禁止环评或环评手续过于繁琐，致使企业无法进行技术更新。

2016年纺织行业发展环境与趋势

2016年是“十三五”开局之年，是全面建成小康社会决胜阶段的开局之年，也是推进结构性改革的攻坚之年，纺织行业努力实现平稳、健康发展意义重大。从国内外宏观经济环境看，纺织行业发展形势的严峻性仍然没有改变，继续保持平稳运行的压力较大，转型发展任务依然艰巨。2016年，纺织行业发展将呈现以下特点：

一、出口形势仍较为严峻

2016年，全球经济仍处于深度调整之中，复苏依然疲弱，大宗商品价格低位，金融市场波动不定，地缘政治风险上升，一系列因素均加大了经济复苏的不确定性。根据国际货币基金组织（IMF）和世界银行预测，2016年全球经济增速将较2015年略有提升，但2016年年初，各机构均对预测值进行了新一轮下调，表明全球经济前景预期并不乐观，见图10。在经济弱复苏背景下，国际市场回升动力仍显不足。虽然纺织品服装属于生活必需品，消费需求不会发生显著波动，但需求增长水平也难以较2015年有明显改善。

我国纺织企业综合成本压力仍难以缓解，在国际市场需求低迷的情况下，国内纺织制造产能及订单向海外转移的情况仍将存在，国际市场份额流失情况仍将延续。由于美元进入加息周期，2016年人民币兑美元汇率存在贬值动力，但人民币贬值幅度总体有限，且汇率双向波动弹性较大，在一定程度上稀释了贬值对于出口报价和结汇的实际影响，纺织行业出口增长压力仍然十分突出。

图10 全球经济增长情况及预测

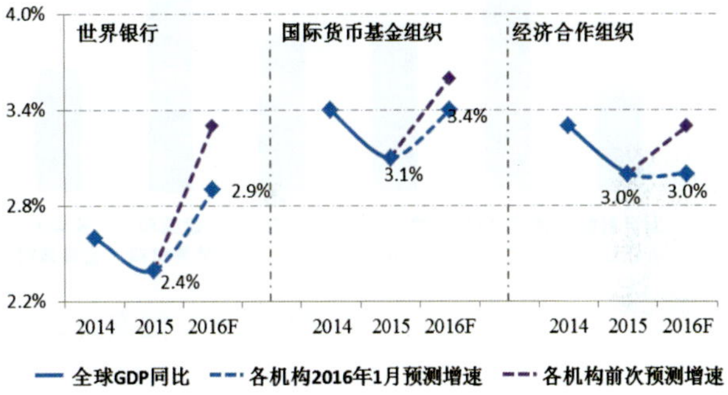

资料来源：国际货币基金组织、世界银行、经济合作组织

二、内销增长基本平稳

2016年，我国宏观经济仍将在新常态下持续发展，随着供给侧结构性改革推进，经济将在合理区间保持增长。在宏观经济平稳增长、居民收入持续增加、城镇化进度稳步加快的背景下，我国内需市场稳步扩大的趋势仍然不会改变。但是，我国宏观经济增速下行压力依然存在，“去产能、去库存、去杠杆、降成本、补短板”的任务艰巨，经济增速放缓所带来的就业压力增大、市场消费情绪偏冷等因素，都会对内需增长产生直接的制约性影响。纺织行业内销虽然仍将保持增长态势，但增速预计仅与2015年基本持平，难以明显加快。

消费升级仍将是内需市场的重要发展特征。2015年，在我国居民消费结构中，耐用消费品以及文化、健康方面的消费支出均增长较快，衣着类消费增速则相对偏低，见图11。对于衣着类消费，市场更加关注产品的个性化、多元化、功能化以及销售渠道及服务创新。加强提升有效供给能力，更充分挖掘内需市场潜力，确保内销平稳增长，仍是纺织行业的重要任务。

图11 社会消费品分类型零售额增长情况

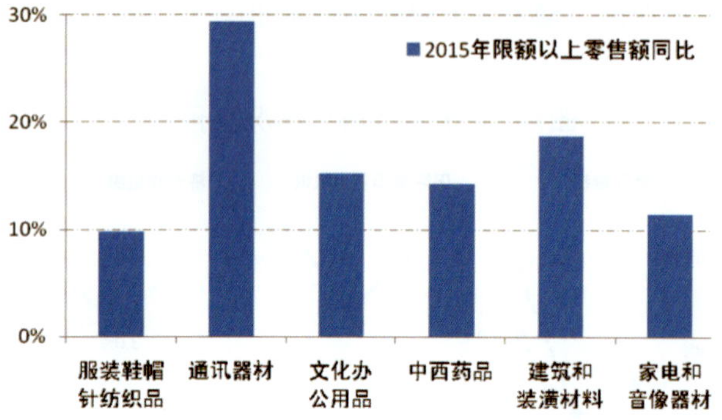

资料来源：国家统计局

三、平稳运行压力较大

2016年，除了出口形势依然严峻、内需市场提出更高要求外，纺织行业发展还面临一系列现实压力。一是棉花原料制约仍然存在，高品质棉花严重短缺，棉花及下游产品价格低位波动，均将直接影响行业正常生产开工及效益情况，研究措施协调好国储棉出库销售以及棉花进口配额发放仍十分关键。二是综合成本压力仍未缓解，虽然经济增速放缓客观上能够减缓用工、能源等成本增长压力，但我国纺织企业在国际成本比较中处于相对劣势的情况不会发生改变，加紧研究措施进一步减轻企业成本负担非常必要。

但是，面对复杂严峻的外部形势，纺织行业将继续坚持深入推进转型升级，努力化解各种外部风险和矛盾，不断提升产业结构和运行质量改善对行业发展的支撑作用，努力将行业经济增速稳定在合理水平，为完成“稳增长、调结构、惠民生”的宏观经济目标做出积极贡献。

综合各方面因素，预计2016年纺织行业出口扭转负增长态势的压力较大。但在内需市场及运行质量的支撑下，行业主要产销指标及投资仍将保持增长，增速并不能完全排除较2015年进一步减速放缓的可能性，但仍有望继续保持好于全国工业的增长水平。

2016年纺织行业主要发展任务

2016年，“十三五”发展周期正式启动，纺织行业将深入贯彻落实党的十八届五中全会精神，按照“创新、协调、绿色、开放、共享”发展新理念，加快推进产业转型升级，在新常态下努力实现新发展。纺织行业落实五大发展理念的具体任务：

一、提升自主创新能力

创新是纺织行业转型升级的核心，进一步强化科技创新、品牌建设与创新型人才培养，是2016年纺织行业发展的重点任务。行业将进一步引导企业加大创新投入，完善行业科技创新体系，加快推进纺织共性、关键技术自主创新，在纤维材料、产业纺织品、高端装备等重点领域实现国际领先。加强产品创意设计与制造模式、营销模式创新，强化管理创新，提高品牌企业、自主品牌创新发展能力，培育区域品牌和国际知名品牌。加强创新型人才培养，不断创新专业人才培养模式，搭建人才服务平台，建设多层次创新人才体系，为转型升级提供充足智慧支持。

二、优化调整产业结构

协调是纺织行业持续、健康发展的内在要求，行业将着力推进供给侧改革，努力化解布局、企业、产品等方面的结构性矛盾问题，优化产业结构。行业将进一步强化区域分工，完善投资环境，继续推进纺织产业向内陆地区转移，构建区域间协调互补的布局结构。引导骨干企业做强做大，促进中小企业加强专、精、特发展，推动产业集群升级，形成企业间协调分工的组织结构。加强跨产业链、跨部门合作，拓展产业用纺织品应用领域，强化纤维消费新增长点，建立协调发展的产业体系结构。

三、加强绿色发展

绿色是永续发展的根基，提升纺织全产业体系的生态发展理念，夯实绿色发展基础能力，已迫在眉睫。行业将大力推广各种低碳、清洁纺织加工技术、资源综合利用技术和污染物治理技术，强化纺织行业绿色发展的硬件基础。全面提升行业发展理念，将绿色理念贯穿纺织产品原料、设计、生产、消费直至废旧处理全过程，建立废旧纺织品社会回收体系和规范化的分拣中心。加强节能、降耗、环保相关标准建设，完善公共服务体系，为行业提升绿色发展水平提供支撑。

四、提升跨国资源配置能力

开放是升级发展的必然途径，纺织行业亟待提升资源配置能力，有效整合利用国内、国际有利资源，推动实现创新、协调、绿色发展。行业将把握“一带一路”等国家空间布局战略机遇，加强跨国资源配置，不断提升纺织行业对外开放水平。充分利用海外优势的技术、人才、渠道及产业链高端制造能力等资源，加快国内纺织产业升级，积极开拓多元国际市场。在具备原料、劳动力等要素比较优势的区域投资建立纺织加工基地、原料基地等，带动国产化装备出口，形成更为高效的跨国布局体系。

五、更好发挥民生作用

共享是纺织行业的历史使命，行业将通过转型升级，继续发挥好美化生活、满足内需、创造就业的重要民生作用。纺织行业将着重加强多元化、个性化、功能化纺织产品开发，促进纺织制造企业向服务型制造转型，更好满足不断升级的国内消费需求。积极延伸纺织价值链，创造新的吸纳就业空间。加强行业自律，推广企业社会责任，提供更好就业岗位与就业环境。

（撰稿人：孙淮滨　赵明霞）

化纤业

中国化学纤维工业协会

2015年化纤行业运行情况

2015年是“十二五”规划的收官之年，是全面深化改革的关键之年，中国经济在艰难中前行，保持了中高速增长。化纤行业面对复杂严峻的内外部环境，进一步深入推进产业结构调整和转型升级，较为平稳地渡过了又一年的调整期，行业运行总体实现平稳发展，生产、效益恢复性增长。

一、生产

据国家统计局统计，2015年化纤产量继续保持增长，全社会累计完成化纤产量4831.7万吨，同比增长10.1%，增速比2014年提高4.6个百分点。但据协会抽样调查分析，行业实际产量和增速应小于该组数字。化纤分品种产量见表1。

2015年化纤行业整体开工率略低于2014年，见图1。涤纶长丝平均负荷在76%附近，略低于2014年的

表1 2015年1～11月化纤分品种产量（规模以上企业）

产品名称	2015年1～11月（万吨）	2014年同期（万吨）	同比（%）
化学纤维	4422.22	3922.84	12.73
人造纤维	352.38	339.02	3.94
其中：粘胶短纤	290.56	275.31	5.54
粘胶长丝	23.69	25.37	-6.60
醋酸长丝	33.29	33.86	-1.67
合成纤维	4069.95	3583.65	13.57
其中：涤　纶	3595.72	3160.51	13.77
锦　纶	272.17	231.48	17.58
腈　纶	66.22	61.82	7.12
维　纶	6.92	7.35	-5.75
丙　纶	23.61	23.84	-0.97
氨　纶	46.52	43.90	5.96

注 国家统计局未公布2015年全年化纤分品种产量数据。

资料来源：国家统计局

水平；涤纶短纤在65%附近，与2014年持平，而2015年聚酯产能净增长仅3%，因此产量不太可能出现两位数的增长。

图1 2014~2015年化纤主要子行业开工情况

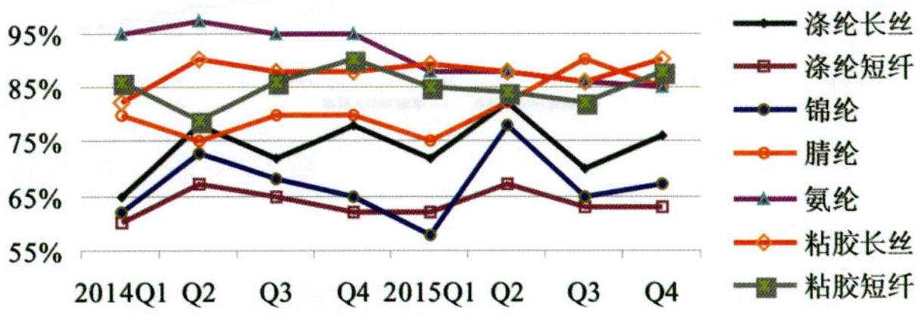

资料来源：中国化学纤维工业协会

另外，从氨纶产量5.96%的增速可以进一步佐证化纤产量增速偏高。因为氨纶企业只有30多家，产量统计数字相对准确，而近两年氨纶行业由于效益好，其发展速度高于化纤全行业，理论上讲化纤产量增长速度应低于氨纶。

二、市场

2015年化纤市场需求较为低迷，国际油价大跌对化纤行业影响深刻，化纤市场行情上半年总体好于下半年。

在经历过2014年原油价格大幅下跌之后，化纤产品特别是合成纤维产品价格跌至历史较低水平，因此2015年一季度基本处于低位盘整走势。3月下旬开始，国际油价出现较大幅度反弹，之后对二甲苯（PX）、乙二醇（EG）装置事故等接二连三的突发事件对涤纶市场行情产生很大影响，4月份涤纶产品价格快速攀升，产生库存盈利。5月份之后，短期刺激性利好释放完毕，加之下游需求低迷，涤纶产品价格快速回落。下半年，国际油价跌跌不休，再三跌破市场预期，受其影响，合成纤维价格持续走低。而粘胶纤维却走出独立行情，行业处于供应偏紧状态，因此价格稳步攀升，但随着开工率的提升，供需关系转变，11月开始粘胶短纤价格快速回落。

图2 2015年涤纶长丝、涤纶短纤与精对苯二甲酸（PTA）价格走势图

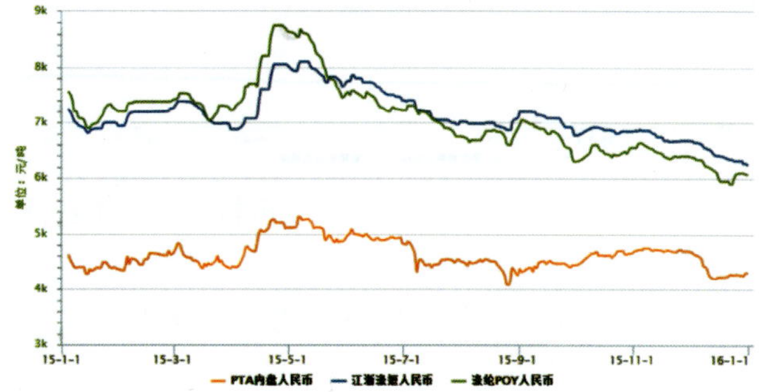

资料来源：中纤网

图3 2015年锦纶与己内酰胺（CPL）价格走势图

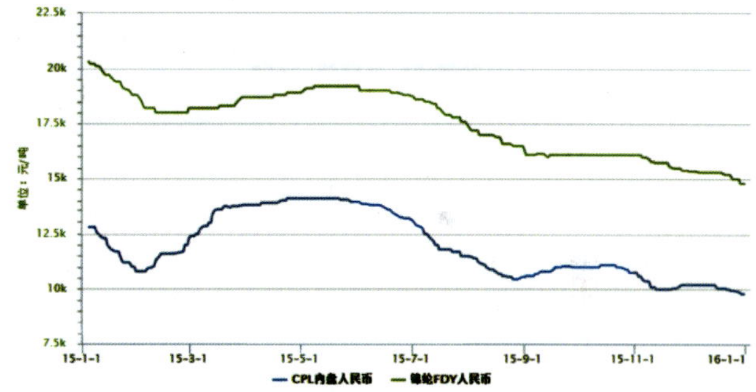

资料来源：中纤网

图4 2015年腈纶与丙烯腈（AN）价格走势图

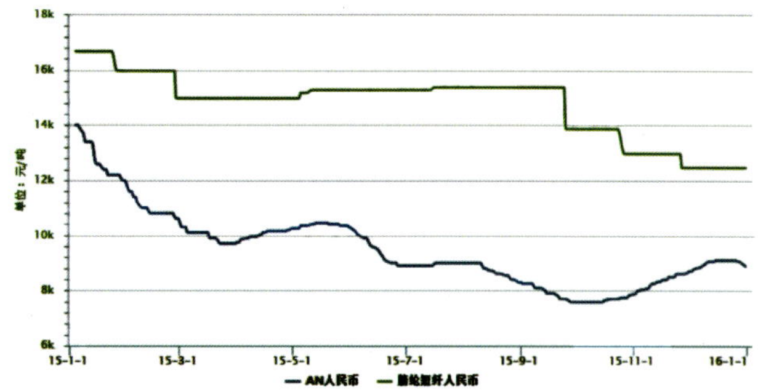

资料来源：中纤网

图5 2015年粘胶长丝与棉浆价格走势图

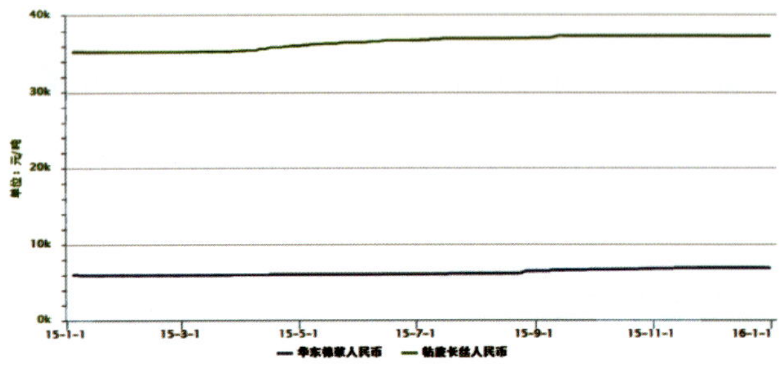

资料来源：中纤网

图6 2015年粘短纤与棉浆价格走势图

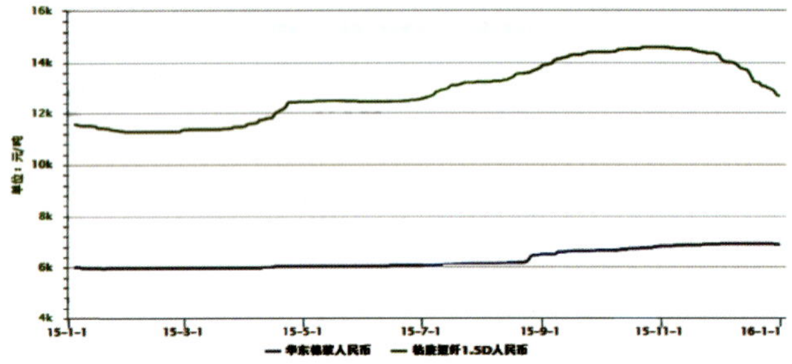

资料来源：中纤网

图7 2015年氨纶价格走势图

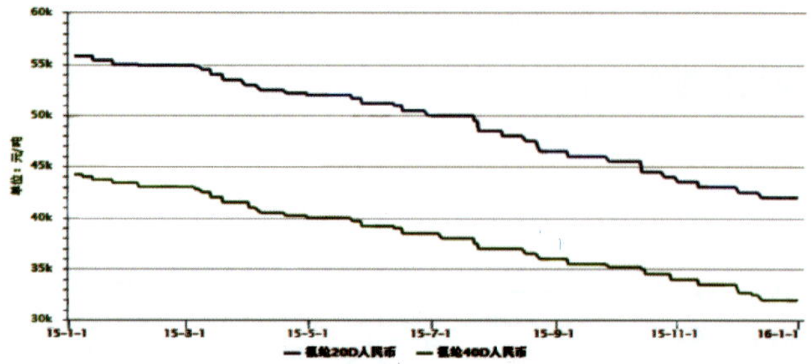

资料来源：中纤网

2015年，受国际油价大跌的影响，合成纤维原料和产品价格全部出现不同程度的下跌，全年跌幅在20%～30%居多。聚酯涤纶产品在5月份出现年内高点，而锦纶、腈纶和氨纶产品价格年初即高点，全年呈一路下滑走势。详见图2～图7和表2。

三、库存

2015年，化纤产品库存大多在4月末是全年最低

表2 2015年化纤主要产品价格变化表

项目	单位	年初	年中高点	年末	年末比年初（%）	年末比高点（%）
原油	美元/桶	53	61	35	−34.0	−41.7
PX韩国	美元/吨	836	977	738	−11.7	−24.5
PTA	元/吨	4610	5290	4200	−8.9	−20.6
涤纶POY150D	元/吨	7550	8675	5900	−21.9	−32.0
涤纶短纤	元/吨	7230	8100	6300	−12.9	−22.2
己内酰胺	元/吨	12800	14100	9850	−23.0	−30.1
锦纶FDY	元/吨	20130		14800	−26.5	
丙烯腈	元/吨	14000		8900	−36.4	
腈纶	元/吨	16675		12475	−25.2	
PTMEG	元/吨	20600		16000	−22.3	
氨纶	元/吨	44200		32000	−27.6	

资料来源：中国化学纤维工业协会

表3 化纤主要产品月末库存天数变化

单位：天

月份	1月	2月	3月	4月	5月	6月	7月	8月	9月	10月	11月	12月
涤纶POY	6	10	14	8	19	18	14	10	16	13	15	11
涤纶FDY	6	11	15	10	20	22	20	14	17	18	20	17
涤纶短纤	5	8	11	3	9	16	12	9	11	9	10	15
锦纶	32	33	26	21	23	26	33	33	33	32	33	35
腈纶	7	8	10	8	7	7	7	8	9	13	11	8
氨纶	38	45	48	37	38	39	42	46	47	50	50	57
粘胶长丝	82	90	84	78	77	75	73	72	71	76	78	80
粘胶短纤	21	24	19	13	12	12	9	9	9	8	12	18

资料来源：中国化学纤维工业协会

点，说明3、4月份的需求恢复还不错，另外，聚酯涤纶受PX、EG突发事件的影响，加速了库存的消化。但是化纤下半年行情并不好，价格持续下跌，库存也大幅增加，见表3。一方面是因为供需不平衡，另一方面下游“买涨不买跌”的心理导致库存向化纤企业转移。

表4 2015年化纤产品进口情况

产品名称	进口数量			进口金额		
	2015年（万吨）	2014年（万吨）	同比（%）	2015年（亿美元）	2014年（亿美元）	同比（%）
化学纤维	84.12	82.26	2.27	26.93	29.95	−10.07
其中：涤纶长丝	10.71	10.78	−0.69	2.87	3.20	−10.44
涤纶短纤	12.68	13.25	−4.32	1.90	2.40	−20.88
锦纶长丝	11.59	14.01	−17.22	4.47	5.89	−24.20
腈纶	15.85	15.86	−0.09	4.25	5.20	−18.21
粘胶长丝	0.54	0.66	−17.21	0.43	0.59	−27.06
粘胶短纤	21.47	17.13	25.38	4.66	4.13	12.74
氨纶	2.56	2.46	4.05	2.20	2.23	−1.39

资料来源：据中国海关数据整理

表5 2015年化纤产品出口情况

产品名称	出口数量			出口金额		
	2015年（万吨）	2014年（万吨）	同比（%）	2015年（亿美元）	2014年（亿美元）	同比（%）
化学纤维	340.03	324.64	4.74	62.72	69.00	−9.10
其中：涤纶长丝	169.01	157.34	7.41	25.42	28.39	−10.47
涤纶短纤	95.79	89.10	7.50	10.11	11.32	−10.69
锦纶长丝	16.34	14.82	10.27	5.64	5.99	−5.77
	1.95	1.93	1.06	0.43	0.52	−17.37
粘胶长丝	6.79	8.60	−21.03	3.83	4.86	−21.08
粘胶短纤	22.00	26.30	−16.37	3.82	4.55	−16.08
氨　纶	5.22	4.55	14.81	3.25	3.17	2.34

资料来源：据中国海关数据整理

四、进出口

2015年，我国共进口化纤84.12万吨，同比微增2.27%。分品种看，粘胶短纤进口量达21.47万吨，同比增长幅度达25.38%，分析显示主要是来自奥地利的莫代尔纤维进口量增加；锦纶长丝国内供应量已能满足需求，因此进口量继续下降，进口集中在部分高品质产品；腈纶反倾销申诉和立案抑制了进口的增长，进口量基本和2014年持平。

2015年，化纤出口340.03万吨，是进口量的4倍，同比增长4.74%。在国际市场低迷的情况下，纺织品服装出口量都下降了3.46%，化纤直接出口能实现近5%的正增长实属不易，反映出化纤产品竞争力的提高。分品种看，涤纶长丝出口169.01万吨，占化纤出口总量的49.7%；涤纶短纤出口95.79万吨，占28.17%；锦纶长丝出口量同比增长10.27%，占化纤出口总量比重提升到4.8%；粘胶长丝和粘胶短纤出口量同比均出现明显下降，主要是由于内销市场表现比国际市场好。

化纤出口市场以美国、土耳其、巴基斯坦、越南和印度尼西亚为主。特别是对美国出口同比大幅增长17.81%，占我国化纤出口比重由2014年的9.75%提高到10.96%，提高了1.21个百分点，由2014年的第三大市场跃居第一，进一步证明了我国化纤产品国际竞争力的提高，同时也说明美国纺织产业出现了复苏的迹象。对土耳其、巴基斯坦和越南等国出口量继续有不同程度的增长，说明国际纺织产业布局的调整带动了我国化纤出口市场的变化。

图8　我国主要化纤出口市场结构变化

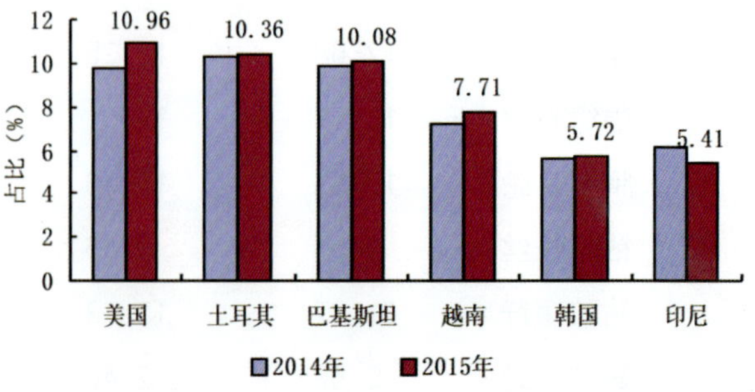

资料来源：据中国海关数据整理

五、投资

2015年，化纤行业投资增速基本呈现一路下滑的态势，反映出企业投资热情逐渐冷却。新开工项目数736个，同比增长12.54%；实际完成投资额1112亿元，同比仅增长2.87%，比2014年增速进一步下降。其中，涤纶行业新开工项目数出现负增长，实际完成投资额也仅增长2.75%；而锦纶和氨纶行业投资增速依然偏快，应当引起行业警惕。

六、质效

国家统计局数据显示，2015年化纤行业工业增加值增长速度为11.2%，比全国规上工业增加值增速（6.1%）高5.1个百分点。化纤行业实现利润总额313.4亿元，同比增长15.23%，是纺织子行业中增长最快的行业，但比1～6月50.59%的增长率下降了35.36个百分点。行业亏损面19.89%，同比扩大1.88个百分点，但亏损企业亏损额同比减少21.51%，说明化纤行业转型升级和洗牌加快，企业盈利能力两极分化态势明显。部分中小企业盈利恢复到2011年的水平，进一步佐证了两级分化的现象。

分行业看，涤纶、人纤行业效益相对较好，利润总额同比分别增长17.67%和23.3%；锦纶行业虽然总体利润总额实现增长，但亏损企业亏损额却大幅增加63.27%；腈纶行业实现扭亏为盈；氨纶行业效益下滑明显，利润总额同比减少13.75%，同时亏损企业亏损额同比增加44.31%。

从运行质量来看化纤，行业平均负债水平有所下降，应是和投资增速放缓、原料成本下降有关，偿债能力有所提高；从营运能力看，资金使用效率有所下降；盈利能力有所提高，主营业务利润率为

表6 2015年化纤行业固定资产投资情况

行业	新开工项目数（个）	同比（%）	实际完成投资额（亿元）	同比（%）
化学纤维制造业	736	12.54	1112.21	2.87
纤维素纤维原料及纤维制造	172	12.42	210.20	0.54
化纤浆粕制造	25	8.70	29.89	−3.76
人造纤维制造	147	13.08	180.31	1.29
合成纤维制造	564	12.57	902.01	3.43
锦纶纤维制造	61	38.64	181.83	12.80
涤纶纤维制造	166	−0.60	325.59	2.75
腈纶纤维制造	14	40.00	22.63	83.53
维纶纤维制造	8	0.00	33.47	−25.75
丙纶纤维制造	16	23.08	24.08	9.53
氨纶纤维制造	48	45.45	63.56	30.86
其他合成纤维制造	251	11.06	250.85	−5.72

资料来源：国家统计局

表7 2015年化纤行业经济效益情况

产品名称	利润总额			亏损企业亏损额		
	2015年（亿元）	2014年（亿元）	同比（%）	2015年（亿元）	2014年（亿元）	同比（%）
化纤纤维	313.40	271.98	15.23	39.63	50.49	-21.51
其中：人造纤维	97.34	78.95	23.30	5.10	12.39	-58.86
锦纶	45.22	39.89	13.38	6.21	3.81	63.27
涤纶	121.11	102.92	17.67	20.11	26.26	-23.42
腈纶	1.83	-0.96		0.31	1.59	-80.66
维纶	0.22	2.40	-90.90	1.62	0.46	254.22
丙纶	2.40	2.55	-5.60	0.22	0.28	-22.77
氨纶	22.62	26.22	-13.75	1.29	0.90	44.31
其他合成纤维制造	15.25	12.60	21.05	1.61	1.76	-8.76

资料来源：国家统计局

4.3%，同比提高0.52个百分点；销售增长率下滑，是由于产品价格大幅下降所致；百元销售收入三项费用均有不同程度的增加。

化纤行业自2012年进入调整期，行业利润率较2010年大幅下降。但行业也清醒的认识到2010年那样的繁荣是金融危机后大规模复苏政策刺激所致，不可能成为常态，化纤行业只有持续不断地推进结构调整和产业升级、打造核心竞争力才是提升盈利能力的关键。可喜的是我们已经看到行业提质增效的成果，近三年来行业利润率在逐渐恢复，2015年4.3%的利润率水平已超过十年来的平均水平。

图9 2005～2015年化纤行业利润率

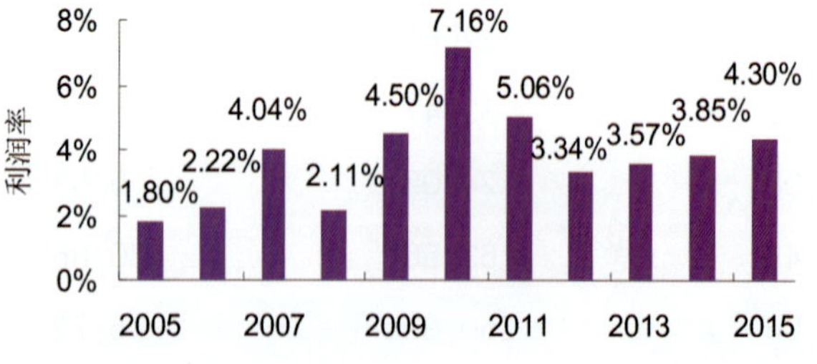

资料来源：据国家统计局数据整理

关注的几个问题

一、油价大幅下跌降低行业成本

在全球石油供应过剩的大背景下，国际油价下行压力巨大，从2014年6月开始暴跌。在此之前的几年中基本在85～105美元/桶波动，同期PTA和EG在8000元/吨左右。2015年底，原油一度跌破35美元/桶，PTA和EG也跌至4300元/吨左右。原油跌幅超过60%，PTA和EG跌幅也近50%，直接降低了行业的原料成本。同时，也减少了企业流动资金的占用，以一个产能40万吨的涤纶长丝企业为例，假设库存不变的情况下，占用流动资金可能比油价高位时减少40%，这大大减轻了企业的财务负担和融资压力。因此，对于油价下跌，短期看会造成库存损失而影响企业利润，长期看有利于降低企业运营成本以及和天然纤维的竞争。

表8 2015年化纤行业运行质量情况

项目		2015年	2014年	同比
偿债能力	资产负债率（%）	60.82	62.50	-1.68
	产权比率（%）	155.21	166.64	-11.44
	已获利息倍数	3.66	3.16	0.50
营运能力	应收账款周转率（次）	15.06	15.51	-0.45
	产成品周转率（次）	16.68	17.54	-0.85
	流动资产周转率（次）	2.22	2.29	-0.07
	总资产周转率（次）	1.08	1.11	-0.03
盈利能力	主营业务利润率（%）	4.30	3.77	0.52
	成本费用利润率（%）	4.46	3.90	0.55
	总资产报酬率（%）	5.79	5.47	0.32
	净资产收益率（%）	11.82	11.14	0.68
发展能力	销售增长率（%）	1.21	3.46	-2.25
	总资产增长率（%）	3.96	5.23	-1.27
百元销售收入三项费用	销售费用（元/百元）	1.0949	1.0479	0.0470
	管理费用（元/百元）	2.6422	2.4759	0.1663
	财务费用（元/百元）	1.8697	1.8075	0.0622

资料来源：据国家统计局数据整理

二、新增产能速度放缓

2015年，化纤产能依然呈惯性增长态势，但相比前两年，投资节奏有所放缓，部分项目建设计划推迟或取消，也有部分项目虽已建成，但根据市场情况并未释放全部产能。初步统计，2015年实际投产聚酯产能248万吨，是年初统计预计投产的2/3。同时，聚酯涤纶行业也逐渐加快去产能，2015年有四家企业停产清算，涉及产能90万吨。2015年聚酯净增产能158万吨，增速3%左右。但锦纶行业仍是化纤行业中投资意愿最强的行业，氨纶行业新建和拟建项目仍然较多，应加以警惕。

三、贸易摩擦加剧

随着我国化纤产品出口增加，化纤行业贸易摩擦加剧，反倾销案件频发。2015年，他国对我国化纤产品发起的反倾销调查或日落复审案件13起，我国对他国发起反倾销1起。我国化纤行业应进一步规范进出口市场秩序，企业应努力提高出口产品附加值和竞争力，避免单纯依靠价格竞争，同时也应用好政策和法律来维护自身权益。

四、色丝的机遇

随着国家对环保整治力度的不断加大，化纤有色产品（黑色除外）显现出优势，大大节省了印染后整理的成本，更重要的是对节能减排的意义重大。无论直纺、切片纺、再生，色丝的销售和效益都好于同类常规产品。

五、再生纤维行情低迷

由于石油价格大幅下跌，作为石化下游产品的聚酯涤纶产品价格也快速下降，导致塑料瓶回收后的处理再生料与石油新料的价格差距优势消失殆尽，再生化纤市场受原生产品挤压，致使再生行业开工率不足6成，行业运行十分困难，2015年再生长丝、短纤的破产、倒闭、转产的产能约100万吨。

六、锦纶行业规范赊销欠款

困扰行业多年的赊销及应收款问题一直是影响锦纶行业健康发展的顽疾。8家龙头企业2014年销售额160亿元，其中欠款30亿元，占销售额的18.75%。巨额应收款导致锦纶企业增加银行负债和财务费用，增加了企业的经营风险。为纠正产业无序发展的模式，避免企业间的恶性竞争，化纤协会于2015年全面展开规范锦纶行业赊销工作，倡议停止赊销、逐步回笼应收账款，呼吁锦纶企业和下游客户共同维护锦纶产业链的健康运行。

2016年化纤行业运行预测

一、行业运行背景

（一）世界经济

2016年世界经济仍将呈现复苏乏力态势。联合国报告指出，世界经济依然面临5大方面的困境，分别是宏观经济不确定持续，大宗商品价格走低和贸易疲软，汇率和资本流动波动加剧，投资生产增长停滞以及金融与实体经济活动走势分离。不过报告认为，受益于更加协调的财政和货币政策，2016、2017两年世界经济将出现温和回暖。国际货币基金组织（IMF）1月份最新报告也认为全球经济增长将较2015年提速，但较之前发布的预测有所下调。全球经济前景面临的风险仍然偏于下行，这与全球经济的调整有关，即新兴市场经济体的增长普遍减缓，中国经济正处于再平衡调整之中、大宗商品价格的下跌以及美国预期将逐步提高利率都将产生不确定影响。

（二）中国经济

2016年是我国“十三五”的开局之年，中国将继续深化改革，扩大对外开放，拓展国际经济合作。改革必然伴随着阵痛，2016年将是中国经济持续探底的一年，经济增长速度或将进一步下滑，但随着加快推进供给侧结构性改革、“一带一路”、《中国制造2025》等增长引擎的拉动，将逐步支撑中国经济在合理区间保持增长。

（三）国际油价

在美国页岩油的冲击下，国际油价2015年下跌了约31%，石油产业感到了阵阵寒意，但即便如此，为了争夺市场份额，美国、石油输出国组织（OPEC）、俄罗斯依然不愿意通过大规模减产来缓解供应过剩，美国原油出口禁令的取消，伊朗石油禁运被解除，或使供应过剩形势变得更为严峻。此外，美元仍有可能维持强势。因此，国际油价回暖阻力巨大，看跌2016年油价仍是“主流预期”，不出意外的话预计保持低位震荡，但油价已至开采成本，继续下行的空间不大。

（四）人民币汇率

长期看，我国经济基本面仍然向好，经常项目仍将保持加大顺差，人民币国际化进程加快，以及人民币汇率市场化形成机制改革进程推进，未来人民币汇率弹性增强，双向波动特征明显。由于国内货币金融环境稳中偏松，中美利差收窄加剧人民币贬值预期；而且美元走强，新兴市场和发展中国家的资本外流和本币贬值压力进一步加大。因此，2016年人民币仍有贬值压力，但幅度温和可控。

（五）纺织行业

全球经济缓慢复苏和人民币贬值利好纺织出口，预计2016年纺织行业出口将逐渐企稳实现正增长，内需市场总体也将保持平稳增长，原料棉花和化纤价格将保持相对低位，这些将能够支撑纺织行业运行基本保持平稳，产业用领域仍会是亮点。

二、化纤行业运行预测

化纤结构性产能过剩仍将是2016年要面对的主要问题，随着加快推进供给侧结构性改革，化纤行业新增产能增速将继续放缓，去产能化逐步加快；油价低位盘整，化纤原料价格可能保持在低位相对平稳的运行态势，有利于化纤行业降低成本；但是需求难见明显起色；预计2016年化纤行业不会比2015年更差，但也不会明显回暖，化纤价格低位运行，可能会有小幅回升。预计化纤产量增长5%左右，效益比2015年有所增长。

（撰稿人：吴文静）

棉纺织业

中国棉纺织行业协会

2015年，棉纺织行业整体运行平稳，内外需求未见明显起色，纱布生产细分市场表现出不同特点，原料价格也受多方面因素的影呈现不同走势。在全球需求疲软，部分国内订单转移东南亚国家，棉纺织行业出口遇阻。在此形势下，棉纺织企业积极转型升级，调整总量的同时，优化布局，一批优质企业竞争力进一步提升。在龙头企业的带动下，行业运行质效稳中向好。

2015年棉纺织行业运行分析

一、棉纺织行业产销存基本情况

（一）纱布生产情况

2015年我国纺纱织造企业开工欠足，整体形势未见明显好转，订单向竞争力相对较高的优质企业集中。

1.全国纱布产量同比减少

根据中国棉纺织行业协会（以下简称中棉行协）实地调研以及跟踪企业数据（跟踪企业产能合计约占全国产能50%，全国排名百强企业基本包括在内，跟踪数据具有一定的代表性和说服力），结合棉纤维及化纤短纤等棉纺织纤维加工量等情况，经会商统计，2015年全国纱产量1843万吨，同比减少1.3%；布产量585亿米，同比减少2.5%。

2.跟踪企业纱布产量同比小幅增长

根据中棉行协跟踪企业数据情况看，纱布产量实现小幅增长。月度累计同比变化情况看，全年纱产量同比小幅增长，主要原因是2014年基数较低，除去春节影响因素，各月增速表现为前高后低，三季度棉花采购短暂停滞，其他原料价格波动幅度较上半年加大，纱线生产谨慎放缓。跟踪企业全年布产量也实现小幅增长，增速略低于纱产量增速，主要原因三季度国内外纱线价格接近，中低支纱价格短暂趋稳，织造企业增加了生产。

图1 纱布产量月度累计同比变化情况

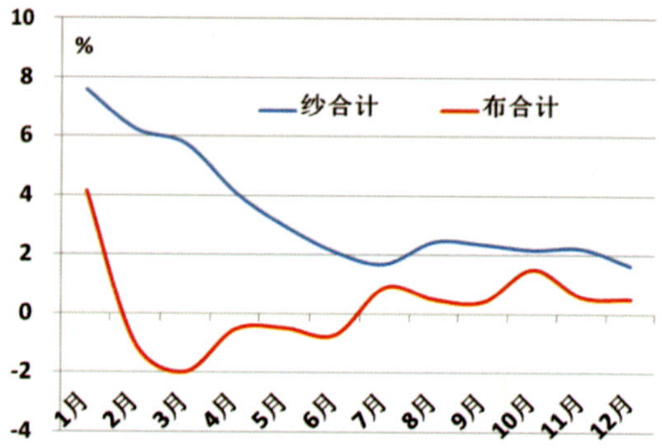

数据来源：中国棉纺织行业协会

3.纯棉纱布生产表现迥异

（1）纯棉纱增速低于纱总产量增速

根据中棉行协跟踪重点企业数据显示，2015年1～12月纱产量中棉混纺纱累计同比增长5.75%，化纤纱累计同比增长2.73%，均高于纱产量累计增速。增量中一部分用于出口，根据海关数据显示，1～12月混纺纱线出口数量累计同比增长1%。国内市场对于棉混纺纱布的需求稳中有增。

（2）纯棉布增速略高于布总产量增速

根据中棉行协跟踪重点企业数据显示，2015年1～12月布产量中纯棉布产量累计同比正增长，且增速略高于布产量增速。纯棉布较多使用了进口纱，根据海关数据显示，1～12月纯棉纱累计进口212.5万吨，同比增长18%，进口均价（按美元计）同比下降21.5%，进口纱发挥的价格优势支撑了纯棉布的增长。

（二）纱布销售情况

2015年纱布销售较为平淡，传统旺季已然不再，纱布价格下行抑制了部分下游需求。

1.销售量月度环比变化前高后低

一季度，由于季节因素，纱布销售环比变化较大。进入二季度开始，纱布销售持续平淡。

图2 纱布销售环比变化情况

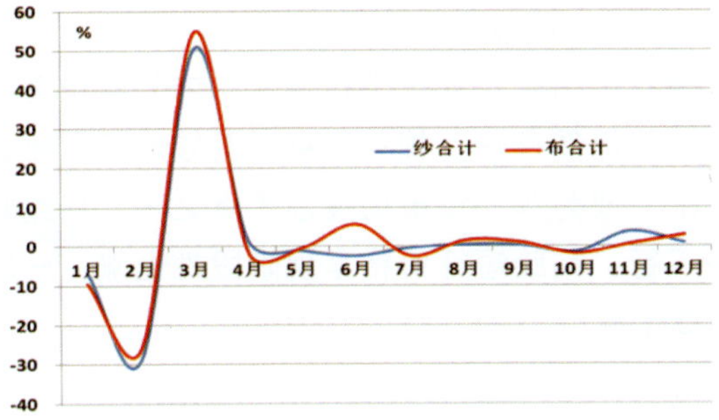

数据来源：中国棉纺织行业协会

2.纱布价格全年下跌

除了市场需求疲软，纱布价格全年处于下跌态势也是销售低迷的重要原因。下游企业担心所下订单存在贬值风险，在订单方面尤为谨慎，放缓减量。以32支纯棉普梳纱和32支纯棉坯布的价格为例，全年累计跌幅均在8%~10%。

图3 2015年纱线价格变化图

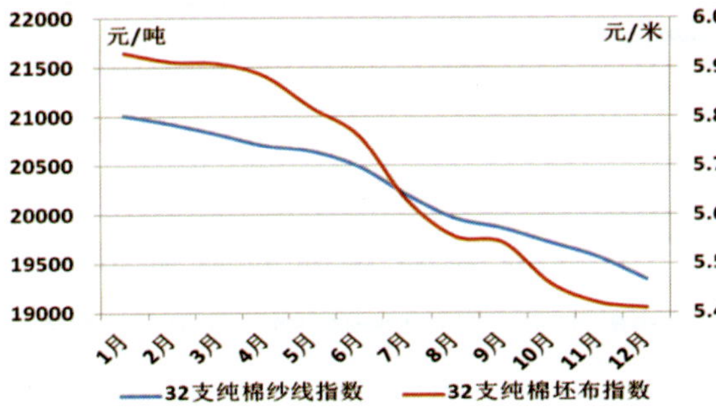

数据来源：中国棉纺织行业协会

3.不同品种纱线销售存在差异

根据调研中棉纺织企业反映，不同品种纱线销售情况存在一定差异。由于受到中低支进口纱的冲击较大，国内纱线纱支越高，销售形势相对要好，价格跌幅也越小，且精梳纱相对好于普梳纱。以10支气流纺纯棉纱、32支纯棉纱线、40支纯棉精梳纱价格为例，12月均价与1月均价相比，三者价格跌幅依次为9.8%，8%，7.5%。分品种上看，纯粘胶纱年末较年初价格上涨13.8%，纯涤纶纱年末较年初价格下跌14.2%。

图4 不同品种纱线价格变化图

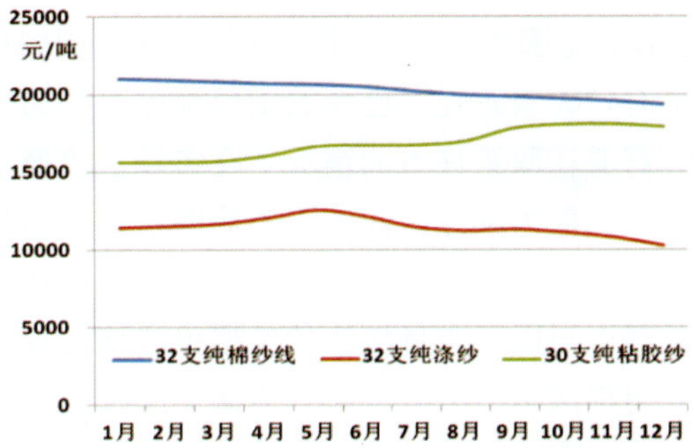

数据来源：中国棉纺织行业协会

（三）纱布库存情况

为了降低库存贬值带来的风险，2015年全年纱布库存整体处于较低水平。跟踪企业数据显示，在原料价格跌幅放缓期间，纱线产品库存相对略增；原料价格波动加大期间，纱线产品库存则环比降低；布产品库存环比增加的月份相对较多。

图5 纱布库存月度环比变化图

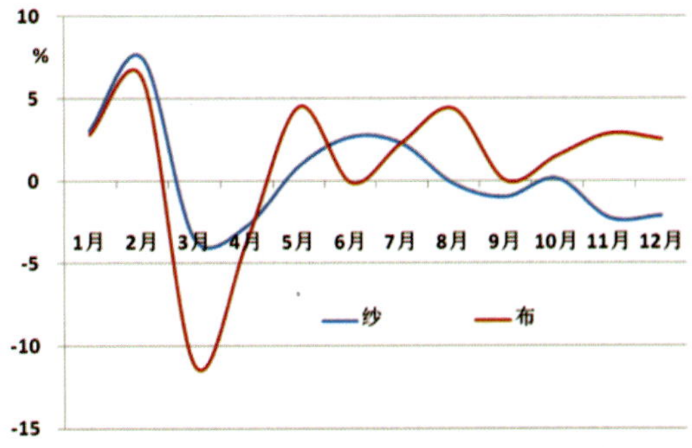

数据来源：中国棉纺织行业协会

二、棉纺织原料情况

（一）棉花政策

2015年棉花政策主要包括储备棉投放政策，进口配额管制，棉花目标价改革。此外，“高征低扣”改革在国内全面推广。

1.储备棉投放价高，少量成交

2015年7月10日起至8月31日，国家有关部门以公开竞价方式轮出部分国家储备棉。由于起拍价格与市场价格相比不具优势，实际累计成交6.3万吨，占计划投放总量的6.3%。截至2015年底，国储棉库存量仍有1100余万吨。巨大的国储棉库存作为供应资源，需要在政策许可的情况下在市场上流通，而投放政策预期大部分时间处于不明朗状态，这也使得国内纺织企业谨慎采购棉花。一方面，企业期盼国家能够以与国际市场接轨的价格投放储备棉，降低企业用棉成本；另一方面，为避免库存贬值带来经济损失，维持低水平库存。

2.进口棉花配额不能满足需求

根据海关总署数据，2015年我国累计进口棉花147.5万吨，同比减少约40%。主要原因之一是国家为了给消化巨量国储棉留出空间，减少发放棉花进口配额数量。据了解，2015年有关部门发放配额数量89.4万吨，不足2014年配额总量的四成，很大程度上限制了国内纺织企业使用进口棉。在国内棉花质量欠佳，进口棉需求增加的情况下，进口配额减量对棉纤维加工量的影响较为明显。

3.棉花目标价格试点改革

2015年，国家继续在新疆实施棉花目标价格改革试点。综合考虑棉花生产成本收益、市场供求等因素，棉花目标价格水平为每吨19100元，较2014年下降了700元/吨。已经连续实施两年的目标价格改革试点政策，促使脱离市场的国内棉价逐步回归市场定价机制。尽管2015年棉花价格持续下跌，向底部价格靠拢，棉纺产业链日子较为难过，但从长远看，目标价改革有利于推动市场机制的形成。

4.“高征低扣”改革全面推广

截至2015年年底，我国已有十一个省份及地区执行了“高征低扣”改革的有关政策，政策惠及覆盖面进一步扩大至更多纺织企业。尽管各地区根据本地区纱线产品的特点制定了不同抵扣标准，在执行过程中也存在需要完善的地方，这项政策的全面推广使得棉纺企业的税赋有所减轻，一定程度上有利于帮助企业缓解资金压力。

（二）原料市场

棉花价格全年处于下行通道，内外棉价差逐步收窄，但仍然存在。棉花质量下滑较明显，难以满足需求，成为2015年市场关注焦点之一。涤纶短纤价格下行，粘胶短纤价格呈现阶段性上涨，一段时期内高于棉价。

1.棉纺织三类主要原料价格走势不同

2015年，国内棉花价格全年处于下行通道中，截至12月31日，国内棉花价格指数12922元/吨，较年初下降了685元/吨，累计跌幅约5%。涤纶短纤价格受石油价格波动的影响，年末较年初下跌9.2%，粘胶短纤价格则在供应量减少、供不应求的情况下呈现上涨趋势，年末价格较年初上涨17.4%。

图6 棉纺织三类主要原料价格走势图

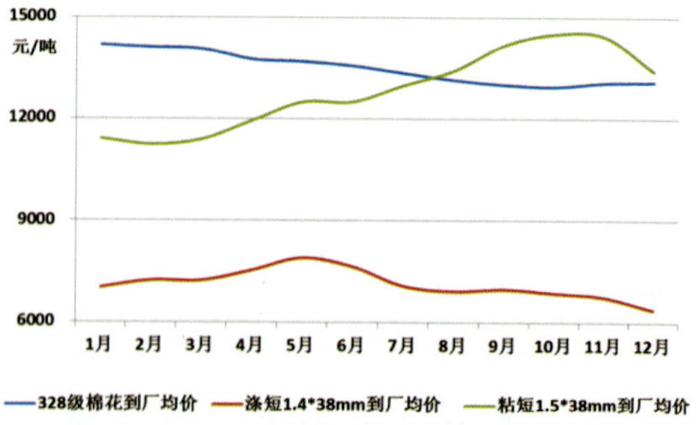

数据来源：中国棉纺织行业协会

2.新棉质量较难满足纺纱要求

近几年，国内棉花质量下降已经成为行业关注的焦点。2015/2016年度棉花质量问题凸显，能够满足国内纺纱需求的新棉供应量与实际需求存在一些失衡。在新棉上市前期，棉纺企业对棉花质量极为担忧，采购谨慎，随着上市后期的棉花质量相对好于前期，纺织企业于10月中下旬开始尝试采购使用新棉。部分对质量要求高的企业在无法采购满足要求的棉花时，无奈之下选择放弃部分订单。

3.内外棉花价差收窄但仍存在

2015年，国内外棉花无税价差平均约2285元/吨。由前三年间最高时的每吨近6000元到如今的每吨1500元之内。尽管自2014/2015年度棉花目标价格改革试点以来，国内棉花价格逐步回归市场，向国际价格靠拢，国内外棉花价差有所收窄。但持续存在的内外棉价差仍然是影响国内棉纺行业竞争力的重要因素，也较大程度上制约着棉纺企业生产纯棉产品及棉纤维加工量。

图7 2015年国内外棉花价差变化图

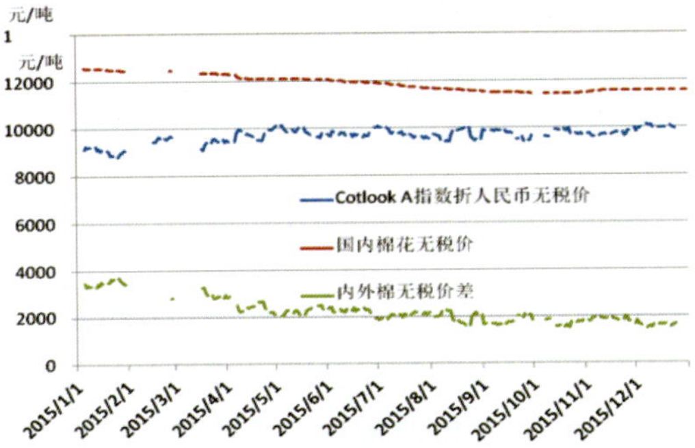

数据来源：中国棉纺织行业协会跟踪数据

（三）原料消费

2015年，棉纺织原料消费延续了棉纤维加工量同比减少，化纤短纤替代增加的趋势。

1.棉纤维加工量

根据中国棉纺织行业协会测算，2015年我国棉纤维加工量为675万吨，与2014年相比减少了35万吨，延续了减少的趋势；同比减幅约5%，较2014年有所收窄。

2.非棉纤维的替代

根据中棉行协及化纤协会联合测算数据，2015年以涤纶短纤、粘胶短纤维为代表的化纤短纤使用量约1260万吨，较2014年增长0.8%，尽管增幅较小，但依然保持着增长趋势。此外，越来越多的棉纺企业选择尝试使用以天丝、莫代尔等为代表的差别化纤维，以提高产品附加值，增加一些利润空间。

三、棉制纺织品进出口市场情况

2015年，棉纺织出口形势仍较为严峻。根据海关总署统计数据显示，我国棉制纺织品全年累计出口金额255.5亿美元，同比减少6.3%。传统出口市场中，除对美国市场有3%的同比增长之外，对欧盟、中国香港、日本市场出口金额均同比减少。新兴市场中对欧盟出口增速放缓至0.8%。

2015年，棉制纺织品累计进口金额80.8亿美元，同比小幅减少1.3%。除自非洲市场进口金额同比两位数增长之外，自其余主要市场进口金额均同比减少。

（一）进口棉纱总量创历史新高

根据海关总署数据，2015年我国累计进口棉纱线234.5万吨，同比增加10%，连续三年高于200万吨，并创下历史新高。棉纱线进口主要来源国依次为印度、巴基斯坦、越南，三个国家的价格优势是最主要的原因。进口棉纱中仍以中低支纱为主，其中约90%的进口棉纱低于47支。

（二）棉织物出口量价齐跌

根据海关总署数据，2015年我国棉织物累计出口83.1亿米，同比减少0.9%，出口均价同比下降0.6%，出口金额140.8亿美元，同比减少0.9%。其中，纯棉布出口量同比减少2.8%，出口均价同比下降1.2%；棉混纺布出口量同比增长8.3%，出口均价同比提高3%。对比看出，我国棉混纺织物较纯棉织物更具有市场竞争力。

四、棉纺织行业经营质效情况

2015年，棉纺织行业总体经营平稳，但企业经营仍面临较多困难。在运行质效方面，部分优质企业通过转变思路，转型升级，提升质量，提高附加值实现了盈利。部分2014年亏损的企业也通过成本管理、风险控制减少亏损额或扭亏为盈。

（一）亏损面有所收窄，利润总额同比小幅增加

根据国家统计局数据显示，截至2015年12月，棉纺织规模以上企业亏损面10.4%，较年初收窄约5个百分点。1～12月，棉纺织规模以上企业亏损企业亏损额同比减少16%。

（二）主营业务收入及利润总额增速放缓

根据国家统计局数据显示，2015年棉纺织规模以上企业主营业务收入累计同比增长6.3%，利润总额同比增长2.8%，二者增速均分别低于2014年增速。

（三）出口交货值同比降幅加深

根据国家统计局数据显示，2015年棉纺织规模以上企业出口交货值累计同比减少10.2%，跌幅较2014年全年跌幅加深了7个百分点。

（四）固定资产投资有所恢复

根据国家统计局数据，2015年我国棉纺织行业实际完成投资金额同比增长15.3%，较2014年增速提高约5个百分点。新开工项目数同比增加14.5%，较2014年增速提高12.5个百分点，施工项目及竣工项目增速均高于2014年。

根据调研了解，棉纺行业投资增长点主要为两个方面，一是内地企业在新疆投资建厂，全年新增纺纱产能200万锭以上；二是一些设备陈旧、用工较多的企业积极改造更新，提升装备水平。

2016年棉纺织行业形势展望

在逐步适应近两年来我国经济发展的“新常态”之后，2016年经济形势或将更加复杂。根据中央提出的“去库存”以及“供给侧改革”等思路，棉纺织行业运行将呈现出新特点，并期待在“十三五”开局之年迎接新机遇。

一、国储棉将去库存化

截至目前，我国国储棉库存1100余万吨，占用了国家财政大量资金。根据中央经济会议提出2016五大任务之一为“去库存”，据悉，2016年有关部门将逐步建立储备棉投放的长效机制，最终将储备棉数量降低至合理水平。对于棉纺企业而言，最为关注的是储备棉的价格能否与市场接轨，储备棉的质量能够满足纺纱需求。这两点也是决定储备棉能否真正实现“去库存”。

二、进口棉纱或稳中趋缓

截至2015年，进口棉纱数量已连续3年处于历史较高水平，2016年进口棉纱数量或稳中趋缓。主要原因包括：第一，如储备棉投放价格与市场接轨，国内外棉价差有望进一步缩小，国外纺织企业原料价格优势将减小，但劳动力成本优势仍存在，因此进口棉纱仍保持一定竞争力。第二，受汇率波动的影响，一定时间内人民币仍存在贬值预期，进口棉纱存在较大汇率风险，国内企业在进口时将较为谨慎。第三，进口纱市场自身也存在着一些问题，据纺织企业反映，进口棉纱不如国产纱质量稳定，如差价仅为每吨300元之内，纺织企业仍会选择采购国产纱。第四，进口纱需全额付款，后期到货如遇到质量问题，索赔难度非常大。

三、新疆棉纱优势将逐步发挥

2015年，在用棉、电费、运费等优惠政策的吸引下，内地纺织企业在新疆地区投资热情较高。据了解，在享受新疆系列优惠政策后，新疆纺纱成本每吨平均低于内地3000元左右甚至更多。未来，随着在疆建成的纺纱企业正常投产，新疆纱的优势或逐步显现，一定程度上有利于恢复国内棉纤维加工量，同时降低部分国内织造企业的用纱成本。尽管从棉纺织整个行业角度看，新疆纱可以减缓一部分进口纱对国内市场的冲击，但从调研中了解，内地纺纱企业对于新疆纱将进入内地表现出了较多的担忧，新疆纱成本优势明显，出疆运输费用方面也有相关优惠政策，或将给内地纱线市场形成挑战。

四、转型升级进程将加快

2016年棉纺织行业所面临的严峻环境难有明显改观，行业仍将处于中低速增长的态势。为落实中央提出的“供给侧改革”，纺织行业将积极落实“三品”战略，即增品种、提品质、创品牌。这将是棉纺织行业转型发展的重要契机，棉纺织企业将在“三品”战略的引导下提升生产装备水平，创新产品品种，以满足市场需求为目标调整产品结构，严格把控好质量关，依靠品质创出品牌，提升产品附加值。

（撰稿人：马　琳）

毛纺织业

中国毛纺织行业协会

2015年毛纺行业运行情况

2015年毛纺行业生产总体放缓，贸易形势下滑，毛纺产品的出口呈现负增长，但从全年来看，总体运行形势保持平稳。

一、生产

2015年，规模以上毛纺企业毛线产量为40.47万吨，同比提高0.29%，较2014年增速回落了3.92个百分点，但较2015年上半年同比增速提高了3.7个百分点。同期，毛织物累计产量为6.3亿米，同比增长0.52%，较2014年增速提高了0.16个百分点。

二、内销

国家统计局数据显示，2015年服装鞋帽、针纺织品消费品零售总额同比增长9.8%，较2014年增速回落1.1个百分点，同时略低于全社会消费品零售总额同比10.7%的增速。根据中华全国商业信息中心的统计数据，2015年全国重点大型零售企业服装商品零售额同比下降0.3%，增速较2014年下滑1.3个百分点；零售量同比增长6.4%，增速较2014年提高6.7个百分点。

套装是毛纺面料主要的下游产品，统计局数据表现，2015年，规模以上企业梭织服装产量同比增长4.44%，其中，西服套装产量同比增长5.75%，增幅较2014年提高10.14个百分点。

2015年国内毛针织服装市场消费需求不振，2015年大朗毛衫价格指数总体在99～101之间变动。

图1 大朗毛织服装内销价格月指数走势

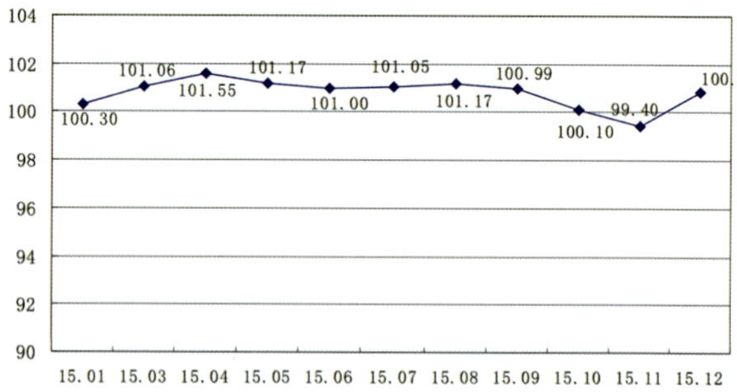

三、进出口

截止2015年12月，毛纺原料与制品的进出口总额为170.02亿美元，同比下跌3.95%。其中，进口总额40.07亿美元，同比增长0.21%。

表1 2015年主要产品产量表

名称	单位	2015年产量	2015年同比（%）	2014年同比（%）	同比增减（百分点）
绒线（俗称毛线）	吨	404741	0.29	4.21	−3.92
毛机织物（呢绒）	万米	63326	0.52	0.36	0.16

资料来源：国家统计局

表2 2015年主要产品出口情况

出口商品	单位	出口数量	出口金额（万美元）	出口金额占比（%）	数量同比（%）	金额同比（%）
羊绒	吨	2536	20524	1.60	7.44	-10.18
羊毛条	吨	46679	43645	3.41	-3.31	-14.18
毛纱线	吨	39680	107532	8.40	-6.07	-3.34
毛织物	万米	10868	73753	5.76	-7.88	-9.68
毛毯	万条	63201	321329	25.11	-3.47	-10.08
针织人造毛皮	吨	6020	19121	1.49	9.85	2.88
地毯	万米^2	60841	246774	19.29	1.58	-1.79
羊绒衫	万件	1579	57661	4.51	-13.68	-17.31
羊毛衫	万件	9583	128684	10.06	-0.34	6.92
毛梭织服装	万件	5725	195017	15.24	2.88	-0.51
毛绒围巾	万件	2214	31890	2.49	7.75	12.36
其它			33601	2.63		-20.08
合计			1279532	100.00		-5.24

资料来源：中国海关

表3 2015年毛纺原料与制品出口国家及地区情况

出口国家及地区	金额（万美元）	金额占比（%）	金额同比（%）
出口总额	1279532	100.00	-5.24
欧盟	260398	20.35	-7.66
美国	209575	16.38	3.64
日本	171403	13.40	-13.08
东盟	123159	9.63	-3.77
中国香港	90432	7.07	-5.81

资料来源：中国海关

2015年，全国毛纺原料与制品累计出口总额127.95亿美元，同比下跌5.24%，增速较2014年同期回落了12.92个百分点。主要毛纺产品的出口均呈现下滑，其中羊毛条出口同比下跌3.31%，毛纱线同比下跌6.07%，毛织物同比下跌7.88%，羊毛衫同比下跌0.34%。

四、投资

2015年，毛纺织行业500万元以上项目实际完成

表4 2015年毛纺织分行业固定资产投资情况

行业	实际完成（万元）		
	2015年累计（万元）	2014年同期	同比（%）
纺织业	60016028	53064027	13.10
毛纺织及染整精加工	3438526	3303195	4.10
其中：毛条和毛纱线加工	1521092	1666745	−8.74
毛织造加工	1573561	1315030	19.66
毛染整精加工	343873	321420	6.99

资料来源：国家统计局

固定资产投资343.85亿元，同比增长4.1%，增幅继续下滑，较2014年下滑7.18个百分点，但较2015年上半年增速提高3.49个百分点。新开工项目数同比增长30.37%，比2014年增速提高了37.69个百分点，也比同期纺织业新开工项目增速高13.91个百分点。

五、效益

（一）毛纺织分行业

2015年毛纺织业的发展速度继续放缓。根据国家统计局数据，2015年，全国规模以上企业工业增加值同比增长6.1%，比2014年放缓2.2个百分点。其中，纺织业全年累计同比增长7%，增速略高于2014年同期0.3个百分点。全年规模以上毛纺行业累计工业增加值的增速为4.7%，低于全国工业增加值和纺织业增加值的增速。

行业效益与运行质量有所下滑。2015年，1181家毛纺织及染整精加工规模以上企业累计完成主营业务收入2778亿元，同比增长8.86%，增速较2014年下滑5.76个百分点。规模以上企业平均利润率为5.09%，比2014年降低了0.35个百分点，低于纺织业平均利润率5.4%的水平。规上毛纺企业的平均资产负债率为52.24%，与纺织业52.22%的平均负债率水平基本持平。年累计存货426亿元，同比增长8.7%，但存货增速较2014年增速明显降低。

（二）毛针织分行业

以毛针织产业集群大朗毛织行业为例，参考2015年大朗毛织服装企业景气指数，景气月指数大体在89～140之间变动，距离临界值100不远。12月大朗毛织服装企业景气指数报109.37，在临界值100附近徘徊，其中，2月出口型企业景气指数报116.76，站在临界值之上；内贸型企业景气指数报94.59，低于临界值。2015年大朗毛织服装企业景气月指数的表现，反映2015年毛针织服装企业经营上遇到较大困难，国内外市场需求疲软困扰企业，使企业整体经营状况不佳。

图2 2015年大朗毛织服装企业景气指数

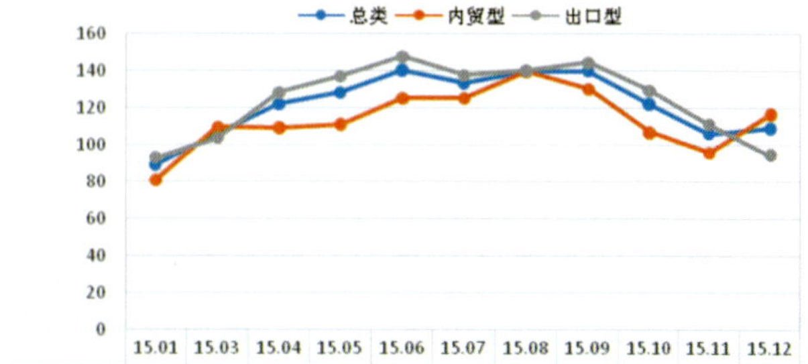

	15.01	15.03	15.04	15.05	15.06	15.07	15.08	15.09	15.10	15.11	15.12
总类	89.33	105.93	122.09	128.28	140.36	133.22	140.00	139.82	122.20	106.42	109.37
内贸型	81.05	109.66	109.29	111.18	125.41	125.12	139.51	130.27	106.90	96.00	116.76
出口型	93.17	103.85	128.28	137.23	147.73	137.69	140.26	144.53	129.53	111.35	94.59

表5 毛纺行业三费比例情况表

效益指标	三费比例		
	2015年	2014年	增减（百分点）
纺织业	5.12	5.18	−0.06
毛纺织及染整精加工	4.56	4.44	0.12
其中：毛条和毛纱线加工	4.85	4.68	0.17
毛织造加工	4.17	3.97	0.20
毛染整精加工	5.15	5.84	−0.69

资料来源：国家统计局

表6 毛纺行业资金运转情况表

效益指标	总资产周转率（次）			产成品周转率（次）		
	2015年	2014年	增减（%）	2015年	2014年	增减（%）
纺织业	1.64	1.62	1.45	23.04	22.53	2.23
毛纺织及染整精加工	1.38	1.43	−3.54	14.39	13.61	5.70
其中：毛条和毛纱线加工	1.15	1.23	−6.45	10.33	9.26	11.57
毛织造加工	1.71	1.75	−2.27	23.47	23.30	0.72
毛染整精加工	1.53	1.37	11.78	16.33	25.21	−35.24

资料来源：国家统计局

表7 毛纺行业盈利情况

效益指标	销售毛利率（%）			销售利润率（%）			成本费用利润率（%）		
	2015年	2014年	增减（百分点）	2015年	2014年	增减（百分点）	2015年	2014年	增减（百分点）
纺织业	10.84	10.92	−0.08	5.40	5.41	−0.02	5.72	5.74	−0.02
毛纺织及染整精加工	9.85	10.51	−0.67	5.09	5.44	−0.35	5.37	5.79	−0.42
其中：毛条和毛纱线加工	10.15	11.31	−1.16	5.05	5.43	−0.39	5.33	5.82	−0.49
毛织造加工	9.40	9.57	−0.17	5.12	5.51	−0.39	5.40	5.84	−0.44
毛染整精加工	10.63	11.12	−0.49	5.12	5.01	0.11	5.41	5.29	0.12

资料来源：国家统计局

2016年毛纺行业发展趋势展望

内销方面，2016年，国内经济的调整步伐将继续推进，内需市场消费总体将稳中求增长。出口方面，2015年人民币波动幅度有所加大，特别是下半年人民币呈现贬值走势，客观上有利于提高毛纺织产品及服装加工出口的竞争力。受美元走强及国际资本市场波动等因素影响，人民币汇率仍有下行可能，但下行走势将放缓，对出口的支撑作用也相对有限。

根据中国纺织工业联合会2015年底组织的“企业经营者调查”结果，42.1%的毛纺企业表示2015年四季度订货量较上季度有所减少，42.9%的毛纺企业表示本季度产品产量持平，同时47.6%的毛纺企业表示本期产品价格较上季度降低，与统计数据显示的行业情况基本相符，表明市场需求不足依然是制约生产经营的首要问题，尤其是国际市场需求。对于2016年的开局，55%的毛纺企业预计一季度的订单将较2015年四季度有所增加，50.5%的毛纺企业预计一季度的产量将与上期持平，企业对未来的形势持谨慎的态度。

（撰稿人：张书勤）

丝绸业

中国丝绸协会

2015年以来，受世界经济复苏整体疲弱乏力，国内经济增速放缓的影响，我国丝绸行业不断面临外部需求减少、市场竞争加剧、综合成本上升、经济效益下滑等多重挑战，工业经济下行压力不断增大。全行业积极主动适应经济新常态，通过调结构、创品牌、促升级、求发展等多种举措，积极推进结构调整和转型升级，主要经济指标增速虽有回落，但仍处在合理的区间，基本实现了平稳发展的态势。

2015年丝绸行业运行情况

一、工业运行情况

（一）主要产品产量基本持平

据国家统计局统计，2015年，404家规模以上缫丝企业生丝产量为17.21万吨，同比增长4.66%，见表1。41家绢丝企业绢丝产量9798吨，同比下降2.89%；249家规模以上织绸企业绸缎产量62411万米，同比增长2.21%；128家蚕丝被企业蚕丝被产量2328万条，同比下降7.61%。各省市丝绸主要产品产量见表2～表4。

（二）工业经济增速回落趋稳

据国家统计局统计，2015年全行业规模以上企业主营业务收入1227.09亿元，同比增长4.14%，创近五年来新低，见图1。实现利润66.44亿元，同比增长6.03%，其中缫丝加工实现利润39.58亿元，同比增长4.66%，丝织加工实现利润23.8亿元，同比增长9.79%，丝印染加工实现利润3.06亿元，同比下降3.45%，见图2。总体来看，2015年上半年全行业主营业务增速持续下行，但下半年走势逐步趋于平稳，见图3。行业利润略有改善，全年增速较同比回升了1.35个百分点，见图4。

图1 2015年规模以上丝绸企业主营业务收入情况

单位：亿元

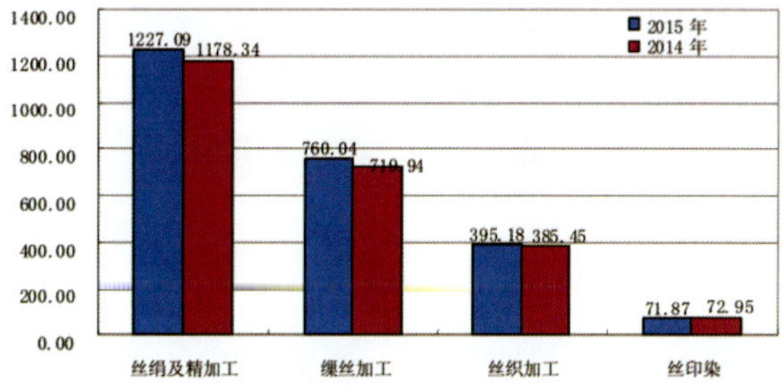

资料来源：国家统计局

表1 2015年全国规模以上企业产量情况

主要产品	单位	2015年	同比（%）
生丝	吨	172114	4.66
绢丝	吨	9798	−2.89
绸缎	万米	62411	2.21
蚕丝被	万条	2328	−7.61

资料来源：国家统计局

表2 2015年各省市生丝产量表

序号	地区	产量（吨）	同比(%)	序号	地区	产量（吨）	同比(%)
1	广　西	46496	15.41	9	云南省	4379	14.81
2	四川省	40203	6.06	10	辽宁省	2948	-28.11
3	江苏省	27153	-1.69	11	广东省	2724	18.13
4	浙江省	16060	4.24	12	山东省	2396	-27.43
5	安徽省	8057	-10.95	13	湖北省	1663	-2.01
6	陕西省	6872	26.62	14	河南省	1169	-45.88
7	江西省	6680	7.30	15	贵州省	594	104.16
8	重庆市	4632	-2.07	16	山西省	81	15.22

资料来源：国家统计局

表3 2015年各省市真丝绸缎产量表

序号	地区	产量（吨）	同比(%)	序号	地区	产量（吨）	同比(%)
1	浙江省	21524	1.38	7	山东省	1733	-6.49
2	四川省	17246	-1.65	8	河南省	1057	14.27
3	江苏省	8772	16.26	9	云南省	249	34.90
4	安徽省	7196	-7.18	10	江西省	186	30.73
5	广　西	2290	23.74	11	陕西省	95	26.17
6	重庆市	2009	17.66	12	辽宁省	50	-23.08

资料来源：国家统计局

表4 2015年各省市蚕丝被产量表

序号	地区	产量（吨）	同比(%)	序号	地区	产量（吨）	同比(%)
1	河南省	507	11.51	9	湖南省	65	43.35
2	江苏省	366	8.11	10	陕西省	52	51.98
3	山东省	346	-1.32	11	安徽省	43	-60.26
4	浙江省	344	-2.44	12	上海市	42	-9.49
5	湖北省	185	-52.64	13	辽宁省	37	-0.72
6	四川省	146	-6.86	14	福建省	18	33.89
7	江西省	76	-16.17	15	重庆市	17	25.42
8	广东省	67	-5.16	16	广　西	11	1.34

资料来源：国家统计局

图2 2015年丝绸工业各分行业利润情况

单位：亿元

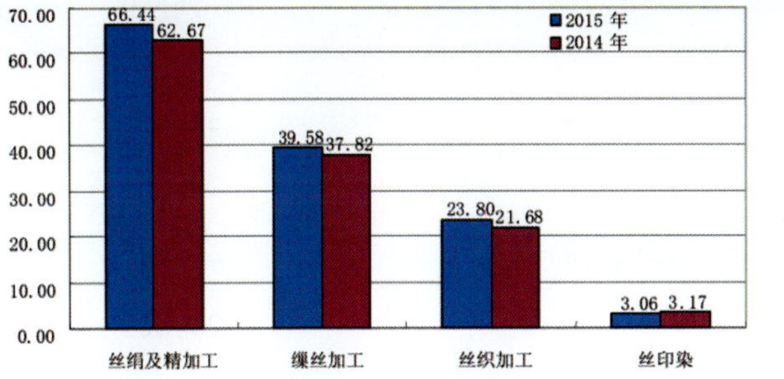

资料来源：国家统计局

图3 2015年丝绸工业主营业务收入同比增速

单位：%

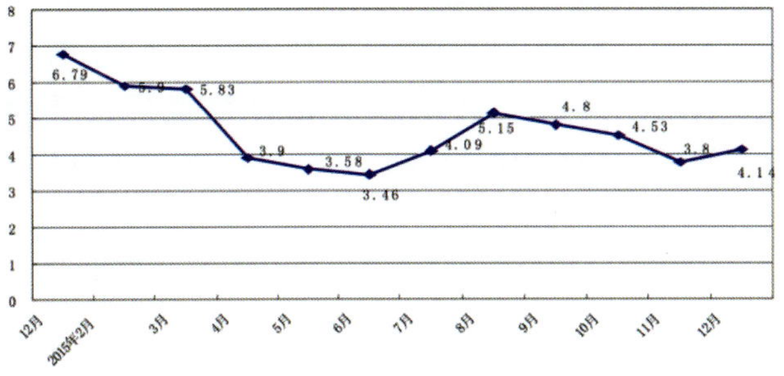

资料来源：国家统计局

图4 2015年丝绸工业利润同比增速

单位：%

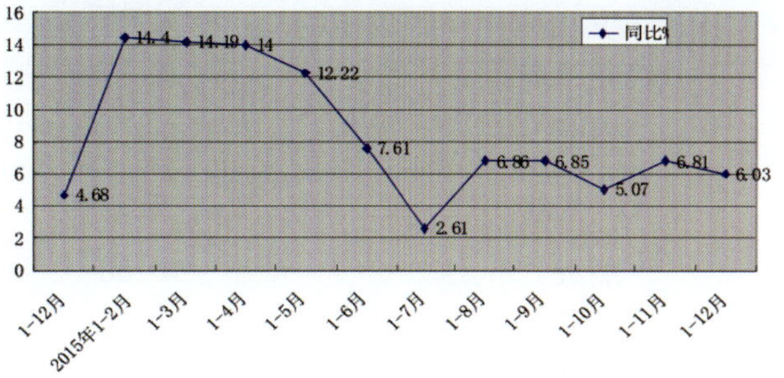

资料来源：国家统计局

（三）部分经济指标有所改善

据国家统计局数据显示，尽管2015年丝绸行业主营业务收入增速下降2.65个百分点，企业亏损面13.19%，仍高于纺织行业平均水平，但主营业务成本、三费支出、利息支出、负债合计、亏损总额增速均有不同程度的下降，显示出行业部分经济指标正在逐步改善。主要经济指标对比情况见表5。

二、丝绸外贸出口情况

据中国海关统计，2015年全国真丝绸商品出口

表5 2015年与2014年丝绸工业主要经济指标对比情况

序号	主要经济指标	2015年同比（%）	2014年同比（%）	增速变化（百分点）
1	利润	6.03	4.68	1.35
2	主营业务收入	4.14	6.79	−2.65
3	主营业务成本	4.41	7.48	−3.07
4	三费支出	−1.906	2.2	−4.106
5	利息支出	−8.97	1.26	−10.23
6	亏损面	13.19	12.96	0.23
7	负债合计	−2.26	7.4	−9.66
8	亏损企业亏损总额	21.53	28.75	−7.22

资料来源：国家统计局

表6 2015年真丝绸主要商品出口同比情况重点招商项目

单位：%

	金额同比	数量同比	价格同比
真丝绸商品	0.27		
丝类	−11.2	−3.34	−8.12
生丝	−5.92	6.78	−11.9
绸缎	−16.68	−14.74	−2.24
真丝服装	31.23	4.39	25.69
针织	−33.19	−17.79	−18.79
梭织	54.86	34.43	15.23

资料来源：中国海关

31.47亿美元，同比增长0.27%，见图5。

图5 2015年真丝绸主要商品出口金额情况

单位：万美元

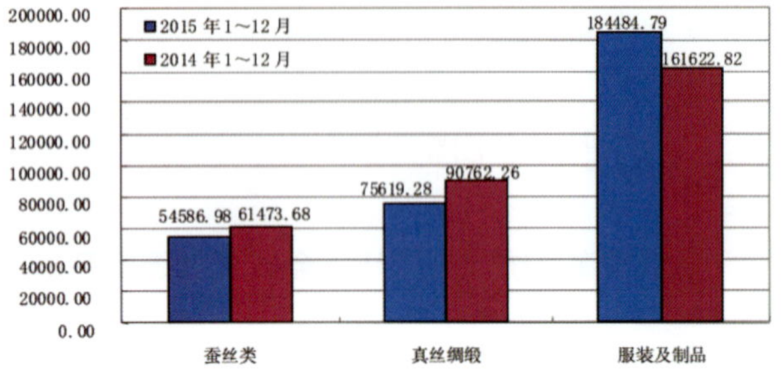

资料来源：中国海关

丝类产品出口12937吨，同比下降3.34%，出口金额5.46亿美元，同比下降11.2%，单价同比下降8.12%，其中生丝出口5957吨，同比增长6.78%，金额2.8亿美元，同比下降5.92%。

真丝绸缎出口数量13321万米，同比下降14.74%，金额7.56亿美元，同比下降16.68%，单价同比下降2.24%，其中坯绸出口数量9880万米，同比下降17.64%，出口金额5.08亿美元，同比下降19.98%，单价同比下降3.02%。

丝绸服装及制品出口18.45亿美元，同比增长14.15%，其中真丝绸服装出口9485万件（套），同比增长4.39%，金额13.45亿美元，同比增长31.23%，单价14.19美元/件套，同比增长25.69%。其中，针织服装出口数量同比下降17.79%，金额同比下降33.19%；梭织服装出口数量同比增长34.43%，金额同比增长54.86%，见表6。

2015年，国内真丝绸商品出口主要呈现以下特征：

（一）丝绸商品出口有所企稳

据中国海关统计，2015年全国真丝绸商品出口31.47亿美元，同比增长0.27%。从出口金额单月数据看，如图6所示，受国内春节长假影响，3月份出口金额出现大幅下降，4~12月逐步趋于平稳，12月份当月出口金额出现强劲反弹，使得全年出口金额较2014年略有增长，但能否持续回升还有待进一步观察。

图6 2015年真丝绸商品出口金额同比情况

资料来源：中国海关

（二）真丝绸服装出口量额齐升

2015年，生丝和绸缎等原料性商品出口继续下降，但真丝绸服装出口呈现量、额、价齐升走势，其数量和金额同比分别增长4.39%和31.23%，较年初分别提高了42.58和25.21个百分点，如图7所示。虽然针织服装下降幅度较大，但梭织服装出口数量同比增长达34.43%，金额同比增长达54.86%；相对于2014年较低的出口价格，2015年市场价格开始逐步回暖，全年平均价格增幅达到25.69%，见图8。

图7 2015年真丝绸服装出口数量、金额同比情况

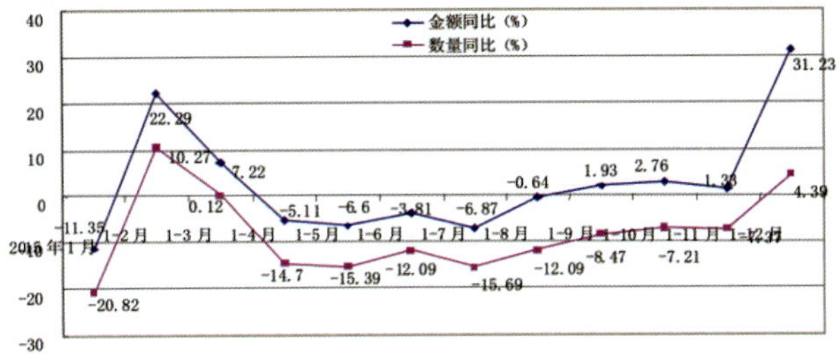

资料来源：中国海关

图8 2015年真丝绸服装出口价格情况

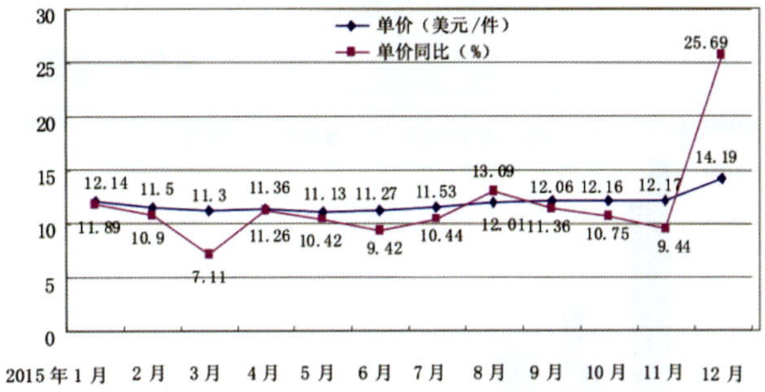

资料来源：中国海关

（三）主要省市出口喜忧参半

根据2015年真丝绸商品出口金额各省市排名情况分析，如图9、图10所示，出口排名前十的省份中增长与下降各占一半，分化现象有所加剧。广东、江苏、山东、安徽、福建同比分别增长70.13%、5.52%、10.35%、134.95%、35.47%；浙江、四川、上海、青海、广西等省（市、区）出口分别有不同幅度的下降，分别同比下降14.2%、17.06%、26.07%、18.03%、19.65%。

表7 2015年真丝绸商品主销市场出口情况

排名	国家和地区	金额(万美元)	同比(%)
1	美国	50353.90	-6.18
2	印度	28308.05	0.86
3	意大利	23618.83	-20.15
4	巴基斯坦	20194.81	-11.12
5	中国香港	18359.72	-11.84
6	日本	17883.04	-22.8
7	德国	13608.85	-8.71
8	英国	11734.10	66.59
9	法国	9339.65	24.45
10	沙特阿拉伯	9109.21	1089.93

资料来源：中国海关

图9 2015年各省市真丝绸商品出口金额情况

单位：万美元

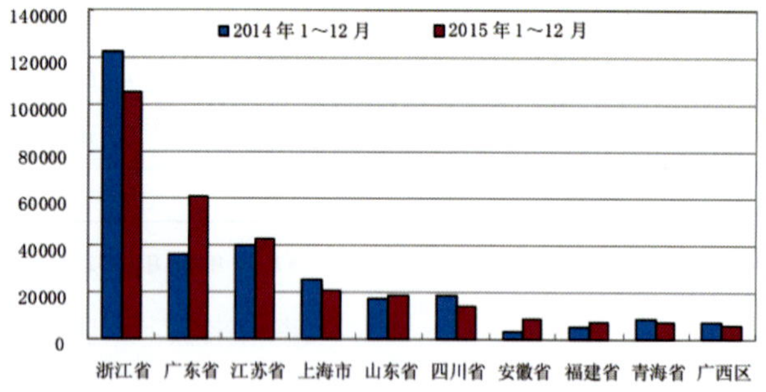

资料来源：中国海关

图10 2015年各省市真丝绸商品出口金额增速情况

单位：%

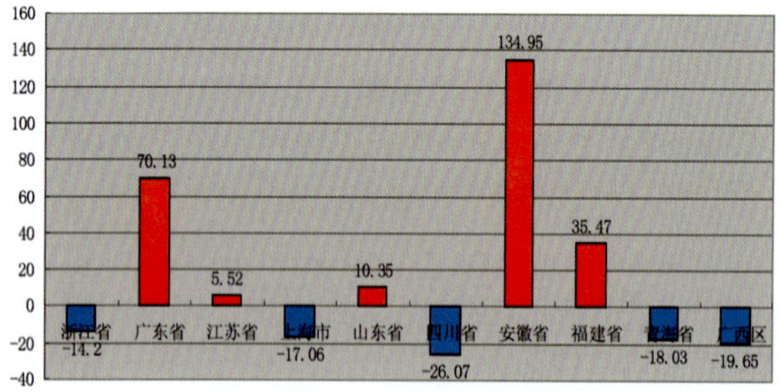

资料来源：中国海关

（四）对主销市场出口普降格局依然明显

2015年，国内真丝绸商品对传统主销市场出口几乎全面下降。其中，出口美国同比下降6.18%，意大利同比下降20.15%，巴基斯坦同比下降11.12%，出口中国香港、日本和德国分别同比下降11.84%、22.8%和8.71%。排名前十的国家和地区中，仅有印度、英国、法国和沙特阿拉伯出口金额实现正增长，分别同比增长0.86%、66.59%、24.45%和1089.93%，如图11、表7所示，对沙特出口剧增成为全年最大的亮点。

图11 2015年真丝绸商品主销市场出口金额同比情况

单位：%

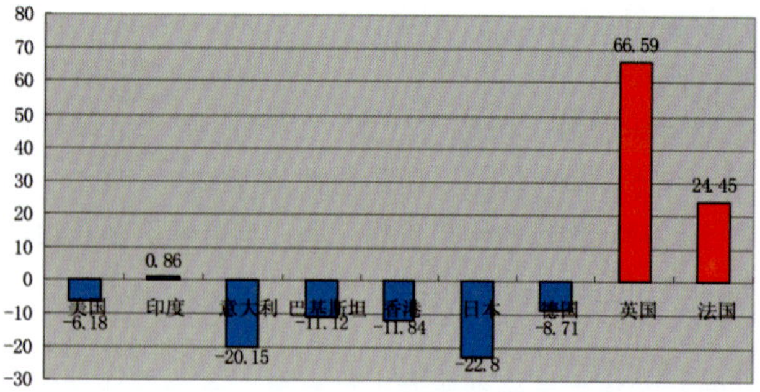

资料来源：中国海关

三、茧丝交易市场情况

2015年，面对国际市场需求持续疲软，国内市场丝绸下游服装、家纺等产品库存高企，消费需求增长乏力，加上茧丝供应量相对充足，导致干茧和生丝价格逐步下滑。截止到12月底，干茧和生丝价格分别较2014年同期下跌18.06%和7.05%，全年茧丝价格震荡下行态势较为明显，如图12、图13所示。

图12 2015年干茧价格走势图

单位：万元/吨

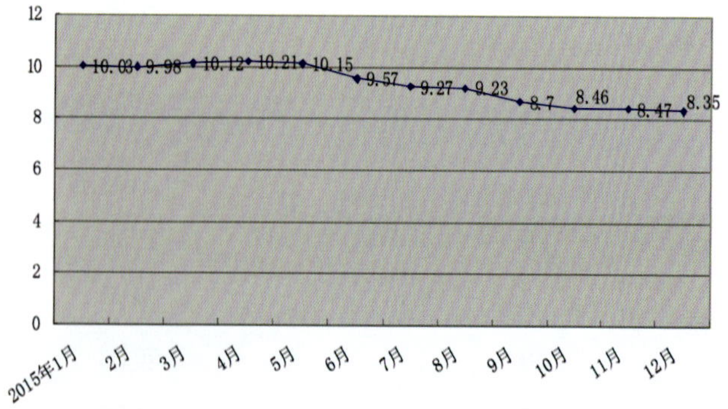

资料来源：嘉兴茧丝绸交易市场

图13 2015年3A级生丝价格走势图

单位：万元/吨

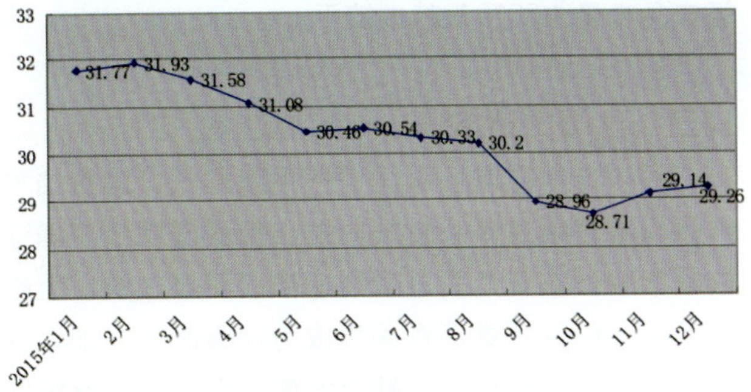

资料来源：嘉兴茧丝绸交易市场

2016年丝绸行业面临的形势及发展趋势展望

一、行业发展面临的形势

（一）国际市场复杂多变，外贸形势难有大的改观

一是世界经济将延续温和低速增长态势。国际货币基金组织（IMF）报告预计，2016年世界经济将增长3.4%，高于2015年的3.1%。发达国家经济继续改善，欧洲国家经济缓慢复苏，新兴和发展中经济体增长继续分化。二是全球贸易回升缓慢。据世界贸易组织预计，2016年全球贸易量增长在4%左右。受发达国家再工业化替代部分进口，世界产业分工发生调整和转移、全球产能过剩、贸易保护主义等影响，经济增长对贸易的带动作用明显下降，短期内这一趋势还难以改变。三是国际金融市场动荡加大。美联储2015年底加息，欧元区、日本以及一些新兴大国仍将实施宽松的货币政策，主要国家货币政策可能出现严重分化，全球资产价格重估和投资配置对金融市场的影响不可低估。四是大宗商品价格中低位徘徊。全球大宗初级产品需求增速低于供给增速，美元继续维持强势地位将会抑制石油、铁矿石等大宗初级产品价格的上涨。美俄角力、中东局势混乱等地缘政治冲突，将加大石油等大宗初级产品价格未来走势的不确定性。

（二）国内经济改革力度加大，内需市场环境稳定向好

2016年，国家将继续实施积极的财政政策和稳健的货币政策，大力推进结构性改革，为经济发展营造良好环境。中央经济工作会议指出，经济工作要以创新、协调、绿色、开放、共享理念为引领，主动适应经济发展新常态，抓好去产能、去库存、去杠杆、降成本、补短板，提高供给体系质量和效率；持续推动大众创业、万众创新，汇聚经济社会发展强大新动能。随着“一带一路”、“中国制造2025”、“互联网+”等措施向更广领域拓展，现代信息技术与传统产业加快融合发展，新产品、新技术、新业态、新模式不断涌现，将为工业经济发展增添新的活力。另外，中央提出将进一步发挥消费对增长的基础作用，着力扩大居民消费。专家预测2016年我国消费品市场增速虽有回落，但回落幅度有望进一步收窄，消费对国内生产总值（GDP）增长的贡献率将继续提高，内需市场环境将逐步改善。

（三）行业结构性矛盾凸显，经济下行压力不减

“十二五”以来，我国茧丝绸行业已明显进入调整期，各项经济运行指标不再是保持两位数的高速增长，主营业务收入增速逐步回落到低位区间，成为丝绸业发展新的常态。同时，桑蚕生产基础薄弱、智能化关键技术设备研发滞后、劳动效率不高、产品竞争力不强、利润率较低、抗市场风险能力弱等问题进一步凸显。另外，生产企业仍将面临流动资金紧张、生产成本上升、订单减少、利润下降、节能减排管控力度加大等挑战，产品单一的中小型企业往往不堪重负。在外贸出口形势严峻、内需市场缺乏新增长点的大环境下，全行业经济下行压力依然较大，经济增长新动力不足和旧动力减弱

的结构性矛盾依然突出。如何有效去产能、去库存、补短板、调结构、提质增效，努力维护经济平稳增长，实现由数量规模型向经济效益型的根本转变，是“十三五”时期茧丝绸行业发展的重要任务。

二、2016年丝绸行业发展趋势

2016年既是“十三五”规划开局之年，也是推进行业结构性改革攻坚之年。总的来看，丝绸行业面临的国内外市场环境依然复杂严峻，一些结构性矛盾亟待化解，行业经济运行压力依然突出，进一步夯实生产基础，加快培育发展新动能，是确保2016年行业经济稳定增长的关键。综合各种因素考虑，预计2016年丝绸行业经济运行将维持缓中有升格局，主要体现在以下几个方面：

（一）茧丝原料供应

近几年国内蚕茧生产基本平稳，出口市场整体低迷，导致供大于求的基本面仍未改变，消化原料库存仍需要一定的时间；受各种生产成本上升支撑，预计茧丝价格仍将维持低位运行，上下波动幅度不会太大。

（二）主要产品产量

受下游服装企业需求不足影响，缫丝、织绸企业纷纷压缩产能，以防控市场风险，这一格局短时间内还难以打破，预计2016年生丝、绸缎、蚕丝被等产品产量与2015年基本持平。

（三）丝绸内销市场

2016年内需市场总体保持平稳增长，消费结构升级和零售渠道革新特征明显，但受宏观经济增速放缓影响，衣着消费总量增速难以明显加快。但随着天然、绿色纤维消费逐步成为社会时尚，加之线上线下互动营销模式的融合发展，有望拉动丝绸服装、服饰、家纺等终端产品内销稳定增长。

（四）丝绸商品出口

近三年对主要市场出口连续下滑，随着世界经济逐步复苏带动消费需求回升，加上国际销售商存在补库需求，预计2016年行业出口有望继续实现正增长。

（五）行业经济效益

预计2016年全行业主要经济指标将继续维持5%左右低速增长，上半年压力相对较大。但随着丝绸外贸出口筑底企稳，内销市场不断拓展，有望支撑全年行业经济运行保持稳中有升格局。

（撰稿人：刘文全　柳恩见）

麻纺织业

中国麻纺行业协会

2015年中国麻纺织行业稳中有升，主要经济指标高于纺织业平均水平，但面临的压力增大，主要体现在主营业务收入和进出口增速放缓，投资拉动效果不明显，各分行业发展不平衡等方面。预计2016年麻纺织行业将延续增速放缓的趋势，企业要多练“内功”，坚持创新驱动，重视增加品种、提高品质、强化品牌的“三品工程”建设，加快转型升级和技术改造。

2015年麻纺织行业运行情况

一、主营业务收入增速放缓，利润增速高于纺织业

据国家统计局数据，2015年，全国290家规模以上麻纺织企业主营业务收入累计568.49亿元，较2014年同期的534.5亿元同比增长6.36%，增速连续两年低于10%，而且增速主要得益于海关出口，出口交货值同比提高20.3%。而主营业务累计成本为497.03亿元，较2014年同期的467.4亿元同比增长6.34%；主营业务税金及附加同比提高16.66%，远高于纺织业的6.51%，说明麻纺织企业税负过重；三费比例5.75%，高于纺织业的5.12%。虽然在这种不利环境下，麻纺织行业通过优化管理，巩固出口和扩大内需市场，最终实现累计利润总额35.48亿元，较2014年同期的30.26亿元同比增长17.24%，远高于纺织业的5.07%。

二、投资拉动效果不明显

根据国家统计局数据，2015年，纺织行业完成500万元以上项目投资11913.21亿元，同比增长

表1 2015年麻纺行业固定资产投资情况（500万元以上项目，不含农户）

行业	实际完成投资（万元）	同比（%）	施工项目数（个）	同比（%）	新开工项目数（个）	同比（%）
全国纺织行业总计	119132083	14.90	19993	10.65	16149	18.34
麻纺织及染整精加工	1402007	26.67	227	18.85	185	38.06
麻纤维纺前加工和纺纱	604098	−2.15	105	3.96	88	22.22
麻织造加工	558232	29.47	101	26.25	78	32.20
麻染整精加工	239677	311.26	21	110.00	19	533.33

资料来源：国家统计局

14.96%，其中，麻纺织企业累计完成投资140.2亿元，同比增长26.67%，但投资方向主要侧重于麻染整精加工和织造加工行业，分别同比增长311.26%和29.47%，对制约麻纺织行业发展的纺前加工和纺纱的投资却同比下降2.15%，呈现负增长，见表1。前纺投资的显著减少，将对麻纺织行业攻克技术瓶颈产生不利影响，尤其是设备相对落后的苎麻行业和黄麻行业，投资拉动效果不明显。

三、进出口增速放缓

据海关统计，2015年全国麻纺织行业进出口累计总额27.91亿美元，比2014年的27.52亿美元增长1.42%，增速下降21.77个百分点。

（一）进口首次负增长，麻原料为主要拉动力量

据海关统计，2015年全国麻纺织行业累计进口总额8.77亿美元，同比下降2.63%，增速下降30.58个百分点，五年来首次呈现负增长。

麻原料累计进口金额6.93亿美元，同比下降4.03%；麻纱线累计进口金额1.07亿美元，同比增长2.4%；麻织物累计进口金额5860.33万美元，同比下降6.53%；麻制品累计进口金额1802.9万美元，同比上升64.01%。2015年，麻原料累计进口数量81.86万吨，同比增长0.86%；麻纱线累计进口数量11.06万吨，同比下降8.22%；麻织物累计进口数量9610.27万米，同比增长14.13%。

从进口金额与进口数量的数据可以看到，麻原料为主要进口产品，占进口总金额的79.02%，五年来首次呈现负增长。主要进口种类是亚麻和黄麻原料，其中亚麻原料1～12月累计进口数量为18.4万吨，同比增长10.53%，累计进口金额4.39亿美元，同比增长0.38%；黄麻原料累计进口数量为2.38万吨，同比下降29.43%，累计进口金额1515万美元，同比下降18.23%。从原料进口中可以看出，亚麻纺织企业生产加工形势比较好，对进口原料的需求逐年增加，而黄麻纺织加工行业受多方面影响逐步萎缩。

（二）出口增速下降，需防库存积压

据海关统计，2015年我国麻纺织行业累计出口总额19.14亿美元，同比增长3.39%，增速下降17.58个百分点。

2015年，麻原料累计出口数量5040.75吨，同比下降2.02%，出口金额1057.39万美元，同比下降3.82%。麻纱线累计出口数量4.16万吨，同比增长4.25%，出口金额3.53亿美元，同比增长2.83%，增速下降7.45个百分点。麻织物累计出口数量3.38亿米，同比增长1.54%，出口金额12.05亿美元，同比增长6.32%，增速下降11.18个百分点。麻制品累计出口3.46亿美元，同比下降4.97%，增速下降53.57个百分点。从出口金额与出口数量可以看出，不仅麻织物与麻纱线这两大传统出口产品增速放缓，而且麻制品增速急剧下降，呈现负增长。以出口为主的麻纺织生产企业需谨慎经营，以防库存积压，尤其是麻制品企业。

在麻纱线出口方面，亚麻纱线与苎麻纱线是主要出口产品，2015年亚麻纱线累计出口数量3.37万吨，同比增长5.96%，主要销往印度和意大利，近五年来，印度市场对亚麻纱线的需求以大于5%的增速逐步上升，并于2015年12月突破1.4万吨，而意大利市场却在逐年萎缩，见图1，亚麻纱线企业需要及时调整销售策略以适应这种需求变化。

苎麻纱线累计出口数量0.2万吨，同比下降22.65%，主要销往印度和韩国，印度市场对苎麻纱线的需求自2011年开始快速上涨，2015年可能因国内苎麻纱线企业不景气的原因而呈现下降趋势，韩国市场近五年来一直处于微幅波动，苎麻纱线企业应注意瞄准这两个新兴主流市场的需求变化，适时调整产品结构，增加企业效益。

图1 2010～2015年亚麻纱线主要出口市场数量变化

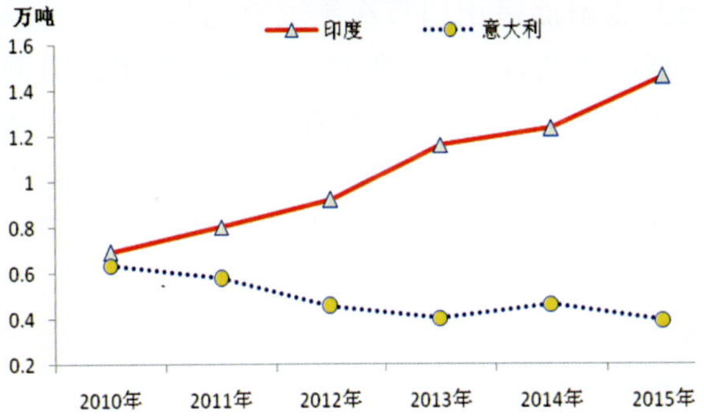

数据来源：中国海关

图2 2010～2015年苎麻纱线主要出口市场数量变化

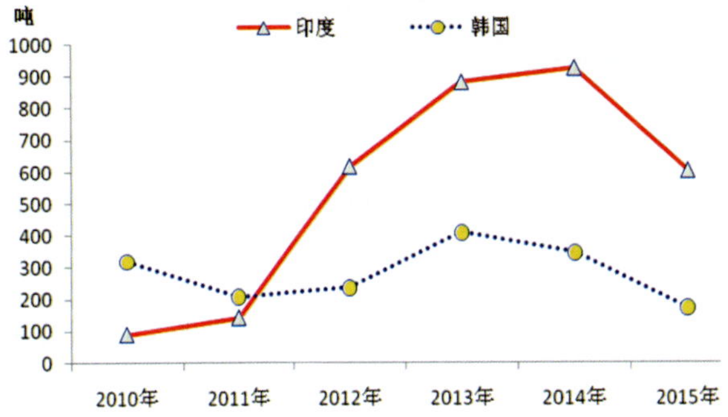

数据来源：中国海关

在麻织物出口方面，亚麻织物与苎麻织物是主要出口产品，2015年亚麻织物累计出口数量为1.75亿米，同比增长12.59%，主要销往孟加拉国和越南，近五年来，这两个市场均比较稳定，呈现微幅上升趋势；苎麻织物累计出口数量1.43亿米，同比下降0.92%，主要销往中国香港和韩国，其中韩国市场比较稳定，而中国香港对苎麻织物的需求在2012年后快速上升，苎麻织物企业要重视中国香港的需求发展，及时调整生产策略。

图3 2010～2015年亚麻织物主要出口市场数量变化

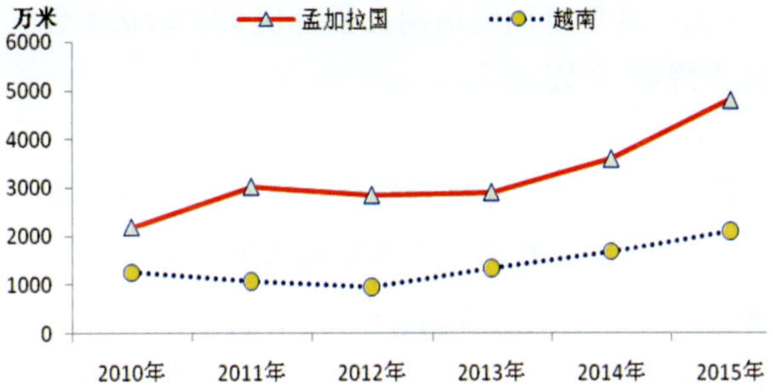

数据来源：中国海关

图4 2010～2015年苎麻织物主要出口市场数量变化

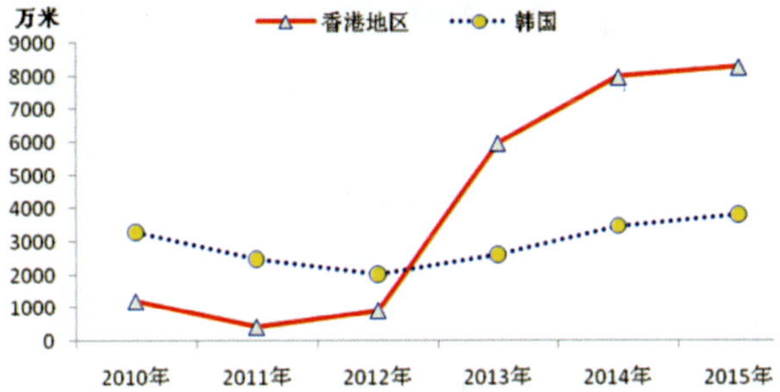

数据来源：中国海关

图5 2010～2015年麻制床上用品主要出口市场金额变化

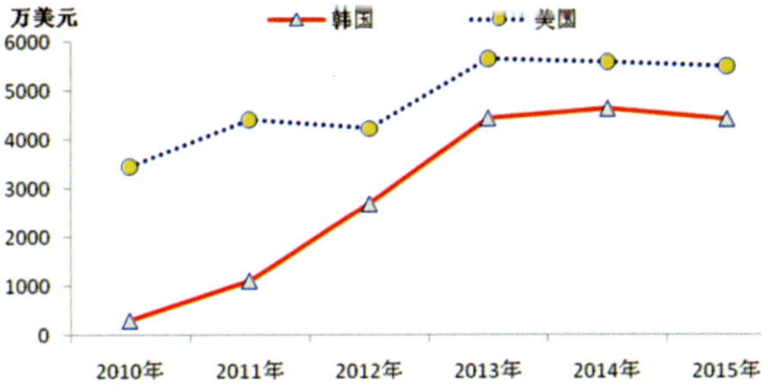

数据来源：中国海关

在麻制品出口方面，麻制床上用品、麻制餐桌、盥洗及厨房用品和其他麻制装饰用品是主要出口产品，2015年麻制床上用品累计出口金额为

1.61亿美元，同比下降11.79%；麻制餐桌、盥洗及厨房用品累计出口0.93亿美元，同比增长49.26%；其他麻制装饰用品累计出口0.69亿美元，同比下降27.05%。

图6 2010～2015年麻制餐桌、盥洗及厨房用品主要出口市场数量变化

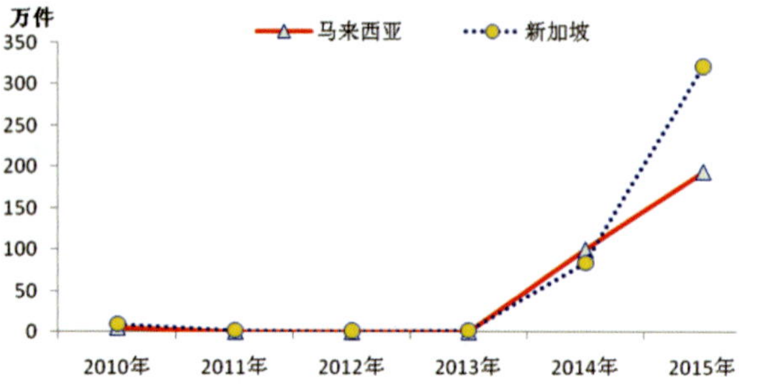

数据来源：中国海关

图7 2010～2015年其他麻制装饰用品主要出口市场金额变化

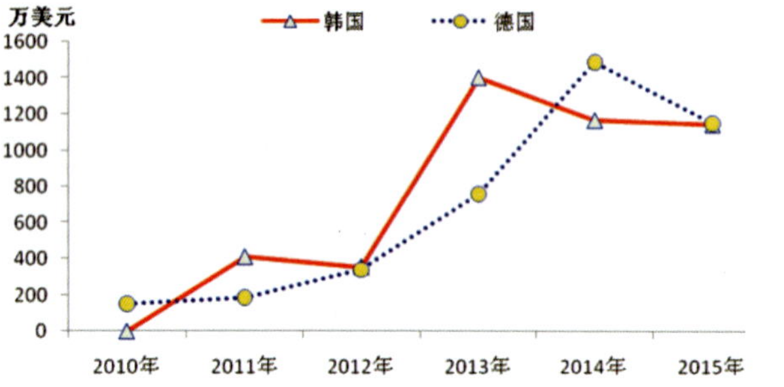

数据来源：中国海关

图5、图6和图7分别为麻制床上用品、麻制餐桌、盥洗及厨房用品和其他麻制装饰用品的出口情况。可以看出，近五年来，美国和韩国对麻制床上用品在逐年上升，分析认为美国和韩国等发达国家的人民相对重视保健卫生，所以对具有清凉透气和抗菌环保等天然保健特性的麻制床上用品非常喜爱；而麻制餐桌、盥洗及厨房用品于2013年后在马来西亚和新加坡快速发展，势头迅猛；其他麻制装饰用品重点销往韩国和德国等国家，呈波动上升趋势，分析认为主要是受装修需求的影响。

（三）含麻服装出口首次呈现负增长

据海关统计，2015年我国含麻服装出口总额266.75亿美元，比2014年的283.65亿美元下降5.96%；累计出口服装数量39.99亿件，比2014年的41.97亿件下降4.72%。含麻服装出口数量与出口金额首次呈现负增长，这一方面是由于国际市场对含麻服装服饰的需求逐渐饱和，另一方面也是受国民经济增速放缓的影响。

图8 2010～2015年梭织女长裤（57棉30亚麻8涤5聚胺酯，休闲，欧码A）主要出口市场金额变化

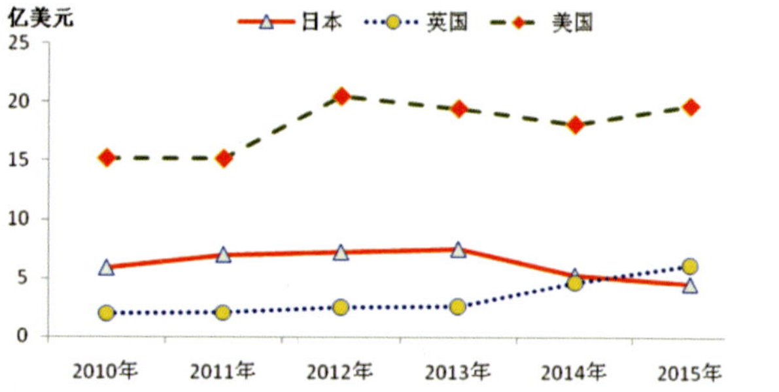

数据来源：中国海关

图9 2010～2015年梭织女式上衣（92涤8亚麻，亚码，60119）主要出口市场金额变化

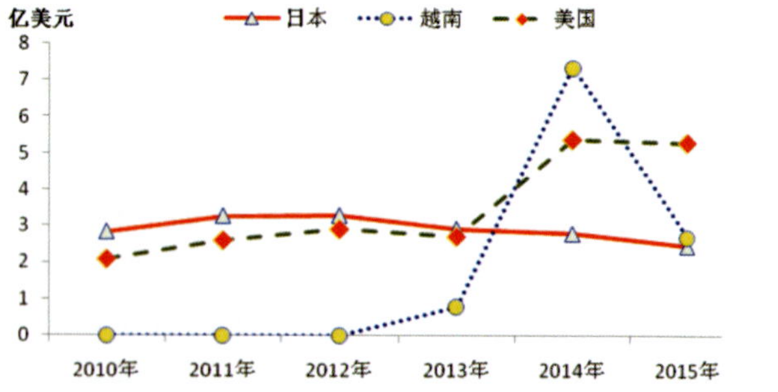

数据来源：中国海关

从海关数据可知，含麻服装服饰中以57棉30亚麻8涤5聚胺酯梭织女长裤（休闲欧码A）和92涤8亚麻梭织女式上衣（亚码 60119）为主要出口品种，前

者的主要出口市场为美国、英国和日本，近五年来这三个市场的需求比较稳定，如图8，后者的主要出口市场为美国、越南和日本，其中日本市场相对稳定，美国和越南市场自2013年后需求快速发展，但越南市场波动太大，2015年又快速回落，相应服装企业应注意防患库存风险。

近几年来，我国含麻服装服饰在全球最成熟、最重要的服装消费市场美国和日本都占有一席之地，尤其是含麻女长裤。这两个出口市场在经济危机后逐渐恢复，消费能力逐步上升。

含麻服装的出口近几年来一直是拉动我国麻纺织产品出口的主要力量，今年首次出现负增长，对以出口为主的麻纺织行业的冲击甚大，麻纺织企业尤其是以间接出口贸易为主的纱布企业应该保持清醒的头脑，合理安排生产，不要盲目扩大产能，以免库存积压。

四、各分行业发展不平衡

麻纺织行业分为亚麻、苎麻、黄麻和大麻等分行业，出现了发展不平衡的现象。近年来，亚麻纺织行业快速发展壮大，苎麻纺织行业快速萎缩，黄麻纺织行业举步维艰，大麻纺织行业平稳蓄势。下面就各分行业情况做一简单介绍。

（一）亚麻纺织行业快速发展壮大

亚麻纺织行业发展最快，其生产加工量和贸易出口量已经超越苎麻纺织行业跃居麻纺织行业的首位。亚麻长麻纺由2010年的35万锭发展到2015年的65万锭，亚麻混纺行业更是快速发展，许多棉、毛和化纤纺织企业也在纷纷尝试亚麻混纺。亚麻纺织行业的加工技术和装备水平也逐年更新，达到世界先进水平。

据测算，2015年，我国亚麻种植面积不到10万亩，主要分布在黑龙江和新疆等地，与2009年相比减少了50%，由于缺少优良种籽和先进种植收割设备，适宜雨露的气候区域也不多，国产亚麻纤维的产量和品质一直上不去。2015年全国亚麻纺织行业消耗亚麻纤维约21万吨，其中进口亚麻原料18.4万吨，进口占比达87.62%，进口原料价格也在逐年上涨，如2015年进口的打成麻均价为2.99美元/千克，与2010年的1.84美元/千克相比，上涨了62.5%，对企业形成了很大的压力。近几年，亚麻纺织行业努力研发面向消费者的终端产品，积极开拓内需市场，初见成效。但是仍有部分亚麻纺织企业停留在纱、布等初级产品加工和出口上，“两头在外”，容易因不对称的市场信息而盲目生产或扩能。

（二）苎麻纺织行业快速萎缩

苎麻纺织行业快速萎缩的主要原因有三个：一是优质原料的快速萎缩。由于缺少专业的苎麻种植收割设备，几乎全靠手工剥麻或简单的机械剥麻，劳动强度大，种植效益低，出现农民毁麻、弃麻现象。据测算，2010年我国种植苎麻面积尚有50万亩，到2015年约10万亩，纤维产量不足2万吨，已经远远不够苎麻企业的纤维消耗量。二是苎麻设备水平落后。由于苎麻企业普遍利润不高，缺少资金进行设备更新和技术改造，这是苎麻行业的硬伤。三是苎麻产品的种类较单一，附加值不高，替代品较多，缺乏竞争力，国际市场需求下降。由于上述原因，2015年我国苎麻纺织行业萎缩到约10万锭，与2009年的65万锭相比减少了84.62%，尚在开工的规上苎麻企业10家左右，库存原料仅够两年使用。

（三）黄麻纺织行业举步维艰

黄麻纺织行业曾经和苎麻纺织行业一样，是我国纺织行业大家庭中举足轻重的一员。近十年来却是快速萧条，2015年已举步维艰。目前全国规上黄麻纺织企业已不足10家，且有随时关停或转产的迹象。最主要的原因是我国黄麻原料全靠从孟加拉国进口（国产原料几近于无），且经常受其原料控制，如2014年11月起至今已经4个月禁止黄麻原料出口到我国。生产出来的黄麻纱线成本也高于直接进口孟加拉国纱线的成本，这也是我国近年来黄麻原料进口量快速下降而纱线进口量快速增长的主要原因。加上黄麻纺织行业的设备水平陈旧落后，无力更新；而印度和孟加拉国的竞争对手得到了政府支持快速发展。

（四）大麻纺织行业平稳蓄势

从2010年至今，大麻纺织行业一直处于平稳蓄势的阶段。在各方大力宣传下，纤维用大麻的种植在法律上取得了合理的地位，在种植技术上也取得了很多突破，有逐步蓄势发展的趋势。目前我国纤维用大麻原料种植面积约有20万亩，产量约2万吨，主要分布在黑龙江、云南、安徽等地。由于大麻产品在军服系统中的广泛使用，其吸湿透气、抗菌除臭、耐热防潮的特性逐步被老百姓所知，很多大麻纺织企业在探索民用大麻产品上也取得了很好的成绩，在国际市场上也占据了一席之地，有逐年快速发展的迹象。

2016年发展展望及建议

一、麻纺行业运行走势

目前我国麻纺织行业运行仍面临一些现实问题。原料问题困扰行业发展，亚麻、黄麻等优质原料进口依存度大且受限制，苎麻国内种植面积萎缩。内需市场开拓不足，主要麻纺织企业终端产品比重低，产业链延伸不够，自主创新能力不足。行业整体技术装备水平有待进一步提高，节能减排任务重，环保压力大。融资难、税负重、用工成本高等问题仍然存在，影响麻纺织中小企业正常运营。

展望2016年，麻纺织行业的发展仍然面临着用工、税负等综合成本不断上升、投资拉动减弱、环保压力不断加剧、出口增速下滑和人民币汇率波动等诸多风险和挑战，预计2016年将进一步延续增速放缓、调整巩固的“新常态”。

二、麻纺行业发展重点

近几年，我国麻纺织行业在协会和社会各界的共同努力下，不遗余力地宣传麻纺织时尚文化，开拓中国内需市场，如2015年分别利用上海召开的“开拓扩大中国麻纺织产品内需市场活动年论坛会”、深圳召开的“全国麻纺织行业开拓内需市场研讨峰会”、舟山召开的“中国国际麻纺织技术设备创新研讨会”、上海春秋两季国际面料辅料博览会上的麻纺时尚展区和新余举行的国际麻纺织博览会等一系列活动，大力宣传，积极促进合作，坚持创新驱动，取得了较好的成绩，使麻纺织企业看到了走出困境的曙光和希望。

2016年麻纺织行业仍将继续积极开展工作，促进行业持续、健康发展。工作重点：

一是采取多种形式加强宣传，加大市场开发力度，特别是内需市场的开发力度，以缓解外销市场下滑带来的压力。重点以终端产品，特别是女装面料和麻制床上用品为突破点，注重研发高附加值的含麻混纺、交织面料和含麻服装服饰，在巩固和提高麻类产品出口的同时，加大力度开拓麻类产品内需市场。

二是要细分市场，错位经营，避免产品过度同质化。麻纺织企业要做好产品定位和市场定位，重视文化内涵，增加创意元素，丰富产品种类，开拓市场空间，避免同质竞争。

三是生产能力要从量的增长转变到质的提升。要根据市场需求调整策略，不要盲目扩大产能，谨防库存积压。以减少用工、提高自动化水平为目标，加快技术装备创新步伐；以引进或创建品牌为依托，促进品牌建设的发展；以节能减排环保政策为基准，提高清洁生产、综合利用水平。

（撰稿人：罗玉成）

长丝织造业

中国长丝织造协会

2015年长丝织造行业经济运行分析

2015年全球经济疲软，国际贸易下降，美国经济复苏低于预期；国内经济持续低迷，市场需求不足，GDP增速下降至6.9%，创25年来新低。在此环境下，我国纺织经济增速进一步放缓，长丝织造产业面临着复杂的外部环境，发展压力较大。全行业通过优化产品结构、促进技术进步、坚持理念创新，基本实现了全年经济的平稳运行。

一、生产保持低增长

2015年，我国化纤长丝织物总产量为433亿米，同比增长1.88%。据各主要产业集群地区统计，2015年全年，盛泽、长兴、秀洲、龙湖、泗阳、平望、柯桥七地化纤长丝织物产量累计为309.81亿米，同比增长1.78%，工业总产值同比增长4.39%。从表1可以看出，除秀洲、平望为负增长外，各地产量均能保持增长，龙湖、泗阳、柯桥增速超过10%，行业生产保持稳定。

二、出口市场依然低迷

（一）化纤长丝织物出口负增长

2015年，我国化纤长丝织物出口增速明显低于2014年同期水平，且全年持续下降，见图1。据海关统计，2015年，我国长丝织物累计出口116.03亿美元，同比下降0.7%。从出口数量来看，我国化纤长丝织物累计出口115.92亿米，同比增长2.29%，可以看出，出口额下降主要是受价格影响。

表1 2015年我国主要长丝织造产业集群化纤长丝织物产量表

集群名称	产量（亿米）	同比（%）
盛泽	86.45	0.16
长兴	74.54	3.00
秀洲	48.66	–1.36
龙湖	27.70	11.68
泗阳	6.92	11.21
平望	47.21	–3.26
柯桥	18.33	10.76
合计	309.81	1.78

资料来源：各产业集群

图1 2014～2015年我国化纤长丝织物出口情况

单位：万美元

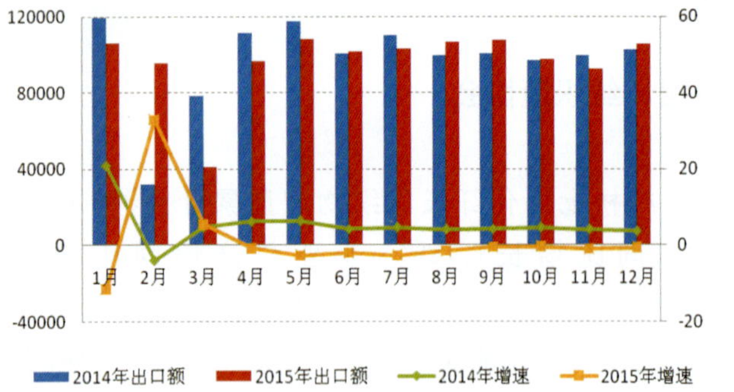

资料来源：中国海关

从出口结构来看，2015年我国涤纶长丝织物累计出口100.75亿米，同比增加1.66%，增速比2014年同期减少4.4百分点；锦纶长丝织物累计出口为3.3亿米，同比增长30.56%，增速比2014年同期增加22.01个百分点，见表2。近年来，由于织造技术的提升，锦纶长丝织物的出口竞争力不断增强，逐渐获得国际市场的认可。

（二）化纤长丝织物出口价格下跌

据海关统计，2015年，我国化纤长丝织物出口平均价格为1美元/米，同比下降2.91%。长丝织物出口价格下跌主要受原料价格影响：一方面是石油价格下跌传导化纤长丝原料价格下跌，压低了长丝织物的价格；另一方面是随着国内锦纶原料己内酰胺的生产能逐步满足自给后，锦纶长丝面料减少了对进口原料的依赖，调节了产品的价格。

此外，国际经济环境不景气，需求疲软；东南亚地区相应纺织品价格低廉等因素，都影响了对我国长丝织物的出口价格，企业不得不自主降价以维持原有的市场份额。

（三）国际市场竞争激烈

从主要贸易地区来看，见表3，2015年我国化纤长丝织物各主要出口市场有所调整。受政局不稳定影响，对巴西和阿联酋出口额同比下降41.11%。受跨太平洋伙伴关系协定（TPP）影响，对越南出口额同比增加31.29%。此外，大量外资企业在越南建厂，越南的纺织企业自给自足性增强，减少对进口的依赖，未来越南可能逐步抢占我国纺织品出口份额，对我国纺织业形成较大冲击。

（四）长丝织物进口负增长

2015年我国长丝织物进口延续了过去几年的负增长，据海关统计，2015年我国长丝织物累计进口16.58亿美元，同比下降11.71%，其中涤纶长丝织物累计进口7.67亿美元，同比下降11.15%；锦纶长丝织物累计进口5.13亿美元，同比下降10.72%。

从进口价格来看，尽管长丝织物进口价格同比下跌5.24%，但依然比该类产品出口价格高0.81美元/米，这表明我国长丝织物在高端品类的生产供应方面仍有技术研发空间待突破。

表2 2015年我国长丝织物累计出口情况表

产品名称	出口金额		出口数量		平均价格	
	数值（亿美元）	同比（%）	数值（亿米）	同比（%）	数值（美元/米）	同比（%）
长丝织物	116.04	−0.70	115.92	2.29	1.00	−2.83
涤纶长丝织物	100.20	−2.05	100.75	1.66	0.99	−3.74
锦纶长丝织物	4.19	23.28	3.30	30.56	1.27	1.5

资料来源：中国海关

表3 2015年我国化纤长丝织物主要贸易地区出口情况表

国家或地区	累计金额（亿美元）	金额同比（%）	累计数量（亿米）	数量同比（%）	平均价格（美元/米）	价格同比（%）
欧盟	12.64	2.40	11.22	4.92	1.13	−2.40
越南	10.28	31.29	8.17	29.14	1.26	1.67
印度尼西亚	5.70	−1.53	5.87	−2.93	0.97	1.44
尼日利亚	3.54	20.17	5.61	34.88	0.63	−10.90
阿联酋	5.88	−15.30	4.73	−12.17	1.24	−3.57
巴西	3.47	−41.11	4.63	−40.36	0.75	−1.25
墨西哥	2.66	1.03	3.95	12.57	0.67	−10.25
孟加拉国	3.73	30.54	3.90	39.38	0.96	−6.34
印度	2.43	11.30	3.58	4.97	0.68	6.03
贝宁	2.36	−30.32	3.56	7.60	0.66	−35.24
全球汇总	116.00	−0.72	115.89	2.27	1.00	−2.93

资料来源：中国海关

表4 2015年我国主要长丝织物累计进口情况表

产品名称	出口金额		出口数量		平均价格	
	数值（亿美元）	同比（%）	数值（亿米）	同比（%）	数值（美元/米）	同比（%）
长丝织物	16.58	11.71	9.18	−8.51	1.81	−5.24
涤纶长丝织物	7.67	−11.15	3.86	−9.56	1.99	−1.49
锦纶长丝织物	5.13	−10.72	3.30	−5.09	1.55	−6.06

资料来源：中国海关

三、内销市场不容乐观

2015年，我国化纤长丝织物内销市场持续低迷。据统计，东方丝绸市场的成交量全年偏低，虽缓解了2014年的下滑趋势，却一直处于低位徘徊，下游市场需求明显不足。如图2所示，2015年上半年市场成交情况波动回升，7、8月份回落，全年成交量未超过200万米。

从图3可看出，2015年我国化纤长丝面料价格指数始终徘徊在低位，景气指数低于2014年均值，市场普遍不看好后市，信心不足。

图2 2015年东方丝绸市场的成交量情况

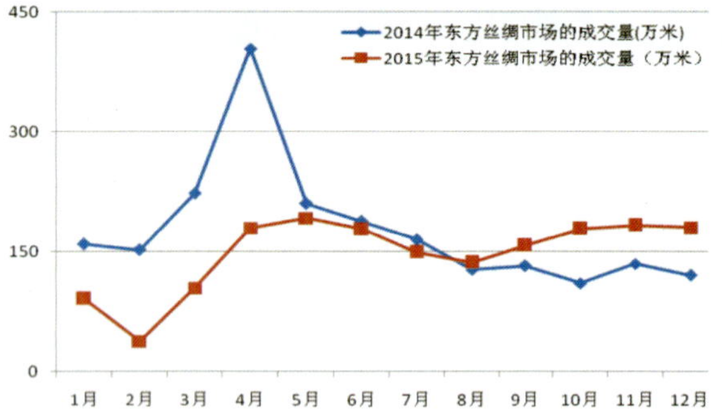

资料来源：中国绸都网

图3 2015年全年化纤长丝面料景气、价格指数走势图

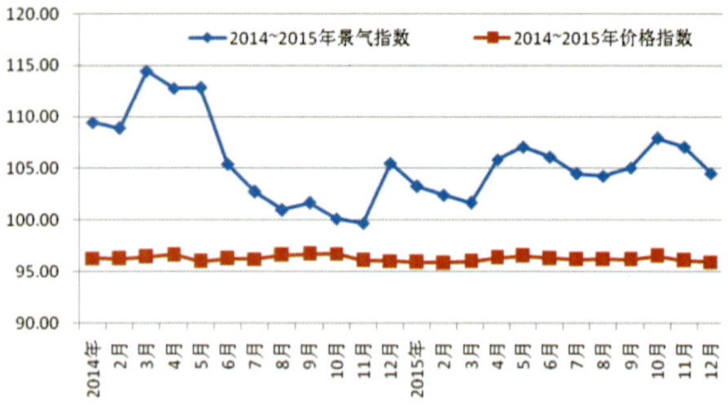

资料来源 ：中国绸都网

从具体产品来看，见图4，商务装面料价格较2014年有所下滑，羽绒服面料和仿真丝系列面料价格基本保持平稳，休闲装与轻型女装面料稳中有降。

图4 2015年我国长丝面料价格趋势图

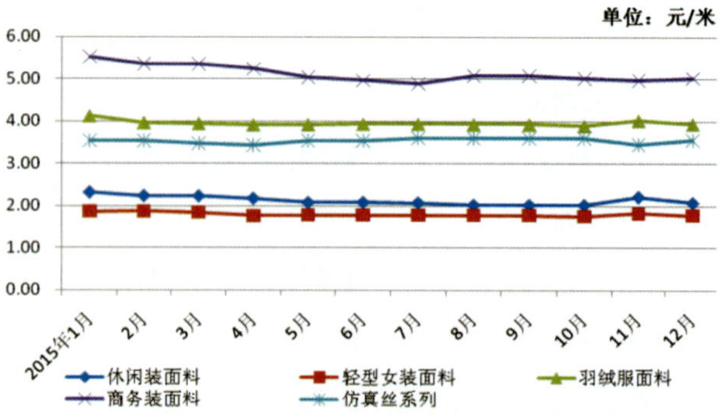

资料来源：中国长丝织造协会

四、原料价格持续下降

2014年下半年以来，国际原油价格深度调整，直线下跌，2015年底更是跌破30美元/桶大关。受此影响，化纤原料价格持续下跌，涤纶长丝、锦纶长丝价格相继盘整下调。从图5可以看出，受国内己内酰胺设备陆续投产的影响，2015年锦纶长丝价格下调幅度较大，涤纶长丝价格较2014年仍有下跌但幅度较小。预计2016全年，原料价格上涨空间不大。

表5 2014～2015年我国长丝织造集群地区实际完成固定资产投资情况表

单位：%

集群名称	2015年同比	2014年同比
盛泽	16.58	−32.39
长兴	−34.08	−4.00
秀洲	10.00	4.00
龙湖	7.00	−42.86
泗阳	−60.75	16.8
平望	−33.51	−25.00
合计	−15.36	−19.15

资料来源：各地经济部门统计

表6 2015年我国化纤长丝织造及印染精加工业主要经济指标汇总表（规模以上）

指标名称	单位	2014年（亿元）	2013年（亿元）	同比（%）
主营业务收入	亿元	1232.68	1209.54	1.91
主营业务成本	亿元	1093.96	1073.98	1.86
税金合计	亿元	36.19	33.67	7.47
三费合计	亿元	67.62	68.15	–0.78
营业利润	亿元	64.47	61.53	4.77
利润总额	亿元	65.91	61.98	6.35

资料来源：国家统计局

图5 2015年我国化纤长丝及棉花价格走势图

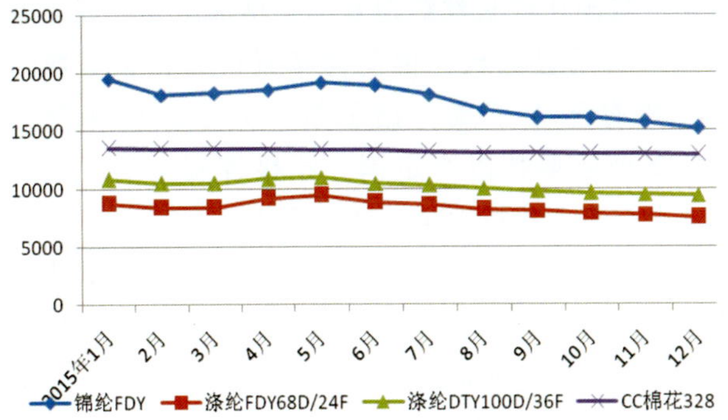

资料来源：中国绸都网

五、投资继续下降

据国家统计局统计，2015年，我国化纤长丝织造行业实际完成投资额333.02亿元，同比下降11.95%，施工项目数同比下降20.05%，新开工项目数同比下降19.25%。受经济不景气影响，多数化纤织造企业继续扩大产能的意愿继续下降，投资多用于设备改造与转型升级等方面，另有部分投资用于按照国家及地方节能减排政策的要求，进行设备更新置换，如煤改气等。

六、行业经济低增长

2015年，我国规模以上化纤织造及印染精加工业各主要经济指标低位增长。从图6中可看出，与2014年同期相比，上半年我国化纤织造及印染精加工业主营业务收入和利润总额下滑幅度较大，自7月以来随着市场销售略有回升，11月份收入增速继续回落，利润增速略有增长；三费增速持续下滑，利润率保持低增长。

图6 2015年我国化纤织造及印染精加工业主要经济指标增长情况（规模以上）

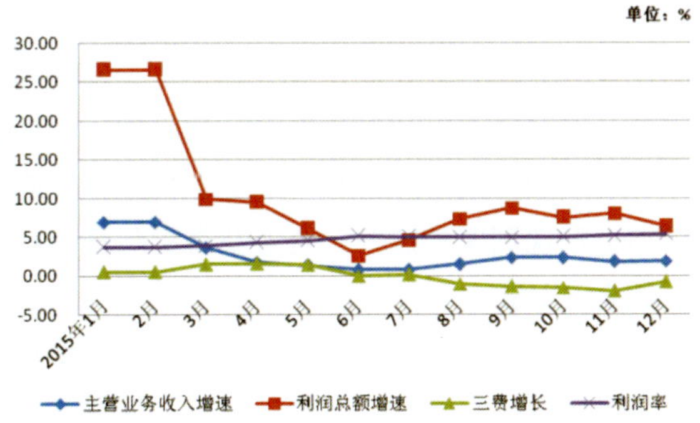

资料来源：国家统计局

从表6可以看出，2015年我国规模以上化纤织造及印染精加工业主营业务收入累计为1232.68亿元，同比增长1.91%，增速比2014年同期减少2.07个百分点；利润总额累计为65.91亿元，同比增长6.35%，增速比2014年同期增加1.82个百分点；营业利润同比增长4.77%，增速比2014年同期减少了1.1个百分点，主营业务完成利润增长的74.62%。

据国家统计局统计，2015年我国规模以上化纤织造及印染精加工业利润率为5.35%；另据各产业集群地区统计，2015年全年盛泽、长兴、秀洲、龙湖、泗阳、平望、柯桥七地合计化纤长丝织造行业利润率为4.06%，同比减少0.06个百分点。

此外，据国家统计局统计，2015年我国化纤长丝织造行业亏损企业累计亏损额为39377万元，同比增长22.31%，亏损面达到13.11%，比2014年同期扩大1.36个百分点；同时，下游化纤长丝织物染整精加工业亏损企业累计亏损额为5149万元，亏损面达到13.5%，比2014年同期扩大5.39个百分点。

行业运行存在的主要问题

一、融资依然艰难 连保风险较大

（一）利息成本偏高 长期贷款难申请

在当前经济下行压力加大的背景下，商业银行对制造业，尤其是对纺织行业中小企业大幅提高贷款利率，增加了企业的利息支出。据了解，以现金贷款做质押换取承兑汇票的不当操作依然普遍存在，加上贴现利率的放开，企业获得实际资金的成本更是成倍上涨。

目前，我国各商业银行对纺织行业贷款限定颇多，造成贷款难申请，尤其是项目类长期贷款，几乎不可能获批。纺织企业能得到的只是捆绑了诸多附加条件的短期贷款。然而实际上，纺织业的技术改造项目需用投资数额较大，回收期较长，这造成了项目还未投产获利，就必须先连本带息偿还短期贷款，再申请下一年度的短期贷款来保证项目的持续推进。这既增加了企业的利息支出也增加了还款压力。一旦银行临时抽贷，就会直接影响企业的资金周转甚至正常的生产经营。

（二）连带担保加大损失

2015年，各产业集群地都出现了企业因担保需要偿还巨额债务的现象。由于经济形势不好，企业经营困难，多数担保企业难以承受由此带来的资金损失。按照银行贷款的要求，企业之间不得已互相担保借贷，形成连保，担保资金的损失被放大、并扩散蔓延，容易引发一损俱损的现象。

二、库存风险依然存在

从图7中可见，2015年，我国化纤长丝织造企业产成品库存为70.4亿元，同比增长2.67%。2015年以来，我国化纤长丝织造及印染精加工业产成品库存虽未有明显增长，但前两年累计库存量基数较大，库存压力不减。据了解，为了减少库存，2015年企业多数以产定销，积极控制生产。据统计，七个产业集群地全年产销率99.13%，比2014年同期提高0.65个百分点。虽然企业也想尽办法清理库存，但随着原料价格的下跌，2013年以后积累下来的老旧库存更加难以消耗，潜亏风险巨大。

图7 2014～2015年我国化纤长丝织造及印染精加工业产成品库存情况（规模以上）

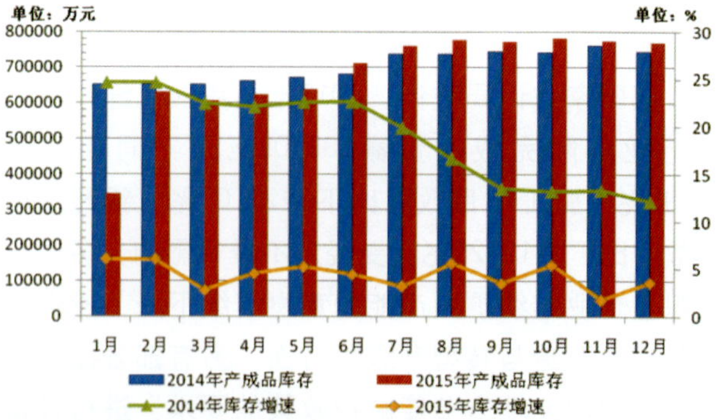

资料来源：国家统计局

三、人才供给不足

2016年春节过后，长丝织造企业招工虽然较为顺利，但据了解目前能招到的工人主要是行业内原本的劳动力，几乎找不到新入行的员工。这预示着行业新鲜血液供给不足，未来会有人才供给困难。近年来，长丝织造行业工人工资一直较高，企业为吸引员工，在改善住宿环境、帮助家属就业、孩子上学等方面也做了许多努力，但由于工作环境不好、劳动强度大，以及年轻人的工作理念等问题造成新的用工缺口。

一些大型企业开启智能制造，引进智能设备，虽然用工数量整体下降，但高技能人才显得更加匮乏。各高校毕业生专业学习与实际操作不对口，技术操作能力有限，难以适应企业需求。这将是产业人才结构调整的重大问题，也是未来长期要面临的问题。

四、环保压力增加成本

2015年3月，浙江省质量技术监督局批准发布了DB33/962—2015《纺织染整工业大气污染物排放标准》省级地方标准，对纺织染整企业包括纺织材料进行以染色、印花、整理为主的处理工艺过程，包括预处理（不含洗毛、麻脱胶、煮茧和化纤等纺织用原料的生产工艺）、染色、印花和后整理，过程中大气污染物排放进行限值限定。

2015年江浙地区有大批染整企业被限产停产，环保压力造成下游印染成本增加。我国长丝织造产业主要集中在环太湖及东部沿海地区，作为印染行业的上游产业，织造产业产品销量受其影响较大。印染企业被关闭一定程度上导致了印染成本的提升，影响织造企业下游销售市场。

2016年长丝织造行业发展趋势展望

一、内外需求不足

2016年，国内外经济形势并不明朗，国际石油价格走势依然扑朔迷离，纺织产业转移海外趋势加大，世界经济复苏困难重重。国内化纤织造行业受石油原料价格影响较大，市场投资意愿下降，纺织行业市场经济不会有大的起色。

尤其是全球经济低速增长，国内外市场需求不旺，导致纺织行业市场进出口贸易不景气。据中国海关统计，2016年1～2月，我国纺织服装对美出口71.19亿美元，同比减少8.84%，较全国纺织服装出口增速高6.9个百分点；其中，纺织品出口20.42亿美元，同比减少14.76%；服装出口50.77亿美元，同比减少6.23%。

二、结构调整矛盾突出

当前，我国纺织行业结构调整矛盾突出，下游产品市场价格预期走低，纺织产品利润减少，因此2016年纺织行业经济不会有太大涨幅。化纤长丝织造行业同样面临产品结构调整、产能转型升级、产业链完善、环保等多方面问题，行业协会积极引导企业及时创新研发、调整产品结构、提升技术水平，时刻关注化纤原料价格走势，积极消化现有产成品库存，收集下游市场信息，加快市场反应速度。同时，随着我国环保压力的持续加大，环保成本逐步提高，企业加大环保新技术应用也十分必要。

三、原料市场变数多

2016年以来，国际石油价格在大幅下跌后开始逐步恢复。国际原油期货价格由2015年年末的34.73美元/桶，下跌至2016年1月的28.46美元/桶，到2月开始逐步恢复到30.77美元/桶；截至3月25日，国际原油期货价格为39.91美元/桶。较2015年的下跌趋势而言有所回升，但受国际政治、经济多方面因素影响预计2016年国际石油价格全年走势变数仍然较大，石油价格下跌直接影响化纤原料价格。

受石油价格影响，精对苯二甲酸（PTA）价格由2015年年末的4305元/吨下降至2016年1月的4105元/吨，后开始回升至2月的4350元/吨；截至3月25日，PTA内盘价格增长至4480元/吨。同时，2016年全球棉花供给仍然宽松，新兴经济体增长乏力，预计2016年原料市场需求不会明显好转。

2016年长丝织造行业发展应对措施

一、环保需继续努力

当前，伴随着环保意识的不断提高，环保压力的逐步加大。长丝织造企业经过多年的努力，已清醒的认识到这一发展趋势并十分重视节能环保，积极促进行业可持续发展。多数长丝织造企业已实现通过中水回用技术实现污水处理及循环利用，水资源利用率明显提高。2015年各产业集群全面实施“煤改气”工程，对推行绿色环保工作有积极意义。

2015年5月国务院发布的《中国制造2025》明确提出，要全面推行绿色制造，努力构建高效、清洁、低碳、循环的绿色制造体系。我国纺织业在绿色制造中肩负更大责任，尤其是织造业下游印染业的废水排放问题，将给未来纺织业可持续发展带来更多挑战。国家对纺织企业节能环保要求会越来越高，企业可能会面对更加严格的环保政策。因此，我们呼吁企业在节能环保方面不断完善、坚持投入，为我国纺织业绿色环保工作做出更多努力！

二、促进智能化生产

智能制造是纺织服装行业转型升级的必由之路。在互联网、大数据、云计算背景下，我国长丝织造行业智能化发展水平不断提高。企业自动化水平大幅提升，智能化系统应用逐步推广。如采购管理系统、生产管理系统、企业资源计划（ERP）、电子商务销售与推广系统等智能化管理系统的投入，促使行业信息化管理水平得到良好改善。

然而，“云经济”时代下智能制造对企业有着更高要求。无论是从智能化生产到电子商务销售，还是从自动化车间到智能化操作管理，企业都要通过自动化生产设备和互联网信息系统的结合，加快新一代信息技术融入行业生产，提升企业劳动生产率，促进智能化织造，努力推动织造产业向数字化、智能化和柔性化等方向发展。企业要不断强化互联网在工业生产、经营管理、市场销售等方面应用，逐步实现行业智能化发展水平的不断提升。

三、完善技术 研发新品

近年来，长丝织造行业在织造技术升级和新品研发中，不断提升技术水平、投入产品研发，并依靠先进生产设备实现研发产品进入市场。如今，全自动穿经设备、全自动结经设备等自动化织造设备已经应用于生产一线，并有企业引进国际设备，极大提高了企业生产效率。下一步，企业需要通过完善技术、提升织造水平，以促进行业织造技术的不断成熟。

同时，面对企业产品单一、同类化严重的现象，长丝织造企业更要结合市场需求，实现多样、差异化产品的创新研发，全面提升企业产品附加值，增加产品利润空间、价值空间，为企业赢得更大的市场竞争力。在此，我们鼓励企业实行产学研对接联动开发，坚持新产品创新研发投入，在产品功能性、多样性方面进行差异化创新研发，为企业争取更广阔的市场。2016年，希望长丝织造企业与上下游产业链紧密对接、横向联合发展，建立产学研联盟平台，积极面对困难，共同规避风险！

（撰稿人：黄潇瑾 任 倩）

印染业

中国印染行业协会

2015年印染行业经济运行情况

2015年是"十二五"规划的收官之年，在全球经济低速和我国经济换挡调速的背景下，我国印染行业加大结构调整和转型升级力度，通过推动产业科技进步、提高产品研发水平、落实节能减排等措施，全行业实现了减速增效的平稳发展。经济运行主要呈现以下特点：

一、产量持续负增长

2015年，规模以上印染企业印染布产量509.53亿米，同比减少5.07%，增速较2014年回落2.57个百分点。其中浙江、江苏、福建、广东、山东等东部沿海五省产量488.06亿米，占全国总产量的95.79%。五省中仅江苏省印染布产量同比小幅增长1.37%，浙江、广东、福建和山东省印染布产量同比分别下降1.97%、5.25%、19.14%和8.54%，见表1。

"十二五"以来全国印染布产量呈持续负增长态势，由2010年的593.03亿米下降至2015年的509.53亿米，如图1所示。受市场需求减少、生产成本上涨和环保压力加大等因素的影响，印染行业生产增速放缓，印染布产量下降。

图1 2011～2015年规模以上印染企业印染布产量情况

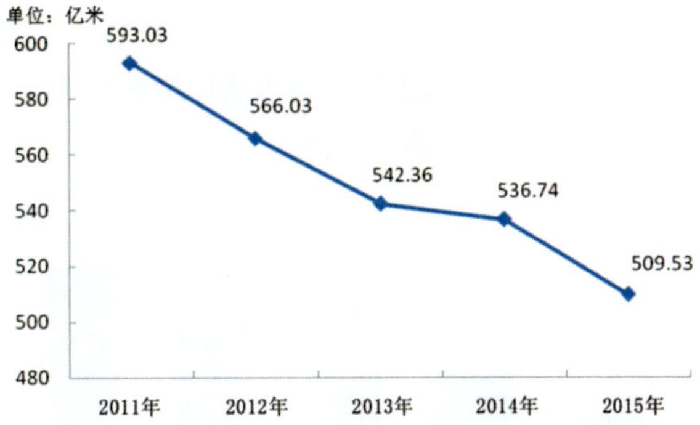

资料来源：国家统计局

2015年，东南沿海五省中，浙江省产量占全国比重达62.34%，江苏、广东、福建和山东占全国比重分别为12.65%、7.9%、7.5%和5.4%，其他省市印染布产量仅占全国4.21%，如图2所示。"十二五"以来，东南沿海五省印染布产量占全国比重逐年增大，由2011年的92.43%上升到2015年的95.79%，提高了3.36个百分点，如图3所示。东南

表1 2015年主要省份印染布生产情况

产地	单位	全国	浙江	江苏	福建	广东	山东	五省合计
产量	亿米	509.53	317.63	64.47	40.23	38.22	27.51	488.06
同比	%	-5.07	-1.97	1.37	-5.25	-19.14	-8.54	
占全国比重	%	100	62.34	12.65	7.9	7.5	5.4	95.79

资料来源：国家统计局

沿海地区继续发挥印染产业发展的主力军作用。

图2 2015年主要省市印染布产量占比情况

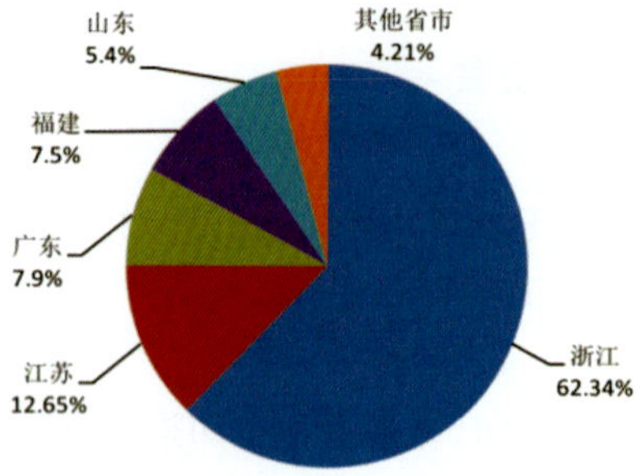

资料来源：国家统计局

图3 2011～2015年东南沿海五省印染布产量占比情况

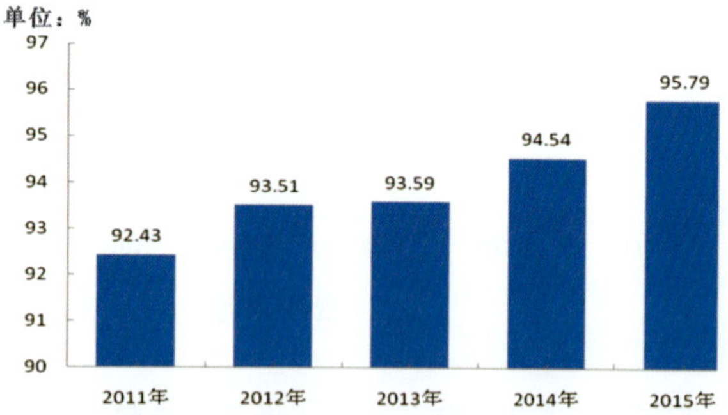

资料来源：国家统计局

二、固定资产投资保持较高增速

2015年，印染企业500万元以上项目固定资产实际完成投资429.73亿元，同比增加16.8%；施工项目数818个，同比增加9.95%；新开工项目数697个，同比增加19.76%；竣工项目数687个，同比增加18.04%。其中，棉印染精加工企业的实际完成投资额、施工项目数、新开工项目数及竣工项目数的增速同比分别为16.7%、16.39%、28.78%和26.33%，化纤织物印染精加工企业实际完成投资额同比增长17.08%，但施工项目数、新开工项目数及竣工项目数同比均有所减少，分别下降6.76%、1.74%和6.28%，见表2。

近几年，印染行业固定资产投资增速较快，2015年有所回落，但幅度不大，如图4所示。2015年，实际完成投资增速较2014年同期回落5.56个百分点。

图4 2011～2015年印染企业500万元以上项目固定资产实际完成投资情况

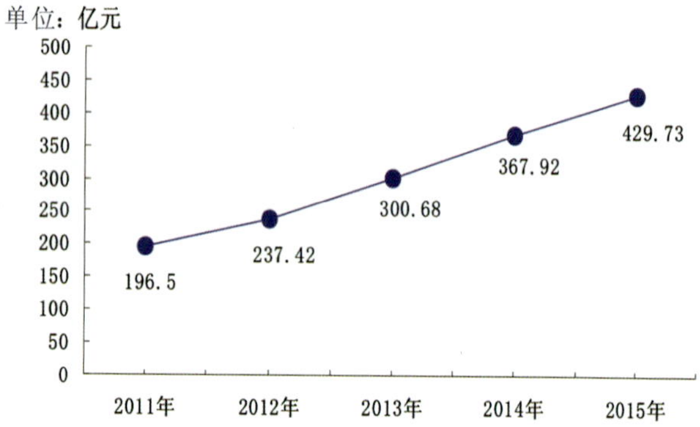

资料来源：国家统计局

表2 2015年印染企业500万元以上项目固定资产投资情况（不含农户）

项目	单位	棉印染加工		化纤织物印染精加工	
		数值	同比（%）	数值	同比（%）
实际完成投资	亿元	341.65	16.70	88.08	17.08
施工项目数	个	625	16.39	193	−6.76
新开工项目数	个	528	28.78	169	−1.74
竣工项目数	个	523	26.33	164	−6.28

资料来源：国家统计局

三、质量效益稳步提升

（一）运行质量提高

2015年，规模以上印染企业三费比例6.05%，同比增长0.06个百分点，其中，棉印染企业为5.94%，低于化纤织物印染企业1.95个百分点。成本费用利润率5.49%，同比增加0.22个百分点；产成品周转率27.31次/年，同比增加3.56%；应收账款周转率10.85次/年，同比增加1.53%；总资产周转率1.4次/年，同比增加3.09%，见表3。表明行业整体管理水平改善，运行质量有所提高。

（二）盈利能力增强

2015年，规模以上印染企业实现主营业务收入3905.6亿元，同比增长4.25%，增速较2014年同期提高1.34个百分点；实现利润总额202.6亿元，同比增长7.25%，增速较2014年同期增加4.52个百分点；销售利润率5.19%，较2014年同期增长0.19个百分点。表明随着转型升级和结构调整的深入推进，行业盈利能力稳中有进。

图5 2011～2015年规模以上印染企业主营业务收入情况

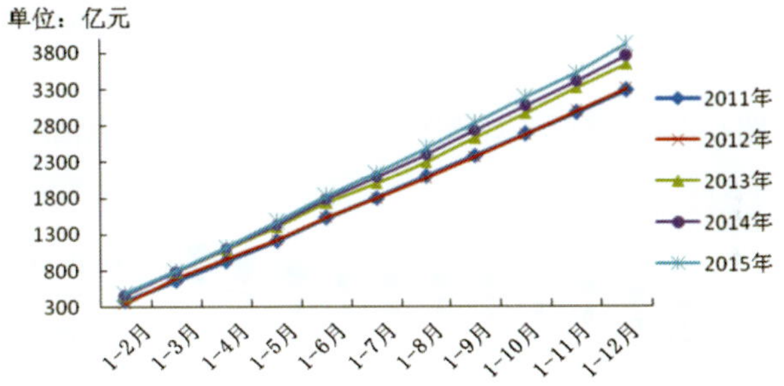

资料来源：国家统计局

表3 2015年印染行业运行效益指标

项目		规模以上印染企业	其中：棉印染精加工	化纤织物染整精加工
三费比例	数值(%)	6.05	5.94	7.89
	同比（百分点）	0.06	0.07	-0.17
成本费用利润率	数值(%)	5.49	5.45	6.16
	同比（百分点）	0.22	0.21	0.34
销售利润率	数值(%)	5.19	5.15	5.76
	同比（百分点）	0.19	0.19	0.27
产成品周转率	数值（次/年）	27.31	27.32	27.21
	同比(%)	3.56	4.25	-8.77
应收账款周转率	数值（次/年）	10.85	11.05	8.23
	同比(%)	1.53	2.05	-4.98
总资产周转率	数值（次/年）	1.4	1.44	1.01
	同比(%)	3.09	3.04	4.00

资料来源：国家统计局

图6 2011～2015年规模以上印染企业利润总额情况

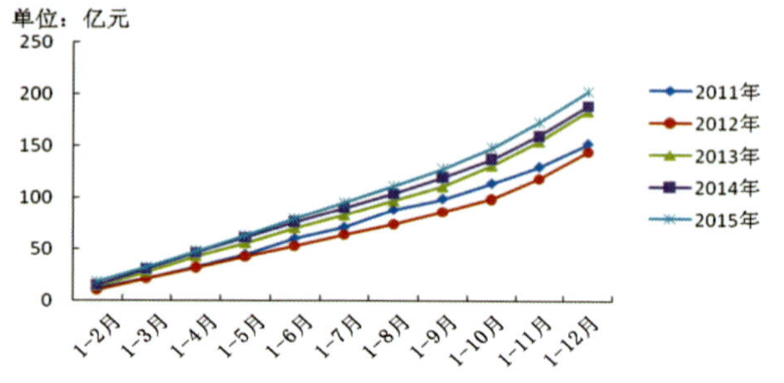

资料来源：国家统计局

图7 2011～2015年规模以上印染企业销售利润率情况

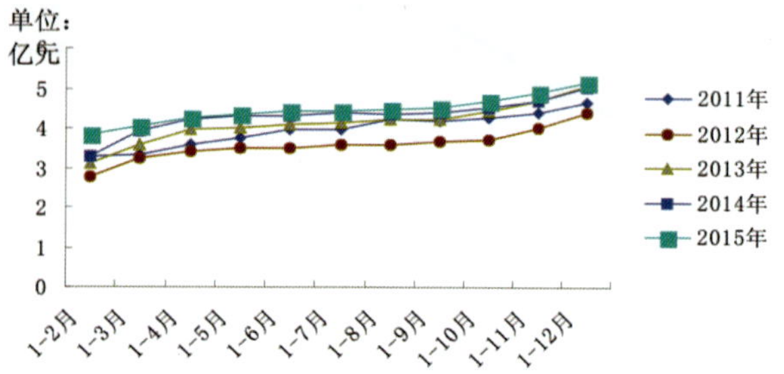

资料来源：国家统计局

（三）亏损面小幅上升，亏损额增加

2015年，规模以上印染企业亏损企业户数220家，亏损面12.17%，较2014年扩大0.93个百分点。亏损企业亏损总额10.38亿元，同比增长31.39%，增速较2014年同期大幅提高30.93个百分点。表明行业两极分化进一步加剧，部分企业生产经营困难。

图8 2011～2015年规模以上印染企业亏损面变化情况

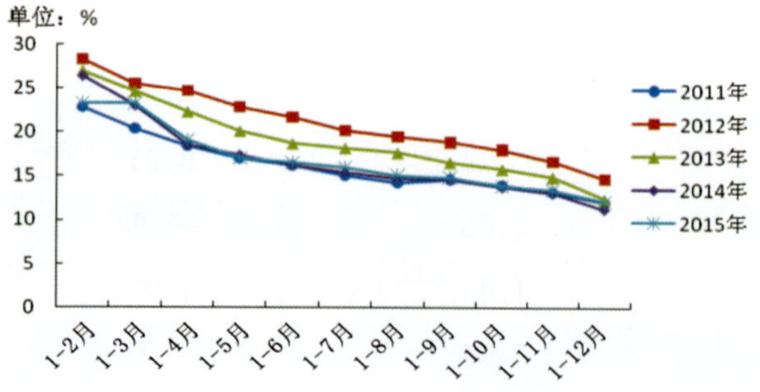

资料来源：国家统计局

四、出口保持小幅增长，增速回落

2015年，印染八大类产品进出口总额266.24亿美元，同比减少1.93%，增速较2014年同期回落10.49个百分点；贸易顺差219.96亿美元，同比增加0.51%，增速较2014年同期回落12.69个百分点。

（一）进口量价齐跌

2015年，印染八大类产品进口数量11.73亿米，同比减少7.5%，增速较2014年同期增加3.68个百分点；进口金额23.14亿美元，同比减少12.06%，增速较2014年同期回落4.82个百分点；进口平均单价1.97美元／米，同比减少4.93%，增速较2014年同期回落9.37个百分点。

（二）出口增速继续回落

2015年，印染八大类产品出口数量206.59亿米，同比增长1.79%，增速较2014年同期回落6.41个百分点；出口金额243.10亿美元，同比减少0.84%，增速较2014年同期回落11.42个百分点；出口平均单价1.17美元/米，同比减少3.31%，增速较2014年同期回落13.89个百分点。由图9可知，2011年以来印染八大类产品出口数量、金额逐年增加，2011～2014年出口平均单价逐年上升，2015年出现价格下降现象。

图9 印染八大类产品出口情况

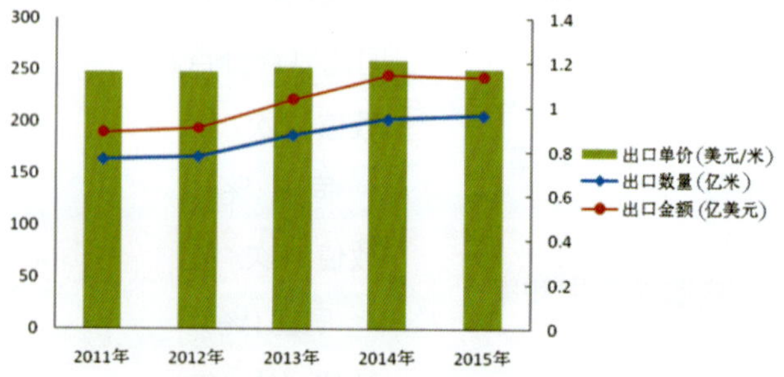

1.印染八大类产品出口情况

2015年印染八大类产品出口情况如表4所示。八大类产品中，棉混纺印花布出口占比最小，出口数量同比增长10.58%，金额同比减少12.84%。合成长丝织物出口占比最大，出口数量同比增长2.1%，金额同比减少1.21%。八大类产品中，除人纤短纤织物出口平均单价同比增加4.1%，T/C印染布与2014年持平以外，纯棉染色和印花布、棉混纺染色和印花布、合成长丝织物和涤纶短纤织物平均单价同比都有不同幅度的降低。

2. 主要出口市场情况

印染八大类出口市场前十位依次为越南、孟加拉国、贝宁、阿联酋、尼日利亚、巴基斯坦、印度尼西亚、巴西、墨西哥和美国。前十位出口数量合计88.58亿米，占总出口数量的42.87%；出口金额116.12亿美元，占总出口金额的47.77%，见表5。越南仍是最大的出口市场，但受全国市场低迷、需求不足等因素影响，出口数量增速比2014年同期回落26.2个百分点；出口金额增速同比回落63.75个百分点。

3. 传统出口市场情况

对欧盟市场出口数量同比增长3.94%，出口金额同比减少1.65%。对欧盟、美国、中国香港和日本市场出口平均单价同比分别下降5.37%、0.2%和2.02%和0.35%，见表6。"十二五"以来，印染布出口欧盟和美国市场占总出口数量的比重基本稳定，出口中国香港和日本市场占比逐年下降，如图10所示。

图10 2008～2015年印染布传统出口市场占比情况

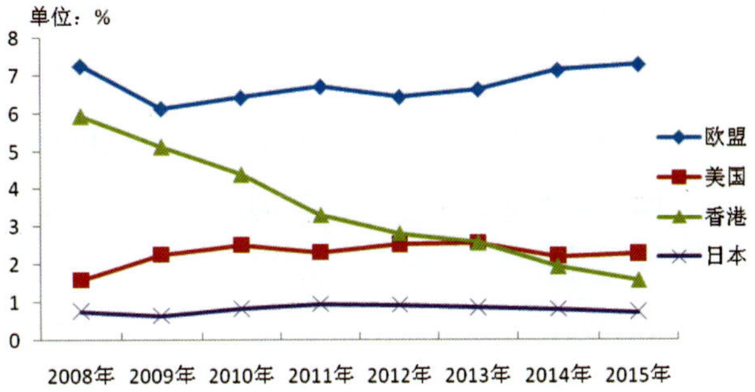

资料来源：中国海关

4. 新兴市场出口情况

对东盟和印度出口数量分别增长6.75%和8.24%，出口金额保持了两位数的增长速度，分别

表4 2015年印染八大类产品出口情况

品种	数量（亿米）	金额（亿美元）	单价（美元/米）	数量同比（%）	金额同比（%）	单价同比（%）
纯棉染色布	13.05	27.84	2.13	2.42	−0.79	−3.18
纯棉印花布	17.33	21.55	1.24	−13.15	−19.5	−7.46
棉混纺染色布	3.32	7.31	2.2	26.78	20.6	−4.76
棉混纺印花布	0.73	1.42	1.94	10.58	−12.84	−2.51
合成长丝织物	114.78	113.88	0.99	2.1	−1.21	−3.88
涤纶短纤织物	15.44	12.8	0.83	7.37	4.68	−2.35
T/C印染布	18.23	28.21	1.55	5.26	−5.61	0
人纤短纤织物	23.69	30.08	1.27	14.1	19.19	4.1
合计	206.59	243.1	1.17	1.79	−0.84	−3.31

资料来源：中国海关

表5 2015年印染布出口主要市场情况

国家及地区	数量（亿米）	金额（亿美元）	单价（美元/米）	数量同比（%）	金额同比（%）	单价同比（%）
越南	20.06	39.53	1.97	16.2	20.48	3.69
孟加拉国	10.33	15.4	1.49	22.8	12.22	−8.62
贝宁	9.18	8.64	0.94	−12.8	−31.82	−21.82
阿联酋	8.41	9.59	1.14	−10.92	−14.56	−5.23
尼日利亚	8.07	6.20	0.77	26.16	20.86	−4.20
巴基斯坦	7.81	11.33	1.45	4.67	−0.15	−4.61
印度尼西亚	7.69	8.92	1.16	−5.92	−8.93	−3.2
巴西	6.97	6.22	0.89	−28.16	−27.87	0.42
墨西哥	5.35	4.37	0.82	15.22	3.99	−9.75
美国	4.71	5.92	1.26	4.28	4.07	−0.20

资料来源：中国海关

增长10.59%和11.07%；对俄罗斯的出口数量和出口金额同比均呈现负增长，分别减少21.4%和12.24%。对东盟、俄罗斯的出口平均单价同比分别增长3.6%和2.62%，见表7。自2012年起，印染八大类产品出口印度市场占比逐年上升、出口俄罗斯市场占比逐年下降。2008～2015年以来出口东盟市场占总出口数量的比重呈逐年上升态势，如图11所示。

图11 2008～2015年印染布新兴出口市场占比情况

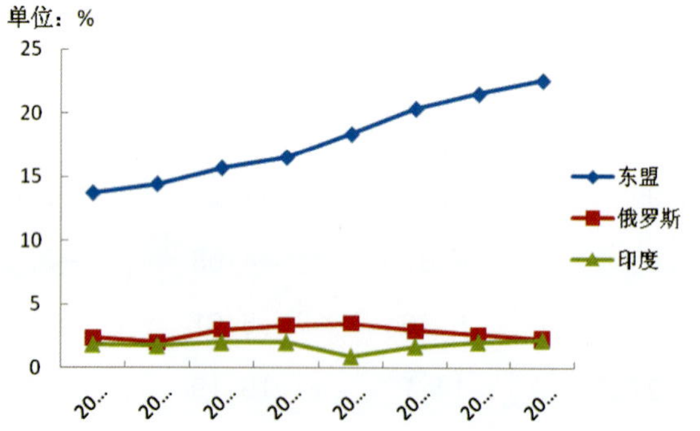

资料来源：中国海关

2015年印染行业面临的主要问题

2015年，全球经济复苏仍显疲弱，国际市场需求整体回升动力不足，我国经济增速下行压力依然突出。在宏观经济调速换挡的大背景下，印染行业发展速度放缓，但运行总体平稳。面对经济发展低速、出口市场低迷、环保压力日趋严峻的新常态，印染行业面临前所未有的挑战，如果企业不抓住转型升级的时间窗口和战略机遇，必将被竞争淘汰、被市场抛弃。

一、环保成本不断上升

随着新环保法的实施和印染企业准入公告工作的开展，各级政府部门不断提升监管标准，扩大监管范围。《纺织染整工业水污染物排放标准》（GB 4287—2012）实施更加严格，2015年又增设“总锑”的排放控制要求，《水污染防治行动计

表6 2015年印染布出口传统市场情况

国家及地区	数量（亿米）	金额（亿美元）	单价（美元/米）	数量同比（%）	金额同比（%）	单价同比（%）
欧盟	15.07	17.66	1.17	3.94	−1.65	−5.37
美国	4.71	5.92	1.26	4.28	4.07	−0.2
中国香港	3.24	5.4	1.66	−17.66	−19.32	−2.02
日本	1.51	1.23	0.82	−7.27	−7.59	−0.35

资料来源：中国海关

表7 2015年印染布出口新兴市场情况

国家及地区	数量（亿米）	金额（亿美元）	单价（美元/米）	数量同比（%）	金额同比（%）	单价同比（%）
东盟	46.62	70.31	1.51	6.75	10.59	3.6
俄罗斯	4.72	4.88	1.03	−10.44	−21.4	−12.24
印度	4.49	3.83	0.85	8.24	11.07	2.62

资料来源：中国海关

划》对纺织印染污染防治实行严格控制，《纺织印染业工业大气污染物排放标准》将对印染废气排放进行有效控制，一些地方政府推行的“煤改气”政策进一步增加了企业的环保投入和运行成本。在当前国内外经济形势下，印染行业经济发展面临下行压力，2015年印染布产量同比减少5.07%，增速较2014年同期回落2.57个百分点，许多企业由于资金短缺、技术支撑不足，节能减排水平的提升受到制约。行业急需加大技术和资金的投入，提升企业管理水平和创新能力，同时，相关管理政策以及环保管理制度也应根据行业发展的实际情况科学合理制定，确保行业平稳健康发展。

二、国际竞争压力不断增大

2015年全球经济复苏缓慢，需求增长疲软，国际竞争日趋激烈。2015年，我国印染八大类产品出口数量同比小幅增加1.17%；出口金额同比减少0.84%；出口单价1.17美元/米，同比减少2.59%，呈现近年来的较低水平。自跨太平洋伙伴关系协定（TPP）生效以来，受关税降低和原产地原则等因素的影响，美国和日本更倾向于从TPP成员国进口，我国印染布出口国际竞争压力不断加大。2015年我国纺织品占美市场份额30.28%，同比2014年提高1.46个百分点，印尼、马来西亚、孟加拉占美市场份额分别增加0.2、2.39和0.15个百分点，越南下降0.24个百分点。我国纺织品占欧盟市场份额34.71%，较2014年的34.03%提高0.68个百分点，越南、马来西亚占欧盟市场份额分别提高0.05和0.03个百分点，孟加拉、印尼同比均回落0.08个百分点。我国纺织品占日本市场份额56.08%，较2014年的56.46%下降0.38个百分点，同期，越南、印尼、孟加拉占日本市场份额分别扩大0.81、0.19和0.08个百分点，马来西亚下降

0.12个百分点。以上数据表明，我国纺织品在美国和欧盟市场所占份额基本保持稳定，但占日本市场份额呈逐年下降态势。

2016年印染行业发展趋势展望

2016年，全球经济仍处于弱复苏的新常态，针对环境压力和市场需求缺乏向好动力等问题，印染行业将进一步加快结构调整和转型升级的步伐，稳中有进。预计印染行业经济增速将继续处于低位，但保持在合理的范围内，质量效益提升将在2016年进一步显现。

一、国际国内形势对印染行业的影响

从国际形势来看，2016年美国经济前景不容乐观，经济增速阻力较大，另两大经济主体欧洲和日本仍难走出衰退阴影。在新兴经济体增速放缓的背景下，如果美国经济也停滞不前，国际市场需求必然受到影响。对印染行业而言，需求可能会进一步减弱。由于西方对俄罗斯的制裁和国际油价下跌等影响，俄经济发展缺乏动力，发展陷入停滞期，而另一新兴出口市场印度的经济却依旧保持快速增长的态势，预计2016年我国印染产品对俄罗斯的出口将继续走低，对印度的出口将保持增长态势。从国内形势来看，国际环境恶劣对我国经济发展带来阻力。尽管增速有所放缓，但印染行业正朝着更多立足内需和创新驱动的方向发展。

二、先进技术推动印染行业健康绿色发展

“十三五”期间要以生态文明建设统领经济社会发展全局，节能环保是企业的基本功和准入门槛，技术进步才是行业发展的主旋律。2016年，印染行业将继续保持经济与环保协同发展，节能减排工作将继续深入推进，更多的企业采用高效短流程前处理技术、低浴比的染色技术和印染废水、废气治理及回收利用等技术；采用环保、节能、短流程、数字化监控与智能化的印染设备，有效减少资源消耗和污染物排放，在节能环保的同时提高产品的附加值，促进印染行业健康绿色的发展。

三、供给侧结构性改革助力印染行业转型升级

2016年，政府在适度扩大总需求的同时，着力加强供给侧结构性改革，在减税、金融改革等方面，帮助企业降低成本，有利于提高企业发展能力，增加有效供给。印染行业将进一步推进节能减排，加大环保新技术的应用，走绿色印染的道路，同时更加注重产品的生态安全和功能性；加强企业信息化和精细化管理，全面推广和应用信息技术，加强管理与互联网的融合，实现管理模式创新和发展方式的转变；加快技术改造和新产品的设计与研发，提高自主创新和品牌建设能力，进一步提升装备信息水平，优化产业链条，使产品结构更加符合市场需求。通过管理模式的转变、装备技术升级以及产品结构的调整，行业的整体水平和竞争力有望提高。

四、行业总体运行平稳，增速放缓

2016年，印染行业所面临外部形势的复杂严峻性仍然不会改变。全球经济复苏仍显疲弱，国际市场需求整体回升动力不足。随着国内供给侧结构性改革进程的推进，降成本、扩大有效供给等一些有利于制造业的政策将逐步实施，以及国内需求的支撑作用的影响，预计印染行业将保持平稳运行，生产缓中趋稳，质量效益进一步提升。

（撰稿人：丁思佳　刘添涛　林　琳）

针织业

中国针织工业协会

2015年度中国针织行业运行分析

在经历了连续两年的出口破千亿之后，2015年针织行业发展有所变化。受各国消费普遍不振的影响，中国的针织行业的出口竞争明显加剧，出口额同比增速下滑明显，再次成为全行业的焦点。

针织行业整体虽稳中有增，但发达经济的贸易保护措施下显现出的产业转移已经日渐显露。在数据表现中，出口总额有所下降，进口总额小幅增加，与纺织业整体的进出口双降有所不同。这样的数据既反映出海外转移的正在加速，也反映出国内对于针织类服装的市场需求保持稳定。随着供给侧改革的不断深化，针织行业的必然仍有一定发展广阔的拓展空间。

一、经济效益稳中有增，织物板块利润较好

根据国家统计局的数据显示，2015年针织行业规模以上企业共5739家（其中亏损企业641家），主营业务收入共7172亿元，与2014年同期6932亿元相比，增长3.46%；其中，针织服装板块增长

表1 2015年针织行业经济效益情况

行业	企业户数	亏损户数	亏损面(%)	主营业务收入			利润总额		
				2015年(亿元)	2014年(亿元)	同比(%)	2015年(亿元)	2014年(亿元)	同比(%)
纺织行业	38744	4411	11.38	70713	67354	4.99	3860	3663	196
纺织业	20525	2205	10.74	40173	38119	5.39	2167	2062	104
针织织物	2392	211	8.82	3209	3123	2.75	191	174	16
针织服装	3347	430	12.85	3963	3809	4.04	206	203	3

行业	亏损企业亏损额			出口交货值		
	2015年(亿元)	2014年(亿元)	同比(%)	2015年(亿元)	2014年(亿元)	同比(%)
纺织行业	192	201	-4.61	9425	9649	-2.32
纺织业	94	99	-4.89	3803	3958	-3.92
针织织物	4	4	0.48	579	594	-2.43
针织服装	9	8	9.64	1383	1379	0.28

资料来源：国家统计局

表2 2015年针织行业固定资产投资情况

行业	实际完成投资（亿元）	施工项目数（个）	新开工项目数（个）	竣工项目数（个）	实际完成投资比去年同期增长（%）	施工项目数比去年同期增长（%）	新开工项目数比去年同期增长（%）	竣工项目数比去年同期增长（%）
针织织物	552	1225	1074	1061	15.93	10.26	19.07	15.20
针织服装	605	1173	943	952	23.25	10.14	16.28	17.82

资料来源：国家统计局

4.04%，针织织物板块增长2.75%。全行业累计实现利润总额398.4亿元，较2014年同期增长19.9亿元，同比增速为5.3%。从表1可以看到，出口交货值有所下降，主营业务收入的增加，主要是靠内销增长的带动。

二、整体投资信心良好

2015年，针织行业500万元以上项目固定资产投资实际完成投资共计1157亿元，新开工项目数2017项，均保持稳定。从表2分板块的数字来看，针织织物板块增长15.9%，针织服装板块增长23.2%，相比较而言，针织服装板块信心更足。针织服装板块处于转型升级的过度时期，企业在针织服装领域生产效率提升的一系列措施和投入，会逐步释放和显现出来。

三、针织服装生产小幅下降

2015年，针织服装板块规模以上企业产量略有下降，产量为143.6亿件，同比下降0.66%。从累计产量的排名看，江苏、浙江、山东、广东和福建传统五省依然居于前五位，而上海市下降较快，未在前十名之列。

四、出口总额有所下降，进口总额小幅增加

（一）总体情况

根据中国海关数据显示，2015年，针织行业出口总额为984.4亿美元（含针织服装附件），同比下降7.2%，降幅大于全行业4.8%的降幅，见图1。针织行业出口中，针织织物累计出口金额146.3亿美元，同比增加3.43%，而针织服装板块

表3 2015年针织服装产量情况

名称	企业户数	2015年产量（亿件）	同比（%）
服装	10724	308	2
梭织服装	7449	165	4
针织服装	4162	143.6	–0.66

资料来源：国家统计局

表4 2015年针织行业出口情况

类别	单位	累计数量	累计金额（亿美元）	平均单价（美元）	数量同比（%）	金额同比（%）	单价同比（%）
针织织物	亿米	109.2	146.3	1.34	6.37	3.43	−2.90
针织服装	亿件	195.4	711.9	3.64	−11.47	−9.88	1.68

资料来源：中国海关

累计出口金额711.9亿美元，同比下降9.88%，见表4。针织服装出口是影响针织行业出口的晴雨表，针织服装的出口数量减少直接影响了针织行业的数据表现。

图1 “十二五”期间针织行业出口规模

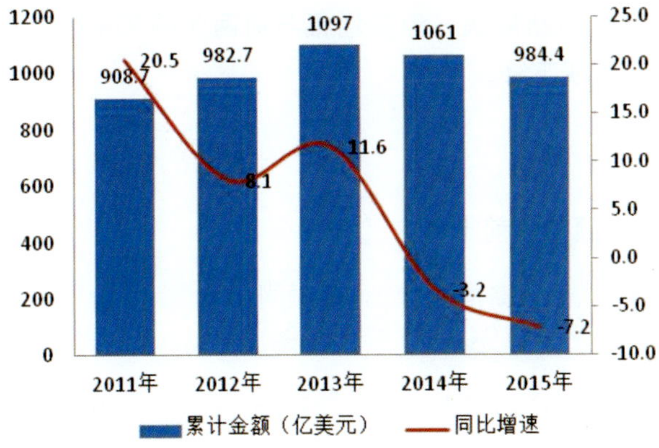

数据来源：中国海关总署

从进口数据看，2015年，针织行业进口总额为41.6亿美元（含针织服装附件），同比增长1.2%。其中，针织织物累计金额16.8亿美元，同比下降10.25%，而针织服装板块累计金额18.9亿美元，同比增长11.2%，见表5。从针织服装进口国金额排序看，越南在2015年超越意大利等国家，一跃成为累计进口金额最高的国家，朝鲜、柬埔寨、印度尼西亚也增长较快。

综合针织行业的进出口数据，可以明显看到，国际市场的针织服装转移效应明显，国内订单减少，同时也带来国内对高端针织面料的需求降低，从而进口针织织物数量减少。我国出口针织服装的价格小幅提升，但数量明显下降，反应出低端产品的转移，同时，一定数量的针织服装进口增加，表明内销市场对针织服装的消费有一定支撑。

（二）针织织物出口增加，进口减少

1．总体特点

2015年全年，针织织物出口累计金额146.3亿美元，同比增加3.34%；累计数量109.2亿米，同比增

表5 2015年针织行业进口情况

类别	单位	累计数量	累计金额（亿美元）	平均单价（美元）	数量同比（%）	金额同比（%）	单价同比（%）
针织织物	亿米	10.2	16.8	1.65	−12.82	−10.25	3.13
针织服装	亿件	2.8	18.9	6.77	10.09	11.2	0.89

资料来源：中国海关

加6.37%；平均单价1.34美元，同比下降2.9%，见表4。同时，针织织物进口累计金额16.8亿美元，同比下降10.25%；累计数量10.2亿米，同比下降12.82%；平均单价1.65美元，同比增加3.13%，见表5。

从针织织物的主要出口国排序看，越南成为2015年累计排名的首位，第一次超过中国香港，呈现出累计金额27.95%的高速增长，高于2014年12.35个百分点，累计金额达23.1亿美元，占出口全球的16%。

2."十二五"期间针织织物出口量价关系

从累计五年的针织织物量价关系图来看，我国针织织物出口的数量在2012年以来基本保持稳步增长，但是价格受原料价格的影响，波动较大，在2014年后半年以来呈现负增长，突显国际竞争加剧的贸易格局。

图2 “十二五”期间针织织物出口量价关系情况

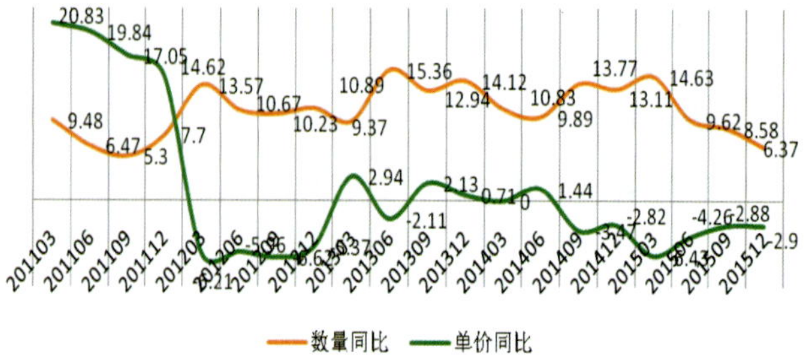

3. 重点市场情况

从表7反映的欧盟、美国、日本、东盟四大针织织物的出口重点市场看，2015年发达国家仅有美国保持增长，数量及金额增长分别为15.91%和7.52%，但是单价同比下降7.69%。各市场中，东盟增长仍然最快，但是增幅与前两年的30%以上相比，有所下降。

表6 2015年针织织物出口市场金额排序前十名

国家/地区	累计数量（亿米）	累计金额（亿美元）	平均单价（美元）	数量同比（%）	金额同比（%）	单价同比（%）
越南	12.9	23.1	1.8	21.17	27.95	5.88
中国香港	9.7	18.4	1.9	−11.23	−7.85	3.83
柬埔寨	5.4	10.1	1.9	10.01	1.55	−7.88
美国	6.8	7.4	1.1	15.91	7.52	−7.69
印度尼西亚	4.1	6.7	1.6	15.61	7.96	−6.9
孟加拉国	4.5	6.2	1.4	35.34	33.78	−0.72
印度	7.8	4.9	0.6	8.51	12.49	3.28
墨西哥	3.8	3.9	1.0	−1.21	−8.61	−7.14
斯里兰卡	2.2	2.9	1.3	48.76	10.73	−25.42
巴基斯坦	6.2	2.9	0.5	18.25	−1.23	−16.07

资料来源：中国海关

表7 2015年12月针织织物出口重点市场情况

地区	累计数量（亿米）	累计金额（亿美元）	平均单价（美元）	数量同比（%）	金额同比（%）	单价同比（%）
欧盟	6.4	9	1.41	-3.93	-1.14	2.90
美国	6.8	7.4	1.08	15.91	7.52	-7.69
日本	0.2	0.5	2.07	-16.74	-17.28	-0.48
东盟	27.9	48.4	1.74	18.22	17.03	-1.01

资料来源：中国海关

（三）针织服装：出口减少，进口增加

1．2015年总体特点

2015年全年，针织服装出口累计金额711.9亿美元，同比下降9.98%，累计数量195.4亿米，同比下降11.47%，平均单价3.64美元，同比增加1.68%，见表4。同时，针织织物进口累计金额18.9亿美元，同比增加11.2%，累计数量2.8亿件，同比增加10.09%，平均单价6.77美元，同比增加0.89%，见表5。

从针织服装的主要出口国排序看，美国是针织服装出口的主要市场，占全球出口的20.5%，其次是日本、英国。从前十名出口国的情况看，中国香港、德国、越南、俄罗斯都有比较大幅的下降。

在对比数据中可以发现，越南的织物进出口均

表8 2015年12月针织服装出口市场累计金额排序前十名

国家/地区	累计数量（亿米）	累计金额（亿美元）	平均单价（美元）	数量同比（%）	金额同比（%）	单价同比（%）
美国	37.6	146.2	3.9	7.78	8.56	0.78
日本	17.4	74.8	4.3	-13.14	-13.53	-0.46
英国	12.9	44.9	3.5	12.38	9.69	-2.54
中国香港	7.6	33.1	4.4	-35.46	-32.97	3.82
阿联酋	9.3	31.1	3.3	-5.06	19.63	26.14
德国	7.1	27.4	3.9	-23.08	-18.22	6.3
韩国	4.5	26.5	5.9	-0.75	19.42	20.41
越南	7.8	20.9	2.7	-20.07	-36.46	-20.3
澳大利亚	4.9	18.4	3.8	-1.25	1.18	2.44
俄罗斯	3.5	17.5	5.1	-40.68	-31.96	14.77

资料来源：中国海关

有所增长，而针织服装出口下降，进口增加。具体数据显示，出口至越南的针织织物数量增长23.46%，从越南进口的针织织物数量增长159.57%，而从越南进口的针织服装同比数量增长26.59%，出口至越南的针织服装同比数量下降20.07%。越南或将成为针织服装布局转移最需要关注的国家之一。

2. “十二五”期间出口量价关系

从累计五年的针织服装量价关系图来看，我国针织服装出口的数量在2014年后半年以来呈现负增长，而单价转为正增长，数量下降是针织服装出口金额下降的主要原因。图3从侧面反映出针织服装低端订单的海外转移，部分中高端订单留在国内加工。

图3 “十二五”期间针织服装出口量价关系情况

3. 重点市场情况

从针织服装主要出口市场的数据可以看到，全球消费动力不足，仅有美国市场实现同比数量8.56%的增长，欧盟、日本、东盟市场均出现下滑外，东盟地区出口金额下降21.91%，下滑较多，且为数量和价格同时下滑。

2016年行业趋势展望及关注点

未来一年，国际市场受全球经济继续疲软的影响难有大幅度提升，产业发展的主要力量将依靠供给侧改革带动下的内销市场。另外，跨国资源配置影响下的产业转移将更加明显地在数据中体现出来，中国针织产业如何应对发达国家在东南亚的各种布局和竞争，成为行业值得关注和思考的问题。同时，我国积极建设自贸区、积极制定跨境电商的各种配套政策，或将使我国针织外贸企业利用针织自身工艺优势，通过互联网，充分享受制度红利而形成长尾力量。总之，面对各种竞争，提升产品竞争力和附加值是硬道理。因此，如下问题也将备受业内关注：

一、针织工厂生产组织方式转变

全产业链、一条龙是针织企业比较常见的模

表9 2015年12月针织服装出口重点市场情况

重点市场	累计数量（亿米）	累计金额（亿美元）	平均单价（美元）	数量同比（%）	金额同比（%）	单价同比（%）
欧盟	42.4	156.8	3.7	−13.31	−12.48	0.96
美国	37.6	146.2	3.9	7.78	8.56	0.78
日本	17.4	74.8	4.3	−13.14	−13.53	−0.46
东盟	19.6	52.0	2.6	−14.24	−21.91	−8.95

资料来源：中国海关

式，也是较单调品种下的产物。随着国际竞争加剧，大型企业的生产方式是否会随着专业化分工的更加细致，将成为行业内未来将面临的问题

二、提升针织服装工艺与设计的结合

在多年针织服装外衣化的探索中，设计美学与针织工艺的结合是行业时尚化提升的难点问题。受到设备原理及工艺的限制，针织服装的设计生产需要设计师对工艺充分了解与掌握，利用线圈穿套的关系变化，利用脱散性等特性，来形成视觉与人体舒适性的结合。

三、利用信息化技术形成长尾优势

针织品的延伸性等特性，使得其产品标准化程度高、适用性较强，在未来利用化信息化技术的定制服务、远程设计的新型模式下，将有更宽广的拓展空间，更能适应长尾致胜的时代而形成长尾优势。

四、从研究产品到研究需求的转变

随着市场增速放缓，企业家将从研究产品转向研究消费需求，对需求的把控决定产品差异化的程度，进而决定产品销路。针织产品符合现代人崇尚自然、健康的生活方式，掌握不同地域、不同人群的消费特点，依然有巨大的潜力空间。针织行业人也或可抓住这样的冷静期，通过“匠人精神”般的探索，在针织服装的设计创意及板型研发等方面有更大的提升和突破。

（撰稿人：刘艳雪）

服装业

中国服装协会

2015年服装行业运行情况总体平稳

2015年，面对经济减速调整、出口需求持续低迷、国内消费升级变革、要素成本持续攀升等复杂发展环境，我国服装行业积极应对，加快结构调整和转型升级，全行业总体发展基本良性，主要经济效益指标平稳增长。

一、生产平稳低速增长

（一）产量平稳增长

2015年，规模以上服装企业生产比较平稳，服装产量保持低速增长。根据国家统计局数据显示，2015年规模以上服装行业累计完成服装产量308.27亿件，同比增长2%。自11月起，服装单月产量增速结束持续下跌走势，出现企稳迹象。全年，梭织服装产量为164.62亿件，同比增长4.44%；针织服装为143.65亿件，同比下降0.66%。针织服装产量从4月开始持续负增长，主要原因是出口下降幅度较大。

（二）传统服装生产大省稳定器作用明显

2015年，我国服装产量前五名广东、江苏、福建、浙江和山东省服装总产量达223.57亿件，同比增长2.12%，五省服装产量占全国总产量的72.52%。2012年以来，五省服装产量占全国总产量的比重一直保持在72%～75%区间，传统服装生产大省对全国服装生产的稳定器作用十分明显。

二、内销总量持续扩大

2015年，我国服装类商品零售总体实现平稳增

表1 2015年规模以上企业服装产量情况

重点市场	1～3月		1～6月		1～9月		1～12月	
	产量（万件）	同比（%）	产量（万件）	同比（%）	产量（万件）	同比（%）	产量（万件）	同比（%）
服装	661490	3.94	1419783	1.36	2199629	0.81	3082723	2.00
梭织服装	347687	4.82	757926	2.59	1167130	2.15	1646248	4.44
其中：羽绒服	6971	3.21	13904	0.94	22983	0.35	34579	-1.96
西服套装	12763	-0.52	26282	-3.22	41357	0.28	59400	5.75
衬衫	23032	-3.08	50217	-6.87	78387	-5.29	107968	-3.04
针织服装	313803	2.99	661857	-0.03	1032499	-0.68	1436475	-0.66

资料来源：国家统计局

表2 2015年各渠道服装销售额增长情况

	销售额（万亿元）	同比（%）
社会消费品零售总额	30.09	10.70
限额以上单位服装鞋帽、针纺织品类商品零售额	1.35	9.8
全国重点大型零售企业服装类商品零售额	0.22	0.54
专业市场	2.05	2.60
全国网上零售额	3.88	33.30
实物商品网上零售额	3.24	31.60
穿类商品网上零售额		21.40

资料来源：国家统计局、商务部、中华全国商业信息中心、中国纺织工业联合会流通分会

长，内销总量继续扩大。国家统计局数据显示，2015年，社会消费品零售总额300931亿元，同比增长10.7%。其中，限额以上单位商品零售额133891亿元，增长7.9%；服装鞋帽、针纺织品类商品零售额累计13484亿元，同比增长9.8%。

不同渠道销售表现迥然不同。服装线上销售快速扩张，各电商平台和垂直电商已经成为服装内销的重要渠道，并对传统线下销售起到补充和一定程度的替代作用。线下服装销售增速逐步降低，其中大型零售企业增长乏力，专业市场受益于需求量大面广、渠道下沉和城镇化进程带来的消费能力提升等因素影响，增长相对较好。

中华商业信息中心的数据显示，2015年，全国重点大型零售企业服装类商品零售额2150.64亿元，同比增长0.54%；各类服装销售量4.6亿件，同比增长4.15%。中国纺织工业联合会流通分会数据显示，2015年，万平米以上纺织服装专业市场总成交额达到2.05万亿元，同比增长2.6%。据国家统计局统计，2015年穿类实物商品网上零售额同比增长21.4%。

三、出口出现负增长

根据海关统计，2015年，我国累计完成服装及

表3 2015年我国服装出口情况

	数量（万件）	金额（万美元）	单价（美元/件）	数量同比（%）	金额同比（%）	单价同比（%）
服装及衣着附件		17588581			−6.35	
服装合计	3043161	14125209	4.64	−6.91	−6.88	
针织服装及附件		8381006			−8.9	
针织服装	1953746	7119987	3.64	−11.47	−9.88	1.68
梭织服装及附件		7848562			−3.64	
梭织服装	1089415	7005221	6.43	2.57	−3.62	−5.99

资料来源：中国海关

衣着附件出口1758.86亿美元，出口数量为304.32亿件，同比分别下降6.35%和6.91%，服装出口平均单价4.64美元/件，与2014年持平。服装出口总额基本回归至2013年规模。

在四个主要出口市场中，受美国经济平稳恢复、消费支出逐步增长的带动，2015年我国服装对美国出口保持小幅增长，出口数量62.86亿件，同比增长8.52%，出口金额359.2亿美元，同比增长6.86%，对整体出口形成1.23个百分点的正向拉动。对欧盟、日本和东盟出口金额和出口数量均出现两位数下跌，出口金额同比分别下降10.29%、12.15%和12.48%，出口数量同比分别下降10.17%、11.49%和10.09%。美国、欧盟、日本和东盟四大主要市场服装出口合计1068.28亿美元，同比下降5.8%，占全国服装出口总额的60.74%。

图1 2015年我国对主要市场服装出口情况示意图

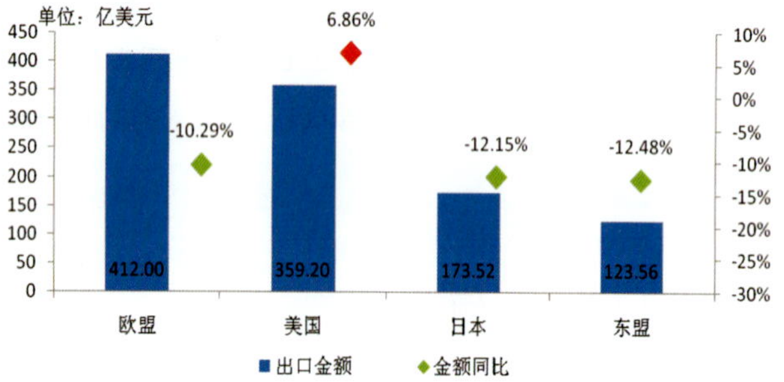

资料来源：中国海关

从欧盟、美国和日本服装进口数据看，欧盟、美国、日本从中国进口服装情况仍然基本稳定，以欧元、美元和日元统计的进口额同比增速分别为5.71%、2.51%和−0.73%。

尽管2015年我国服装出口整体疲弱，但受“一带一路”战略实施和中非合作发展深化等的影响，我国对部分新兴市场出口实现快速增长，新的出口市场正在开拓和培育。根据海关统计数据，2015年我国对非洲服装出口同比增长11.62%，占出口总金额的5.78%，较2014年提高0.93个百分点；“一带一路”沿线国家中，我国对韩国、阿联酋、菲律宾、以色列、伊朗、泰国、约旦服装出口金额增幅分别为15.6%、13.95%、51.1%、19.88%、30.5%、13.05%和62.84%。但七国合计出口金额170.89亿美元，仅占我国出口总金额的9.72%，对出口总体情况影响甚微。

四、投资增速处于高位

2015年服装行业投资增速先扬后抑，总体处于高位，增速大幅高于全国制造业、消费制造业和纺织行业，表明行业经济运行平稳、良性，带动投资信心增加；同时行业处于转型升级发展关键期，企业升级改造需求快速增加也是投资增长的主要原因。据国家统计局数据显示，2015年我国服装行业实际完成投资4528.53亿元，同比增长22.25%，增速高于2014年3.8个百分点；新开工项目6750个，同比增长22.06%，较2014年提高21.2个百分点。

表4 欧盟、美国、日本从中国进口服装情况

国别	单位	进口额	同比（%）
欧盟从中国进口	亿欧元	322.74	5.71
美国从中国进口	亿美元	305.41	2.51
日本从中国进口	亿日元	22865.80	−0.73

资料来源：欧盟统计局、美国商务部、日本财务省

表5 2015年服装行业固定资产投资情况

行业	实际完成投资（亿元）	施工项目数（个）	新开工项目数（个）	竣工项目数（个）	实际完成投资比去年同期增长（%）	施工项目数比去年同期增长（%）	新开工项目数比去年同期增长（%）	竣工项目数比去年同期增长（%）
纺织工业	119132083	19993	16149	16114	14.96	10.65	18.34	18.85
纺织业	60016028	10167	8298	8328	13.10	9.31	16.46	17.33
纺织服装、服饰业	45285317	8322	6750	6623	22.25	13.21	22.06	20.75
机织服装制造	29317220	5317	4331	4212	25.69	15.29	24.42	23.23
针织和钩针编制服装制造	6050654	1173	943	952	23.25	10.14	16.28	17.82
服饰制造	9917443	1832	1476	1459	12.60	9.44	19.22	15.89
化学纤维制造业	11122065	1030	736	787	2.87	9.81	12.54	27.76
纺织专用设备制造业	2708673	474	365	376	0.04	-1.04	8.31	4.74

资料来源：国家统计局

图2 2015年服装行业投资增速情况

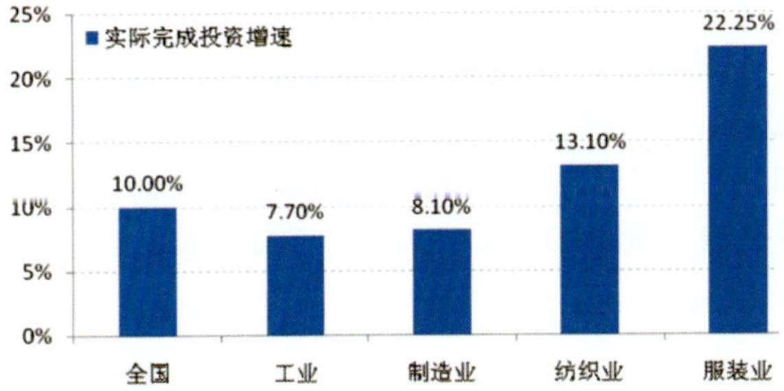

图3 2015年服装行业规模以上企业利润增速情况

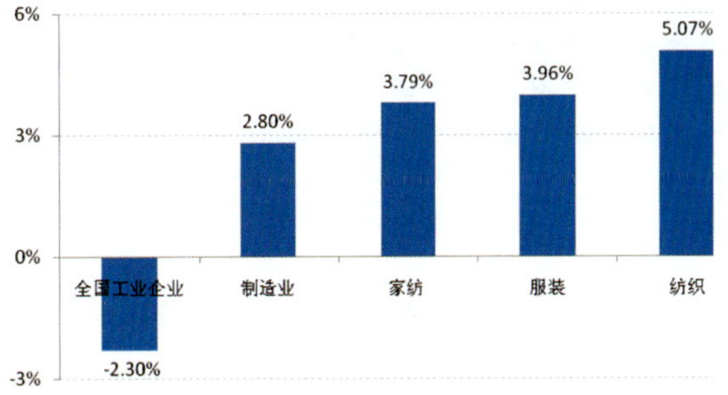

资料来源：国家统计局

五、效益规模稳定增长

根据国家统计局统计显示，2015年服装行业规模以上企业15585家，累计实现主营业务收入22067.94亿元，同比增长5.63%；利润总额1306.33亿元，同比增长3.96%，行业效益规模继续扩大。服装行业规模以上企业利润增速明显高于全国工业企业和制造业的利润增速。

2015年，服装行业经济运行质量基本稳定，流动资产周转率比2014年提高0.06个百分点，产成品周转率、应收帐款周转率、总资产周转率分别微降0.1%、0.02%、0.01%，企业营运能力略有增强；资产负债率47.58%，比2014年下降0.76个百分点，表明企业偿债能力进一步提升。

服装行业发展压力继续加大

一、两个市场

（一）内销市场动力不足

国家统计局数据显示，2015年，服装鞋帽、针纺织品类商品零售额增速低于社会消费品零售总额增速0.9个百分点，较2014年回落1.1个百分点。2013年以来，服装类商品零售总额增速一直低于社会消费品零售总额的增速，内需支撑行业发展的动力不足。

图4 2011～2015年社会消费品及服装鞋帽、针纺织品类零售总额累计增速情况

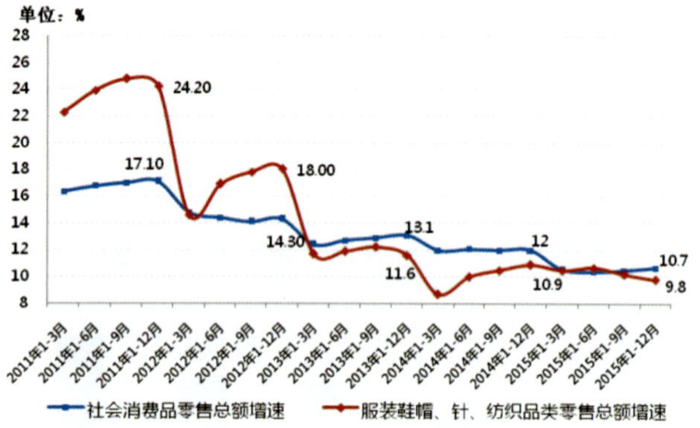

资料来源：国家统计局

尽管不同、渠道销售表现不同，实现不同程度的增长，但增长速度均有所放缓。根据国家统计局、中华商业信息中心和中国纺织工业联合会流通分会的数据显示，2015年全国穿类商品网上零售额增速逐步下降，1～12月增速较1～3月、1～6月和1～9月分别下降12.3、8.7和4.9个百分点；2015年全国重点大型零售企业服装类商品零售额增速较2014年同期下降2.94个百分点。2015年前三季度，重点监测的45家专业市场成交额增速较2014年同期下降1.63个百分点。

（二）出口面临较大困难

2013年以来，服装出口数量和金额均呈现逐步下降趋势，服装出口面临较大困难。2015年服装行业出口快速下滑，全年服装出口金额同比下降6.35%，明显高于全国外贸出口总值1.8%的降幅，较2014年5.38%的增长大幅下降11.73个百分点，降幅较2015年上半年扩大1.79个百分点。出口数量同比下降6.91%，出口平均单价与2014年持平。

图5 2013～2015年服装出口累计增幅情况示意图

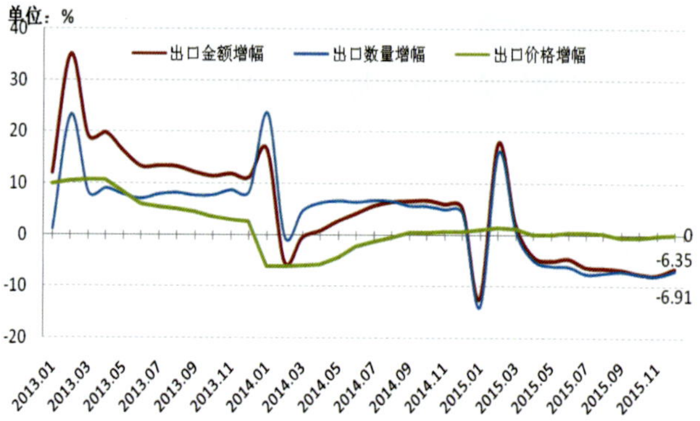

资料来源：中国海关

根据欧盟、美国和日本的服装进口数据，中国占欧盟、美国和日本三大市场服装进口额的比重逐年下降，2015年占比分别较2014年下降1.5、0.57和3.7个百分点，2010年以来累计下降达8.2、3.32和15.22个百分点。

（三）两个市场发展压力加大，在工业增加值、产量和效益指标增速上也有体现

2015年，服装行业工业增加值增速延续下降态势，低于全国工业企业和纺织工业。根据国家统计局统计，2015年规模以上服装企业工业增加值同比增长4.4%，分别比全国工业企业和纺织业增速低1.7和2.6个百分点。

图6 服装行业工业增加值累计增速情况

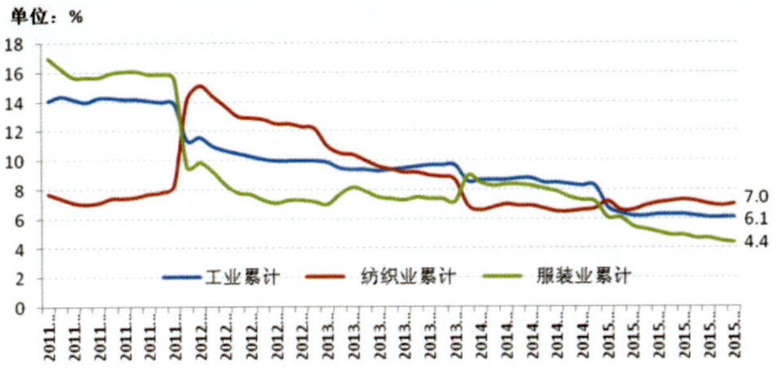

资料来源：国家统计局

虽然2015年规模以上企业服装产量增幅较2014年提高0.39个百分点，但产量增速自2011年以来总体处于下降通道。

图7 服装行业规模以上企业产量累计增幅情况

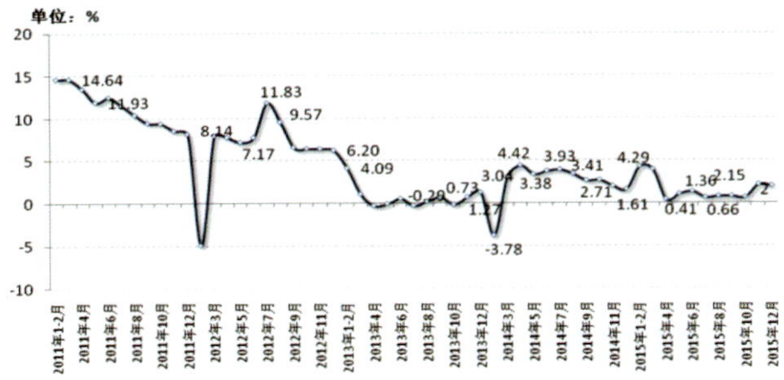

资料来源：国家统计局

根据国家统计局统计显示，2015年服装行业规模以上企业主营业务收入增速较2014年同期回落2.39个百分点；利润总额增速较2014年同期下降6.59个百分点，行业整体效益增速放缓。

图8 服装行业主营业务收入和利润总额增速情况

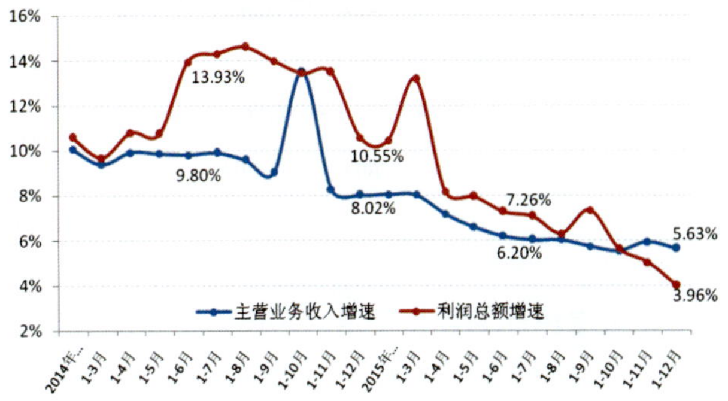

资料来源：国家统计局

二、盈利能力下降，企业分化加剧

2015年，在行业发展速度趋缓的同时，行业整体盈利能力略有下降，企业分化进一步加剧。2015年，服装行业规模以上企业销售利润率和销售毛利率为5.92%和14.35%，分别比2014年下降0.09和0.19个百分点，说明企业盈利能力面临压力。

表6 2015年我国规模以上服装企业主要经济指标

指标名称	2015年累计（万元）	2014年累计（万元）	同比（%）
主营业务成本	189014449	178550747	5.86
主营业务税金及附加	1412017	1335814	5.70
营业费用	7450930	6954495	7.14
管理费用	8936507	8344545	7.09
财务费用	1506726	1575443	−4.36
其中：利息支出	1243623	1280584	−2.89
应交增值税	6126971	5788040	5.86
税费合计	214447599	202549084	5.87

资料来源：国家统计局

图9 2011～2015年服装行业利润率变化情况

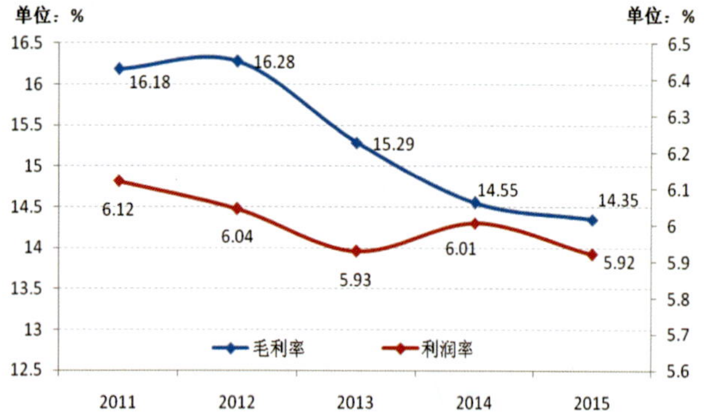

资料来源：国家统计局

据国家统计局数据显示，2015年规模以上服装行业有亏损企业1725家，亏损面为11.07%，比2014年下降0.36个百分点，但亏损企业亏损金额同比增长8.91%，显示规模以上企业效益分化加剧。

同时，产业资源继续向大企业集聚，大企业与小企业的分化更加突出。根据中国服装协会对产业集群的调查，规模以下，尤其是小微企业的困难更为明显，特别是外贸依存度较高的中小微企业，有限的外销订单进一步向优势企业集中，承接二、三手外销订单企业关停现象比较普遍。

影响服装行业发展的主要因素

一、成本费用持续上升

据国家统计局数据显示，2015年我国规模以上服装企业累计成本费用达21444.76亿元，同比增长5.87%，增速比主营业务收入高0.24个百分点。主营业务成本同比增长5.86%，营业费用同比增长7.14%，管理费用同比增长7.09%，分别高于主营业务收入增速0.23、1.51和1.46个百分点。成本费用的持续上升，进一步挤压服装行业的利润空间。

根据中国服装协会对服装企业运营成本专项调查结果，服装企业运营成本逐步上升，其中劳动力成本上升最快，尤其是缝纫工用工成本近十年来持续提高，社保金额增长较快。

二、内销市场应对消费变革的调整速度和效率不够

根据中国服装协会测算，国内服装消费市场规

表7 2015年部分国际快时尚服装品牌在中国开店及销售情况

品牌	报告期	销售同比(%)	利润同比(%)	在中国店铺数	新增店铺数量	说明
Inditex集团	2015财年(2015.2.1～2016.1.31)	15.4	14.9	超500	超40	Zara业绩占集团的2/3以上，中国区业绩占集团7%
优衣库	2015财年(2014.9.1～2015.8.31)	46.3	66.1	467	151	中国区业绩，中国地区贡献了大部分的收入
无印良品	2016财年前三季度(2015.3.1～2015.11.30)	19.2	29.3	140	预计30	中国区业绩，中国地区贡献了大部分的收入
H&M	2015财年(2014.12.12015.11.30)	19.0	5.2	超300	73	约80%的利润增长来自以中国为主的东亚地区

资料来源：中国服装协会根据网络信息搜集整理

模超过2万亿元，近年来全国服装商品零售额和居民人均衣着消费支出均以超过5%的速度在增长，尽管国内服装消费市场的增长速度在逐步放缓，但消费总量不断扩大，每年新增服装消费额仍超过1000亿元。因此，服装企业在内销市场面临的困难和发展压力，主要是企业应对消费需求变革的调整速度和效率仍然不能与市场需求变化相匹配。

首先，国内服装市场具有城乡、收入高低等多重二元结构，加之近年来居民收入水平不断提高，经济社会和人口结构进一步调整，科技进步和产业变革速度加快，服装消费快速向网上乃至移动端渗透，城乡居民的消费内容和消费模式都在发生较大变化，对消费质量和消费环境提出更高要求，服装国内销售市场总体呈现出变化和复杂的局面。

其次，中国服装行业经过多年相对粗放的快速发展，企业家固有发展理念的调整和转变不够快，没有跟上快速变化的发展环境。行业企业对消费市场变化、目标消费者的研究不够重视，对如何为消费者提供更好的产品和服务缺乏深入、系统的研究，创新投入严重不足，进而在产品开发、品牌建设、营销及渠道、管理模式、供应链整合等各方面的调整升级进程相对较为缓慢。

第三，国际品牌加速进入我国市场，与我国服装品牌在中高端市场形成直接竞争，同时，国际品牌的销售渠道有逐步下沉的趋势，进一步加大了我国服装品牌在国内服装销售市场的竞争压力。

三、国际市场需求低迷，竞争加剧

近年来，我国服装出口低迷常态化，整体呈现逐步下降趋势，除了受国际经济形势影响、国际市场需求不足以外，重要的原因是在国际服装贸易格局重塑过程中，我国原有的竞争力逐步弱化，而新的竞争力还没有形成，出口份额正在被越南、孟加拉等为代表的后发国家挤占。

第一，我国服装行业对传统市场的依赖程度较高，其市场需求不足对我国服装出口影响很大。发达经济体复苏步伐十分缓慢，国际市场深受复苏乏力、需求疲弱的影响。从欧盟统计局、美国商务部和日本财务省公布的服装进口数据来看，除美国从全球进口服装同比小幅增长2.51%以外，以美元计

表8 2015年中国与主要竞争国占欧盟、美国和日本市场份额变化情况表

欧盟				美国				日本			
国别	比重(%)	较2014年增减(百分点)	较2010年增减(百分点)	国别	比重(%)	较2014年增减(百分点)	较2010年增减(百分点)	国别	比重(%)	较2014年增减(百分点)	较2010年增减(百分点)
中国	37.46	-1.50	-8.20	中国	35.86	-0.57	-3.32	中国	66.95	-3.70	-15.22
孟加拉	15.96	1.77	6.84	越南	12.40	1.07	4.17	越南	10.27	1.57	5.76
印度	6.62	-0.01	-0.39	孟加拉	6.34	0.43	0.84	印尼	3.29	0.43	2.51
越南	3.42	0.42	1.31	印尼	5.80	-0.11	-0.40	孟加拉	2.75	0.65	2.01
印尼	1.58	-0.08	-0.21	印度	4.30	0.15	-0.05	柬埔寨	2.27	0.74	1.96

资料来源：欧盟统计局、美国商务部、日本财务省

算，欧盟和日本从全球进口服装同比分别下降7.96%和8.4%，从中国进口服装同比分别下降11.14%和13.12%。

第二，随着我国服装行业比较优势逐渐减弱，东南亚国家纷纷凭借成本优势、关税优势挤占我国的国际市场份额。自2010年起，中国占欧盟、美国、日本的市场份额持续下降，分别减少了8.2、3.32和15.22个百分点，订单明显向越南、孟加拉、印尼、柬埔寨等东南亚国家转移。

同时，为了应对国内生产要素成本快速上升带来的发展压力，分享低成本及优惠关税政策红利，国内有实力的服装企业在海外投资建厂，主动将中低端产品的出口订单转向越南、柬埔寨等东南亚国家，在某种程度上加速了我国服装出口市场份额的流失。

第三，我国服装行业创新驱动力仍然有待强，增长方式转变进程仍显缓慢，在产品设计、工艺技术、产品品质、生产效率、品牌文化等各方面的进步还无法完全抵消要素成本优势加快削弱带来的发展压力，面向未来的发展新优势还正在打造之中。

服装行业转型升级加速推进

一、区域结构进一步优化

产业区域格局进一步调整，东部沿海和内陆各地区产业分工逐渐清晰，梯度转移继续推进。从投资中的新开工项目数看，西部地区新开工项目数同比增长31.41%，增速高于东部和中部地区。从产量来看，东部和中部地区产量基本稳定，西部地区产量快速增长。2015年西部地区完成服装产量同比增长43.94%，占全国服装总产量的比重为3.17%；服装产量增速前10名省市中西部地区占据7席。西部地区服装产量所占比重也从2010的1.57%增至3.17%，提高1.6个百分点。

图10 2015年东中西部新开工项目数变动情况

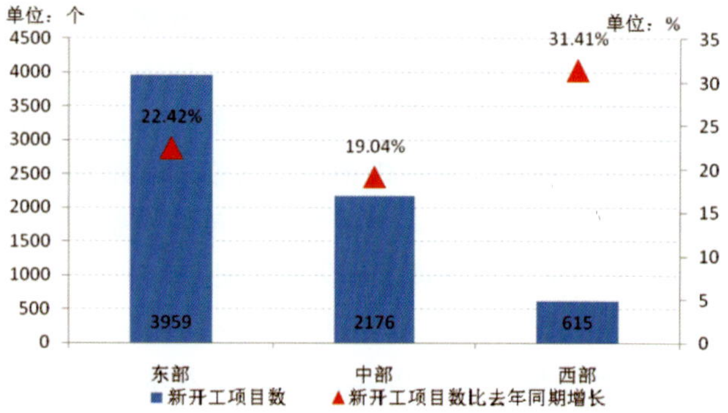

资料来源：国家统计局

图11 2010～2015年东、中、西部地区服装产量比重变动情况

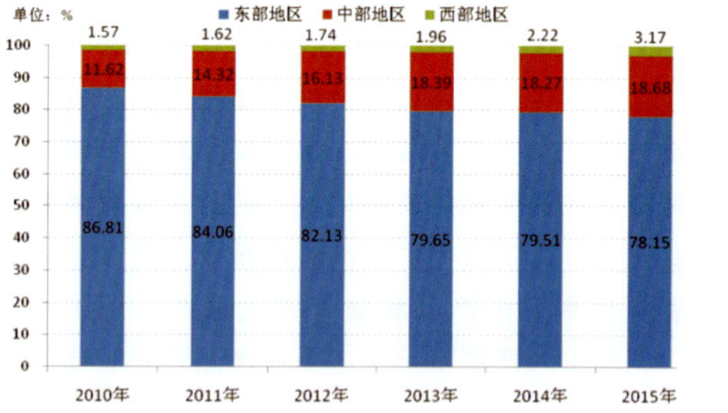

数据来源：国家统计局

二、企业主动调整步伐加快

2015年是“十三五”规划之年，是发展道路探索之年，在消费需求升级、消费结构和方式变革的背景下，服装行业全面推进产业创新，在产业整合、品牌收购、多元化、资本运作、智能制造及“互联网+”改造、设计研发升级、供应链优化、个性化定制、零售网络建设等方面更加努力，企业主动调整动作频频，转型升级发展的步伐明显加快。在消费服务型经济增长和金融改革政策的刺激下，服装产业资本进一步和金融资本相结合，进而促进服装产业整合变革，推动产业结构调整和转型升级。

表9 部分服装企业转型调整行动

企业	转型调整行动	企业	转型调整行动
海澜之家	建设智能仓储配送中心	大帝	实施服务型制造示范企业项目
红领	入选工信部智能制造试点企业，引入复兴瑞哲的战略投资，推出其战略品牌“魔幻工厂”	报喜鸟	推出“O2O+C2B”个性化定制服装，投资乐裁网络、吉姆兄弟、小鬼网络，第一条智能化生产线改造完成
红豆股份	从设计、产品、物流到渠道、管理，打造“智慧红豆”	探路者	探路者云项目，露营滑雪及户外多功能体验中心，绿野户外旅行O2O、户外用品垂直电商
卡奴迪路	建设时尚买手店O2O项目，收购意大利品牌LEVITAS股权，建设DirkBikkrgs品牌营销网络	舒朗	引进丹麦PWT集团四大男装品牌，牵手以色列FOX集团，涉足化妆品领域，开设了O2O新购物模式体验店
搜于特	入股投资茵曼、初语等品牌	九牧王	认购韩都衣舍部分资本
维格娜丝	研发设计中心升级 营销网络建设	七匹狼	部分门店安装试行3D试衣镜，投资服装及大时尚类和消费文化类产业
拉夏贝尔	建设零售网络及新零售信息系统投资男装品牌杰克沃克、淘品牌七格格	歌力思	研发设计中心升级、营销网络建设，收购Laurèl品牌
茵曼	布局线下零售	凯撒	收购互联网文化公司，加码互联网娱乐
森马股份	投资韩国跨境电商ISE	跨境通	收购、自建服装跨境电商综合服务平台

资料来源：根据上市公司公开资料整理

2016服装行业发展趋势展望

一、国际市场不容乐观，或可逐步企稳

2016年，世界经济仍将呈现复苏乏力态势。发达经济体总需求不足和长期增长率不高现象并存，美国政策环境发生转折性变化，结束长达7年的零利率，经济增长面临新的不确定性；欧元区政策环境对经济增长更友好，但经济基本面并不乐观，经济上升空间有限；日本经济状况与欧元区情况接近，依靠加码量化宽松对经济形成支持，有望保持弱势向上复苏。因此，总体来看，国际市场需求低迷依旧，我国服装出口增长的市场动力也仍然有限，加之TPP对中国出口的不确定性影响，预计2016年中国服装出口仍然面临较大压力。但考虑到2015年基数偏低、人民币贬值、“降成本”政策红利兑现、技

术改造效果显现等因素影响，服装出口或可结束持续下滑趋势，实现逐步企稳。

二、内销保持平稳增长，对行业增长的拉动作用更为显著

2016年，是中国全面建成小康社会决胜阶段的开局之年，也是推进结构性改革的攻坚之年，虽然中国经济面临困难和挑战，有进一步减速的可能，但波动幅度不会太大。科技进步、要素有效流动、国际规则不断完善等是支持中国经济长期增长的有利因素，中国不断深入实施创新驱动发展战略，依靠改革创新加快新动能成长和传统动能改造提升，有能力继续保持中高速增长。

随着城镇化加速、居民收入增加，以及国家层面有关消费品供给创新、消费环境优化等方面政策的出台和作用显现，国内消费市场整体规模将进一步扩大，不断释放消费潜力。

与此同时，在持续推动结构性改革，依靠创新驱动和消费拉动构建可持续增长新模式的大背景下，消费需求和消费结构不断调整升级，将进一步推动行业在供给侧进行改革，整个行业企业调整、转型、创新、变革的步伐和力度会更大，通过产品创新、科技创新、模式创新等来提高产品的市场适应性和竞争力，从而更好地满足消费需求。2016年服装内销市场总量会进一步增长，预计增速与2015基本持平，2016年内销市场对行业增长的支撑作用将更为显著。

整体来看，在外需不出现大波动、内需规模保持扩大的情况下，随着国家层面调结构、转动力、稳外贸、促内需相关政策的落实，近年来行业企业转型调整措施以及投资高速增长的滞后效应的逐步显现，2016年服装行业运行仍可持谨慎乐观预期，有望继续保持稳定增长，运行质量稳步提升。

（撰稿人：杜岩冰　王　伟　刘　静）

家用纺织品业

中国家用纺织品行业协会

从2015年行业经济运行数据来看，家纺行业总体规模稳定，全行业增速继续下降，运行质量和效益稳步提升，出口出现负增长，且地区分化较为明显，投资进展顺利。

行业运行总体情况

一、行业规模总体持平，增速继续放缓

在国民经济放缓以及国内外市场需求动力不足的前提下，行业增速逐渐下滑，但家纺行业总体运行尚位于平稳区间内。2015年国家统计局统计的1847家家纺规上企业实现主营业务收入2606.4亿元，同比微增0.54%，增速较2014年继续回落。

图1 2015年1847家规模以上企业主营业务收入情况

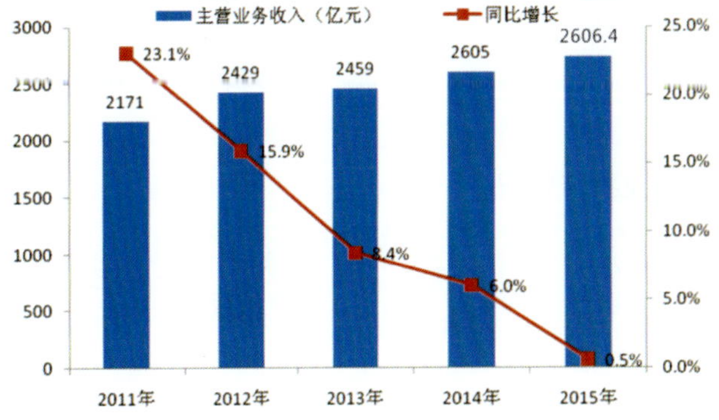

资料来源：国家统计局

二、效益保持稳定增长

值得强调的是，在行业增速不断下降的同时，企业加强内部管理，提升效益，同时原料价格下跌，家纺行业的质量依然在提升，2015年国家统计局统计的1847家家纺规上企业利润总额为149.3亿元，同比增长3.8%，利润总额保持持续稳定增长。利润率为5.9%，较2014年增加0.2个百分点，三费比例为6.1%，较2014年同比下降0.1个百分点。1847家规上企业中有189家企业亏损，亏损面为10.2%，亏损额为4.9亿元，同比下降7.6%。

图2 2015年1847家规上企业效益情况

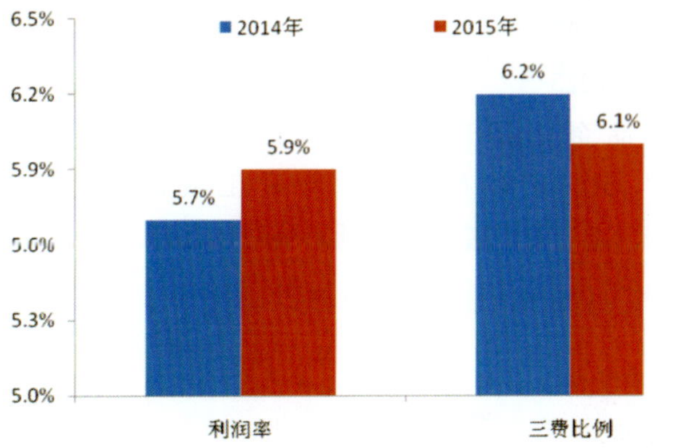

资料来源：国家统计局

从产业集群和协会跟踪的重点企业数据来看，

表1 集群和跟踪重点企业从业人数和人均主营收入

	平均人数同比（%）	人均主营收入（万元）	同比（%）
15个产业集群	-5.7	49.6	8.1
219家企业	-4.4	77.4	3.1

资料来源：中国家纺协会

企业平均就业人数同比有所降低，通过加强管理提高效益。2015年，集群和协会跟踪企业的人均产值分别为49.6万元和77.4万元，同比分别较2014年增长8.1%和3.1%。在行业资本投入和劳动投入都有所下降的情况下，行业人均产值在提升，表明行业全要素生产率在不断提升，企业的管理水平和生产效率在增强。规模以上企业、产业集群以及跟踪企业的效益指标好转表明家纺企业在经营过程中更加注重效益的提高，而非单纯提高市场份额；企业加强经营管理的效率，缩减三费支出；原料价格的相对低位，使得企业生产原料成本有所下降，电子商务的发展和渠道的变革降低了的商品的流通成本。

三、投资进展顺利

2015年国家统计局统计的1847家规上企业实际完成投资774.6亿元，同比增长14.7%。其中，床品企业和布艺企业完成实际投资较好，同比分别增长21.4%和19.4%；毛巾类企业增长相对较慢，同比增长4.9%，增速较2014年放缓较大。行业新开工项目数1223个，同比增长34.8%，增长平稳。其中，床品企业新开工项目增长最快，同比增长48.3%；窗帘布艺企业新开工项目同比增长28.1%；毛巾类企业新开工项目同比增长17.4%。投资持续良好增长，表明企业对自己有信心，对行业的发展未来有信心，具体投资情况如表2所示。

四、出口量价齐跌，外需分化加大

（一）外需加汇率影响，出口量价齐跌

中国海关最新统计数据显示，2015年我国家纺产品累计出口402.3亿美元，同比下降4.4%。其中，出口数量同比下降1.8%，出口价格同比降低2.3%。出口疲软主要原因是国际市场需求下降以及汇率因素。2015年12月份当月出口36.2亿美元，同比增长0.2%，12月当月出口增速由负转正，其中出口欧盟、日本以及俄罗斯等主要市场较前11个月情况有所好转。

图3 2010～2015年家纺产品出口情况

资料来源：中国海关

表2 2015年规模以上家纺企业投资情况

行业	实际完成投资（万元）	同比（%）	施工项目数（个）	同比（%）	新开工项目数（个）	同比（%）	竣工项目数（个）	同比（%）
家纺行业	7745748	14.7	1443	25.5	1223	34.8	1208	36.8
床品	3932773	21.4	784	38.0	685	48.3	676	51.2
毛巾类	1039747	4.9	184	10.2	142	17.4	149	25.2
窗帘布艺	590765	19.4	129	10.3	114	28.1	104	8.3
其他	2182463	7.5	346	16.1	282	20.0	279	26.2

资料来源：国家统计局

（二）出口美国增幅较高，欧日下滑，主要新兴市场分化加大

2015年，我国对美国、欧盟和日本三大传统市场出口200.5亿美元，同比下降0.7%。分开来看，家纺产品在三大传统市场中，对美出口保持较高增长，对欧盟和日本继续出现下降。其中对美国出口额同比增长6.5%；对欧盟出口下降4.8%；对日本出口大幅下降11.4%。这与美元对欧元和日元的相对升值有一定关系。

受外部环境和内在经济结构调整双重影响，新兴经济体经济增速放缓，增长减速的势头短期内难以扭转，我国对新兴市场出口继续下降，对其出口的外贸压力将会持续。2015年我国对传统三大市场以外的其他国家和地区累计出口201.7亿美元，同比下降7.9%。其中，对东盟十国出口同比增长1.8%，仍是我国家纺产品的第三大出口地区，在往年同期高增长的基础上仍保持了一定的增长。对中东十七国出口同比下降3.8%。由于美欧对俄罗斯的经济制裁，原油大幅降价，卢布大幅贬值，因此我国家纺产品对俄罗斯出口6.5亿美元，同比大幅下降59%，下降份额最大。值得一提我国对南亚三国（印度、巴基斯坦和孟加拉国）出口增速较快，这与印度经济增长加快密不可分。

（三）大类产品出口下滑，价格回落为主因

从出口产品分类来看，2015年我国家纺产品的各类产品（床品、毛巾和布艺）等出口额较2014年同期均出现下降情况。其中，床品出口同比下降6.4%；毛巾同比下降12.6%，布艺产品出口同比下降3.5%，毯子下降10.8%。

出口价格下降是2015年家纺产品出口的普遍现象，除受市场需求影响外，原料价格走低是导致出口价格回落最主要的原因。2015年家纺产品出口价格同比下降了2.7%，高出出口数量降幅0.5个百分点，是出口额下降最主要的原因。在大类产品中，除毛巾外的其他大类产品出口价格回落都是拉低出口额增长的主要因素，见表3。在出口数量方面，毛巾类产品问题严重，同比下降11.8%;地毯表现出较好态势，出口数量同比增长4%。

表3 2015年家纺大类产品出口数量、金额、价格同比增长情况

单位：%

产品类别	数量同比	金额同比	价格同比
家纺产品	−1.8	−4.4	−2.7
床上用品	−3.2	−6.4	−3.4
布艺产品	−0.7	−3.5	−2.7
毯子	−2.8	−10.8	−8.3
地毯	4.0	−1.0	−4.8
毛巾产品	−11.9	−12.6	−0.8
餐厨用纺织品	−2.1	−1.5	0.6
饰品辅料	0.1	−0.1	−0.2
其他制成品	2.9	2.9	0.1

资料来源：中国海关

图4 2015年家纺产品分类出口情况

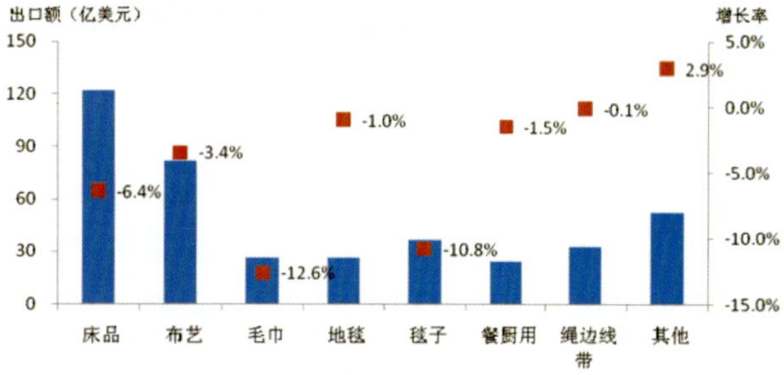

资料来源：中国海关

（四）棉、化纤产品下降较明显，麻毛丝等产品小幅上升

2015年海关数据显示，从家用纺织品出口产品的原料来看，化纤产品出口额为199.8亿美元，同比下降5%，化纤产品出口占到我国家纺产品出口额近一半。棉制品出口72.3亿美元，同比下降11.3%，降幅较大，棉制品占家纺总出口额的18%。羊毛、丝绢和麻制品出口份额所占比例较低，2015年分别出口9.5亿美元、1.5亿美元和2.7亿美元，较2014年都有小幅上升。其他原料的家纺产品出口37.8亿美元，同比下降4.4%，占出口总额的9.4%。另有占出口额19.6%的家纺产品未分原料组成。

（五）出口出现负增长的原因

首先，外需低迷是影响2015年我国家纺产品出口的最主要原因，全球经济维持低速增长造成我国家纺产品出口增长动力不足。发达市场中美国经济增势相对较好，欧元区和日本经济增长缓慢。而新兴经济体市场风险加剧，其中出口东盟在经历多年高增长之后，目前已经出现拐点，增长乏力。中东地区由于受战乱影响，出口同样出现一定的下降。金砖国家中，俄罗斯受西方经济制裁，原油降价，卢布大幅贬值；巴西等诸多南美国家出现货币危机；印度等南亚国家经济走势强劲，中国对其出口或将保持一定增长。其次是汇率因素。欧盟日本等主要市场把贬值作为刺激增长的手段，导致人民币被动相对升值，一定程度上影响了中国出口产品在国际市场的竞争力。此外，我国家纺产品占世界家纺市场出口份额的40%以上，份额比例较大，在国际经济复苏乏力、外需不振的情况下，行业出现负增长也属正常现象。

表4 2015年家纺大类产品按原料分类出口情况

产品原料	出口额(亿美元)	同比（%）	占比（%）
棉制	72.3	−11.3	18.0
化纤制	199.8	−5.0	49.7
丝绢制	1.5	0.9	0.4
羊毛制	9.5	2.4	2.4
麻制	2.7	1.4	0.7
其他制	37.8	−4.4	9.4
未分类	78.7	3.3	19.6

注 未分类原料是指产品出口税则号按照其生产工艺分类，此产品原料可能为棉、化纤以及其他。

资料来源：中国海关

五、国内市场

（一）内销总体低速前行

在产品价格趋低的背景下，内销收入增速放缓。国家统计局数据显示，2015年1847家规上企业实现内销产值2021亿元，同比增长1.7%。15个产业集群实现内销产值2240亿元，同比增长3.6%。协会跟踪的219家重点家纺企业内销产值548.5亿元，同比略增0.9%，与2014年同期持平。

图5 家纺行业内销增速情况

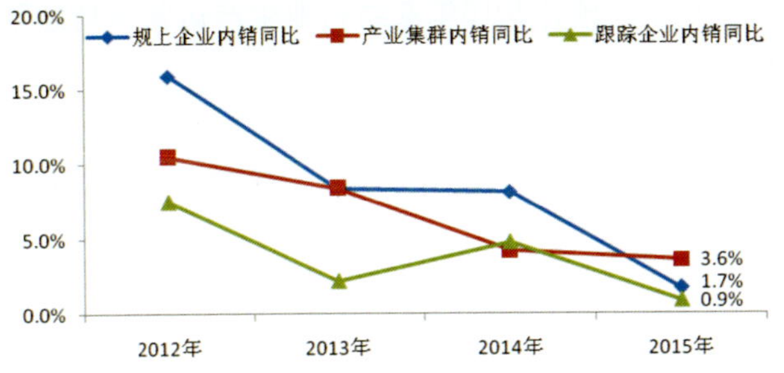

资料来源：国家统计局、中国家纺协会

床品内销增速放缓，尤其是床品传统零售渠道较2014年有所下降。国家统计局数据显示，976家床品企业实现内销产值999.3亿元，同比增长2.6%，5个床品集群内销产值704亿元，同比下降0.3%，协会重点跟踪的123家床品企业内销产值为276.2亿元，同比增长2.5%。据全国商业联合会大型零售企业数据显示，2015年针纺织品同比下降8.1%，其中床上用品零售额同比下降10.8%，反映出传统零售受到较大影响。

毛巾内销有所下降，2015年296家规上企业实现内销产值526亿元，同比下降5.8%。毛巾集群内销产值177.7亿元，同比增长1.3%，跟踪的14家毛巾企业内销产值114亿元，同比下降7.3%。

规上布艺企业内销增长情况较好，2015年206家布艺规上企业内销产值146.6亿元，同比增长9.8%。4个布艺集群内销产值为463亿元，同比增长0.25%，协会跟踪75家布艺企业内销53.5亿元，同比增长了4.2%。

值得一提的是，相对于内销整体增速放缓，而家纺产品专业市场表现较好，交易额保持稳定增长。2015年全年最具代表的床品市场叠石桥（床品）市场成交额同比增长9.51%，高阳纺织商贸城成交额同比增长3%，海宁中国家纺城成交额同比增长22.6%。

（二）流通渠道多面开花

家纺流通渠道正在趋向多元化，行业积极与相关行业合作，探索渠道新路径。目前，专业市场已经成为家纺企业市场渠道拓展的优势平台，家纺产业品牌加盟店、直营店、旗舰店、专卖店、时尚生活馆、超市、网络销售等各类流通渠道不断涌现。互联网、移动互联网深刻改变了商业模式，带来了电商的高速增长。品牌企业在渠道创新中积极参与，加快渠道转变的过程中，起到了引领作用。2015年家纺企业在电商渠道进一步拓展，企业通过微信商城、手机移动平台、公司门户网站直购以及家居“跨界”合作等方式扩大电商渠道市场份额。

电商的快速发展，并不影响家纺企业对实体店的重视，企业认为实体店所带给消费者的“体验”和“情景”是电商难以取代的。家纺企业实体加盟店质量有所提高，企业更注重终端门店的“成活率”。因此，电商渠道是一个发展趋势，家纺企业不能怠慢，但同时又要防止盲目进入，应做好各方面的准备。电商不可能取代线下终端门店，但线下也要积极变革创新，找到两个渠道甚至是多渠道相互融合的道路。

2016年行业发展趋势预判

一、出口市场

2016年国际大环境仍然复杂。三大传统市场中，美国经济虽然在复苏之中，但增长速度比较缓慢，欧洲和日本基本陷入停滞状态。新兴经济体良莠不齐，外需分化较大。加上汇率变化的不确定性，家纺产品出口压力短期内难以有所缓解。另外，国际市场大宗商品价格相对处于低位，预计2016年我国家纺产品出口总体持平或略有增长。2015年四季度《纺织服装企业经营者调查问卷报告》显示，被调查的家纺企业在2016年第一季度国外订货需求量预计比2015年第四季度的选项中，选择增加的占30.6%，持平的占44.9%，减少的占24.5%。

二、内需市场

内需是我国家纺产品的主要市场，也是拉动家纺产业增长的主要方面。2015年，我国居民人均可支配收入21966元，扣除价格因素实际增长7.4%；商品房销售面积128495万平方米，比2014年增长6.5%，其中，住宅销售面积增长6.9%。同时，国家“十三五”规划建议指出，中国要推动城乡协调发展，推进以人为核心的新型城镇化。促进有能力在城镇稳定就业和生活的农业转移人口举家进城落户。以及加速商品房除库存，目前主要原料价格处于相对低位，这都有利于推进内需家纺市场的稳定与发展。《纺织服装企业经营者调查问卷报告》显示，调查的家纺企业在下期（2016年第一季度）订货需求量预计比本期（2015年第四季度）的选项中，选择增加的占40%，持平的占44%，减少的占16%。预计2016年家纺行业生产运营将持续平稳发展。

（撰稿人：陈　润）

产业用纺织品业

中国产业用纺织品行业协会

2015年行业运行情况

2015年，我国经济面临较大的下行压力，经济增长速度进一步放缓，但保持了总体平稳、稳中有进、稳中有好的发展态势。产业用纺织品行业克服各种不利因素，加快转型升级的步伐，通过精细化管理提升运营效率、加大投入进行技术创新，积极开拓新的产品应用和市场，全年运行呈现增速放缓、运行平稳、效益良好的态势。

根据国家统计局数据，2015年行业规模以上企业的主营业务收入和利润总额分别增长6.15%和13.72%，工业增加值增长12.4%，行业平均利润率6.12%，固定资产投资增长17.05%，出口与2014年基本持平略有增长。根据协会对280家样本企业的调研，行业的景气指数为72.3，企业家对全年的经营情况满意度较高。

一、2015年行业整体情况

（一）生产

2015年，由于经济下行，产业用纺织品行业的需求表现更为复杂，各领域表现不一，一些面向基础设施建设、环境保护、生命健康的需求还继续保持较高增速，但是也有一些领域增长放缓，甚至出现下降，如革基布、交通工具用纺织品、帘子布等。经统计测算，2015年产业用纺织品行业的纤维加工量1341万吨，同比增长9%，占纺织纤维加工总量的比例为25.3%。“十二五”期间，我国产业用纺织品的纤维加工总量增长63.2%，年均增长10.3%。各领域纤维用量详见表1。

根据国家统计局数据，2015年我国规模以上企业非织造布产量为442.9万吨，同比增长14.67%。非织造布是产业用纺织品行业内增长最为活跃的领

表1 2015年中国产业用纺织品行业纤维加工量

单位：万吨

产品	用量	产品	用量
医疗与卫生用纺织品	132.9	包装用纺织品	94.1
过滤与分离用纺织品	110.8	文体与休闲用纺织品	37.5
土工用纺织品	85.4	篷帆类纺织品	227.0
建筑用纺织品	61.4	合成革用纺织品	107.8
交通工具用纺织品	65.4	隔离与绝缘用纺织品	41.7
安全与防护用纺织品	34.4	线绳（缆）带类纺织品	67.7
结构增强用纺织品	116.2	工业用毡毯（呢）类纺织品	43.5
农业用纺织品	72.1	其他	43.1

资料来源：中国产业用纺织品行业协会

域，2010年规模以上企业的产量只有159万吨，“十二五”期间，非织造布的产量增长了179%，年均增长22.74%。从区域看，山东已经超过浙江成为我国最大的非织造布产地，其产品主要集中在土工与建筑用纺织品领域，总产量占全国的比重达到20%，2015年的产量增速达到31.29%。浙江、江苏、湖北等地区的非织造布产量也保持10%左右的增长。

（二）投资

根据国家统计局数据，2015年行业内规模以上企业的固定资产投资额为661.9亿元，同比增长17.05%，新开工项目879个，同比增长18.78%，行业投资依然活跃，详见表2。

产业用纺织品行业的投资增速与2014年相比增速降低近10个百分点，主要是由于非织造布投资的增速大幅回落。2014年非织造布领域固定资产投资增长44%，而2015年的增速只有5.8%，新开工项目数量则与2014年基本持平。绳索缆领域的投资继续保持平稳增长，篷帆布领域的投资增速最高达到了83.1%，过滤、土工、建筑用纺织品等其他领域的投资也非常活跃，增速达到37.49%，新开工项目数增长超过40%。纺织带和帘子布领域由于轮胎行业需求不足，生产下降，其投资也持续负增长，同比下降9.4%。

（三）经济效益

根据国家统计局数据，2015年规模以上产业用纺织品企业的主营业务收入和利润总额分别为2926亿元、179亿元，分别同比增长6.15%和13.72%，工业增加值增速12.4%，在纺织行业中处于较高的水平；行业的平均利润率6.12%，同比增加0.4个百分点。行业的亏损面9.65%，亏损企业的亏损额同比下降了20.22%。

分领域看，绳索缆的主营业务收入和利润总额的增速分别为13.2%和22.11%，利润率6.34%，在产业用纺织品行业中处于领先位置；而非织造布的主营业务收入和利润总额分别增长7.26%和13.12%，利润率6.42%；篷、帆布领域的利润率在行业中处于较低水平，但是其主营业务收入和利润总额均保持了一定增长；纺织带和帘子布领域虽然主营业务收入有所降低，但是利润总额大幅增长了13.52%，利润率达到5.82%，同比增加了0.69个百分点，盈利状况明显提高。

整体上看，2015年行业在用工成本继续上涨的情况下行业的毛利润率增加了0.73个百分点，表明

表2 2015年我国产业用纺织品行业投资情况

产品名称	投资额		施工项目数		新开工项目数		竣工项目数	
	数值（亿元）	增速（%）	数值（个）	增速（%）	数值（个）	增速（%）	数值（个）	增速（%）
产业用纺织品	661.9	17.05	1099	13.42	879	18.78	870	22.19
非织造布	268.9	5.80	404	1.51	309	0.32	310	6.16
绳、索、缆	58.3	14.52	123	7.89	98	11.36	110	26.44
纺织带和帘子布	64.1	−9.40	132	38.95	113	56.94	110	59.42
篷帆布	83.1	55.91	124	22.77	99	13.79	96	29.73
其他	187.5	37.49	316	21.07	260	40.54	244	28.42

资料来源：国家统计局

表3 2015年我国产业用纺织品经济效益情况

指标		非织造布	绳、索、缆	纺织带和帘子布	篷、帆布	其他	全部
主营业务收入	数值（亿元）	1480.6	278.0	586.2	232.5	348.8	2926.0
	增速（%）	7.26	13.2	−0.03	7.02	6.66	6.15
主营业务成本	数值（亿元）	1268.6	234.9	521.8	202.6	297.6	2525.5
	增速（%）	6.81	10.63	−1.35	6.53	6.26	5.26
毛利润率	数值（%）	14.31	15.51	10.99	12.86	14.66	13.69
	变化（百分点）	0.36	1.96	1.19	0.40	0.32	0.73
利润总额	数值（亿元）	95.10	17.64	34.10	11.65	20.45	178.94
	增速（%）	13.12	22.11	13.52	19.21	7.49	13.72
利润率	数值（%）	6.42	6.34	5.82	5.01	5.86	6.12
	变化（百分点）	0.33	0.46	0.69	0.51	0.05	0.41
亏损面	数值（%）	8.22	9.40	10.63	11.22	11.96	9.65

资料来源：国家统计局

行业内企业在产业链中有一定的议价能力。一方面是原材料在产业用纺织品的成本中占比较大，产成品价格的下降幅度要低于原材料价格的降幅，另一方面是因为行业研发投入较高，产品质量水平不断提高，技术附加值有所提升。

（四）进出口

我国产业用纺织品主要以满足内需市场为主，但是国际市场在行业发展中的地位也日益重要。我国已经成为世界上最大的产业用纺织品出口国，产品不仅出口至欧美日等发达国家和地区，也积极向东盟、非洲、美洲等新兴市场开拓。根据国家海关总署数据，2015年我国产业用纺织品出口207.9亿美元，与2014年相比增长0.26%。

1.主要产品情况

产业用塑料涂层织物、医疗卫生用纺织品、篷帆类制品、非织造布和包装袋是主要的出口产品，五类产品的出口额占总量的73.65%。主要产品中，产业用塑料涂层织物和包装袋的出口额均有所降低；与2015年上半年的情况相比，非织造布变化较大，出口额由上半年的降低2.51%变成增长7.55%。这五类主要产品中，出口价格都出现了不同程度的下降，其中篷帆类产品的单价降幅最大达到13.09%，而包装袋的单价也降低近8%，其余产品的单价降幅均低于5%。出口数量增长是稳定出口的主要因素，其中篷帆类产品的出口数量增长了25.85%，非织造布的出口数量增长了11.56%，而产业用塑料涂层织物则量价双双下滑。

2.出口市场

从国家市场看，美国是我国产业用纺织品最大的出口市场，比重达到15.9%，出口额33.1亿美元，增长达到7.34%，是增长最为强劲的主要出口市场，对美国市场出口的增长也是稳定我国产业用纺织品出口的主要因素。对韩国、日本、菲律宾等

手，在2015年继续保持较快增长。2015年我国公路水路固定资产投资突破1.8万亿元，铁路完成固定资产投资8238亿元，投产新线9531公里，其中高铁3306公里。

2015年上半年，由于大量工程处于规划设计阶段，开工项目少，所以土工行业的增长面临一些挑战。下半年，随着大量的铁路、水利工程开工，行业的订单数量大幅增加，生产经营恢复正常并且有所增长。

山东省德州市陵城区是我国主要的土工用纺织品生产基地，该集群2015年的主营业务收入超过100亿元，各种土工材料的产量82万吨。协会对行业内骨干企业统计数据表明，2015年土工企业的主营业务收入和利润总额分别增长了10.86%、7.33%，平均利润率7.18%。

（三）过滤与分离用纺织品

2015年由于大范围的持续雾霾天气，全社会对大气环境质量高度关注，国家继续加大大气环境治理力度，为空气过滤行业的发展提供了良好的机遇。同时随着高性能纤维的发展和滤袋制造工艺的提高，袋式除尘技术的过滤效果已经达到近零排放，其平均使用寿命也达到4年左右，废旧滤袋的回收综合利用也取得突破，袋式除尘技术的优势更加显著。

2015年7月，《水泥工业大气污染物排放标准》实施，水泥行业投入大量资金进行环保设备改造，冶金、电力等行业的市场不断增长。市场的增长带动了行业的快速发展，根据对部分过滤领域会员企业的统计，2105年固定资产增长20%，主营业务收入和利润总额分别增长13.25%和21.04%，平均利润率8%。

（四）交通工具用纺织品

2015年中国汽车产销分别完成2450.33万辆和2459.76万辆，创历史新高，比2014年分别增长3.3%和4.7%，总体呈现平稳增长态势，而产销增速比2014年分别下降4和2.2个百分点。由于汽车市场增长放缓，给交通工具用纺织品领域的发展带来了一定压力。

从长期看，我国传统汽车行业将会持续中低速增长，轻量化、新能源是未来汽车业的重要发展趋势。纺织复合材料具有重量轻、强度大和成本低等优点，在汽车中的应用比例逐步增长，单辆汽车消耗的纺织材料将会提高。未来。交通工具用纺织品还将有较大的增长空间。

（五）安全防护用纺织品

随着法律法规和安全监督管理体制日趋完善，国家在个体安全防护方面的投入逐年增加，以及全社会对职业健康安全的重视，安全防护用纺织品的市场保持了持续增长。我国制造、建筑、采矿、电力、燃气等行业的从业人员超过7000万人，如果再加上军队、警察和消防等人员，每年对防护产品的需求量非常大，而现有的300亿元左右的投入远不能满足需求。

随着我国高性能纤维产业的进步和纺织工艺水平的提升，我国安全防护用纺织品的科技含量和产品质量得到显著提高，能够满足绝大部分工况的防护要求。制约行业发展的主要因素是各个行业防护标准的滞后与不完善，应用行业没有及时根据新的工况条件和纺织行业的技术进步进行修订。

（六）结构增强用纺织品

结构增强用纺织品是纤维基复合材料中的增强体，在汽车、新能源、新型建材、信息产业、石油化工、环保等领域有非常广泛的应用。

我国高性能纤维的产能在15万吨左右，其中碳纤维的产量在3500吨左右，T700已经工业化生产，国产碳纤维在飞行器、风力发电、机械制造和轨道交通等领域均取得了一定突破。与发达国家相比，我国在碳纤维及制品方面与发达国家还存在较大差距，还需要从国外大量进口。2015年我国合计出口各类碳纤维及制品1767吨，价值7637万美元，而同期我国进口量达到14289吨，价值4.12亿美元；从产品结构看，我国碳纤维及碳布的进口价格要高于出口，而预浸料及制成品的出口价格要高于进口。

除了碳纤维，高性能的玻璃纤维在结构增强用纺织品中的应用更加广泛，成本也更低，风力发电机叶片是其重要应用。2015年我国风电新增装机量达到3050万千瓦，占全球新增装机量的48.4%，对玻纤经编材料的需求的增长超过30%。我国已经就高性能纤维在汽车轻量化中的应用展开了一系列研究，低成本经编多轴向增强材料等技术和产品为汽车轻量化发展提供了坚实的基础。

2016年行业发展预测

一、行业发展面临的挑战

首先，是新常态下我国经济增长速度降低使得部分领域的需求放缓，甚至结构性下降。2014年以来，我国汽车的产销量增速持续走低，使得为汽车配套的内饰面料、安全带、隔音隔热材料等行业的增长面临压力。我国合成革行业由于环保要求的提高和下游需求放缓，其产量在2015年出现降低，给未来革基布行业带来较大的负面影响；在合成革基布行业整体出现下降的情况下，超纤革基布因其优越的性能而逆势大幅上涨。

其次，世界经济形势依然比较复杂，美国经济整体较好，对美出口增长成为行业稳定出口的重要因素，而欧洲和日本的经济复苏过程缓慢，对发展中国家和地区的出口也面临一定压力。而国际市场在我国产业用纺织品行业发展中的份额不断上升，特别是一些骨干企业生产的中高端产品的出口比重较高。整体看，2016年行业的出口形势会比较严峻。

第三，原材料市场的持续低迷使得产成品价格长期处于下行通道，行业产成品价格难以上涨，给行业的增长带来较大压力。

二、2015年行业发展预测

“十二五”期间我国产业用纺织品行业保持了高速增长，成为纺织工业新的增长极和产业转型升级的方向之一。2016年尽管国内外经济形势发生了比较大的变化，但是支撑我国产业用纺织品行业快速发展的产业环境没有改变。2016年是我国“十三五”时期的开局之年，产业用纺织品将面临重要的发展机遇。

首先，“十二五”期间，我国产业用纺织品行业快速发展，产业规模高速增长，经济效益持续改善，技术进步成效显著，重点子行业发展迅速，应用领域不断拓展，产业转型升级取得明显成效，这些都为行业“十三五”的发展打下了坚实的基础，行业的发展处在更高的起点。

其次，产业用纺织品行业与国民经济依存度较高，伴随着我国社会和经济的持续发展，“一带一路”国家战略的深入推进，基础设施投资建设依然是国家稳定增长的重要手段，国家在道路水利，环境保护和医疗健康等领域的投入会加大，庞大的内需市场依然是行业增长的最大动力。

第三，供给侧改革将会推动行业加快转型升级的步伐，加快先进装备更新和高级产能投资，加快技术改造和新产品开发，提升行业的竞争能力，更好的替代进口和参与到国际竞争。

2016年，我国产业用纺织品行业的生产、投资和销售将会继续保持10%以上的增长速度，经济效益良好，出口保持5%左右的增速。

（撰稿人：郑俊林　季建兵　白　晓）

纺织机械制造业

中国纺织机械协会

2015年是“十二五”规划的收官之年，也是谋划“十三五”蓝图的重要之年，在中国经济进入新常态的大环境下，纺机行业在市场需求大幅减少的情况下，依靠科技创新和提高产品质量，总体运行平稳。

2015年行业经济运行情况

一、行业规模

2015年，纺机行业708户规模以上企业实现主营业务收入1179.07亿元，同比增长3.80%，比2014年加快1.43个百分点；资产总计达到1045.55亿元，同比增长5.59%，比2014年下降2.42个百分点。2011年以来，纺机行业主营业务收入逐年递增，年均增长3.64%。纺织机械行业2011～2015年主营业务收入同比情况如图1所示。

图1 纺织机械行业2011～2015年主营业务收入同比情况

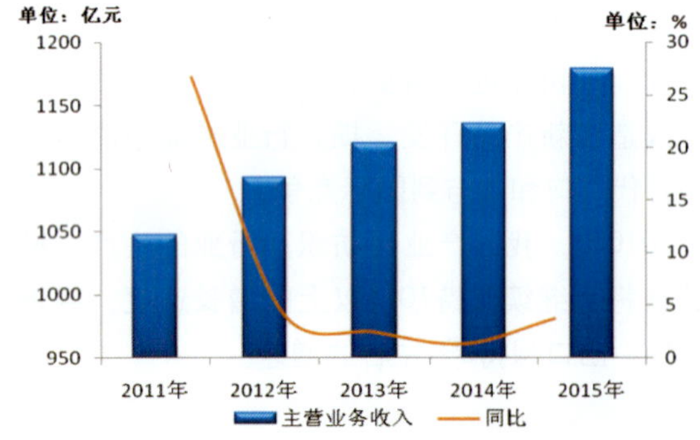

二、发展特点

（一）分行业市场各不相同

纺织机械涵盖产品众多，分行业市场各不相同。

2015年，棉纺织企业继续面对市场需求下降的挑战，凡涉及纺纱领域的各类主机销售同比全部下降；同时，纺纱机械的多类主机出口也大幅下降。总体上看，国内棉纺企业的新上项目首选还是提高纱线品质，节约用工的自动化、连续化的先进纺纱设备，细络联型、大纱库型自动络筒机占比明显上升。纺织企业的存量升级改造主要是赛络集聚纺、细纱机自动落纱、铁炮粗纱机改造等。

当前化纤机械市场竞争主要集中在设备的技术改造、稳定性、安全性、节能降耗和环保等方面。受化纤市场影响，常规化纤生产设备明显滞销，常规标准型成套设备已不能满足现阶段市场需求，功能化、差异化、高质化的化纤设备已成为化纤生产企业的首选。

非织造布机械市场进入平稳发展期。针刺生产线市场分化明显，订单集中至拥有技术、市场优势的企业趋势明显，高配置、大合同额订单比例增加。水刺设备销售增长明显，显示了市场对水刺产品的信心增强。

2015年，织造及织造准备机械行业摆脱了2014年的低迷状况，织机生产、销售数据在经历了2014年较大幅度的下跌之后，各项无梭织机销售均实现一定程度的同比增长。国产高速剑杆织机在2015年整体上呈“先扬后抑”的销售态势；喷气织机销售平稳，增幅较大；在存量替代因素的影响下，喷水织机销售增加，基本回到了2013年的水平。

针织机械行业运行整体保持平稳。圆纬机企业经营情况相比2014年出现一定的下降。横机行业受下游毛衫企业利润微薄的影响，虽然2015年整体行业销售量可观，但价格愈降愈低。经编机中多梳栉经编机型、高速经编机型尚未走出低迷；多轴向机型尽管市场总体需求略有增长，但竞争加剧；双针床机型受益于其广泛的应用领域，销售量与2014年相比有一定增长。

由于地方政府对印染企业的节能减排、淘汰落后产能的要求力度不减，印染企业加紧改造设备、提升自动化水平。低浴比和节能的间歇式染色设备已成为市场的首选。节水、高效的连续化前处理设备仍占据一定市场份额，但受市场低迷的影响，普遍销售不佳。2015年圆网印花机销售下降，平网印花机销售略有增长。数码喷墨印花随着技术水平的不断提升，生产成本逐渐下降，被市场逐步接纳。拉幅定形机在2015年仍保持一定市场热度。

（二）2015年纺机进口下降明显，出口额首次超过进口

据海关统计，2015年我国纺织机械进出口累计总额为60.39亿美元，同比下降14.26%。其中，纺织机械出口30.89亿美元，同比下降1.87%；进口29.50亿美元，同比下降24.27%，贸易顺差1.39亿美元。图2反映了我国纺机行业2011～2015年进出口情况。

表1 2015年纺织机械出口国家和地区情况

国家、地区名称	累计金额（美元）	所占比重（%）	金额同比（%）
总额	3089315524	100.00	−1.87
印度	623342399	20.18	16.35
孟加拉国	374124641	12.11	13.88
越南	345104872	11.17	2.57
巴基斯坦	180708794	5.85	17.48
印度尼西亚	179042786	5.80	−9.36
其他国家和地区	1386992032	44.90	−13.10

资料来源：中国海关

表2 2015年纺织机械产品出口情况

产品名称	累计金额（美元）	所占比重（%）	金额同比（%）
总额	3089315524	100.00	−1.87
针织机械	913012292	29.55	7.68
辅助装置及零配件	584312717	18.91	−11.16
印染后整理机械	555178581	17.97	14.26
织造机械	430072682	13.92	8.75
纺纱机械	355223895	11.50	−31.01
化纤机械	169297000	5.48	−2.45
非织造布机械	82218357	2.66	12.97

资料来源：中国海关

图2 纺机行业2011～2015年进出口情况

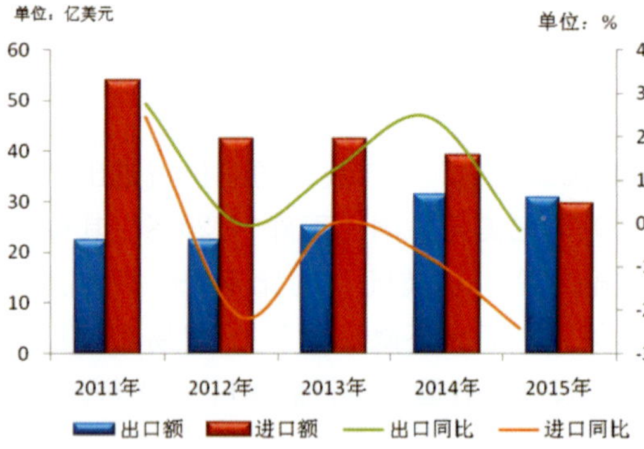

2015年纺机出口额首次超过进口，一方面是国产纺机主要出口国在印度、孟加拉、越南、巴基斯坦等地，这些国家近几年行业的发展和提升，不断需要设备的升级和换代。同时，国内纺织机械产品的结构调整和科技创新，国产纺机技术不断进步，而受原料和电力成本等多种成本因素的影响，纺织企业加快了“走出去”的步伐，带动了国产纺机产品出口的增长。

1.出口情况

2015年纺织机械出口30.89亿美元，出口到印度、孟加拉、越南、巴基斯坦及印度尼西亚这些国家和地区总额占全部出口额的55.1%。出口到印度总额为6.23亿美元，同比增长16.35%，占全部出口总额的20.18%，其中针织机械出口额2.71亿美元排在首位，同比增长40.36%；纺纱机械同比下降19.18%，印染后整理机械增幅最大，同比增长44.96%。排名前五位的只有出口到印度尼西亚的纺织机械产品同比出现负增长。2015年纺织机械国家地区出口情况见表1。

出口产品中，针织机械出口额仍然排在首位，金额同比增长7.68%；印染后整理机械和非织造布机械增幅明显，分列前二位；纺纱机械出口下降明显，同比下降31.01%。2015年纺织机械产品出口情况见表2。

2.进口情况

2015年纺织机械进口总额29.50亿美元。进口的主要国家和地区以德国、日本、意大利、瑞士、中国台湾为主。进口前五位国家和地区的贸易总额为24.54亿美元，同比下降24.32%，占进口总额的83.2%。

纺织机械进口的产品中，纺纱机械排在第一位，进口总额为5.9亿美元，同比下降11.87%，占进口总额的20.02%，进口七大类产品全部下降，尤以化纤机械降幅最大，达到44.4%。2015年纺织机械产品进口情况见表3。

（四）盈利水平较2014年有所改善

2015年，纺机行业实现利润总额为73.14亿元，同比增长1.25%；亏损企业亏损额为8.41亿元，同比增长37.13%；亏损面为13.84%。纺机行业2011～2015年利润金额及增速情况如图3所示，2015年利润增速由负转正，5年来利润年平均增长0.87%。

图3 纺机行业2011～2015年利润金额及增速情况

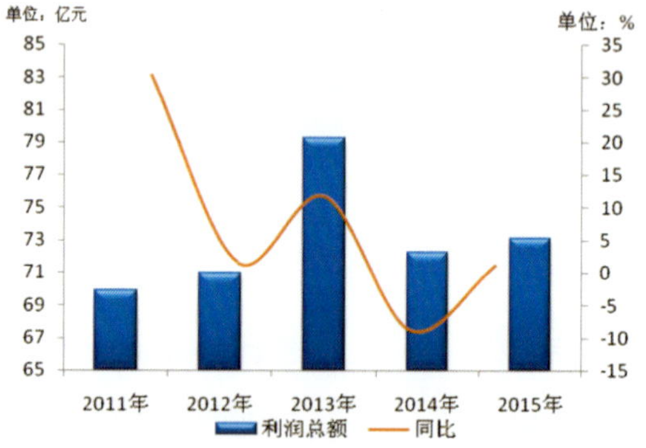

纺机行业重点地区江苏、浙江、山东三省的利润总额达到47.4亿元，利润总额集中度为64.78%。

（五）成本费用继续微涨

2015年，纺机行业成本费用总额为1104.03亿元，同比增长3.92%，其中，主营业务成本997.28亿元，同比增长4.13%，高于主营业务收入增速0.33个百分点；营业费用31.49亿元，同比下降

表3 2015年纺织机械产品进口情况

国家、地区名称	累计金额（美元）	所占比重（%）	金额同比（%）
总额	2949837401	100.00	-24.27
纺纱机械	590449721	20.02	-11.87
辅助装置及零配件	557031086	18.88	-19.00
化纤机械	536399289	18.18	-44.40
织造机械	409365267	13.88	-18.83
印染后整理机械	407557719	13.82	-19.72
针织机械	379297182	12.86	-20.56
非织造布机械	69737137	2.36	-16.63

资料来源：中国海关

1.92%；管理费用63亿元，同比增长3.78%；财务费用12.51亿元，同比增长5.4%；规模以上工业企业每百元主营业务收入成本为84.58元，较2014年同期增加0.32元。各项费用占总费用比重如图4所示。

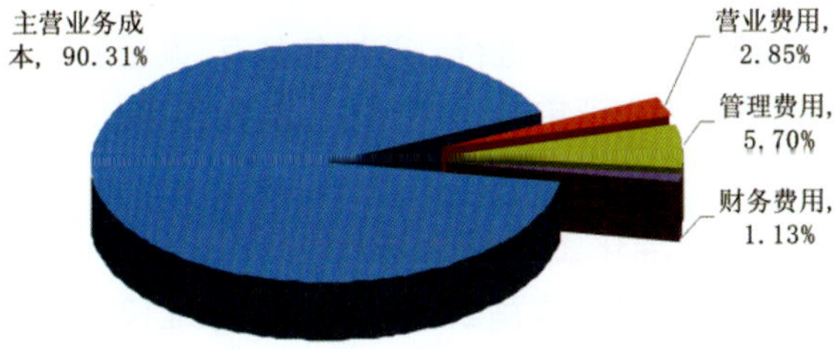

图4 2015年纺机行业各项费用占总费用的比重

纺机行业重点地区江苏、浙江、山东三省的成本费用总额达到709.3亿元，成本费用集中度为64.25%。

（六）固定资产投资情况

2015年纺机行业固定资产投资额为270.87亿元，同比增长0.04%；新开工项目为365项，同比增长8.31%。纺机行业固定资产投资额占纺织行业固定资产投资额的比重为2.27%。

三、行业结构调整和产业升级迈上新台阶

2015年在《纺织机械行业"十二五"发展指导性意见》、《纺织工业"十二五"发展规划》和《建设纺织强国纲要（2011～2020年）》的继续指导下，纺机行业转型升级稳步推进。与此同时，《中国制造2025》作为我国实现制造强国的第一个十年行动纲领于2015年5月发布，智能制造是实施《中国制造2025》、加快制造强国建设的主攻方向。当前纺机行业生产全流程的连续化、数字化起步不久，智能化处于探索阶段，智能制造为产业升级带来了极大助力，行业结构调整、转型升级进一步深化。

（一）持续进行产品开发和结构调整

随着纺织行业结构调整，纺机行业中自动化程度高、能节能降耗、提升纺织产品质量的高端纺机进步较快，发展形势较好，取得一批成果，产品可靠性、稳定性进一步提升。自动落纱粗纱机及粗细联输送系统、细络联型和纱库型自动喂管自动络筒

机均已经形成小批量生产规模，粗纱机全自动集体落纱及自动生头技术、管纱识别技术等关键技术取得突破，达到国际先进水平。国内无梭织机市场由低、中端向高端延伸，国产喷气织机实际应用车速达500～700转/分，国产高档剑杆织机实际应用车速达500～550转/分。化纤长丝生产线自动落卷和物流系统已研发成功，日产200吨涤纶短纤生产线研发成功，填补了国内大容量涤纶短纤维成套装备的空白。碳纤维三维立体织造技术与装备、复杂形状织物三维热模压成型技术与装备等新型产业用纺织品生产装备研发成功并获得市场认可。国产多功能针织圆纬无缝成型机研制成功，横机生产企业纷纷推出了单机头3系统或4系统的电脑横机，经编机已经普遍采用电子送经技术和电子牵拉卷取技术。浓碱及双氧水浓度在线检测及自动配送系统、染料与助剂自动配送系统、定形机在线监控系统等在不断发展中得到应用。国产纺织品数码喷墨印花机喷印速度大幅度提高，最高印速超过1000平方米/小时。

（二）研发与创新成果丰硕

2015年通过中国纺织机械协会组织的科技成果鉴定的产品共18项，其中1项产品被评为国际领先，13项产品为国际先进。新产品充分体现了行业技术进步方向，对纺织工业的结构调整将发挥积极的推动作用。

在2015年度中国纺织工业联合会科学技术进步奖中，纺机行业中3项成果荣获一等奖；7项成果荣获二等奖。4家企业获得“中国纺织工业联合会产品开发贡献奖”。2015年度中国香港桑麻奖中，纺机行业1名获一等奖，1名获二等奖。2015年“中国纺织工业联合会科技指导性计划”项目中有39项纺织机械产品被列入。

纺织机械领域204家重点企业中国专利调查结果显示，2015年共获得授权发明专利95项、授权实用新型专利686项。各分专业专利情况如图5所示。

图5 2015年纺机重点企业中国专利情况

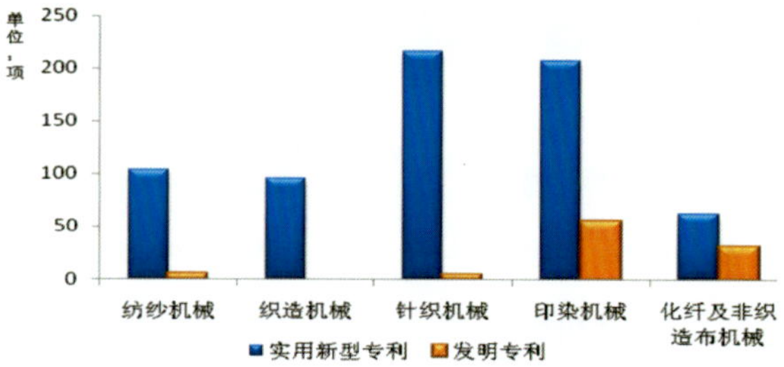

（三）纺织机械创新体系建设继续稳步进行

新一代纺织设备技术创新产业联盟联合了行业内骨干企业、大学、科研机构以及上下游产业，形成创新产业链条，目前有成员44家。联盟积极围绕产业链构建技术创新链，针对产业技术创新中的关键、共性问题，组织联合攻关，共同研究制定和完善产业技术标准；整合盟员单位资源，探索建立面向行业的技术研发和技术创新服务平台及机制，推进研发条件资源和知识产权共享；联合培养创新人才，促进产学研科技人员交流、互动，为产业持续创新提供人才支撑。同时，行业也在不断加强自身组织建设和建立运行规范，进一步促进联盟健康发展，促进行业技术进步。纺机行业产品研发中心评定和建设工作稳步进行，2015年又有2家企业申报的产品研发中心评审通过。

（四）标准化工作稳步进行

2015年颁布实施纺织机械行业标准13项，其中新制定的标准6项，修订的标准7项。截止2015年12月，纺机行业现行的国家标准112项，行业标准449项，标准总数561项。2015年，纺机标委会完成了27项国家标准复审，全部确认继续有效。行业标准复审55 项，确认继续有效35项，建议修订15 项，废止5 项行业标准。

四、行业面临的主要问题

一是产品同质化依然严重。一些企业通过组装技术含量低的产品并以低价竞争取得市场份额，过度竞争导致很多纺机企业研究成果受到侵犯，导致一些产品市场快速趋向饱和，影响行业的持续发展。

二是机械制造工艺和生产方式的技术瓶颈制约着纺机行业发展。国产纺织机械制造、装配技术、热处理及表面处理等工艺技术及质量管理水平有待改进，这些导致了一些机械运行稳定性和可靠性不高。

三是人才问题。纺织机械行业面临既缺乏高端研究型人才，也缺少熟练技师的窘况，人才年龄偏大，知识陈旧，大专院校的纺织机械类专业教育被边缘化，人才结构和知识结构不能满足装备制造业发展的需要。

2016年纺织机械行业发展展望

2016年是“十三五”的开局之年，我国纺机行业面临诸多机遇与挑战。

从政策环境来看，中国经济发展进入新阶段，经济增长速度逐渐回落到可持续的中高速增长区间，有利于优化配置和充分利用各种资源，也有利于纺织机械行业的转型升级，找到新的发展增长点。此外，《中国制造2025》为装备制造业制定了创新发展的政策导向。国产纺织机械依靠实用、功能全且性价比高的特点已经逐渐打开了海外市场，随着“一带一路”战略的推进，海外市场将会出现更多中国生产的纺织机械产品。

从市场需求来看，纺织行业结构调整和新兴产业发展为纺机提供了发展机遇。近年来，纺织产业结构调整带来纺织新产品制造及应用的突破，产业用纺织品在我国纺织工业结构调整与产业升级中的地位越来越重要，其应用领域的扩大，为纺织机械装备制造企业提供了难得的发展机遇。纺织新工艺和新技术层出不穷，促使纺织机械行业创新向价值链高端延伸，走高可靠性、高技术和高附加值的高端发展路线。

另外，新技术、新材料的普及为纺机发展带来新动力。精确性、效率和可靠性是纺织机械发展历程中始终追求的指标。数控技术和新合成材料的出现和普及，将使传统纺织机械获得新的发展动力和技术源泉，大大提升纺织机械的技术水平和生产效率，降低人为因素的干扰，改善劳动环境。

今后，纺织机械行业将从以往高速规模扩张的发展模式转为以创新为动力的中高速增长模式，持续关注纺织工业新的产业增长点，开发适合新需求的智能化技术装备。继续加强高端纺织装备的研发，优先发展满足纺织产业链核心需求的先进成套装备，应用先进数控技术提高装备的智能化水平；加大技术改造力度，发展高质量专用基础件，努力提高装备的制造质量和可靠性。未来，行业将出现产品智能化、制造信息化、装备制造服务化等发展趋势。

（撰稿人：孙少波）

CNTAC

中国纺织工业发展报告

CHINA TEXTILE INDUSTRY DEVELOPMENT REPORT

2015/2016

科技创新

纺织2项目荣获2015年度国家科学技术奖

中国纺织工业联合会科技发展部

2015年度，国家科学技术奖纺织获奖项目共有2个。由盛虹控股集团有限公司等单位完成的"PTT和原位功能化PET聚合及其复合纤维制备关键技术与产业化"、愉悦家纺有限公司等单位完成的"高精度圆网印花及清洁生产关键技术研发与产业化"2个项目荣获国家科学技术进步奖二等奖。

PTT和原位功能化PET聚合及其复合纤维制备关键技术与产业化

聚酯纤维经过几十年的快速发展，已成为我国产量最大、品种最多的纺织纤维。但聚酯产业也面临严峻挑战，产品同质同构严重，缺乏核心竞争力，亟需开发新型聚酯和创新传统聚酯。新型聚酯PTT（聚对苯二甲酸1,3-丙二醇酯）纤维兼具涤纶、锦纶与腈纶的优点，具有优良的蓬松、柔软、耐污及弹性等特征，并具有生物资源优势，但切片长期依赖进口，聚合关键技术一直被美国杜邦（DuPont）和壳牌（Shell）公司所垄断；传统聚酯PET单一功能产品居多，难以满足高端市场需求，研发具有抗紫外、抗静电及吸湿等多功能一体化聚酯产品意义重大。该项目通过理论研究、工艺技术和装备的集成创新，开发出具有自主知识产权的PTT聚合、多功能PET（简称MFPET）原位聚合关键技术及装备，进一步攻克了PTT/MFPET 复合纺丝的技术难题，研发出系列多功能一体化聚酯纤维，实现了高品质纺织品从聚合物源头到终端产品的国产化，打破国外技术封锁。

该项目主要技术内容：（1）突破了PTT和改性PTT聚合成套技术。在深入研究PTT聚合机理及反应动力学基础上，自主研发出高效钛-锡复合催化剂和新型稳定剂，创新设计返流程酯化、低温缩聚工艺流程，发明水下切粒与缓释结晶结合技术，攻克副产物的分离与回收技术，催化剂用量降低40%，副产物减少60%，节能35%，建成我国首条自主知识产权PTT 聚合生产线，填补了国内空白。（2）攻克了大容量多功能PET原位聚合及熔体直纺关键技术。创建异质协效原位功能化和粉体锚固链修饰、旋流匀化分散技术，设计温度梯度控制的三釜酯化及双鼠笼搅拌缩聚釜，攻克了复合功能化导致的纤维成形加工困难的技术壁垒，进一步开发高压、高剪切大容量熔体直纺技术，成功制得防透视、抗紫外、抗静电及吸湿等多功能一体化聚酯及其纤维。（3）基于自主研发的PTT和MFPET，研发出双组分高粘度差复合纺丝核心技术。创新设计专用纺丝螺杆及组件，开发了双螺杆高温度差熔体挤出工艺，解决了高粘度差导致的可纺性差、纤维截面异构等技术难题。开发出双色效应、吸湿、抗静电、抗紫外等多功能一体化弹性聚酯纤维。

该项目已授权美国专利1项、中国发明专利16项、实用新型专利8项；发表论文32篇；起草国际标准1项、国家及行业标准4项、企业标准6项。成果鉴定认为"整体技术及质量指标达到国际先进水平，部分技术达国际领先"。

该项目已建成我国首条具有自主知识产权的3万吨/年PTT聚合生产线、全球首条25万吨/年全消光多功能PET熔体直纺生产线及全球最大的5万吨/年PTT/MFPET双组分多功能纤维生产线，开发出PTT、改性PTT、MFPET及其系列化多功能聚酯纤维。产品已出口欧、美、日、韩等国家和地区，取得了显著的经济和社会效益，为我国聚酯产业结构调整、产品升级换代和技术进步起到引领示范作用。

高精度圆网印花及清洁生产关键技术研发与产业化

印花纺织品花型颜色丰富，深受广大消费者青睐。圆网印花是世界上生产效率最高的印花技术，全球70%以上的印花产品采用圆网印花生产，其生产速度是平网印花的2～3倍、数码印花的100倍以上。但传统圆网印花精度低、色彩空间小、品种范围窄，产品附加值低，能耗水耗高，一次成功率只有85%，严重阻碍着圆网印花的技术进步。因此，研发高精度圆网印花与清洁生产技术是纺织印染行业转型升级的重大任务。由于受织物组织结构、生产工艺条件、系列设备精度、自动化控制和化学品质量等诸多因素影响，实现高精度圆网印花必须突破全流程生产工艺和装备、专用化学品和数字化生产管控等重大技术难题。

该项目通过多年的系统技术攻关，突破了高精度圆网印花的技术瓶颈，进一步发挥了圆网印花生产效率高的优势，自主创新研发出高精度圆网印花与清洁生产成套技术和装备，主要技术内容包括：（1）研究了流体渗透、点阵混色叠加、活性基反应动力学等对高精度印花的影响规律，创建了由百万个数据组成的生产工艺数据库，研发出从前处理到后整理的全流程高精度印花清洁生产工艺技术。（2）创建了生产过程色浆流变模型，研发出活性染料、印花糊料、感光胶等专用化学品，突破了高精度镍网和花版制备技术。（3）研究开发了圆网印花、前处理、后整理等关键装备及装置，实现了高精度印花生产的高速可靠运行。（4）创新研发了色彩管理系统、生产管理系统、物料自动配送系统和在线监控系统，实现了全流程生产过程的数字化管控。

在成套技术及装备创新开发的基础上，创建了高精度圆网印花与清洁生产全流程生产线，首次实现了基于混色叠加原理的高精度圆网印花，突破了传统圆网印花的精细度极限，精度提高一倍多，生产出具有写真效果的印花产品，极大地拓展了圆网印花的品种范围，大幅度提升了产品质量和附加值，一次成功率达到98.5%，生产效率提高25%。节能减排效果显著，节约化学品27%，节能15%，减少化学需氧量COD排放22%，减少废水排放28%。

该项目申请专利47件，其中授权国家发明专利25件，授权实用新型专利19件，发表学术论文5篇，荣获中国纺织工业联合会科技进步一等奖。中国纺织工业联合会鉴定结论为：整体技术达到国际先进水平。

该项目已建成19条高精度圆网印花生产线，成果在愉悦家纺有限公司、华纺股份有限公司、浙江红绿蓝纺织印染有限公司等30多家企业得到推广应用，产品得到国内外知名企业的广泛好评，经济社会效益显著。项目所开发的具有自主知识产权的高精度圆网印花技术及装备，对纺织印染行业技术进步和产业升级具有重要推动和示范作用，提升了我国纺织印染行业的整体竞争实力。

（撰稿人：冯　丽）

2015年度国家科学技术奖纺织获奖项目

序号	获奖等级	项目名称	主要完成单位	主要完成人
1	科技进步奖二等奖	PTT和原位功能化PET聚合及其复合纤维制备关键技术与产业化	盛虹控股集团有限公司、北京服装学院、江苏中鲈科技发展股份有限公司	王　锐、缪汉根、张叶兴、梅　锋、朱志国、边树昌、张秀芹、周静宜、徐春建、王建明
2	科技进步奖二等奖	高精度圆网印花及清洁生产关键技术研发与产业化	愉悦家纺有限公司、天津工业大学、青岛大学、天津德凯化工股份有限公司、山东同大镍网有限公司、福建省晋江市佶龙机械工业有限公司、山东黄河三角洲纺织科技研究院有限公司	张国清、房宽峻、王玉平、张兴华、魏福彬、陈家康、乔传亮、胡立华、刘尊东、郝龙云

“纺织之光”2015年度中国纺织工业联合会科学技术奖获奖项目

一等奖

序号	项目名称	主要完成单位	主要完成人
1	新型高档苎麻纺织加工关键技术及其产业化	湖南华升集团公司、东华大学	程隆棣、荣金莲、肖群锋、崔运花、耿　灏、陈继无、李毓陵、严桂香、易春芳、揭雨成、唐文峰、龙岚珺、何　文、尹国强、匡　颖
2	功能性篷盖材料制造技术及产业化	江苏维凯科技股份有限公司、东华大学、上海申达科宝新材料有限公司、浙江明士达新材料有限公司	陈南梁、李维伟、蒋金华、胡　淳、朱其达、郝恩全、傅　婷、崔　鹏、马新龙、汪泽幸、李　捷、徐卫兵、朱静江、樊　荣
3	干法纺聚酰亚胺纤维制备关键技术及产业化	东华大学、江苏奥神新材料股份有限公司、江苏奥神集团有限公司	张清华、王士华、詹永振、陈大俊、陶明东、郭　涛、方念军、张卫民、董　杰、赵　昕、苗　岭、陈　斌、严　成、王发阳、陈　桃
4	宽幅高强非织造土工合成材料关键制备技术及装备产业化	江苏迎阳无纺机械有限公司、天津工大纺织助剂有限公司、南通大学、山东宏祥新材料股份有限公司	范立元、张　瑜、范　莉、李素英、任　煜、任元林、崔占明、周　旺、孟灵晋、王建刚、顾闻彦、李瑞芬、夏　磊、于树发
5	疏水性中空纤维膜制备关键技术及应用	天津工业大学　天津海之凰科技股份有限公司、天津科技大学	武春瑞、位红永、唐　娜、吕晓龙、高启君、董为毅、郭建辉、王　暄、陈华艳、贾　悦
6	经纱泡沫上浆关键技术研发及产业化应用	鲁泰纺织股份有限公司、江南大学、武汉纺织大学、常州市润力助剂有限公司、宜兴市军达浆料科技有限公司	高卫东、刘立强、徐卫林、刘建立、杜立新、范雪荣、卢雨正、张海东、李文斌、傅佳佳、张海峰、吴　燕、赵海涛、曹根阳、朱　博
7	HYQ系列数控多功能圆纬无缝成型机	东台恒舜数控精密机械科技有限公司、浙江理工大学、杭州旭仁纺织机械有限公司	陈国标、彭来湖、胡旭东、李　慧、未　印、吕明来、方佳云
8	纯棉超细高密弹力色织面料关键技术研发及产业化	江苏联发纺织股份有限公司、东华大学	李毓陵、唐文君、姚金龙、何瑾馨、吴绮萍、程隆棣、向中林、张瑞云、薛庆龙、董　霞、刘倩丽、杨正华、薛文良、蒋龙宇、钱小红

续表

序号	项目名称	主要完成单位	主要完成人
9	粗细联合智能全自动粗纱机系统	青岛环球集团股份有限公司	王成吉、崔桂华、郭加阳、孙　杰、李建霞、王森栋、马　敏
10	高品质纯壳聚糖纤维与非织造制品产业化关键技术	海斯摩尔生物科技有限公司、东华大学	胡广敏、周家村、陈　龙、李进山、张明勇、朱新华、黄伦强、林　亮、杜衍涛、王　信、李喆、吴开建、陈　凯、陈　芳
11	高品质聚酰胺6纤维高效率低能耗智能化生产关键技术	义乌华鼎锦纶股份有限公司、广东新会美达锦纶股份有限公司、北京三联虹普新合纤技术服务股份有限公司、东华大学	朱美芳、封其都、肖　茹、于佩霖、赵维钊、丁尔民、王宏志、陈　欣、林世斌、张青红、马敬红、刘学斌、宁佐龙、谌继宗、王朝生

二等奖

序号	项目名称	主要完成单位	主要完成人
1	纯棉免烫数码喷墨印花面料生产关键技术开发及产业化	鲁丰织染有限公司、鲁泰纺织股份有限公司、杭州宏华数码科技股份有限公司	张战旗、王方水、齐元章、许秋生、李法敏、于　滨、王德振、葛晨文、林　虹、孙　磊
2	基于通用色浆的九分色宽色域清洁印花关键技术及其产业化	浙江红绿蓝纺织印染有限公司、绍兴文理学院	黄新明、刘　越、莫林祥、蒋旭野、段亚峰、舒　适、陈　丰、王维明、钱红飞、胡玲玲
3	利用人造纤维素纤维生产140支高支纱技术	山东联润新材料科技有限公司	陈启升、张　昕、钟　军、王延永、张书峰、李　季、孙文革、李　洋、石振宇、田承稳
4	仿棉针织运动面料的研究及开发	上海嘉麟杰纺织品股份有限公司、苏州金辉纤维新材料有限公司	董　蓓、赵　灿、单苗苗、谈　辉、王怀峰、郑耀伟、岑　凌、王　任、丁　晨、柯　华
5	多功能特种手套关键技术与装备的研发	浙江理工大学、绍兴金隆机械制造有限公司	方　园、王国庆、陈光良、李　妮、郭勤华、毛宗楚、汤剑峰、黄浚峰

续表

序号	项目名称	主要完成单位	主要完成人
6	蚕丝蛋白制备关键技术及其高值化利用研究	浙江大学、浙江理工大学、湖州澳特丝生物科技有限公司、湖州新天丝生物技术有限公司	朱良均、姚菊明、杨明英、孔祥东、闵思佳、沈新琦、徐国文、刘　琳、张海萍、朱正华
7	具有复合功能的非织造蚕丝绵技术及产业化	苏州大学、广西横县桂华茧丝绸有限责任公司、常熟市永得利水刺无纺布有限公司	胡征宇、卢受坤、刘景刚、程学伟、杨富刚、苏寒梅、梁维佳、梁晓玲、王　兰、黄继伟
8	新一代数字化生态丝绸文化产品的关键技术研究与产业化	杭州万事利丝绸科技有限公司、万事利集团有限公司、浙江工商大学	马廷方、周劲锋、张忠信、张梅飞、张祖琴、季文革、金增凯、田　雪、陈惠英、周　怡
9	骆马绒在毛织物中的应用技术研究及产业化	山东如意科技集团有限公司	丁彩玲、张伟红、祝亚丽、秦　光、刘晓飞、王少华、杨爱国、孔　健、丁翠侠
10	羊毛纤维的植物染色及其生态性研究	江苏丹毛纺织股份有限公司、常州美胜生物材料有限公司	徐荣芳、纪俊玲、俞金林、徐　导、徐林凤、邹银芳、徐高阳、符爱芬、陈新华、黄小良
11	纺织品环保型拔染印花新技术的产业开发应用	浙江丝绸科技有限公司	阮铁民、叶建军、项金火
12	蓄能发光复合面料的技术开发及其应用	江苏南纬悦达纤维科技有限公司、江苏南纬悦达纺织研究院有限公司	凌良仲、孔劲松、王　可、王前文、陆灯红、李　健、李苏红
13	基于发泡的水性功能性纺织品涂层关键材料技术的研究及产业化	龙之族（中国）有限公司、四川大学	罗耀发、成　煦、杜宗良、杜　菲、蒋荣华、潘锋芳、张云波、白　雪
14	缔合型增稠剂及其复配增效技术	浙江传化股份有限公司、杭州传化精细化工有限公司	宋金星、蔡继权、王胜鹏、乐　翔、陈八斤、陈英英、于本成、黄建群、赵　婷
15	低压煤粉锅炉高热效率应用技术	上海题桥纺织染纱有限公司、广东海洋大学、上海工程技术大学	潘玉明、贾明生、陈恩鉴、洪鹏志、陈闵叶、陈泽华、吉顺昌、姬庆德、陈淳烁、杜志远

续表

序号	项目名称	主要完成单位	主要完成人
16	高耐磨性钢丝圈	重庆金猫纺织器材有限公司	王可平、赵仁兵、易　珊、肖　华
17	托盘式自动络筒机的研制	青岛宏大纺织机械有限责任公司、北京经纬纺机新技术有限公司	赵云波、车社海、陈春义、姚水莲、贾　坤、朱起宏、王炳堂、周爱红、赵暄东、王海霞
18	高效节能T型假捻变形机	江苏法华纺织机械有限公司、常州工程职业技术学院	杨　坤、张雪华、梅素娟、钱建峰
19	RFJA33型毛巾喷气织机	山东日发纺织机械有限公司	李子军、迟连迅、王建岭、吉学齐、王开友、刘　伟、满富来、马自信、王　涛、李淑芳
20	XGHM43/1（200英寸）全电脑高速多梳栉提花经编机	福建省鑫港纺织机械有限公司	郑依福、郑春华、郑春乐、谢春旺、赖秋玉
21	日产200吨涤纶短纤维数字化成套设备	恒天重工股份有限公司、邵阳纺织机械有限责任公司、中原工学院、邯郸宏大化纤机械有限公司	刘延武、李新奇、刘顺同、崔世忠、王志兵、朱素娟、王泽亮、张秋苹、王玉昌、袁文发
22	国产节能型柔性化工业丝成套装备技术开发与产业化应用	北京中丽制机工程技术有限公司、晋江市永信达织造制衣有限公司、海西纺织新材料工业技术晋江研究院、中国纺织科学研究院	仝文奇、李学庆、满晓东、邵德森、姜　军、丁程源、陈立军、张丙红、周晓辉、李秀宾
23	针织产品设计与仿真系统的开发与应用	江南大学	蒋高明、丛洪莲、张爱军、张燕婷、缪旭红、夏风林、吴志明、张　琦、万爱兰、马丕波
24	基于不规则图形排样优化理论的服装衣片智能排料技术	西安工程大学	陈永当、任慧娟、陈　珊、张　勇、马　柯、石美红、董友耕、吴　琼、赵　岩
25	基于RFID技术的制衣生产电子制单系统开发和应用	广东溢达纺织有限公司	夏天宇、常　鹏、董胜利、吴日清、彭　涛、李国强

续表

序号	项目名称	主要完成单位	主要完成人
26	织物智能提花工艺技术的创新与产业化应用	浙江理工大学、浙江奇汇电子提花机有限公司	张华熊、王月敏、金　耀、赵益民、张　聿、刘　庆、汪亚明、花名众、胡　洁、蒋明峰
27	地毯静电性能检测关键技术研究及仪器研制	山东省纺织科学研究院、山东省特种纺织品加工技术重点实验室	刘　壮、冯洪成、王德保、付　伟、李　政、焦　会
28	纺织品检测试样切碎机	天津市针织技术研究所、天津禾田电器有限公司	邓淑芳、于建军、张　民、张学双、张　弛、邢志贵、单学蕾、张学东、姚秀娟
29	废涤纶织物并列复合柔软再生纤维生产技术研究及产业化	宁波大发化纤有限公司	钱　军、秦　丹、王方河、邢喜全、史春桥、李晓东、杜　芳
30	高效节能短流程聚酯长丝高品质加工关键技术及产业化	新凤鸣集团股份有限公司、嘉兴学院	沈健彧、庄耀中、赵春财、薛　元、颜志勇、许纪忠、崔　利、刘春福、郑永伟、钱卫根
31	含杂环的芳香族聚酰胺纤维（F-12纤维）50吨/年产业化技术	内蒙古航天新材料科技有限公司、中国航天科工六院四十六所	冯艳丽、李九胜、王宝生、柴永存、胥国军、牛　敏、邹纪华、白玉龙、焦李周、汤建军
32	高保形弹性聚酯基复合纤维制备关键技术与产业化	南通永盛纤维新材料有限公司、永盛新材料有限公司、东华大学、杭州汇维仕永盛化纤有限公司、杭州汇维仕永盛染整有限公司、嘉兴学院 、吴江市天源织造厂	赵继东、王华平、石红星、陶建军、陶志均、徐　华、王朝生、颜志勇、马青海、叶洪福
33	有色间位芳纶短纤维工业化	东华大学、圣欧芳纶（江苏）股份有限公司	胡祖明、于俊荣、王　彦、诸　静、钟　洲、车明国、杨　威、刘立起、王丽丽、颜　言
34	抗氧化改性聚苯硫醚纤维界面技术及其产业化	苏州金泉新材料股份有限公司、太原理工大学	樊海彬、张蕊萍、李文俊、戴晋明、郭利清、连丹丹、相鹏伟、张　勇、秦加明、张建英
35	彩色差别化涤纶丝熔体直纺产品多元化工程技术	浙江华欣新材料股份有限公司	曹欣羊、周全忠、段亚峰、钱樟宝、薛仕兵、汪森军、赵江峰、喻　平、严忠伟、叶　雷

续表

序号	项目名称	主要完成单位	主要完成人
36	粘胶行业高效节能酸浴处理技术	唐山三友集团兴达化纤有限公司	刁敏锐、曹　杰、冯林波、苏宝东、姜德虎、杜红莲、苏文恒、徐瑞宾、徐广成、王大明
37	特种材料双层异构过滤布研制及应用	辽宁天泽产业集团纺织有限公司、辽东学院	张明光、梁红艳、蒋　锵、刘刚健、杨宝艳、孙小聃、张志丹、崔传庆、林　伟
38	基网多轴叠合制造技术的研发	上海金熊造纸网毯有限公司、四川环龙技术织物有限公司	陈　风、谢宗国、杨金魁，周兴富、戴永君、胡春梅
39	高效节能聚酯纺粘针刺胎基布一步法生产技术与成套装置研发	天鼎丰非织造布有限公司、大连合成纤维研究设计院股份有限公司	聂松林、姜瑞明、井孝安、高志勇、万　溯、武跃英、陈炎坤、孙彦洁、吴玉灿、张星云
40	高强聚酯长丝复合PE增强格栅的研制	宏祥新材料股份有限公司	崔占明、孟灵晋、刘好武、王　静、郑衍水、孟令健
41	高强智能集成化纤维复合土工材料研发及应用	泰安路德工程材料有限公司	梁训美、王继法、陆诗德、王　静、梁　磊、刘凤梅、刘文超、王景红、陈广娟、王　粟
42	阻燃、隔热多功能织物复合关键技术与应用	中原工学院、保定三源纺织科技有限公司	朱方龙、张艳梅、刘让同、房　戈、胡丹丹、李克兢、祖莲香、陈晓鹏、冯倩倩

三等奖

序号	项目名称	主要完成单位	主要完成人
1	一种细旦超柔型面料的开发与研究	吴江福华织造有限公司	肖　燕、鲁宏伟、林清旭、陈信咏、吴　庆、胡国东、秦　峰

续表

序号	项目名称	主要完成单位	主要完成人
2	新型聚丙烯酸酯浆料关键技术研究与新产品开发	绍兴中纺院江南分院有限公司、西安工程大学、中国纺织科学研究院江南分院、襄阳银纱纺织化工有限公司	崔桂新、沈艳琴、张小云、武海良、吴长春、许增慧、韩　静
3	莱赛尔纤维螺旋捻合纺纱技术及产品研发	德州恒丰纺织有限公司	王思社、付　刚、许炳义、唐志燕、赵传德
4	帆布凉席生产关键技术研究及产业化	山东立昌纺织科技有限公司	王希明、刘建敏、蒋国平、劳洪国、王佃民、马兆霞
5	中厚型高弹高蓬松超仿棉织物关键技术研究及应用	福建凤竹纺织科技股份有限公司	李昌华、樊　蓉、张　宇、冯岚清、罗镇祥
6	纬编提花麂皮绒织物研究与开发	浙江港龙织造科技有限公司、绍兴文理学院	章培军、朱　昊、王　娟、冯世英
7	柞蚕茧壳正压前处理及蛋白酶脱胶关键技术研究	丹东中天柞蚕生物科技有限公司	慕德明、隋明芳、张少华、慕程程、孙靖涛
8	石洗柔软粗毛纺织物材料研发及应用	浙江神州毛纺织有限公司	牟水法、王建华、吴玉锌、陆颖芬、娄玉凤、张　磊、陆玲娟
9	怀旧毛针织绒低温染色技术的研究	浙江新澳纺织股份有限公司、上海澳曼羊毛信息咨询有限公司、浙江雀屏纺织化工股份有限公司	梅　开、蔡冠新、周效田、陈慧珍、王菊花、王亚海、许海军
10	半精纺纯绢丝在顺毛大衣呢上的开发与应用	江苏阳光控股集团有限公司	陈丽芬、曹秀明、曹敬农、刘　刚、陆文亚、许　勇、何　良
11	含毛面料极光成因分析及消光剂制备技术	武汉纺织大学、中国人民解放军军事经济学院	陈益人、权　衡、祁　锋、邓中民、李　刚、徐秋燕

续表

序号	项目名称	主要完成单位	主要完成人
32	直纺半光多孔扁平纤维的研制与产业化技术	桐昆集团股份有限公司	邱中南、孙燕琳、彭建国、沈洪良、倪慧芬、张子根、苏汉明
33	超高收缩涤锦复合超细纤维及高密度高性能无尘布生产技术	营口三鑫合纤有限公司	梅艳芳、刘洪娟、庄　辉、金朝辉、王明坤、杨　哲、洪名汉
34	连续纺单纤1.11dtex粘胶长丝技术开发	恒天天鹅股份有限公司	李建伟、张志宏、杜树新、陈洁龄、田文智、张志涛、鲁士君
35	低过冷度相变材料纳胶囊及相变保温粘胶短纤维的产业化开发	恒天海龙股份有限公司、天津工业大学、联润翔（青岛）纺织科技有限公司	王乐军、张兴祥、姜　露、马君志、王建平、吴大伟、李昌垒
36	功能性、高超真超纤革及面料关键技术的研发	浙江梅盛实业股份有限公司、天津工业大学、北京服装学院	钱晓明、钱国春、龚　奕、庞天恩、钱安林、张宝弟、张云丰
37	3.2米多纺粘（SSS）丙纶非织造布生产线及工艺技术	中国纺织科学技术有限公司、宏大研究院有限公司、恒天嘉华非织造有限公司	安浩杰、张战强、帅建凌、崔洪亮、余国洪、许洪哲、陈　曦
38	防水透湿劳保鞋革的研究与应用	山东同大海岛新材料股份有限公司	王乐智、张丰杰、朱晓丽、陈召艳、冯国飞、王吉杰、王霏霏
39	热防护织物的制备与性能研究	天津工业大学	郑振荣、赵晓明、孙晓军、张鹤誉、刘　旻、王国武
40	聚烯烃中空纤维膜关键技术研究与开发	天津工业大学、天津市胸科医院、天津医科大学第二医院	张宇峰、刘　振、陈英波、倪　磊、王　翔、张　宇、刘建实

中国纺织机械协会会刊
《纺织机械》杂志
全年 12 期 240 元/年
一个行业的
思想力 行动力 生产力
纺织机械
2015/1
"十二五"背后的功绩
纺织机械
2016/2
阔步新征程
纺织机械
2016/1
[联系方式]
地址：北京市朝阳区东四环中路 39 号华业国际中心 B 座 207
名称：《纺织机械》杂志
邮编：100025
电话：010-85872602/2633/2637 021-57670313
《纺织机械》官方微信
微信号 fzjx010

CNTAC

中国纺织工业发展报告

CHINA TEXTILE INDUSTRY DEVELOPMENT REPORT

2015/2016

品牌建设

夯实质量基础 不断追求卓越

中国纺织工业联合会副会长 高勇

2015年是纺织行业开展质量管理小组活动的第36个年头，是全国纺织行业质量奖评审活动的第4个年头。日本于1962年首创质量管理（QC）小组，1976年举行第一次国际会议，全世界80多个国家和地区参加。我国于1978年从日本引入全面质量管理（TQC）的同时引进QC小组，1979年在北京召开全国第一次QC小组代表大会，纺织行业参加了第一次全国大会，至今从未间断。

近年来，中国纺织工业联合会（以下简称中纺联）以质量管理小组活动为基础，以卓越绩效模式为抓手，激励和推动了一批又一批企纺织业不断改进、创新、总结，走上提质增效、追求卓越之路。质量管理小组活动和卓越绩效模式的不断推进，增强了企业员工的凝聚力、向心力，充分调动起企业管理者和员工的积极性、创造性和主观能动性，实现了生产技术、产品质量、经营绩效和综合管理水平的持续提升。经过多年努力，全国纺织行业质量管理小组和质量奖评审活动也不断开拓创新，组织机构、奖项设置更加完整、合理，评审程序及评审过程更加科学、规范，管理监督更加严格、有效，覆盖地区、行业、领域更加广泛。

纺织行业质量工作情况

一、2015年纺织行业质量工作情况

（一）质量管理小组活动成果显著

2015年全国纺织行业QC小组活动在中纺联、全国总工会、中国质量协会以及各级纺织行业组织的共同努力推动下持续开展，工作呈现出新的特点。

2015年，QC小组工作依然覆盖纺织全行业，虽然行业发展形势总体较为严峻，企业经营压力增大，但是参与QC小组活动的企业数量仍保持稳定，共有45家企业参评，上报成果83个，发表成果61个，与2014年基本持平。

企业质量管理投入大幅增加，根据申报资料汇总，每个QC小组的经费投入平均达到36.2万元，比2014年增加5.4万元，增幅为17.3%。投入资金大幅度增加，充分表明了纺织企业对于质量管控的重视程度不断提升。

2015年，坚持活动QC小组个数为3351个，同比增加116个，增幅为3.6%。取得成果的小组个数为3158个，同比增加165个，增幅为5.5%。平均小组活动创造可计算的经济价值约为472万元，同比增加21万元，增幅为4.7%，总计创造可计算经济价值3.2亿元。

（二）质量奖工作稳步进行

2015年，中纺联经过资料评审和现场评审两个环节，共有14家企业获得了纺织行业质量奖，9家企业获得了实施卓越绩效模式先进企业奖，12名个人获得了全国纺织行业质量杰出人物。

二、“十二五”时期纺织行业质量工作情况

（一）QC小组活动主要指标均好于“十一五”时期

“十二五”期间，纺织行业参评QC小组的企业数量达到252家（次），比“十一五”期间增加19家（次），增幅为8.2%。“十二五”期间参评成果数为488个，比“十一五”期间增加47个，增幅为

10.7%。发表个数为341个，比“十一五”期间增加38个，增幅为12.5%。取得成果的小组个数为12645个，比“十一五”期间增加1378个，增幅为12.2%。按申报成果统计，累计创造可计算经济价值为15.2亿元，比“十一五”期间增加1.2亿元，增幅为8%。由于取得的成果个数远大于申报个数，因此实际创造可计算经济价值数额远超过15.2亿元。“十二五”期间，中纺联奖励资金投入累计为8.8万元，比“十一五”期间增加3.8万元，增幅为42.9%。

（二）行业质量奖影响逐步提升

2012年，中纺联设立全国纺织行业质量奖和实施卓越绩效模式先进企业奖。4年间，该奖项在行业中的积极影响不断扩大，纺织企业申报积极性不断提高，申报企业数量和获奖企业数量逐渐增加。通过评审，企业对于《卓越绩效评价准则》的认知和理解程度持续加深，导入和实施《卓越绩效评价准则》的积极性增强。经过导入培训后，企业的综合管理水平和经营绩效得到了显著的改善，对企业加快转型升级、有效应对日益复杂的发展环境起到了积极作用。

“十二五”期间，共有44家纺织企业获得全国纺织行业质量奖，10家企业全国纺织行业质量奖提名奖，12家企业获得全国纺织行业质量奖鼓励奖，48家企业获得全国纺织行业实施卓越绩效模式先进企业奖，12名个人获得全国纺织行业质量杰出人物奖。

三、纺织行业质量工作中存在的问题

“十二五”期间，纺织行业质量管理小组和质量奖工作虽然取得了积极成绩，但也仍存在诸多不足之处，仍需加强改进。一是QC小组目前仍主要应用于基础生产管理层面，行业对其理解有待进一步深化，工作思路也有待进一步开拓。二是《卓越绩效评价准则》在全行业范围内的推广应用面仍待扩大，仍需在企业中取得更广泛应用成果。三是行业质量工作需要加强跨领域、跨部门合作，开创工作新局面。

“十三五”时期纺织行业质量工作方向

为了持续、稳定、高效地做好行业质量工作，“十三五”期间将重点开展以下几点工作：

一、成立“质量纺织”联盟，促进行业质量工作持续开展

全国“质量纺织”促进发展联盟是各级纺织行业协会、纺织企业以及专业机构开展质量工作交流的平台，也是质量管理技术创新平台和工作合作平台。搭建这个平台的目的，一是为纺织行业质量工作树立旗帜和标杆；二是促进纺织行业质量工作持续、有效发挥行业引领和带动作用；三是整合纺织行业组织、企业和相关社会资源，为提升纺织行业综合质量水平提供服务保障；四是培育和认证一批联盟企业，使其成为具有行业影响力和号召力的企业，为全行业树立典范。

二、深入理解质量管理内涵，做深、做实行业质量工作

QC小组工作方法始于企业生产基层，但其应用却不仅限于生产一线。这种科学方法能够辅助企业更好发现管理中的问题，研究有效解决方案，完善管理制度，在基层、中层和决策层都能发挥作用。目前，QC小组工作在纺织企业中多集于在生产领域，下一步的行业工作应当加强探讨将QC小组工作方法广泛应用于营销、环保、技术改造、安全生产能够企业管理的方方面面，改进工作方法，提高工作的质量，够将质量管理小组工作的深层次效果和

作用真正体现出来。

全国纺织行业质量奖考查的是纺织企业的经营管理水平、盈利能力和发展成熟度，是大质量的范畴。全国纺织行业质量奖以《卓越绩效评价准则》为标准，世界上最有影响力的质量奖——美国波多里奇国家质量奖、日本戴明奖、欧洲质量组织奖都采用《卓越绩效评价准则》。《卓越绩效评价准则》是一个帮助企业自我完善的集成管理框架，是对企业的管理过程和经营结果进行诊断和测评的工具，也为企业发展提供了新的思维模式。纺织行业设立质量奖的目的，一是促进企业以《卓越绩效评价准则》为标准，测评自身经营管理和发展成熟度，通过评审过程查找漏洞，制定整改方案。二是引导企业加强创新，积极修正传统经营管理思路和方法，更好适应“新常态”形势要求。三是推动我国纺织企业的经营管理水平与国际接轨，利用《卓越绩效评价准则》这一国际通用标准自我测评，看到我国企业与国际先进水平的差距，找准今后工作的着力点，最终实现企业管理水平标准化、国际化。

三、开拓工作思路，拓宽QC小组工作外延

质量管理小组活动是群众性、基础性质量工作，纺织行业开展QC小组活动，不仅要依托企业生产一线资源，也可以整合纺织行业高等院校资源。高等院校专业人才众多，知识结构完备，创新思维活跃，是创新的“发动机”和“孵化器”。将高等院校的人才优势与纺织企业QC小组工作有机结合，将激发更多的创新空间，形成更为丰富的创新成果。下一步，纺织行业QC小组工作应适当着手挖掘高等院校潜力，一方面促进企业质量管理工作提高水平，另一方面也为纺织高等院校优化专业人才培养模式提供途径，通过合作开展QC小组工作引导学生加强理论与实际结合，培养学生创新思维，累积创新经验。

四、多角度加强合作，扩大行业质量工作影响力

“十三五”期间，中纺联将积极与纺织行业各专业协会、地方协会以及中国质量协会、全国总工会等行业外权威部门加强合作，以“全国‘质量纺织’促进发展联盟”为平台，在行业中树立更多管理创新典型示范企业，总结先进管理经验在行业中加强推广，推动纺织行业质量工作蓬勃开展，促进企业质量管理水平稳步提升，为全行业转型升级提供有力支撑。中纺联还将加强与权威评审机构以及宣传媒体的合作，不断提升全国纺织行业质量奖和卓越绩效评价模式的高度，拓展其在纺织企业中的接受度，为纺织企业提供更有价值的公共服务。

（本文根据高勇副会长2016年1月在全国“质量纺织”交流大会上的讲话整理）

持续开展品牌文化建设　增强行业发展新动力

中国纺织工业联合会副会长、中国纺织职工思想政治工作研究会常务副会长　杨纪朝

文化成就品牌

品牌文化是通过品牌深刻而丰富的文化内涵而建立的鲜明的品牌定位,没有文化内涵的品牌形不成品牌。企业都有品牌，或企业品牌、或产品品牌、或企业家个人品牌。我们强调的是：品牌文化是品牌的精髓，是品牌中的灵魂，文化成就品牌。能持续发展，深受消费者认可，能经受住各种环境考验而形成的品牌，一定有自己的品牌文化。2015年在行业品牌文化建设中我们推介了一批先进典型，这些先进典型具有以下特点：

一、品牌特色突出，品牌美誉度高

2015行业品牌文化建设先进典型来自纺织工业的5个行业，都是行业的排头企业、综合竞争力靠前的企业，品牌文化各具特色，具有较高的美誉度。如陕西羊老大发挥高原脊梁领头羊的品牌文化优势，树立起“重家庭、重亲人、重情义”的品牌形象。淄博大染坊倡导“关怀、公平、忠诚、责任”的核心价值观，使“诺宝丝邦”品牌在激烈的市场竞争中，其影响力及诚信度不断提升；山西恒晟是山西唯一一家色纱生产企业，在色纱领域具有较好的品牌口碑，“恒晟”色纱销量稳居全国棉纺行业前20名，2012～2014年，销售收入从6亿上升至12亿，先后获得中国纺织服装企业竞争力500强、2012年中国最具竞争潜力民营企业50强、山西省模范单位、省级重点龙头企业等荣誉。

二、坚持创新，提升核心竞争力

创新是引领发展的第一动力，抓创新就是抓发展，谋创新就是谋未来。今年所推介的企业，一个十分突出的特点就是把创新理念融入到产品、技术、营销、管理、服务等环节之中。淄博大染坊坚持“迈小步、勤迈步、不断进步”的原则，新产品及科研成果达到了百余项，其中有13项新成果申报了国家专利，自主研发和创新能力跃上了新台阶。作为西部地区酒店布草的龙头企业，雅兰公司根据市场需要，成立抗菌抑螨实验室，邀请生态纺织专家成立课题组，研制出“除螨抗菌”酒店布草面料，有效地解决了床品的安全卫生问题，提升了产品竞争力和品牌影响力。新联纺积极探索外贸经营机制的转换和外贸战略的转型，“新联”商标在美国、欧盟等34个国家和地区成功注册，形成了进出口并举、内外贸联动、自营品牌与来样加工共存、流通与服务贸易互补的新格局。

三、传承优秀文化传统，企业文化内涵丰富

打造品牌的过程就是追求卓越的过程，也是进一步提升企业文化过程。所推介的企业以丰富的实践诠释了先进的品牌文化如何成为自主品牌的灵魂。作为中国纺织品牌老字号，培罗蒙改革创新，总结出传统工艺+现代工艺=培罗蒙工艺（T+N=BRN）的品牌文化建设新路，把传统绝艺与现代工艺结合起来，近年来携手瑞士著名男装品牌卡比森（CABBSO）、香港贸易发展品牌开展战略合作，开启国际化进程。浙江泰坦坚持“自强不息，勇于开拓”价值观体系，倡导“文化立厂，文化兴

厂，文化强厂”的企业文化，曾荣获全国纺机工业科技先进单位、全国纺织工业先进集体、国家火炬计划重点高新技术企业等殊荣。大染坊充分吸收了齐鲁文化精髓，形成了“关怀、公平、忠诚、责任”的核心价值观，并以“让更多的人或更大的整体因大染坊的存在而受益”为企业的终极奋斗目标。2010年，企业被认定为全省丝绸行业第一家省级技术中心企业。鼎盛丝绸始终以“传承宋锦文化”为核心的发展思路，秉持着“让文化成为时尚，让传承成为传奇”的理念，研发的新宋锦面料被选为亚洲太平洋经济合作组织（APEC）北京会议领导人服装面料，品牌效应剧增。

四、发挥引领带头作用，企业家品牌效应倍增

无论是企业品牌、产品品牌或企业家个人品牌。企业家的个人魅力都在其中发挥了关键性作用。2015年我们向行业推介的13位品牌文化建设杰出人物，平均年龄48岁。他们精力充沛，都是知识型、专业型、社会型的优秀企业家，也是企业品牌文化建设的引领者和践行者，在品牌文化建设的历程中，始终不忘树立品牌、诚信经营、坚持品质，为企业初创、成长、升级、改革做出了突出贡献，获得了社会各界的认可。戈亚芳董事长在推进黑牡丹品牌文化建设的历程中，始终不忘树立品牌、诚信经营、坚持品质，使黑牡丹成为世界三大牛仔面料生产企业之一，公司成为拥有总资产160多亿元、分子公司22家，员工4000余人的综合性国有控股型上市公司。“儒雅、务实、低调”的经纬榆次纺机管幼平总经理，在创新求变中逆境突围，针对传统国企“大而全”情况，提出“突出主业，分块搞活”，向服务要效益，以服务树品牌，在全国建立八个用户服务中心，2014年公司取得了安装服务收入1194.6万元，同比增长了41.8%的好成绩。青岛即发杨为东总经理在产品质量上“自己和自己过不去”，把追求“诚实守信、优质服务”作为赢得市场的利器，与伊藤忠、丸红、东丽等5家世界500强建立战略伙伴关系，将之积聚到自己的“经济圈”。

五、热心社会公益事业，自觉履行社会责任

2015年涌现的品牌文化建设先进典型都具有高度的社会责任感，他们善待员工，在企业发展中大力促进员工的自身发展，与员工共享企业发展的成果。他们积极参加扶贫慈善、抢险救灾等社会公益事业，建立良好的社会信誉和企业形象。天鹅集团坚守产业化扶贫作为自己的社会责任，独创的“公司+农户”生产模式，开创了“市场在国外、技术在公司、工厂在农村、车间在农户”的家纺产业大格局，帮助留守妇女既不离土也不离乡，靠加工工艺被增收致富。中央电视台《新闻联播》对此举进行了报道。山西恒晟带动了50000多户棉农走上了致富的道路，人均年增收在20000元以上。多年来，参与为预备役部队捐赠指挥车辆，为四川雅安地震灾区捐款等公益性活动，累计为社会公益事业捐款达1000多万元。

思考和启示

党的十八届三中全会指出要“建设社会主义文化强国，增强国家文化软实力”。习近平总书记强调：“提高国家文化软实力，关系两个一百年奋斗目标和中华民族伟大复兴中国梦的实现。”

近年来，我国纺织行业面临需求增长缓慢，国际竞争加剧，综合成本上升等一系列复杂的外部因素影响，纺织工业呈现“中速增长、结构调整、动力转换、缓中有进”的发展新常态，一些企业经济增长新动力不足和旧动力减弱的结构性矛盾依然突出。适应新常态，必须加快转变发展方式，更加注重内涵式发展，其中一个重要方面就是要加强包括品牌文化在内的行业软实力建设，这是广大纺织企

业深化改革升级发展的必然要求和应有之义。值得注意的是，在以数字化、智能化、信息化技术为核心的现代制造体系加快发展的趋势下，随着《中国制造2025》出台，物联网、大数据云计算、“互联网+”概念兴起，互联网时代的跨界融合，由低利润的生产制造向高附加值研发设计、营销服务转型，加速“微笑曲线”向两端翘起，为纺织品牌文化创新提供了新的机遇。

中国纺织十大品牌文化推介活动已经开展了十年，在行业中产生广泛的影响。长期以来，中国纺织工业联合会、中国纺织职工思想政治工作研究会顺应经济、文化一体化的大趋势，围绕提升科技贡献率和品牌贡献率的行业工作重点，增强文化自信，提升文化自觉，突出文化创造力，积极倡导“文化创造品牌价值”的理念，坚持实事求是的态度，激发求真务实的劲头，拓展实在管用的思路，强化品牌文化建设，提升品牌文化软实力，凝聚激发企业可持续发展动力和创新活力。自2005年以来，全行业已成功推介了100个“中国纺织十大品牌文化”企业，同时推介了194个品牌文化创新奖企业、13个老字号品牌文化传承奖企业、114位品牌建设杰出人物，为纺织大国向纺织强国转变起到了积极推动作用，给予我们很多思考和启示。

一、坚持质量、创新、快速反应、社会责任四位一体的品牌文化价值体系

纺织品牌文化建设和传播是行业文化影响力和行业凝聚力的重要组成部分，是展示行业新形象、增强发展新动力的重要途径。在加强行业品牌文化建设实践中，我们逐步总结、不断提升，形成了“质量、创新、快速反应、社会责任”四位一体的价值体系。质量是生命、创新是灵魂、快速反应是活力、社会责任是道德。这种价值体系，已经写入了《建设纺织强国纲要（2011～2020年）》之中，要一以贯之地指导引领深化纺织行业品牌文化建设，并随着时代的发展，不断丰富其内涵。

二、坚持品牌文化创新，健全品牌创新机制，培育品牌文化生态

创新驱动力是中国纺织服装产业转型升级的核心动力。企业是创新的主体，毫无疑问也是企业品牌文化创新，保持品牌长久竞争力的主体。作为传统的制造业，纺织企业正在顺应信息技术与工业技术交织融合大背景下，由要素驱动向创新驱动转变，品牌文化创新日益紧迫，要结合企业品牌的市场定位，围绕提升科技贡献率和品牌贡献率，围绕调结构、转方式和产业升级，进一步整合包括观念、制度、科技、管理、产品研发、市场营销、人才等多方面的资源，健全品牌创新机制，创新品牌文化，创造良好的品牌环境，产业环境、市场环境、文化环境，共同培育纺织品牌文化生态。

三、继承弘扬优秀传统文化，借鉴吸收外来文化精华

纺织服装企业提升品牌价值必须实现科技和文化的高度融合。企业在加大科技投入的同时，要更加重视企业文化的提升。中华民族5000年文明生生不息，薪火相传，是世界上唯一没有中断的民族文化，留下了取之不尽的文化遗产和精神财富。我们要根据当今时代的发展和要求，在总结和提升企业自身文化传统的基础上，一方面要从延绵数千年的中华民族文化血脉中不断吸取精华，继承和弘扬优秀传统文化；另一方面又要大胆借鉴吸收外来文化精华，做到吸收吐纳、转换嫁接、融合创新、重建升华为我所用。

四、整合资源、上下联动，打造区域品牌文化优势

产业集群多、中小企业多是纺织行业的一大特

点。纺织产业集群是伴随改革开放而发展起来的产业形态，是纺织行业未来最具有活力的市场主体。近年来，国内纺织产业集群的品牌意识逐步增强，发展模式从追求数量规模到注重产品质量、科技投入、区域形象和区域品牌。打造区域品牌，仅靠单个优势企业自身创品牌并不容易，要切实发挥产业集群龙头企业示范引领作用和产业集群企业的合力，整合技术、人才、管理、品牌优势，形成上下产业链条联动、合作共赢和优势互补，同时汲取地域性文化特色，丰富区域品牌文化内涵，增强区域品牌文化影响力，提升综合竞争力。

纺织行业品牌发展现状、特点及重点方向

中国纺织工业联合会品牌工作办公室

2016年是“十三五”规划的开局之年，在经济新常态下，纺织服装行业步入全面深度结构调整期。在党和国家一系列方针政策的引导下，纺织行业呈现出经济运行稳中向好、结构调整持续推进、创新能力逐渐增强、品牌建设风生水起的发展态势。作为我国传统支柱产业、重要的民生产业，纺织工业也已成为创造国际化新优势的产业，成为科技和时尚融合、衣着消费与产业用并举的产业，在美化人民生活、带动相关产业、拉动内需增长、建设生态文明、增强文化自信、促进社会和谐等方面发挥着重要作用。

纺织服装品牌发展现状

一、中国原创服装品牌梯队基本形成

根据中国商业联合会、中华商业信息中心全国大型零售企业数据统计，目前国内市场活跃的国内外服装家纺品牌约4000个，其中国内品牌3500个，自主品牌是国内消费市场的主力军。截至目前，全行业拥有“中国驰名商标”300多个，纺织行业品牌建设呈现出制造品牌发展稳健、终端品牌进步明显、区域品牌不断提升、国际品牌加速形成的良好格局。

二、品牌企业全球化布局进程加快

从态势看，中国纺织服装企业海外投资呈现多区域、多行业和多形式加速推进的态势。从数量看，截至2014年底，中国纺织服装企业在海外设立生产、贸易类企业超过2600家，分布在100多个国家和地区。重点品牌企业调查显示，2014年25%的品牌企业海外设有销售网点，平均布局超过10个国家。从方式看，部分有条件的服装品牌开始借助资本市场，通过并购、合资及参股等方式整合国际资源。

三、品牌共建格局基本形成

“十二五”时期，纺织行业品牌建设的外部环境进一步改善，品牌企业得到快速发展，特别是进入2016年以来，党中央、国务院领导对中国品牌战略给予高度重视，国家品牌战略顶层设计开始起草，“三品”战略开始推进实施。国家政策支持、行业协同推进、企业培育管理、社会机构参与等多方共建品牌格局基本形成。

四、品牌指标体系基本形成

由质量、创新、快速反应、社会责任及品牌文化构成的品牌价值体系得到广泛认同和践行。纺织行业品牌培育管理体系从品牌基础能力、品牌市场能力、品牌创新能力、品牌管理能力四个维度对品牌培育管理能力进行测量；品牌价值评价体系从质量、技术创新、品牌建设、社会责任、市场地位、服务及客户关系、法律权益七个维度对品牌价值进行了诠释。行业品牌培育与品牌价值评价制度初步形成。

纺织服装品牌发展的新特点

总体来看，我国纺织服装品牌发展的新特点可概括为七大关键词。

三、注重整体宣传推广，提升自主品牌形象

集聚商务、文化、宣传等各方资源，通过电视、广播、互联网等主流媒体，有计划分步骤地加强自主品牌宣传推广，首先是加深国内消费者对我国纺织服装行业实际发展水平与技术进步的了解，增强民族自信心，提高消费者对自主品牌的信任度与忠诚度。多方位宣传推广我国自主品牌企业的品牌建设成果，挖掘典型示范品牌发展故事，借助多种有影响力的媒体渠道，宣传推广中国纺织服装行业及品牌建设的整体形象，提高中国自主品牌在国内国际的美誉度和影响力。

四、发挥创意推动作用，推动区域品牌发展

发挥政府、行业组织、专业机构和广大企业主体的合力作用，统筹策划组织、协调政策资源，合力推动区域品牌建设试点示范工作，加快培育一批知名度高、美誉度好、竞争力强、附加值高的区域品牌，开展区域品牌策划和设计，建立品牌相关评价制度，打造营销和宣传平台，树立一批取得经验和成果的区域品牌建设示范区，发挥示范带动效应。

五、整合多方优势资源，加快推进品牌国际化

加强对国际市场细化区域的研究，分区域制订品牌国际化拓展市场的路线图，整合国际设计人才资源，开展国际营销渠道，通过国际品牌并购或品牌合作扩宽品牌国际化途径。支持高端定位的原创设计师或设计型品牌参加国际主流时尚展览，提升中国创造或中国设计的国际影响力与美誉度。邀请国际高端百货或多品牌精品店买手，推动中国高端原创设计型品牌与精品品牌逐步进入国际高端零售网络渠道，引导并组织更多的有性价比优势的自主品牌抱团进入海外市场。进一步扩大中国国际时装展、中国国际家纺展、中国国际时装周等知名展会的国际影响力；结合国家“一带一路”重要部署，逐步推进国内产业用纺织品企业在医疗卫生用纺织品、土工用纺织品、建筑用纺织品、结构增强材料、绳带缆等领域的品牌塑造和国际输出。

（撰稿人：惠露露）

纺织服装周刊

TEXTILE APPAREL WEEKLY

China National Textile & Apparel Council Official Publication

因不凡而非凡

作为中国纺织工业联合会会刊，依托中国纺织工业联合会及各专业协会的行业背景和强大信息源，已经成为中国纺织服装行业的核心刊物与权威传播机构。

因专注而专业

从2000年创刊至今，立足纺织服装行业深入报道十余年，覆盖棉、毛、麻、丝、化纤、纺机、针织、产业用、家纺、印染、服装等产业链的所有专业领域，拥有专业的报道团队和特色的板块内容。

因价值而超值

每周一期，全年48期，发行覆盖全国32个省市区的重点纺织服装龙头企业、200余个纺织产业试点集群地、600余家专业市场，成为行业瞩目的焦点期刊。

新浪微博 weibo.com　　周刊微信　　TA 潮报

《纺织服装周刊》官网：www.taweekly.com

《纺织服装周刊》微信号：fzfzzk　　《TA 潮报》微信号：tachaobao

《纺织服装周刊》iPad 版　与杂志同步更新，请访问苹果 App Store 下载

新浪微博 weibo.com/TAweekly

新闻热线：李晓慧　010-85872643　刘　嘉　010-85872640

广告热线：万　晗　010-85872646　吕　杨　010-85872625

发行热线：章　简　010-85872699　张灼宣　010-85872668

CNTAC

中国纺织工业发展报告

CHINA TEXTILE INDUSTRY DEVELOPMENT REPORT

2015/2016

行业研究

抓住“一带一路”战略机遇，大力推进纺织业国际布局

中国纺织工业联合会会长　王天凯

当前，国内各项改革全面推进，创新型自由贸易试验园区、京津冀一体化等重大顶层设计陆续出台，“一带一路”这一着眼于中长期发展的重大战略自2013年秋天首倡以来，2015年正式进入了全面推进阶段。在此背景下，我国纺织产业加快推进全球布局、创造国际竞争新优势面临着新的形势要求和历史机遇。

加快产业跨国布局的形势十分紧迫

改革开放以来，特别是中国加入世界贸易组织（WTO）以来，中国纺织工业抓住机遇，取得巨大发展成就，高度市场化的纺织产业链基本建成，成为世界纺织投资、生产、消费和出口第一大国。中国纤维加工总量占世界纤维加工总量的比重从1980年的10.7%上升至2014年的50%以上，纺织品服装出口额占世界比重也实现历史性增长，2000年为14.8%，2008年上升到30.3%，2014年继续上升到37.4%。

但同时自金融危机以来，行业面临的国内外挑战愈发严峻，国际竞争优势和可持续发展后劲面临威胁。

一、国际纺织产业链比较优势竞争更趋激烈

根据波士顿咨询报告，过去十年间，中国的劳动力、能源成本上涨以及汇率升值大大削弱了包括纺织业在内的制造业领先优势。纺织服装业更面临产业工人总量短缺和资源环境约束导致成本刚性上涨的现实困难。同时，棉花国内政策虽有所改善，但国储棉库存和质量问题仍十分突出，由此造成的不确定性影响整个产业链的稳定运行。这一系列因素导致的综合成本上升在客观上削弱了我国纺织工业领先的国际比较优势。例如2009～2014年期间，越南纺织品服装出口金额的年均增速达到18.6%，超过中国同期6个百分点。我国占日本纺织品服装进口的市场份额也从80%以上迅速降至2014年的70%以下。

二、全球贸易政策变革对我国纺织产业健康发展形成挑战

自从多哈回合陷入僵局以来，区域性的自由贸易协定对全球货物贸易影响显著，正在带动全球纺织供应链重塑。例如，由于大部分产品双向零关税，中国—东盟自贸区自2010年建成后促进了我国和东盟国家纺织服装产业链的深度融合，东盟迅速超过日本成为我第三大出口市场。鉴于美国、日本巨大的市场容量以及“从纱认定”的原产地规则，已进入各国立法机构审批阶段的跨太平洋伙伴关系协定（TPP）给越南等国的棉纺、面料和服装产业带来大量新增投资。此外，欧盟、日本通过调整优惠国别关税政策，给柬埔寨、缅甸、越南等国纺织服装产品零关税或者普惠关税，加速了部分国际订单从我国转移至上述国家。麦肯锡咨询公司近期对美欧40个品牌服装公司调查显示，孟加拉、越南、印度、缅甸和土耳其成为服装采购转移的首选地，这些国家的后发优势不容小觑。

三、技术革新与需求升级驱动我国纺织产业加快突破价值链低端

以智能制造突破为代表的新一轮工业革命正在

开启，德国、美国等发达工业国家提出了“工业4.0”和“再工业化”。新一代信息技术与生产链深度融合、工业机器人和全程智能实现了创新突破和较大规模应用，工业组织流程、产业竞争范式和全球工业竞争格局面临重大调整。在终端消费层面，全球数以十亿人计的消费需求朝品牌化、时尚化、个性化和高性价比转变，网络消费占比快速增加，全覆盖网络加上云计算和大数据技术的突破，使得需求端的即时海量信息对研发、生产端的引领和带动作用日益突出。

经过数十年努力，中国纺织行业在全球供应链的制造环节已占据中心地位，但在全球优质原料资源掌控、美学原创设计和时尚引领能力、国际性品牌和渠道掌控这些纺织服装业的价值链高端地带，依然不够强大。在新一轮工业革命中，中国纺织行业与发达国家在核心软硬件创新及服务性应用方面的差距更加突出。另一方面，近几年以优衣库为代表的海外强势快消时尚品牌在中国市场实现了大规模渠道建设，市场渗透十分迅猛，削弱了国内服装品牌的资本积累和发展后劲，我国纺织产业的核心竞争力存在被锁定在供应制造环节的风险。

“一带一路”战略为纺织业国际布局创造有利环境

为了应对诸多国内外挑战，创造新的国际竞争优势和可持续发展能力，近年来，我国纺织业的跨国布局呈现加速推进态势，行业众多骨干企业进行跨国资源配置主要沿着二条主线进行。一条主线是以产业资本为主导，通过绿地投资、合作进行生产力的跨国布局，打造“中国+周边国家”的制造基地布局模式，维持和提升在全球供应链中的领先优势。例如，以天虹、百隆东方和华孚为代表的中国棉纺业已在越南投资了约200万锭纺纱项目。另一条主线是产业资本通过海外直接投资、并购，对全球范围内的优质原料资源、设计创新资源、品牌资源和市场渠道资源进行垂直延伸和掌控，带动行业整体向产业价值链的高附加值领域渗透。例如，如意在澳大利亚的棉花农场投资和在多国的品牌并购，富丽达收购加拿大溶解浆公司，雅戈尔收购新马以及金昇收购欧瑞康部分资产等。整体上，通过海外投资实践，纺织企业的国际运营能力获得较快提升。

“一带一路”重大倡议自2013年秋天提出以来，以2015年3月发布《推动共建丝绸之路经济带和21世纪海上丝绸之路的愿景与行动》为标志，正在各个层面全力推动落实。“一带一路”战略作为新一代中央领导集体做出的重大政治、经济决策，与纺织服装的部分产能跨国重置历史进程完全契合，给企业更好进行国际布局提供了良好机遇。

一、跨国深入合作为纺织行业海外投资提供顶层设计和多重保障

“一带一路”贯穿亚欧大陆，一侧连接活跃的东亚经济圈，一侧连接发达的欧洲经济圈。包括中国在内、东西横贯两大经济带的“一带一路”沿线目前有65个国家，人口合计达44亿，国内生产总值（GDP）达21万亿美元，分别占世界的63%、29%，但贸易总量仅占全球1/4，以贸易促经济发展，以经济发展带动贸易增长的正循环潜力巨大。“一带一路”旨在推进新亚欧大陆桥、中蒙俄、中国—中亚—西亚、中国—中南半岛、中巴、孟中印缅六大国际经济走廊建设。其中，“中国—中南半岛”是目前我国纺织产业资本绿地投资集聚地，其余五个国际经济走廊中，中巴、孟中印缅和中国—中亚也有我国纺织产业跨国布局所需的丰富原料和劳动力资源，并且印度、巴基斯坦、孟加拉的纺织服装工业也较为繁荣，这些都是行业进一步对外投资的潜力区域和重点国别。

为了实现"一带一路"宏伟目标，2015年5月中央和国务院先后出台了2份高度相关的指导性文件，分别是《中共中央国务院关于构建开放型经济新体制的若干意见》和《国务院关于推进国际产能和装备制造合作的指导意见》，明确了鼓励纺织等优势产业"走出去"思路，并对管理体制进行改革，显著提高对外投资的便利性。

"五通"是"一带一路"的核心内容。其中，"政策沟通"是共建的重要保障。2015年，经国家领导人亲自推动，中国已与巴基斯坦、哈萨克斯坦和白俄罗斯签署了"一带一路"共建的一揽子重点项目。可预见，未来重点投资合作国别将不断增加。中国政府与"一带一路"沿线政府将共同背书支持越来越多的海外经贸合作园区、工业园区，这有利于纺织企业提高落地效率、降低投资成本，形成产业集聚优势。随着中国与各国之间签署双边投资保护协定和避免双重征税协议，在"一带一路"区域内对外投资的安全性和利润流转将更有保障。

"五通"中的"资金融通"则为企业在沿线国家投资提供了获取优惠信贷支持的机会，无论是中国进出口银行、国家开发银行等政策性银行，还是中国工商银行等大型商业银行，以及丝路基金（400亿美元）、亚洲基础设施投资银行（1000亿美元）、金砖开发银行、上海合作组织开发银行等金融机构都会在国家支持下对"一带一路"建设中的优质项目提供充足的资本保障。随着人民币在"一带一路"沿线国家逐步发挥区域计价、结算及投、融资货币功能，国内纺织企业对外投资的财务灵活性和便利性也会进一步增强。

"五通"中的"民心相通"将通过扩大人才交流、媒体合作、科技合作等方式，努力打消各国对于中国资本进入的疑虑和质疑，降低投资的政治风险。

众多的政治、外交和经济资源投入，将为包括纺织业在内的中国企业在"一带一路"沿线国家投资创造尽可能安全、稳定的中长期经济地理环境。

二、市场深度融合为纺织企业跨国布局提供有利资源与投资环境

"五通"中的"设施联通"和"贸易畅通"至关重要。其中，"设施联通"将通过大规模的陆海空国际基础通道建设，大大增强区域内的货物流转效率，促进国际运输便利化，切实降低交易成本。而石油、天然气、电力等基础供应能力和管道建设，也将为沿线国家的制造业发展提供充足的能源保障。

目前，世界双边和多边区域自由贸易协定谈判十分活跃。详细观察世界贸易版图和正在进行的重要自由贸易协定（FTA）谈判可知，从某种意义上说，"一带一路"区域内的市场一体化是对美国在太平洋区域的跨太平洋伙伴关系协议（TPP）和美国—欧洲区域的跨大西洋贸易与投资伙伴关系协定（TTIP）合围的有力回应。"一带一路"的"贸易畅通"将把沿线60多个国家纳入建设自贸区的视野，目前中国—东盟自贸区升级版、中国—巴基斯坦自贸区升级版、区域全面经济合作伙伴关系（RCEP）、中国—海合会、中国—斯里兰卡自贸协定以及毗邻的中日韩自贸区等都在积极谈判过程中。

"一带一路"区域内的一揽子自贸协定不仅将解决投资贸易便利化问题，更主要的是创造高效的、规则趋同的一体化大市场，能够明显地促进贸易新增长点，对于纺织产业在区域内的制造基地布局和纺织服装、纺织机械的市场增量影响深远。"一带一路"还将提升国内一体化的深度和广度，通过交通、通讯、电力、水利等基础设施现代化和通关等制度一体化安排，加速形成真正高效、统一的市场。

随着互联互通和大规模基础设施现代化的实现，"一带一路"区域内金融资本、人才、劳动力、能源、原料和产品的有序、快速和自由流动，将大大提升区域内纺织供应链的潜在效率，从而大大增加单个中国纺织企业在区域内不同国家进行产业链垂直一体化经营和产能跨国配置的可行性。

鉴于地缘政治竞争和各国复杂国情，“一带一路”建设必然不会一帆风顺。但作为一个创造大量国民财富、解决大众就业效果显著的民生型基础产业，中国纺织业有信心期待在“一带一路”沿线国家的预期投资将获得更多收益。

“十三五”期间纺织行业全球布局需关注的几个重点

“十三五”期间，全行业需要以全球眼光统筹国内国外优质资源配置，力争通过“走出去”初步实现产业链跨国整合和价值链的提升。要实现上述目标，要对以下几点特别予以重视和关注。

一、谨慎防控风险，不断提升核心业务能力

从英国到西欧、南欧和美国，再到日本，再到中国香港、中国台湾和韩国，再到中国大陆，世界纺织服装的中心制造环节经历了典型的转移过程，跨国供应链体系越发成熟，这与经济全球化背景下所建立的国际贸易通行规则和更加开放的贸易环境密不可分。WTO贸易数据证实了“中国+东南亚”的制造中心地位：2005年至2013年，亚洲国家纺织品、服装出口金额占世界比重分别从47.1%、48.3%上升至59.8%和59.4%，年均增速均高出世界总体增速3个百分点。可预见，中期内“中国+东南亚”将继续在世界纺织品服装供应链中居于中心地位。非洲、南美等其余地区，工业化制约因素依然突出，大规模投资需要保持十分谨慎的态度，充分做好可行性研究。

“走出去”和国际化是手段，不是目的，是为企业增强核心竞争力和盈利能力而服务的。尽管“一带一路”战略将在很大程度上改善沿线国家的投资环境，企业还是应该根据自身实际情况和战略目标，理性判断和选择国际布局的方向和节奏。特别是在海外投资并购的尽职调查方面要下功夫，对劳动力供应和成本、劳动生产率潜力、产业链配套、基础设施、法律和政治风险、本地运营等诸多因素统筹考虑，计算综合成本，注重发挥投资目的地的真正优势。

企业国际布局的基石在于国内核心业务的继续提升。随着原料供应问题逐步解决，特别是自动化、智能化和绿色化生产的大规模升级，中国纺织业一方面可以继续较快提升劳动生产率，另一方面可以建设更高效的快速反应供应体系。应该看到，在智能制造和“互联网+”时代，中国纺织服装工业的国际比较优势继续提升的条件存在。同时，我国拥有纺织原料、中间工业品和终端消费品最大消费国的地位且市场增长潜力巨大，是中国纺织产业继续提升的重要基础条件。

二、正视发展差距，切实提高国际化运营管理能力

虽然目前纺织行业以棉纺、针织加工业为重点，已经在跨国生产力布局方面取得一定成绩，但海外并购，特别是海外品牌并购和品牌输出方面仍然有不少值得研究的教训。

在国际纺织品服装货物贸易中，行业骨干企业无疑已成为并将通过产能全球化继续成为全球纺织服装供应链上核心的优质产品提供者，并取得相应利润。但客观上行业缺乏以一批全球品牌为龙头，完全主导和构建以我为主的跨国供应链并占据全球产业价值链高地的生态系统。近些年，以欧洲Zara、H&M集团和日本优衣库为代表的一批快时尚集团发展迅猛，根据2015福布斯全球企业2000强数据，Zara、H&M和优衣库的年销售额分别达到237亿、223亿和136亿美元，年利润分别达到33亿、29亿和7.3亿美元，与我国一些重要骨干品牌企业的差距没有缩小，反而在扩大。

中国纺织业要培育自己的全球品牌，还需要不

断学习和提升全球优质资源配置和掌控的能力。特别是在品牌价值的维护和传递、美学创意资源的全球利用、优质原料和成品制造的供应链管理、不同国别市场的进入管理以及包括人力资源、财务、税务在内的全球基础管控运营方面要下苦功夫。国内骨干企业仍需以我国巨大内销市场为后盾，在国内市场国际化竞争中提高品牌运营能力和可持续发展后劲，为成长为全球优势企业练好内功。

三、加强协同协作，积极探索境外园区化布局发展

随着亚投行、丝路基金以及国内政策性、商业银行等金融机构在“一带一路”沿线国家进入实质性运作，互联互通的大规模基础设施势在必行，我国纺织行业重点投资的东南亚、印巴和中亚国家会较快地改善基础设施水平，提高物流效率，投资环境整体趋好。鉴于重点经贸合作园区是国际产能合作和共建“一带一路”的主要载体，纺织行业组织应当积极发挥政府和企业间的桥梁纽带作用，在重点经济走廊中的适合国家和区域，支持我骨干企业单独或者合作建设专项的纺织产业园区。专项园区将更有利于产业上下游和相关配套的集聚，提高运营效率和效益，也有利于争取主权国家间的协议性支持，更好的保障企业海外投资安全。

（本文根据王天凯会长2015年10月在“中国纺织业‘走出去’交流大会”上的讲话整理）

新起点，新跨越

——“两个百年”目标下的产业发展新蓝图

中国纺织工业联合会副会长　孙瑞哲

引言

“十三五”时期是全面建成小康社会、实现党确定的“两个百年”奋斗目标中第一个百年奋斗目标的决胜阶段。在“十二五”收官与“十三五”开局的重要交汇处，在全面建成小康社会决胜阶段的关键节点上，中国纺织工业应该确立怎样的定位，发挥怎样的作用，实现怎样的发展，是一个重大命题。

从产业属性看，纺织服装是满足人民物质需要的工业产品，也是丰富人民精神生活的文化载体，纺织产业有促进经济增长、拉动就业的经济贡献，也有美化生活、弘扬文化的文化贡献。这决定了纺织工业作为中国国民经济支柱产业的基础性地位不会动摇，在推进全面建成小康社会中的基础作用不会动摇。从产业责任看，纺织工业首先是要生产优质产品，形成有效供给，满足人民对美好生活的期待。这决定了纺织工业作为重要民生产业和创造国际化新优势的产业，行业发展的要求不会降低，行业发展的质量不会降低。从产业使命看，纺织工业要以发展促进生态文明和社会和谐。这决定了纺织工业在全面建设小康社会的进程中绿色发展、责任发展的方向不会改变，服务民生、改善民生的宗旨不会改变。

新起点：历史交汇下的中国纺织工业

一、中国纺织工业的发展现状与地位

在世界范围内，中国纺织工业的领先地位日渐突出。纤维加工总量持续保持世界第一，自2009年以来，世界占比均超过50%。2014年中国纤维加工量达5000万吨，占世界纤维加工总量的54.36%。据世界贸易组织（WTO）统计，中国纺织品服装出口占全球比重不断增长，2014年中国纺织品服装出口额2984亿美元，占全球比例37.43%。

图1 中国纤维加工量及占世界比重

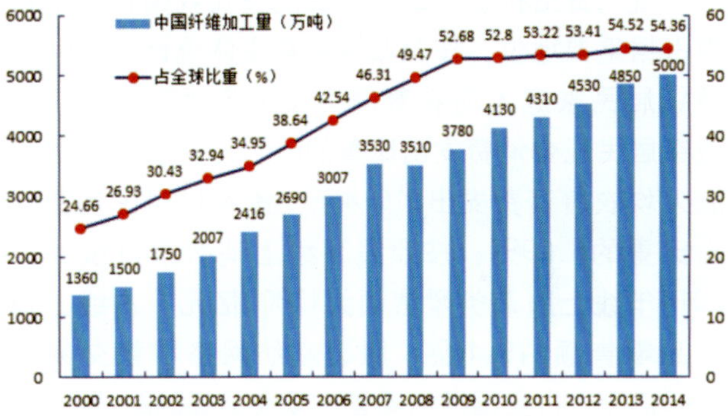

数据来源：中国纺织工业联合会统计中心

图2 中国纺织品服装出口额及所占比重

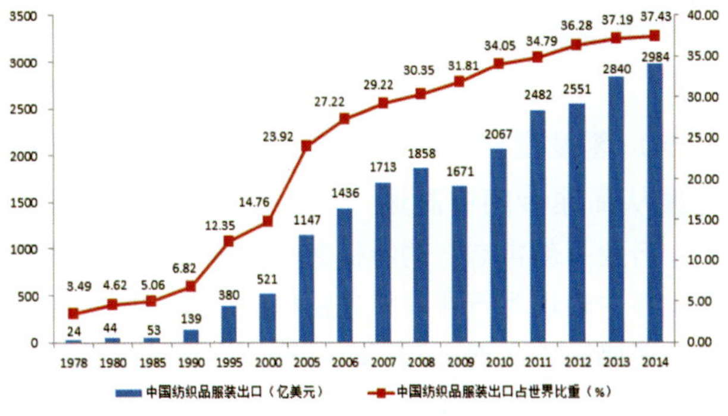

数据来源：中国海关、WTO统计年报

从国内市场看，纺织工业发展态势良好，在国民经济中表现突出。2015年，规模以上纺织企业实现主营业务收入70713亿元，占工业企业主营业务收入的6.41%；利润总额3860亿元，占工业企业利润总额的6.07%；应交增值税1788亿元，占工业的5.59%；行业投资总额为11913亿元，占第二产业的5.32%。

可以发现，我国纺织企业主营业务收入、利润总额、税金在工业中的占比呈递减趋势。这种趋势一定程度上揭示了建设纺织强国的努力方向：提高产品附加值带来利润率的提升，提高税金的占比带来行业社会责任工作的提升，提高研发投入比重带来科技贡献率的提升。从某种意义上说，平缓这一递减趋势的过程，也是行业由大而强的过程。

就消费结构讲，纺织服装消费在我国社会消费中占据重要地位。按照城乡消费主体统计，2014年城镇居民家庭人均衣着消费支出为1627.2元，占城镇居民现金消费支出比重的8.15%；农村居民家庭人均衣着消费支出510.4元，占农村居民消费支出比重的6.09%。按照线下线上消费渠道统计，2014年线上服装类零售额为12600亿元，占线上消费品零售额的9.46%；服装家纺网络零售交易额6840亿元，占全国网络零售市场交易额的24.52%。尽管统计口径、统计方法不同，但最终的统计结果都反映出纺织工业在拉动消费、促进民生中的重要作用。

二、中国纺织工业的“新常态”

（一）速度变化——规模效益稳步增长，发展速度从高速转向中高速

行业“新常态”的特征之一是速度变化。速度变化集中表现为行业规模效益稳步增长，发展速度从高速转向中高速。2010年以来，中国纺织行业纤维加工总量、主营业务收入、利润总额、出口和工业增加值等主要经济指标的增速下降明显，呈中高速增长态势。但在整个工业领域，纺织工业稳步增长、表现上好，“十二五”时期纺织工业增加值增速平均高于国内生产总值（GDP）增速。

图3 中国纺织工业主要经济指标增长由高速转为中高速

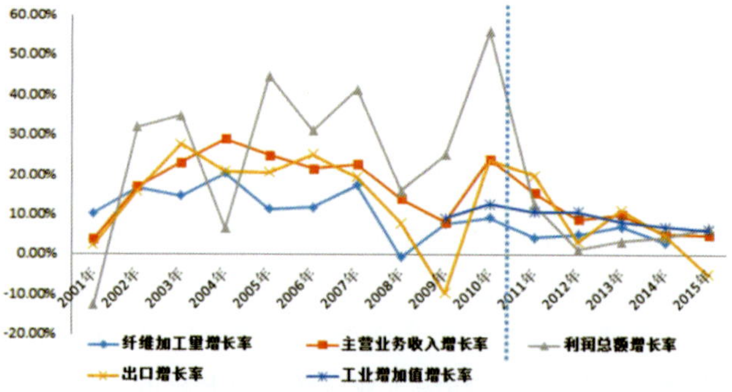

注 纤维加工量统计口径为全社会统计、主营业务收入和利润总额统计口径为行业规模以上企业。

数据来源：国家统计局、中国纺织工业联合会统计中心

图4 中国纺织工业增加值与GDP增速比较

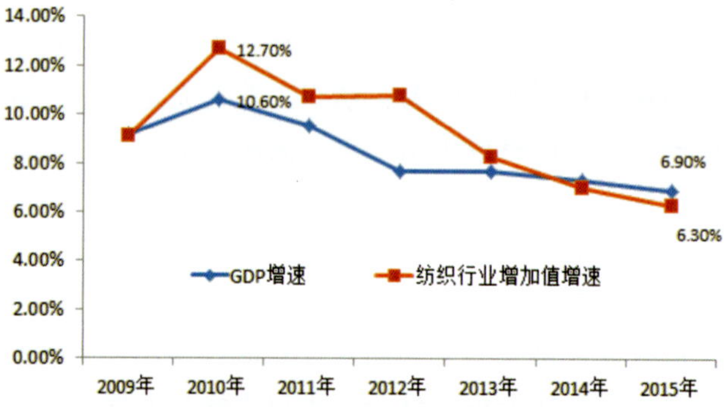

数据来源：国家统计局、中国纺织工业联合会统计中心

从投资来看，2009～2015年，纺织行业规模以上企业固定资产投资保持增长，在全社会投资中所占比重稳中微增。2015年投资总额为11913.21亿元，同比增长14.96%，在全社会投资中所占比重达到2.16%。纺织工业在维持发展稳定、抵御经济下行压力中起到积极作用。

图5 中国规模以上纺织企业投资状况

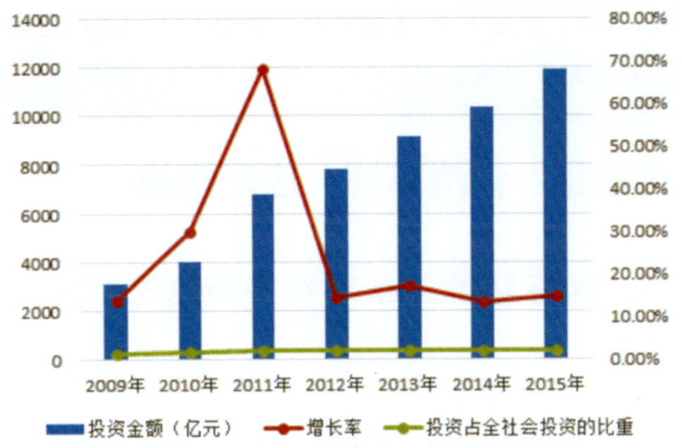

数据来源：国家统计局、中国纺织工业联合会统计中心

（二）结构优化——结构调整特征明显，全面优化成为行业发展主题

结构优化是行业“新常态”的另一个表现。市场在资源配置中决定性作用的充分发挥、国家宏观政策的战略性引导，推动了行业全方位、多维度、深层次的结构调整。

原料结构和产品结构不断调整。2014年，化学纤维加工量4390万吨，全国纤维加工总量中化纤占比82.2%，比2010年提高12.2个百分点，化纤差别化率提高到56%。服装、家纺、产业用纤维加工量比重由2010年的51∶29∶20调整为46.8∶28.6∶24.6，产业用纺织品行业纤维加工量年均增长10.6%，2014年产业用纺织品行业工业增加值同比增长11.7%。

区域结构和组织结构持续优化。纺织工业向中西部转移继续推进，中西部地区规上企业主营业务收入占全行业比重由2010年的16.8%上升到22.5%。我国纺织服装企业海外投资呈提速态势，骨干企业积极打造“中国＋周边国家”制造基地，在发达国家开始向产业链高端领域渗透。产业组织结构调整表现为：一是集中度提高，行业优势资源向龙头企业聚集；二是分工细化，小、专、精、特的行业“隐形冠军”不断涌现、快速发展。

消费结构和出口结构加快调整。从消费结构看，线下和线上交易均保持增长。实体零售渠道增速放缓，电子商务增长突出。2014年，限额以上服装鞋帽针纺织品零售额同比增长10.9%；而服装家纺网络零售额达6840亿元，同比增长37%，占全国网络零售额的四分之一。从出口结构看，市场多元化趋势日渐明显。2013年东盟超过日本成为中国纺织品服装出口第三大市场；2014年，欧盟、美国、东盟、日本合计占中国纺织品服装出口的55.11%。针织出口发展快速，2006年针织服装及附件出口超过梭织，2013年针织织物和服装出口突破1000亿美元。一般贸易比重持续提高，2014年达到76.18%，比2010年提高1.75个百分点。

企业业务结构和经营范围不断拓展。企业多元化经营、跨界发展成为常态。根据平安证券的研究，纺织企业和服装企业80家上市公司中有7成左右跨界发展，跨界发展的企业资本市场表现良好。立足纺织主业，向“互联网＋”的生活方式和文化创意类领域的自然延伸，是多元化经营的较好选择。多元化是纺织服装企业发展的必选项之一，但选择发展路径、拓展经营范围需要谨慎，应该避免偏离主业的资本运作，避免实体产业空心化的倾向。

（三）动力转换——行业转型升级进程加快，发展动力从要素驱动转向创新驱动

动力转换即行业发展动力要从要素驱动转为创新驱动，是行业“新常态”的重要表现。随着我国经济社会的快速发展，劳动力、土地、原料、能源等生产要素的成本在不断升高，行业所需高新技术和设备的引进难度在日渐加大，资源、环境、生态约束在明显增强，动力转换是行业可持续发展的必然要求。

科技创新提升，日渐成为行业发展的主动力。“十二五”以来，纺织行业有17项成果获得国家科学技术奖，其中“筒子纱数字化自动染色成套技术与装备”获国家科技进步一等奖，650项成果获中国纺织工业联合会科学技术奖，主要集中在纤维材料

与智能装备领域。规模以上企业有效发明专利数5852件，是“十一五”末的2.5倍。行业研发投入强度呈现逐年增长态势。目前，行业多项高技术纤维成套技术和装备取得突破并打破了国外技术垄断，化纤、纺织、印染、产业用纺织品关键技术取得重大进步，通过关键技术攻关和集成创新助推传统纺织产品向高端化发展，连续化、自动化、高速化、智能化纺织装备得取得突破并开始应用。

图6 中国纺织行业研究与试验发展（R&D）经费投入强度

单位：%

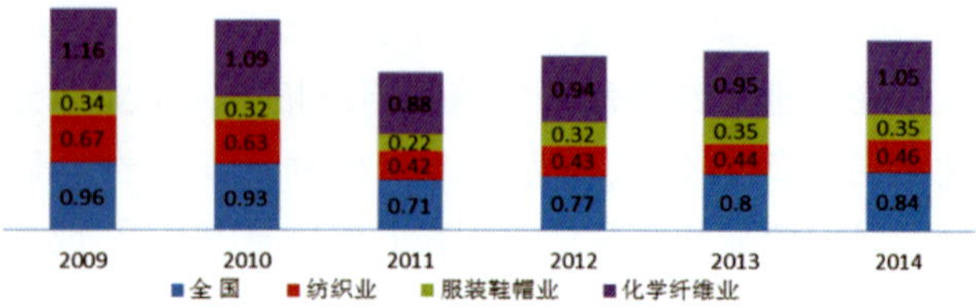

数据来源：全国科技经费投入统计公报

品牌建设加快，正在形成行业发展的牵引力。“十二五”时期，全行业品牌意识大幅提高，质量、创新、快速反应、社会责任“四位一体”的品牌价值体系得到广泛认同和践行。目前行业拥有销售收入千万以上级的活跃品牌约3500个，“中国驰名商标”300多个。电子商务的快速发展提升了品牌产品的市场影响力，服装家纺网上销售额接近7000亿元。中国纤维流行趋势、面料流行趋势研究和发布以及中国服装大奖活动连续举办，推动了全产业链品牌建设体系的形成。品牌走出去也在加快，其中服装品牌是走出去的领先者和佼佼者。

人才培养增强，已经成为行业发展的原动力。科技创新、品牌建设的成果核心在于人才培养。“十二五”时期，纺织行业研发人员规模不断扩大，2013年规模以上企业研发人员全时当量10.4万人年，比2011年增长26.2%，大中型企业研发人员占年均从业人数的1.8%。多层次人力资源培育体系进一步完善，职业教育快速发展，全国现有纺织服装专业本科大学约185所，高职院校200所，中职院校100所。行业科技奖励力度、企业人才引进与培养的力度都在加大。

新跨越：认清环境，应对挑战

一、国际环境：全球经济新常态的三大特征

“不谋全局者，不足谋一域。”行业的发展需要放到全球经济大环境中考量，才能形成正确的判断。当前世界经济呈现出三大特征：

一是经济增长预期下降。根据国际货币基金组织（IMF）2015年10月的预测，2015年全球经济将实现3.12%的增长，增速较2014年下降0.3%，弱于1980～2014年3.5%的历史平均水平，以及2008～2014年3.28%的危机平均水平。

二是新兴市场增速趋缓。以2010年为分界点，全球经济多元化从涨潮变为退潮。多元化潮起潮落的关键指标是新兴市场经济增速与发达国家的剪刀差。2000年，剪刀差为1.77%；2009年达到6.55%的峰值；2010年起逐渐下降，2014年降至2.79%；IMF 10月预测，2015年新兴市场和发达国家经济增速分别为3.97%和1.98%，剪刀差降至1.99%，创2000年以来最低水平，危机以来首次低于1980～2014年2.18%的历史平均水平。

三是全球贸易增长放缓。从长期数据看，全球化放缓始自2012年。1980～2014年，全球贸易平均增速为5.43%；2012年，全球贸易增速骤降至2.91%，随后几年也始终低于历史均速；IMF预测，2015年，全球贸易增速为3.18%，2016年有望回升至4.08%，但依旧低于历史平均增速。

世界经济大环境下，纺织品服装贸易也受到了影响。根据《世界贸易组织（WTO）2015统计年报》，2014年纺织品国际贸易仅增长4%，为1995年以来的新低。在国际商品贸易15个大类中增长率垫底。服

装国际贸易稍好，1995～2014年均增长6%左右。

中国纺织工业需要立足外部大环境，认清当前面临的各种挑战，才能顺势而为，取得更好的发展。

二、贸易区域化带来产业全球化红利稀释

世界范围内，区域贸易协定呈现逐年增多的趋势。仅2010年到2015年10月生效的区域贸易协定就有71个。由于区域贸易协定中的互惠条款主要针对协定内国家，在推进协定内国家经济增长的同时，一定程度上割裂了跨区域的经贸合作，造成了全球贸易体系碎片化。纺织工业的全球化红利正随着区域贸易协定的快速增多而稀释。

图7 截至2015年10月全球生效的区域贸易协定（RTA）个数

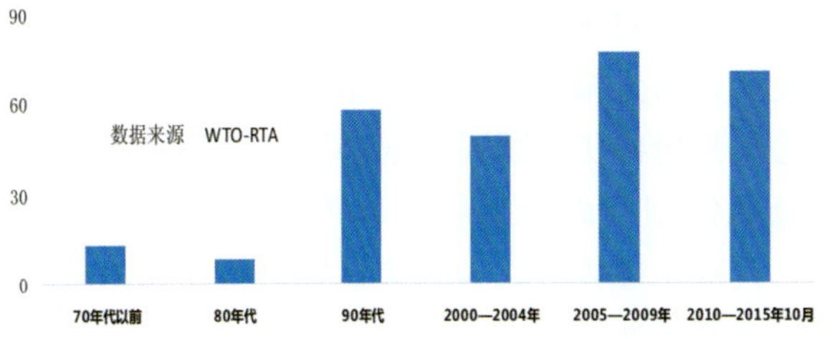

数据来源：WTO

以跨太平洋伙伴关系协定（TPP）为例，TPP成员国间的低关税或零关税，一定程度上会导致我国部分国际订单流失。TPP原产地规则要求纺织品“从纱开始”，可能会影响TPP国家对我国纺织原料、面料、辅料的进口，同时迫使部分国内企业将工厂搬到TPP国家。这些都对我国纺织行业构成了一定的挑战。

对于TPP，行业应该正视，因为确有影响，但不必惧怕，因为冲击有限。原因有二：首先，依托巨大的国内市场，我国纺织行业拥有完善的产业配套和强大的生产能力，TPP成员国家中纺织服装生产国体量相对较小，并不具备替代的实力。其次，12个TPP国家中，与我国达成自贸协定的有5个，东盟也与我国直接签订了自贸协定，这些自贸协定对冲了TPP对行业的负面影响。

三、成本扁平化带来产业竞争格局变动

劳动力成本对纺织行业的影响主要集中在服装加工等劳动密集型环节，而对于价值链中上游技术含量高、资本密集度大的环节影响越来越弱。受技术革命、资金成本、原料价格、能源价格、政策环境等因素影响，全球纺织制造综合成本差距日渐缩小。成本是全球供应链布局的重要参考因素。从供给端看，成本趋于扁平化，使得制造业分布格局出现调整。随着成本相对较低的制造中心在世界的多地区涌现，消费品的生产将趋于就近化制造模式。

图8 2014年国际纺织制造成本比较

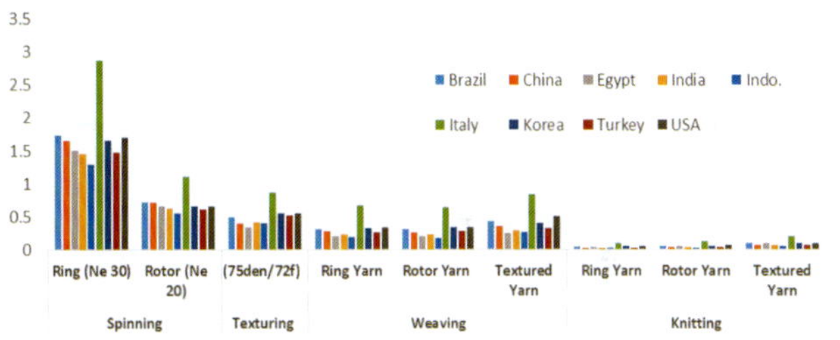

数据来源：ITMF

纺织服装需求端的三大新经济特征进一步推动了接近市场生产，改变了竞争格局。从体验经济讲，消费者的关注开始由产品转移到体验。接近市场端的生产有助于为消费者提供更好的产品、更便利的服务，进而提升客户体验。制造业服务化、O2O的潮流也反映了这一进程。从长尾经济讲，信息通讯技术的发展使得产品能够以合理成本传递到消费者。随着消费者拥有越来越多的时尚话语权，纺织服装业的长尾效应也日益凸显：地域化、民族化、个性化的消费需求客观上要求生产端更贴近市场。从时尚经济讲，信息与通讯技术的发展打破了原有的时尚周期，快时尚成为潮流。纺织服装作为时尚产业

的特征越来越明显，集中表现为产品更新速度的加快。产品的短周期，也推动了靠近市场的生产。

四、采购分散化带来行业贸易版图调整

当前，全球纺织采购开始出现分散化的端倪，这一点在美日欧三大市场均有体现。在美国市场，我国纺织品服装所占比重虽然以压倒性优势稳居首位，但已经有所下降；越南所占份额增长快速，2015年突破10%，占到10.09%的市场份额；印度占6.5%，孟加拉和印尼分别占5.01%和4.63%。在日本市场，我国纺织品服装所占比重下降较快，2015年占市场份额的64.53%；越南占比9.51%居第二位；印尼占比4%，意大利占2.79%%。在欧盟市场，排名第一、第二位的中国与土耳其都有所下降；孟加拉增长迅猛，2015年占欧盟市场份额的12.58%。

图9 美国市场前五位纺织品服装进口来源国及占比

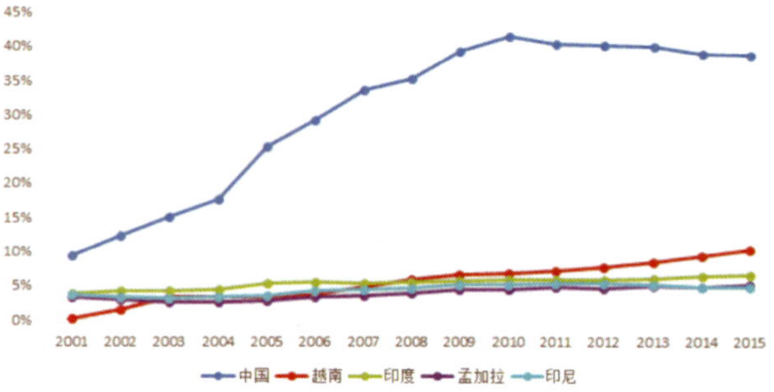

数据来源：WTO统计年报

图10 日本市场前五位纺织品服装进口来源国及占比

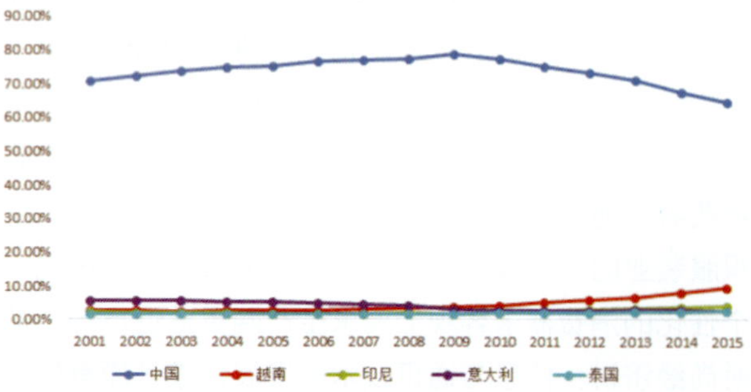

数据来源：WTO统计年报

图11 欧盟市场前五位纺织品服装进口来源国及占比

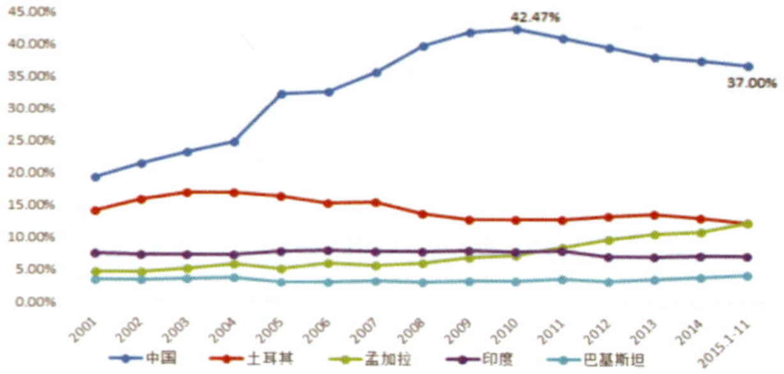

数据来源：WTO统计年报

据海关统计，2015年，我国出口纺织品服装2842.52亿美元，同比下降4.87%。其中出口纺织品1083.66亿美元，同比下降2.36%；服装出口1758.86亿美元，同比下降6.35%。我国纺织品服装出口出现负增长，一定程度上也反映了全球范围内采购分散化的现象。出口出现负增长的原因有三。首先是汇率影响。我国两大主要目标市场的货币，欧元、日元对美元大幅度贬值，使得出口金额换算成美元以后大幅降低，事实上我国在全球纺织品服装的贸易份额仍然保持增长态势。其次是多年的棉花流通体制问题所累积的对棉类产品竞争力的影响。再次是媒体舆论和社会认知的行业偏见所造成的我国制造业竞争力的提早衰退。2014年欧盟作为整体占全球纺织服装贸易额的25.3%。如果分开来看，中国全球纺织品服装贸易第一（2984.26亿美元），紧随其后的是意大利（387亿美元），然后才是印度（360.8亿美元），第四位是德国（350.5亿美元），仅仅比印度少了10亿美元。此外，2014年，美国纺织品服装出口204.8亿美元，居世界第九位，远远超过巴基斯坦（140.7亿美元）。这与媒体平时关注宣传的纺织热点区域有很大不同，从这一点看，并不是随着经济发展，国家实力增强，纺织产业就不重要了。以意大利、德国、美国为代表的发达国家仍然把纺织产业高端牢牢把握在自己手里，在全球份额仍然占有重要地位。有鉴于此，政府决策机构也应明确方向，以更大力度支持纺织产业发展。

表1 全球纺织品服装出口占比情况

单位：%

	中国	欧盟28国	印度	中国香港	土耳其	孟加拉	越南	美国	韩国	巴基斯坦
2013年	37.2	25	4.3	4.3	3.6	3.4	2.8	2.6	1.9	1.8
2014年	37.4	25.3	4.5	3.8	3.7	3.4	3.1	2.6	1.8	1.8

数据来源：WTO统计年报

五、人口老龄化带来行业劳动力结构性短缺

整体上看，2010～2014年，中国15～65岁劳动年龄人口增长率持续下降。2012年，中国劳动年龄人口首次出现负增长，劳动力供给的绝对数量开始减少。工资收入是行业对人力资本吸引力的重要构成。2014年，制造业人均货币工资仅高于农林牧副渔业、建筑业，低于城镇就业人均工资。制造业工资水平无法吸引潜在劳动力进入行业，进一步加剧了用工短缺。当前中国劳动力供需存在“两个短缺”的问题，一是初级劳动力短缺，表现为劳动密集型企业出现招工难的现象。二是以技师、技工等专业技术人才为代表的“中级劳动力”供需失衡。另一方面，近些年我国制造业的用工成本在逐年攀升，除2009年外，增长率均在10%以上。劳动力供给的短缺、快速升高的用工成本对整个行业发展形成很大的挑战。行业发展迫切需要用人才红利接力人口红利，从向人口红利要数量转为向人才红利要质量。

图12 中国15～65岁劳动年龄人口状况

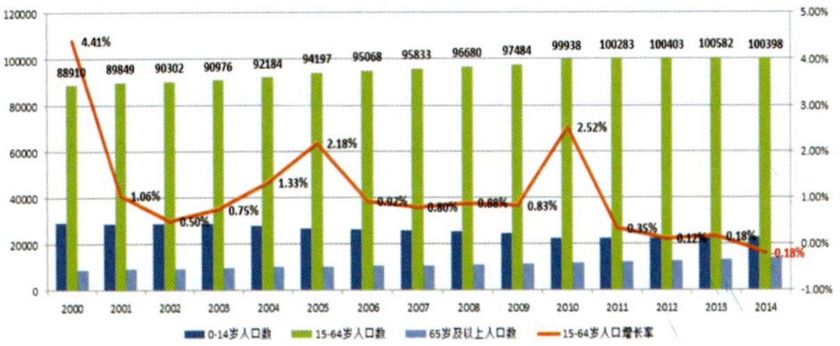

数据来源：国家统计局

图13 中国2014年各行业工资收入状况

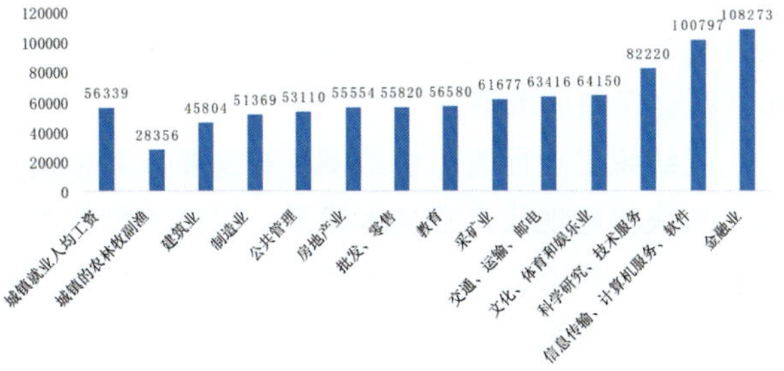

数据来源：国家统计局

图14 中国制造业用工成本变化

数据来源：国家统计局

新跨越：辨别方向，把握机遇

一、国内新机遇：供给侧改革

2015年11月10日，习近平总书记在中央财经领导小组会议，首次明确提出供给侧改革，指出“在适度扩大总需求的同时，着力加强供给侧结构性改革，着力提高供给体系质量和效率。”供给侧改革

的提出为行业发展明确了新方向，提供了新机遇。供给侧改革并不是否定需求，而是要充分发挥需求的引领性作用，围绕需求，完善供给。

从宏观层面讲，供给侧改革旨在提高全要素生产率，从单纯关注“三驾马车”到聚焦生产要素的供给和有效利用。具体来说，就是要做好供给侧的“四则运算”：做好政策加法，完善政策供给；做好产能减法，淘汰落后产能；做好创新乘法，发挥创新对发展的乘数作用，提升产品服务供给能力；做好成本除法，消除体制机制障碍，降低企业的制度性交易成本，包括交易成本、各种税费、融资成本、社会保障成本等。

就纺织工业而言，供给侧改革是要以需求为导向，加快构建现代产业技术体系，以技术创新推动产品创新、精准匹配，化解结构性的有效供给不足的矛盾，更好满足需求、引领需求、创造需求。消费升级的方向是产业升级的重要导向，围绕当前纺织服装消费呈现出的新变化，行业企业应该完成三大转变，即生产从注重量的满足向追求质的提升转变、推广从关注有形产品向关注服务体验转变、产品从模仿型排浪式向个性化多样化转变。完成三大转变，企业需要不断开展技术、产品、模式创新，提升产品供给能力，以服务消费、信息消费、绿色消费、时尚消费、品质消费、农村消费为突破，创造新需求。

图15 纺织服装产业的供给侧改革

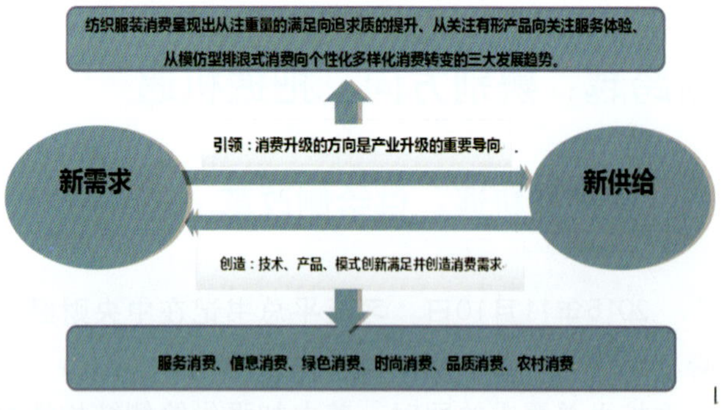

二、行业智能化带来产业转型升级机遇

智能化装备和智能化运营，有助于企业实现节约能源、节约资源、节省用工、提高生产稳定性和保证产品高品质；智能化产品有助于提升产品附加值、推进企业服务化、构建平台，形成稳定友好的客户关系。在国家实施“中国制造2025”战略和“互联网+”行动计划的背景下，智能化将为纺织工业转型升级带来巨大发展机遇。

纺织工业的智能制造可以概括为围绕“一个核心”即要实现消费互联网向工业互联网的升级；完成“两项转变”，即从满足需求向引领需求转变、从生产制造业向服务制造业转变；面向“三大方向”，智能化设备、智能化运营和智能化产品；进行“四大互联”，即产业内上下游企业的垂直互联、产业间伙伴型企业的水平互联、产商与顾客的端到端互联、线上线下全渠道互联；着力“五大关键点”，即商业模式的重构、业务流程的再造、基础设施的更新、标准体系的统一、技术的跨界融合；完善“六大技术支撑”，包括终端技术、软件技术、网络技术、数据技术、材料技术、能源技术。

2015年的国际纺织机械展览会（ITMA）上，智能化设备有突出表现。立达集团（Rieter）的蛛网纱厂监控系统（SPIDERweb）能收集、显示并分析从纺纱准备至四种纺纱系统的所有相关数据的纱厂控制系统，开辟了基于互联网的智能化纱厂控制；迈耶西（Mayer & Cie）公司推出的纺纱–编织一体化技术（spinit systems）在一台针织圆机上融合了细纱纺纱与针织工序，具有节约空间、能源、人工、原料、物流成本的潜力；五洋纺机依托“互联网+智能制造”的平台开发了国内首创经编生产线智能管理系统，人、机、料、法、环五大要素深度融合，形成了以智能生产方式制造智能产品的生产模式。

三、新型城镇化带来行业巨大成长空间

城镇化率提高、城乡差距缩小，以人为本的城

表2 中国城乡人均衣着消费支出情况

	城镇居民人均衣着消费支出（当年价，元）	农村居民人均衣着消费支出（当年价，元）	城镇与农村消费支出比例
1995年	479.2	89.8	5.34倍
2000年	500.5	96.0	5.21倍
2010年	1444.3	264.0	5.47倍
2011年	1674.7	341.3	4.91倍
2012年	1823.4	396.4	4.60倍
2013年	1553.7	453.8	3.42倍
2014年	1627.2	510.4	3.19倍

注 2013、2014年统计口径发生改变，数据来源于国家统计局开展的城乡一体化住户收支与生活状况调查。

镇化进程加快将带动国内纺织品消费需求扩大。消费升级，需求多样化、个性化、时尚化成为主流，也将拓展纺织服装的消费空间。

从衣着消费看，按照最新统计数据，城镇衣着消费是农村的3.2倍。根据“十三五”规划建议的目标，到2020年有1亿左右农民工和其他常住人口在城镇定居，这部分人口将带动1600亿元以上的衣着消费增量。随着城乡居民收入比2010年翻番目标的实现，衣着消费支出至少有7500亿元的增量空间。

新型城镇化也将带来产业用纺织品消费新空间。新型城镇化将推动基础设施建设、环境治理、卫生保健等领域需求增长，另外安全防护、军事国防等方面加大投入，也将带动产业用纺织品消费需求增长。“十三五”期间，产业用纺织品消费需求增长预计将保持年均8%以上：到2020年，燃煤电厂袋（电-袋）式除尘应用比例从目前的25%提高到40%以上；医疗类纺织品进口产品替代率达到15%～20%；国内成人养护用品市场渗透率从目前的不足2%提高到10%。

四、区域协同化带来产业转移合作利好

“一带一路”、京津冀协同发展、长江经济带三大战略实施，将极大拓展纺织工业发展空间，提升行业企业在国内国外配置技术资源、创新资源、营销资源、管理资源和制造资源的能力，推动区域结构调整和行业“走出去”。

中国双边多边自由贸易协定的签订也将为纺织产业转移国际产能合作带来利好。新近生效的中澳、中韩自贸协定是很好的例证。澳大利亚是我国第一大羊毛进口来源地，2015年占我国羊毛进口总量的47.98%。澳大利亚同时也是我国进口棉花的重要来源，2015年我国累计进口棉花147万吨，其中澳棉25.18万吨。目前中国向澳大利亚出口纺织品服装50亿美元左右，2015年达54.51亿美元，关税介于10%～20%之间。中国—澳大利亚自贸协议的签订有利于我国企业获得优质原料、降低生产成本、提升国际竞争力，同时扩大对澳出口。

中国与韩国在纺织产业有很强的互补性。2014年韩国纺织服装进口约45%来自中国，为65.9亿美元，而对中国出口为25.2亿美元。韩国在功能性新材料、产业用纺织品的研发、节能降耗和环保技术等方面具有优势。中国-韩国自贸协议签订有利于推进我国纺织服装企业对韩出口，有利于两国优势资源的融合互补。

表3 中国自贸区发展现状

已签协议的自贸区	正在谈判的自贸区	正在研究的自贸区
中国-澳大利亚	中国-海合会	中国-印度
中国-韩国	中国-挪威	中国-哥伦比亚
中国-瑞士	中日韩《区域全面经济合作伙伴关系协定》(RCEP)	中国-格鲁吉亚
中国-冰岛	中国-东盟自贸协定("10+1")升级谈判	中国-摩尔多瓦
中国-哥斯达黎加	中国-斯里兰卡	
中国-秘鲁	中国-巴基斯坦自贸协定第二阶段谈判	
中国-新加坡	中国-马尔代夫	
中国-新西兰		
中国-智利		
中国-巴基斯坦		
中国-东盟		
中国内地与港澳地区更紧密经贸关系安排		

五、人才优质化带来产业创新发展潜力

人才驱动的创新，尤其是科学家、研究人员、工程师的素质与供应以及技术工人的素质与供应，日渐成为国家在制造业竞争中持续保持优势的关键。近年来，我国劳动力受教育程度在逐年提升，劳动力素质有了很大改善，这为纺织工业创新发展创造了有利条件。2004～2014年我国普通高等学校毕业生人数逐年增长。就纺织行业讲，据不完全统计，当前国内有25所高校布局和设置了纺织硕士以上学位点，5 所高校布局和设置了纺织科学与工程学科一级学科博士点，1 所高校拥有纺织科学与工程一级学科国家重点学科，共有硕士点62个，博士点14个。劳动力素质的持续提升，为纺织工业人才红利替代人口红利，质量效益替代数量成本提供了有力保障。

图16 我国普通高校毕业生人数

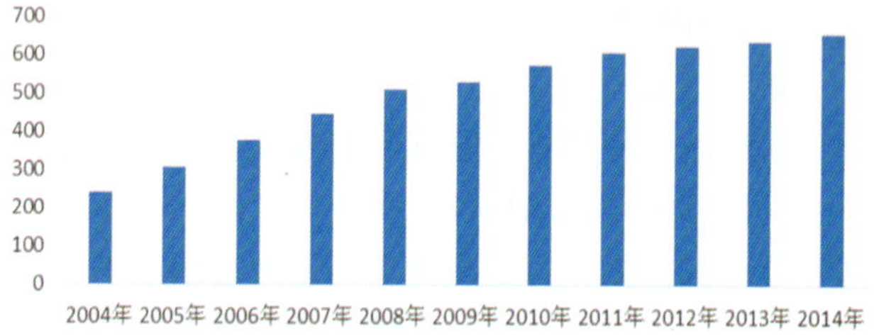

数据来源：国家统计局

图17 我国研究生培养情况

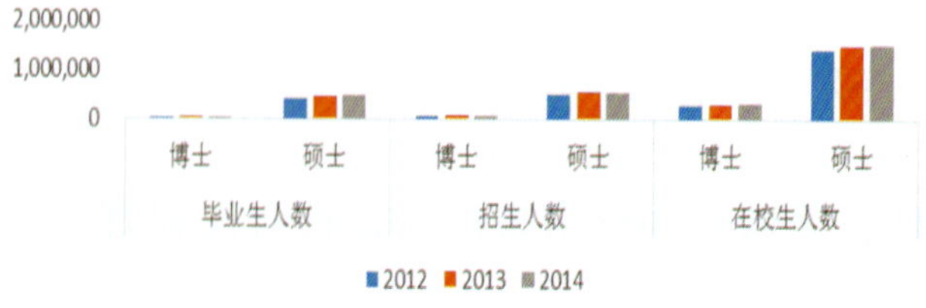

数据来源：国家统计局

中国纺织工业发展新蓝图

“十三五”时期也是完成我们党确定的“两个一百年”奋斗目标的第一个百年奋斗目标的时期。处在历史的交汇点上，一方面，行业发展处于大有可为的战略机遇期，行业所处的宏观环境长期向好的基本面没有变，经济韧性好、潜力足、回旋余地大的基本特征没有变，持续增长的良好支撑基础和条件没有变，经济结构调整优化的前进态势没有变；另一方面战略机遇期内涵已经发生了广泛而深刻的变化，行业发展面临着新矛盾新挑战，也拥有着新条件新机遇。纺织工业如何在变与不变中抢占先机，如何在机遇与挑战中寻求发展，如何在实现“两个百年”目标的大棋局中发挥应有的作用？这是时代给行业提出的重大课题。

纺织工业作为国民经济支柱产业、重要民生产业和创造国际化新优势的产业，要实现现代科技与时尚文化融合、衣着消费与产业用并举，要更好发挥美化人民生活、带动相关产业、拉动内需增长、提升生态文明、增强文化自信、促进社会和谐的作用，就需要围绕创新、协调、绿色、开放、共享五大发展理念，为行业发展确定路径、规划蓝图。

一、创新发展

（一）完善创新发展体系

创新是引领行业发展的第一动力，体系建设是创新发展的关键。建设创新发展体系要以企业为主体、以市场为导向、推进产学研用深度结合，围绕产业链部署创新链，围绕创新链配置资源链，促进科技同经济对接、创新成果同产业应用对接、科研项目同现实生产力对接、人员培养同市场需求对接。具体而言就是要构建六大体系：

一是研发体系。建设以企业为主导、产学研合作的产业技术创新战略联盟，加强纺织产业链上下游、生产和应用、军民之间的协作创新。优化国家实验室、重点实验室、工程实验室、工程（技术）研究中心布局，按功能定位分类整合，形成开放共享互动的创新网络。

二是生产体系。围绕“中国制造2025”战略和“互联网+”行动计划，打造行业智能生产体系，实现协同性研发、分布式生产、精细化加工、柔性化制造，为创新研发提供实现与转化的平台。

三是服务体系。完善创新服务体系建设，加快推进技术咨询、知识产权服务、第三方检验检测认证等服务的发展。融入并推动技术交易市场发展，加速科技成果的资本化与产业化，实现创新成果的自由流动与优化配置。

四是推广体系。发挥行业领军企业、创业投资机构、社会组织等社会力量的主力军作用，构建一批低成本、便利化、全要素、开放式的众创空间，实现创新与创业相结合、孵化与投资相结合，促进创新创意的推广与落地。

五是人才体系。按照创新规律培养和吸引人才，按照市场规律让人才自由流动，实现人尽其才、才尽其用、用有所成，助力行业创新发展。

六是标准体系。强化产品安全、环境保护等强制性标准，重点制定公益性基础方法标准和通用性终端消费品标准，加强产业用纺织品标准与应用领域的配套，提升新型纺机成套装备和配套基础件标准水平，建立和完善纺织行业智能制造和两化融合相关标准，提升我国纺织服装产业自主技术标准的国际化水平。

（二）把握创新发展关键

创新发展要系统推进，也要把握关键。纺织工业创新发展需要重点突破智能制造、纺织材料和品牌建设三大领域。

1. 智能制造

加快纺织产业链各环节数字化、网络化、智能化装备的研发和产业化，重点研发纤维材料装备、智能化纺纱和织造设备、数字化、智能化印染设备、纺织专用基础件生产装备。分步骤建设智能制造示范生产线，包括智能化纺纱示范生产线、智能化长丝生产线，智能化印染生产线，智能化多模头纺熔复合非织造布生产线、智能化针织生产线、智能化服装、家纺生产线。深入应用信息化技术，提高设计研发、生产管理、市场营销和节能减排水平。完善纺织在线生产监控、质量检测和管理、服装大规模定制技术，探索工业机器人的应用。深入应用企业资源规划系统（ERP）、产品生命周期管理系统（PLM）、供应链管理（SCM）、客户关系管理系统（CRM）、能源管控和排放监测等管理系统，积极开拓纺织品服装的电子商务渠道。

图18 中国纺织工业智能制造模式示意图

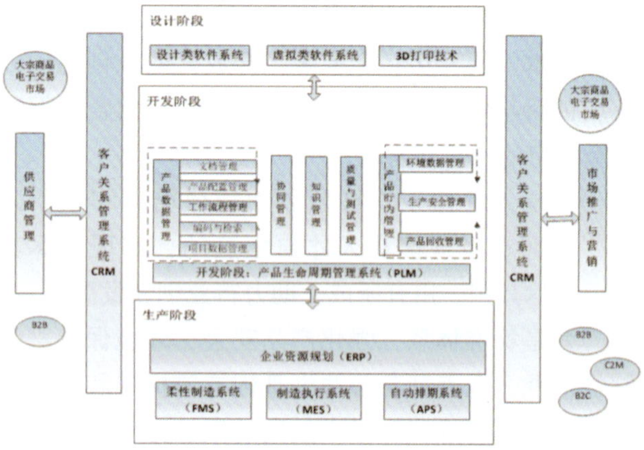

2．纺织材料

以高技术纤维、生物基纤维、差别化多功能纤维、优质天然纤维为重点，加快研发制备关键技术和装备，突破产业化瓶颈，为行业可持续发展提供原材料保障。加强纺织材料与下游终端应用的联合研发，开发满足各类需求的高品质、个性化、功能性产品。

3．品牌建设

统筹创意设计、产品质量、营销渠道三大创新能力，打造纺织服装行业的产品品牌、企业品牌、区域品牌和国际品牌。顺应科技进步、世界文化交融以及“互联网＋”时代的消费新趋势，不断发掘传统文化价值，加快提升创意设计能力，增强纺织服装品牌的文化底蕴和文化自信，适应不断升级的个性化、时尚化、功能化消费需求，提升品牌内涵、品牌附加值和软实力。加强对原创设计、专利技术和信息系统的知识产权保护。

（三）厚植创新发展土壤

加强基础研究，夯实基础能力。积极推进强基工程，强化前瞻性基础研究，着力解决影响核心基础零部件（元器件）产品性能和稳定性的关键共性技术。建立纺织基础工艺创新体系，加大纺织基础材料研发力度，加强企业试验检测数据和计量数据的采集、管理、应用和积累。

优化教育体系，丰富人力资本。构建多层次的人才培养体系：依托行业重大科研及工程项目，加强培养行业科技领军人才；优化高等院校教学模式，深化科教结合、工学结合等合作模式，培养适应纺织企业需求的工程师、设计师及经营管理等行业创新人才；大力发展职业教育，培养适应数字化、网络化、智能化纺织工业所需要的专业技能人才；加强技术工人职业技能教育、在岗再培训，开展职业技能鉴定与认证工作，鼓励技术工人通过在职教育、远程教育等途径进行深造，形成高素质的产业工人队伍；促进行业内“互联网＋HR”的发展，鼓励依托移动应用、社交网站等平台，通过众包、C2B等模式，整合利用全社会碎片化的时间与创意，提升行业认知盈余的利用程度 。

完善配套环境，服务创新创业。完善网络配套，优化行业互联网基础设施建设，为创新创业提供资源整合的接口和落地开花的平台；完善金融配套，鼓励企业充分利用多层次资本市场整合资源提升创新能力，积极尝试股权众筹等互联网金融新模式；完善服务配套，打造行业创新服务平台，提升法律、知识产权、咨询、检验检测认证和技术转移等服务水平。

二、协调发展

（一）促进区域之间协调发展

一是促进沿海、内地协调发展，优化主体功能布局。在东部沿海地区纺织工业着力于迈向中高端，形成国际竞争新优势的重点区域；内地以满足不断升级的内需消费需求为导向，依托内陆城市群，建设完善的现代纺织工业制造体系。

二是促进西北、西南协调发展，形成特色产业体系。在新疆，充分发挥其“丝绸之路经济带”核心区和向西开放重要窗口作用，发展纺织服装业，促进当地经济发展与就业；在西南地区，依托全方位开放格局，发展特色纺织产业，由终端市场消费需求拉动，发展特色纺织产业。

三是促进集群、地区协调发展，推进产业化与城镇化进程。发挥大企业大集团引领作用，中小企业创新发展，加快纺织产业集群升级步伐；突出特色科学规划产业集群，促进专业市场和企业互动升级，集群和所在地区协同发展。

四是促进国际、国内协调发展，完善资源能力配置。引导有实力的纺织企业“走出去”，形成有竞争优势的跨国产业链；引导优势企业全球资源整合，提升价值链高端掌控能力。

（二）促进企业内部协调发展

企业内部协调核心是提升企业的管理能力。完善企业人才管理，形成一批有全球化战略思维和宽阔视野的职业经理人和高技能人才队伍，提高行业核心竞争力。加强企业文化管理，积极承担社会责任，提升企业软实力。加强企业基础管理，建立全方位管理体系，拓展战略管控、流程再造、供应链管理、产业联盟等高层次管理领域，全面开展精细化管理。优化生产管理，深度推进信息化，运用传感网、ERP和电子商务构建数字化网络化智能化的现代生产体系。提升制度管理，加强纺织行业现代企业制度建设，依法建立完善的法人治理结构，提高科学决策水平，广泛普及ISO9001质量管理体系认证、5S现场管理和卓越绩效管理模式。鼓励企业通过横向联合、纵向整合做大做强，发展一批综合竞争力强的大型企业集团。

（三）促进行业内部协调发展

传统意义上纺织工业的三大终端板块是服装、家纺和产业用。新形势下，纺织行业内部结构可以概括为“新三板”即以服装、家纺品牌为代表的时尚产业板块，以高品质高性能纤维、产业用纺织品、高端智能制造为代表的战略性新兴产业板块和贯穿全产业链加工的制造业板块。

促进行业内部协调发展，就是要摆顺“新三板”的关系。巩固制造业在纺织行业中的基础性地位，依托智能制造、工业强基、绿色制造、高端装备创新四大工程，实现提质增效、转型升级，满足人民需求、拉动相关产业、改善民生、促进和谐。发挥文化创意、时尚要素在纺织行业中的引领性作用，提升产品附加值、培育行业增长点、促进产品和服务创新、催生新兴业态，增强国家文化软实力和时尚话语权。凸显战略性新兴产业在纺织行业中的战略性定位，推进高性能纤维、智能制造与产业用纺织品开发与应用向高精尖发展。

促进行业内部协调发展，还需促进纺织产业链各环节的协同。从行业健康与持续发展的全局出发，统筹协调纺织产业链各环节，促进供应链上下游信息流动，增强产品与需求的匹配程度，化解由于信息不对称造成的行业部分领域结构性产能过剩问题。提升行业整体竞争能力，在协调发展中拓宽发展空间，在加强薄弱领域中增强发展后劲。

（四）促进产业之间协调发展

以智能制造、资本市场、文化创意为三大抓手，推进纺织产业链的重构与延展，实现行业间的协同与融合，形成大纺织、构筑大平台、营造大生态。

融“智”（智能制造）：以“互联网＋”为抓手，纺织行业在深入信息化的同时与其他进行“互联网＋”的行业进行跨界融合。

融“资”（资本市场）：借助多层次的资本市场与金融创新工具，通过并购重组，实现跨界资源优化配置和产业协同整合。

融“创”（文化创意）：以文化创意为纽带，

推动纺织产业与设计服务、时尚产业及各种科技创新进行融合，促进产品和服务创新、催生新兴业态。

协调纺织制造业与生产性服务业的关系，推动纺织企业服务化，开展服务型纺织企业示范工程，加快推进先进业态和商业模式，达到扩大消费需求和实现产业升级的目标。

三、绿色发展

（一）加强体制机制建设，完善清洁生产体系

完善市场化节能减排机制，促进建立碳排放权、节能量和排污权交易制度、节能低碳产品认证制度。建立健全行业碳核算标准与统计核查体系、污染物交易评估方法，完善相关技术体系、交易平台、人才队伍、管理体系建设。完善行业清洁生产体系，加强清洁生产标准和评价方法的宣传推广。健全节能、节水、污染物排放及综合利用相关政策和标准体系。建设行业节能减排数据库。促进形成一批有推广示范效应的印染集控区，纺织行业低碳环保示范园区。

（二）发展绿色制造技术，开发绿色纺织产品

在产业链各环节推广节能减排先进技术，提高全产业链绿色制造水平。化纤行业重点发展聚酯酯化废水中有机物的提取技术，原液着色与在线添加关键技术，绿色制浆及浆纤一体化技术等。纺纱织造领域加快变频电机、节能空调的推广使用，推广无聚乙烯醇（PVA）上浆、预湿上浆等新型上浆工艺技术。印染行业推广先进少水印染加工技术、自动化助剂中央配送系统、全流程数字化智能化控制技术等。

打造涵盖绿色标准、绿色设计、绿色生产、绿色管理、绿色物流、绿色营销的行业绿色供应链体系。推广应用低碳节能先进技术，提高资源能源利用效率。开展纺织行业用水指标体系建设，推广应用无水少水印染技术和装备，应用水污染治理及深度处理回用技术，提高资源综合利用水平。以提高资源利用效率为目标，建立和优化废旧纺织品回收再利用体系，研发推广废旧纺织品回收和高值化再利用技术。开发绿色纺织产品，推行生态设计，提高产品能效环保低碳水平，引导绿色生产。

（三）加强资源循环利用，推行绿色消费模式

以提高资源利用效率为目标，建立和优化废旧纺织品回收再利用体系，研发推广废旧纺织品回收和高值化再利用技术。推进完善法律法规和标准，规范废旧纺织品集散市场，建立废旧纺织品多渠道回收体系，有序建设专业分拣中心。建立旧衣物分级利用机制，规范“旧衣零抛弃”活动流程，完善综合利用标准体系。研发应用物理法、化学法纤维再生循环技术，扩大再生纤维在土工建筑、汽车、家具装潢等领域的应用。推动废旧纺织品回收及综合利用企业的“资源环保”类认证。

（四）深化社会责任内涵，扩展责任履行领域

深入发掘社会责任内涵，将社会责任工作整合到企业的发展战略中，整合到产品和服务的生产与推广流程中，整合到价值链和产业链中。不断拓展社会责任履行领域，将企业履责的焦点从劳工、资源等生产要素议题逐渐扩大到品牌、公平竞争等附加值议题，将企业履责范围则从工厂扩展到全社会，将履责的对象从工人、政府等特定相关方扩展到消费者、社区等不特定相关方，将履责策略从解决具体问题延伸及整个价值链，将履责形式从企业独善其身拓展到全价值链联合行动。在新时期，尤其要注重社会责任在引导规范行业企业“互联网+”行为中的作用，加强知识产权保护，杜绝线上销售伪劣产品、刷单等侵犯消费者权益和不正当竞争的行为，维护良好的行业网络环境，使线上线下生产经营活动都更加公平、有序。

四、开放发展

（一）输出与引入并重，提升行业开放发展“实力”

加快培育行业国际合作和竞争新优势，把握好产能合作节奏和尺度，更加积极地促进内需和外需平衡、进口和出口平衡、引进外资和对外投资平衡，形成对内对外开放相互促进，引进来与走出去更好结合的全方位开放新格局。鼓励行业企业开放发展，主动走出去，积极引进来，在全球范围内整合资源，保障原料供应、引进高新技术、促进品牌形成、对接金融资本。

鼓励行业企业抱团出海、集群式“走出去”，积极参与融入境外产业集聚区、经贸合作区、工业园区、经济特区等合作园区的建设，形成基础设施完善、产业配套齐全的具有集聚和辐射效应的海外集群。推进行业“互联网+外贸”发展，对接大宗商品电子交易、大力发展跨境电子商务，通过规范的“海外仓”、体验店和配送网店等模式，融入境外零售体系；鼓励企业通过并购投资、证券投资、联合投资等方式，整合国内外优势资源。以联盟促开放，促进大小联盟，鼓励核心大企业率先走向国际市场，带动一批中小配套企业“走出去”，构建全产业链战略联盟，形成综合竞争优势；促进产学研联盟，鼓励产学研的跨国跨区域合作，形成技术、应用开放发展新局面；促进产业链上下游联盟，鼓励基于产业链的国际合作，保障优质原料供应。加快国内标准的国际化推广，推动与主要贸易国之间的标准互认。健全行业服务保障体系，强化行业协会和中介机构作用，为企业“走出去”提供市场化、社会化、国际化的服务。推进产能与装备制造合作。

（二）发展与责任并举，塑造行业开放发展“魅力”

在输出产品的同时开展先进产能合作，促进在有条件的国家依托当地资源建立工厂、投资项目，完善基础设施与产业配套，打造上下游连贯、集群式发展的产业园区，促进当地经济社会发展。

在行业层面推进以发展为导向的社会责任建设工作，规范引导企业境外经营行为，推动企业积极承担社会责任，使行业企业在境外更被尊重、更受欢迎、更具魅力。推进企业履行人本责任，在满足对员工、消费者的责任的同时，保障行业生产力，满足服务对象的需求；推进企业履行环境责任，在治污、节约资源和减排的同时，提高产品的品质内涵，保障行业未来的发展空间；推进企业履行市场责任，在强化市场运行效率的同时，保障市场系统的公平性。

（三）质量与品牌并联，增强行业开放发展“内力”

企业走出去，能走多远；行业引进来，能引多好，关键在于自身的质量与品牌。

质量是品牌的基础，做优品牌先要提升质量。提升质量第一要健全质量管理体系，加强全员、全过程、全方位的质量管理。第二要加大质量管控力度，完善行业质量检测体系；第三要建立以市场为导向的新产品开发创新管理体系，提高企业新产品开发质量效益；第四要夯实质量管理基础，推进标准化、计量、认证认可以及检验检测基础能力建设。

推进品牌国际化，需要企业立足国际国内市场需求，将品牌与文化创意产业、高新技术产业融合发展，加强宣传推广，提升品牌形象；推动海外工程项目，加强品牌影响；深入品牌内涵，营造品牌外部文化环境，拓展海外渠道，扩大自主品牌受众群体。鼓励自主品牌通过国际宣传和展会、国际合作和收购等多种手段“走出去”。

五、共享发展

共享发展就是要坚持发展为了人民、发展依靠人民、发展成果由人民共享，使全社会、全体人民在共建共享中有更多的获得感。作为重要民生产业，共享发展是纺织工业的本质属性和内在要求。事实上，共享发展强调的不只是结果，也是过程，即开始人人能够参与，过程人人能够尽力，结果人人能够享有。结合行业现状和时代要求，发展共享经济是新时期纺织工业实现共享发展的重要途径。

共享经济即分享经济，是指借助一定的渠道方法将社会上分散闲置的资源能力重新配置，实现社会化利用，进而产生新的经济价值与社会效益的经济模式。发展共享经济需要四大支撑：第一是共享意识的深度觉醒；第二是商业模式的不断创新；第三是信息技术的快速发展；第四是闲置资源的广泛存在。

（一）树立分享理念、创新共享经济模式

对于纺织工业而言，发展共享经济可以充分利用现有资源能力，化解行业结构性过剩产能；可以促进行业分工、提升专业化水平，使企业不必追求大而全，只需要专注发展自身优势；可使企业在全社会范围内汇聚融合资源创意，提升自身创新能力；可以减少行业重复性、冗余性建设，促进资源节约和绿色环保。

纺织企业发展共享经济的模式可以有如下几种：

1. 创意共享

鼓励企业通过网络社区等形式广泛征集用户创意，促进产品规划与市场需求无缝对接。

2. 资源共享

加快推进科研设施与仪器向高校、科研院所、企业、社会研发组织等社会用户开放。

3. 资本共享

鼓励小微企业和创业者通过股权众筹、网络借贷等融资方式利用社会资本，推动早期发展。

4. 人力共享

鼓励企业借助网络平台，利用认知盈余实现研发创意、制造运维、生活服务等领域的众包。

5. 数据共享

推进行业信息化，鼓励供应链上下游、集群园区间数据共享，指导生产实践提升协同能力。

（二）完善基础设施，培养共享发展生态

1. 完善共享经济的硬件基础设施

共享经济的硬件基础设施可以概括为“云、网、端”3部分。“云”是指云计算、大数据，分布式生产、柔性化定制、商业模式的创新，都有赖于对数据的分析管理，而云计算、大数据基础设施保障了数据管理的低成本、高效率。“网”包括互联网、物联网，是实现链接与共享的物质条件。“端”是信息系统和智能终端，是数据的来源、服务的界面、平台的接口。

图19 共享经济的硬件基础设施

2. 完善共享经济的软件基础设施

完善共享经济的软件基础设施包括3个体系的建设。首先是标准体系的建设，根据共享实践的需要，推动行业内基础共性标准、关键技术标准的研制及推广，推进行业资源与能力互联互通，实现共享共治。其次是信用体系的建设，建立完善行业内市场主体的信用体系，确立共享经济准则与规范，引导共享行为，保障共享经济生态的健康有序。第三是服务体系的建设，引导建立完善共享平台的服务体系，为企业特别是中小微企业提供找得着、用得起、有保障的服务。

（三）优化资源配置，构筑共享经济平台

1. 围绕“四众”，构筑创新支撑平台

以众创，释放创业创新能量。依托纺织产业集群和行业服务平台打造众创空间，聚集创新创业资源，降低创业创新成本，形成大众创造、释放众智的新局面。

以众包，激发创业创新活力。依托互联网构建开放式协作平台，推动用工结构由专业化向业余化延伸，将传统由特定企业和机构完成的任务向自愿参与的所有企业和个人进行分工，最大限度利用认知盈余，推进C2B等模式，以更高的效率、更低的

成本满足生产及生活服务需求。

以众扶，集聚创业创新合力。加快行业公共科技资源和信息资源开放共享，提高各类服务机构、创新平台和基地的服务能力，推动高校和科研院所向小微企业和创业者开放科研设施，鼓励大中型企业通过生产协作、开放平台、共享资源、开放标准等方式，带动上下游小微企业和创业者发展。

以众筹，拓展创业创新融资。鼓励行业企业积极利用互联网平台向社会募集资金，满足产品开发、企业成长的融资需求。鼓励企业积极探索、合理利用商品众筹、债权众筹、股权众筹等模式。

2．依托“三智”，构筑智能制造平台

广泛应用智能化设备。提升行业内生产与研发设备的智能化水平，重点推进自动化、数字化控制、实时在线监测和自适应控制的关键装备的使用，推进机器代人与装备联网，逐步实现设备共享、协同生产、柔性制造。

深入推进智能化运营。完善智能化管理，整合供应链与价值链的各个环节，建立云工厂、实现电子商务，形成远程定制、异地设计、协同生产、远程监测的产品开发新模式。分步骤建设智能制造示范生产线和数字化工厂，实现智能化生产，提升行业企业产能管理与共享能力。

着力开发智能化产品。推进传感、通讯、人工智能技术与纺织技术结合，加快智能化纺织服装产品的研发与应用推广。强化智能产品服务终端、信息载体、平台纽带的作用，依托产品为客户提供服务，丰富业态；为企业采集环境（客户）信息，捕获需求；通过对接消费者与企业平台，促进形成稳定友好的客户关系。

结语：“世界的模样在于你凝视它的目光……”

当前，行业发展面临的国际国内环境更加错综复杂，转型升级任务更加艰巨繁重，随着经济下行压力的加大，行业“新常态”特征日渐凸显。在适应新常态、把握新常态、引领新常态的大逻辑下，行业要行稳致远，更好承担历史责任，需要立足新起点，把握当前战略机遇期内涵的深刻变化；认清环境，应对挑战，辨别方向，把握机遇，实现新跨越；在路径选择上坚持市场导向、创新驱动、结构优化、绿色发展；围绕纺织强国建设，开启新蓝图，谋求新发展。

纺织行业用水现状及“十三五”重点节水任务

中国纺织工业联合会环资委

我国是严重缺水的国家，但工业用水需求一直呈增长趋势。我国工业用水集中度高，主要集中在电力、冶炼、化工、造纸、纺织等几个重点行业，约占工业用水总量的70%以上。由于我国工业化进程还在持续加快，用水效率总体水平偏低，导致了水资源供需矛盾等问题愈加突出。为了解决严峻的水资源形势，国务院在2012年发布了《关于实行最严格水资源管理制度的意见》的文件，明确了用水总量控制、用水效率控制和水功能区限制纳污等三条红线。《中国制造2025》也提出了2020年、2025年节水指标，2015年4月，国务院又发布了“水十条”，这些都对严格用水总量控制、抓好工业节水、提升用水效率提出了更高的要求。

用水现状

一、用水量大，用水效率总体水平偏低

目前，我国纺织行业规模以上企业主营业务收入已超过7万亿，如此大的经济体量，带动了国民经济发展，但带来的水资源消耗和水环境生态压力也不容小觑。根据环保部有关数据，在全国41个工业行业中，年用水量超过60亿吨的行业共有6个，纺织行业是其中之一。2014年，环保部统计的10891家纺织规模以上企业的用水总量达到86.5亿吨，占全国工业用水量的2.36%；新鲜水取水总量31.4亿吨，占全国工业取水量的8.1%；用水效率总体水平较低，水重复利用率平均约63%，远低于全国80%的平均水平。

二、用水需求呈区域性分布

从空间分布格局来讲，我国纺织企业主要分布浙江、江苏、山东、广东、福建等东部沿海五个省份，企业集中度较高。长期以来，这些地区充分运用市场化机制，凭借地域优势、专业化市场以及完备的配套设施等有利条件，形成了从原料到最终产品的完整产业链模式。

表1 2014年纺织行业用水量及占全国比重

项目	全国	电力、热力的生产和供应业	黑色金属冶炼和压延加工业	化学原料和化学制品制造业	石油加工、炼焦和核燃料加工业	造纸和纸制品业	纺织行业	其他工业
用水量（亿吨）	3665.5	1354.4	799.7	562.2	274.1	119.6	86.5	469
占比（%）	100.00	36.95	21.82	15.34	7.48	3.26	2.36	12.79

资料来源：中国环境统计年报

表2 2014年纺织行业取水量占全国的比重

项目	全国	电力、热力生产和供应业	化学原料和化学制品制造业	造纸和纸制品业	纺织行业	黑色金属冶炼和压延加工业	石油加工、炼焦和核燃料加工业	其他工业
取水量（亿吨）	386.3	120.7	45.3	33.6	31.4	28.6	15.7	111
占比（%）	100.00	31.30	11.70	8.70	8.10	7.40	4.10	28.70

资料来源：中国环境统计年报

从水资源分布看，京津冀、东北三省、新疆等北方地区是全国水资源极为缺乏的省份，而江浙、福建、广东等南方地区虽然水资源较为丰富，但又属于水质性缺水地区。以印染行业为例，东部五省产能占到全国90%以上，企业高度集中在这些地区，巨大的水资源需求及污染排放对淮河、海河、太湖、珠江等流域造成较大的水环境压力。在区域环境容量有限的情况下，纺织行业需要通过淘汰落后产能，提高用水效率，进行相应的技术改造，严格按照国家环境保护的政策法规和行业准入条件进行生产经营。

三、行业性特点显著

按国民经济行业分类，纺织行业可分为纺织业、化学纤维制造业、纺织服装服饰业三大类。根据环保部2014年统计数据，纺织业、化学纤维制造业和服装、服饰业的用水量比例分别为47%、50%和3%，而取水量比例则为79%、16%和5%，见图1、图2。由此可见，在用水总量上，纺织业与化学纤维制造业相差不大，但取水总量却远高于后者。对于纺织业而言，用水仍以印染环节为主，用水量大且废水难处理，循环利用水平不高。而化学纤维制造业的技术装备及管理处于世界先进水平，主要以锅炉和空调等用水为主，水的重复利用率可达90%左右。

图1 纺织行业用水量情况分布图

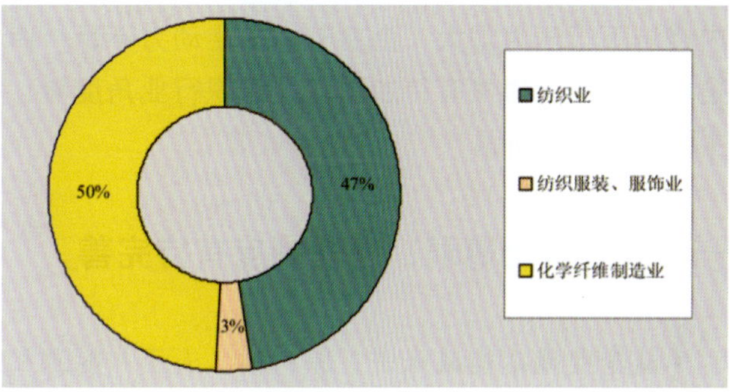

图2 纺织行业取水量情况分布图

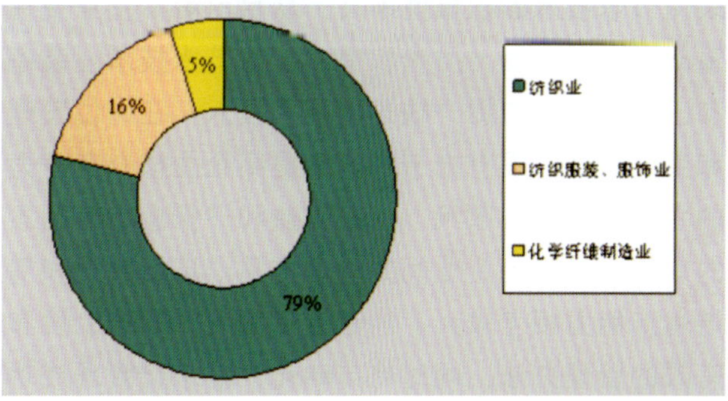

综上，纺织行业在用水方面最大的特点是行业性和区域性。水系统服务于纺织企业各工艺设施和各公辅设施，服务对象的工艺和布置的先进性、用

水的合理性及节水节能、减排增效的技术应用效果，很大程度上主宰着水资源的消耗量和单位产品水资源消耗量。几十年来，我国纺织工业得到长足发展，国内遍布着众多大中小型企业，先进工艺设备和传统工艺方式并存，供给水源和排水条件差异也很大，但总体看，随着适应各自资源环境条件，纺织企业用水工艺合理性有了很大提高。

行业节水工作面临的问题

2015年6月，工信部节能与综合利用司高云虎司长在出席"工业节水治污技术交流研讨会"时指出，当前我国工业节水还存在四大问题：一是节水基础工作薄弱，相关法律法规相对滞后；二是水资源费偏低，不能客观反映资源的稀缺程度；三是国内经济下行压力加大，企业节水内生动力不足；四是水资源监管执法有待加强。从纺织行业角度看，主要存在以下问题：

一、企业基础薄弱，管理制度有待完善

从企业成本构成来讲，原材料、人工、能源和治污成本占了绝对的比例，而水资源成本相对较低。由于普遍缺乏节水的主体意识，企业主动推广采用节水技术的积极性不高。从目前看，企业更注重新产品的研发、质量和销路，对节水技术、装备和工艺等的改造提升缺乏重视和投入，在岗位管理和生产管理中没有把节水作为提高企业核心竞争力的手段。受地方政策、企业效益和环保意识等因素的影响，纺织各企业间的管理水平、环境意识和清洁生产能力相差较大。能够具备完善的管理制度和有效的管理办法，同时将自动化、信息化管理成功应用于生产经营中的企业还是占少数。

二、资金投入不足，技术推广难度大

在现有加工装备水平和技术水平上，企业要实现节水目标需要投入大量的人力、物力和财力。以印染为例，我国印染企业加工的产品总体上属于中低档产品，产品附加值不高，产品利润率较低。根据国家规划要求，我国纺织印染产能在不断降低，企业面临很大的节能减排压力，环保投入占比逐年增加。从清洁生产的角度考虑，企业应该将更多的资金投入到提高管理水平和技术装备水平上。但目前企业经营状况受国际、国内多种因素影响，经营较为困难，大量的资金投入增加了企业运营成本，降低了投入产出比，不利于企业的短期营收和资金周转。更令企业担心的是，新技术的实施，随之带来的是工艺条件和生产要素的改变，短期内增加了产品质量的不稳定性，加大了订单流失的风险。虽然我国已经建立了企业清洁生产激励机制，但纺织企业多为中小企业，很少能享受政府的资金支持，加上金融信贷等难度加大，企业面临很大的资金压力。

三、人才培养体系建设尚不健全，研发能力相对较弱

纺织行业现有职工2000多万人，其中专业技术人员不到职工总数的10%。人才培养是提高行业竞争力的关键所在，而我们正面临人才缺失的问题。一方面，以产、学、研、用合作培养人才的创新机制尚不完善，产、学、研、用脱钩严重，无法发挥出各自的作用；另一方面，人才培养机制缺失，导致员工无法在工作中再学习，仅仅依靠现有文化水平和知识储备管理企业，无法与国内国际水平接轨。第三，我国同类纺织企业或相关纺织企业之间交流机会很少，技术交流和技术创新局限在企业内部，更没有延伸到整个产业链。第四，人才的缺乏导致我国纺织行业创新能力基础薄弱，仅依靠"拿来主义"永远都不会跟上时代的发展。

工业节水的政策方向

“十二五”期间，工信部、水利部等有关部门在工业节水方面开展了一系列工作，推出了一批节水标杆企业，发布了《国家鼓励的工业节水工艺、技术和装备目录（第一批）》和《重点工业行业用水效率指南》，制定了重点行业取水定额标准，并积极推动用水价格机制改革。

2016年，为进一步落实《关于实行最严格水资源管理制度的意见》和《2015年工业绿色发展专项行动实施方案》工作部署，国家发展和改革委、工业和信息化部、水利部等相关部门正在着手制定《节水型社会建设“十三五”规划》和《工业节水专项行动（2016～2018）》。重点包括三方面内容：一是继续完善节水政策机制。加强事中事后监管，对高耗水淘汰目录执行情况进行联合执法检查，对未按期淘汰的企业单位，不予批准取水许可延续和变更申请，推动强制淘汰。研究基于取水定额标准或用水总量的惩罚性水价政策，利用价格杠杆推动企业加强节水管理，加快技术改造。推动加强缺水地区高耗水行业用水效率评估审查，从源头提升用水效率。二是实施水效标准提升计划。继续制定节水型企业评价标准及取水定额标准，深入推进节水型企业建设，充分发挥节水标杆企业和标杆指标的引领作用。三是加强机制模式创新。组建多领域、跨学科的创新联盟，指导关键技术的研发设计。加强与产业基金、投资公司、银行等金融机构的对接，探索政府组织协调、企业为主体、第三方机构担保、金融机构支持的投融资模式，为规模化节水技术改造提供资金支持。四是推进重大示范工程建设。从火电、钢铁、纺织、造纸等耗水大的行业中，选择一批园区和项目进行试点示范，鼓励企业开展技术改造，推动工业节水发展。

“十三五”重点节水任务和措施

一、重点节水任务

纺织行业“十三五”时期节水任务的总体目标是，根据国家政策要求，应着力完善节水相关法规和标准体系，建设行业节水长效机制；加强企业节水理念，通过市场化手段推广成熟的节水减污关键共性技术；建立行业创新平台，支持企业或研究机构开展技术攻关和成果转化；鼓励节水相关技术改造，培育一批节水型示范企业和园区，推动纺织工业逐步实现可持续发展的目标任务。

具体目标为，力争到2020年，万元工业增加值用水量下降20%，棉、麻、化纤及混纺机织物取水量下降到1.5吨/百米，纱线、针织物取水量下降到80吨/吨，培育30家节水型示范企业和5家节水型示范工业园区；通过国家资金支持，重点在行业内组织开展少用水或不用水工艺技术研究，推广高效短流程前处理、低浴比染色、数码印花、针织物平幅水洗、生产过程智能化管控系统和纺织废水深度处理与回用等成熟的工艺技术，切实提高行业用水效率和管理水平。

二、措施和建议

水资源节约是我国实现经济可持续发展的一项长期战略，工业发展不应片面追求节水控制指标而忽略能源消耗及环境影响等因素，而应该遵循绿色经济发展路线。纺织行业节水工作的开展应建立在非贫水地区合理规划用水，贫水地区节水优先，综合考虑节能、环保等要素，对高用水企业强制实行用水限制与节水措施，实现资源、环境、生态和社会经济的协调发展。

（一）政策和市场双管齐下，督促企业重视水资源节约

企业加强用水管理和提高水效来自于自身发展和政府推动两个方面。客户需求和环境责任是企业

自身发展的推动力，但对于更多的中小微型企业而言，政府推动更具影响力。无论是标准约束还是政策强制，都是对企业的一种倒逼机制，督促企业向绿色、可持续的方向发展。

1.严格执行水资源政策法规，强化标准支撑引领作用

工业和信息化部相继出台了《印染行业准入条件》、《粘胶行业准入条件》和《再生化学纤维（涤纶）行业规范条件》等准入文件，在项目投资管理、土地供应、环境评估、安全许可等工作中，作为一项重要的评价依据，企业应严格执行。在北方等缺水地区或地下水超采地区，企业应按照规定要求，严格控制地下水的开采，鼓励使用再生水。

在国家有关部门统一标准框架要求下，加快制订产品生态设计、取水定额等方面的标准；鼓励企业开展产品生态设计，推动将生态设计产品列入政府绿色采购名录；加强与产业政策、环保政策等的衔接，把企业节水指标作为环境影响评价、上市公司环保核查等政策的内容之一。充分发挥准入条件、取水定额等标准的引领作用，培育一批节水型示范企业和园区。

2.推动水资源市场化，争取节水项目资金支持

从国家政策角度看，随着水资源法律法规的日趋完善，惩罚性水价政策和水资源交易市场会逐步推出。这种市场化手段倒逼企业提高管理水平和技术水平，从根本上优化企业的水资源配置，并提高用水效率。纺织行业用水需求巨大，南北方水资源配置又有很大的差别，特别是在少水地区，纺织企业或园区应提前预防和规划，以便从容应对水资源市场化机制的出台。

从历年中央财政补助资金的分配情况看，中小企业很难争取到相应支持。作为用水大户，纺织行业加大争取中央财政对中小企业节水项目的支持力度，建议具备条件的地方设立节水专项资金，或者通过阶梯水价、税收减免等方式补贴节水工作优秀的企业。同时，建议中央财政在安排技术改造、节能减排、循环经济等有关专项资金时，把节水技术改造项目作为重点支持方向，优先支持节水型示范企业和节水标杆企业，重点支持印染、化纤等重点行业关键共性技术产业化应用示范等。

（二）内功与外力，提高企业水资源技术管理水平

1.健全节水制度，加强用水计量和统计管理

企业应把节水作为一项重要工作，由企业主要领导担任节水管理机构负责人。组织制定《企业节水管理制度》、《企业节水管理考核办法》和《企业主要产品用水定额》等规章制度，定期对各单元用水管理情况、指标执行情况进行检查和考核，并结合企业生产和用水实际，逐渐降低产品用水量，提高企业用水效益，促进企业节水技术进步。加强一线员工的培训和技术交流，不但可以提高他们的操作水平，还能进一步激发其创造性，有利于技术装备与实际生产更好的适应结合。加强企业用水计量和统计管理，开展水平衡测试。企业应严格按照《用水单位水计量器具配备和管理通则》配备安装用水计量器具，避免“跑冒滴漏”现象，促进企业用水的规范化管理。通过用水统计，使企业做到用水量清楚、用水关系明确和用水投入产出清晰。水平衡测试是用水企业加强科学管理的有效方法，通过水平衡测试能够全面了解企业用水现状，便于对企业用水情况进行合理化分析，找出企业的薄弱环节和用水潜力，从而制定出切实可行的技术、管理措施和规划。

2.提升技术装备水平，争做水效“领跑者”

为积极应对国家淘汰落后产能政策和高耗水工艺技术装备淘汰目录要求，纺织行业急需推广一批先进、有效、适用的节水技术，解决用水量大，用水效率低的问题。一是鼓励重点企业与科研院所合作开发关键共性节水技术，提高产学研项目成果转化率；二是开展节水技术成果共享平台建设；三是采用工艺用水梯级利用、冷凝水和冷却水回收利用等方式，大力推进生产过程中水的清污分流和分质回用；四是大力推广高效短流程前处理、低浴比染

色等少用水工艺技术，减少新鲜水的使用；五是推广实施纺织废水深度处理与回用、喷水织机废水处理回用等技术，提高废水的循环利用水平；六是根据各地实际情况，鼓励企业对雨水、再生水、苦咸水等非常规水资源的开发利用。国家正在出台相关政策，将再生水企业纳入资源综合利用范围免征增值税，并在规划和建设项目水资源论证中优先考虑再生水源。

“领跑者”源于节能领域，指政府通过财政补贴或优惠政策等激励措施，激励能效水平最高的少数节能产品，一旦市场上有更多同类产品达到这一能效水平，政府就将激励的能效标准提高到新的最高水平，并给予新一轮激励，依次滚动实施。目前，国家有关部门正在研究制定水效“领跑者”制度，目的也是要推动高效节水产品的生产销售，从最微观的产品生产环节体现节水要求，尊重企业技术创新主体地位。通过滚动实施补贴，不断激励企业开展技术创新，并通过创新来提高产品技术标准和企业市场竞争力，带动整个节水产品制造业技术提升和产业升级，提高行业可持续发展能力。纺织行业作为市场化非常充分的一个行业，企业应不断提升内在动力，不断创新产品和技术升级，争做行业水效“领跑者”。

（撰稿人：董廷尉）

2015年纺织服装专业市场运行分析

中国纺织工业联合会流通分会

2015年纺织服装专业市场运行情况

一、总体运行情况

根据中国纺织工业联合会流通分会（以下简称流通分会）统计，2015年我国万平米以上纺织服装专业市场862家；市场经营面积达到6727.55万平米，同比增长0.9%；市场商铺数量128.54万个，同比增长1.32%；市场商户数量107.9万户，同比增长0.76%；市场总成交额2.05万亿元，同比增长2.6%。

由于2016年起统计口径的调整，文中2014年各指标均为调整后数值。

（一）重点集群分析

数据显示，以东方丝绸市场、常熟服装城、濮院羊毛衫市场、柯桥中国轻纺城、义乌小商品城、芦淞服饰城、朝天门市场为代表的重点集群内共有单体市场137家。2015年重点集群内市场总经营面积为1371.85万平方米，与2014年同期持平；市场总商铺数量17.42万个，同比增长3.72%；市场总商户数量16.8万户，同比增长2.63%；市场总成交额0.58万亿元，同比增长8.7%。

重点集群外单体市场725家；市场总经营面积5355.7万平方米，同比增长1.13%；市场总商铺数量111.12万个，同比增长0.96%；市场总商户数量91.1万户，同比增长0.42%；市场总成交额1.47万亿元，同比增长0.35%。

（二）市场区域结构分析

从经营面积看，东部市场占全国专业市场总面积的71.13%，中部、西部市场分别占全国专业市场总面积的为15.79%、13.08%。

图1 2015年各地区专业市场经营面积占比情况

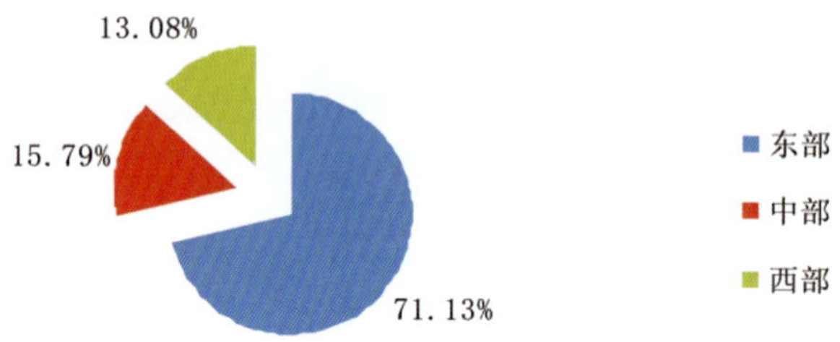

数据来源：流通分会数据库

表1 2015年纺织服装专业市场主要指标

指标名称	市场数量（个）	经营面积（万平方米）	商铺数量（万个）	商户数量（万户）	成交额（万亿元）
重点集群外市场	725	5355.70	111.12	91.10	1.47
重点集群内市场	137	1371.85	17.42	16.80	0.58
合计	862	6727.55	128.54	107.90	2.05

数据来源：流通分会数据库

从成交额看，东部市场占全国专业市场总成交额的80.64%，中部及西部市场分别占11%、8.36%。

图2 2015年各地区专业市场成交额占比情况

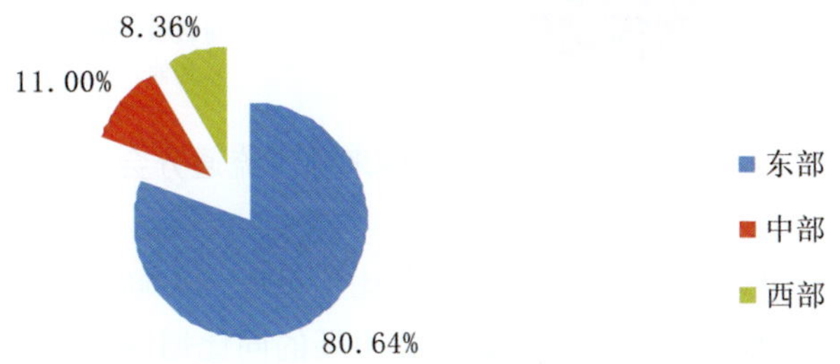

数据来源：流通分会数据库

2015年东部地区专业市场的商铺数量及成交额同比增速分别高出全国专业市场平均增速0.77、1.93个百分点，对全国纺织服装专业市场的平稳运行起到了有力的支持和拉动作用；西部地区专业市场商铺数量、商户数量及成交额同比均出现下滑；中部地区专业市场成交额同比出现下滑。

图3 2015年专业市场分地区主要指标同比变化情况

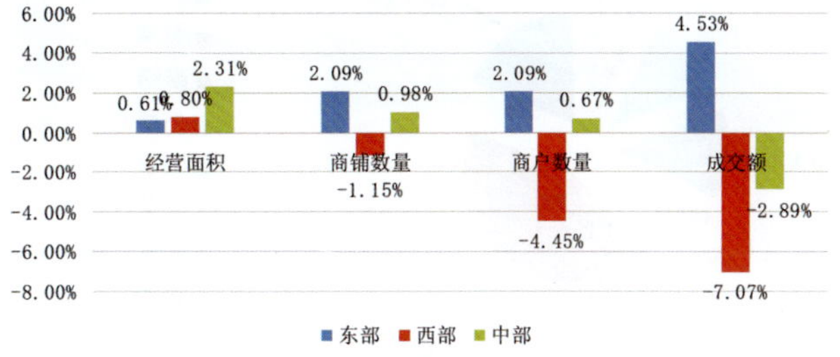

数据来源：流通分会数据库

（三）经营品类结构分析

1.各品类市场经营面积分析

从经营品类看，全国纺织服装专业市场的经营类别仍以服装类市场为主。服装类市场经营面积为2921.46万平米，占全国专业市场总面积的43.43%；第二梯队为原面（辅）料、小商品和综合类市场，占全国比重分别为18.73%、13.34%和12.18%；第三梯队为家纺、皮草皮革类市场，占全国比重分别为5.55%、4.93%。

表2 2015年各品类专业市场经营面积同比情况

市场类别	2014年经营面积（万平方米）	2015年经营面积（万平方米）	同比（%）
原面（辅）料	1254.05	1260.05	0.48
服装	2907.46	2921.46	0.48
家纺	358.19	373.19	4.19
小商品	887.76	897.76	1.13
综合	816.47	819.47	0.37
皮草、皮革	319.92	331.92	3.75
鞋城、箱包	88.15	88.15	
其他	35.56	35.56	

资料来源：流通分会数据库

图4 2015年各类别专业市场经营面积占比情况

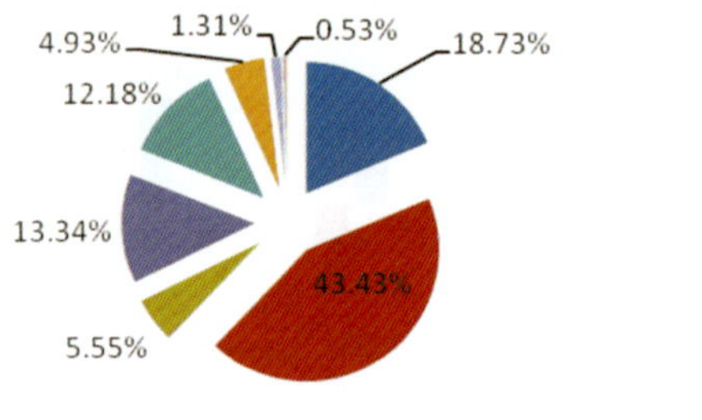

资料来源：流通分会数据库

图5 2015年各品类专业市场成交额占比情况

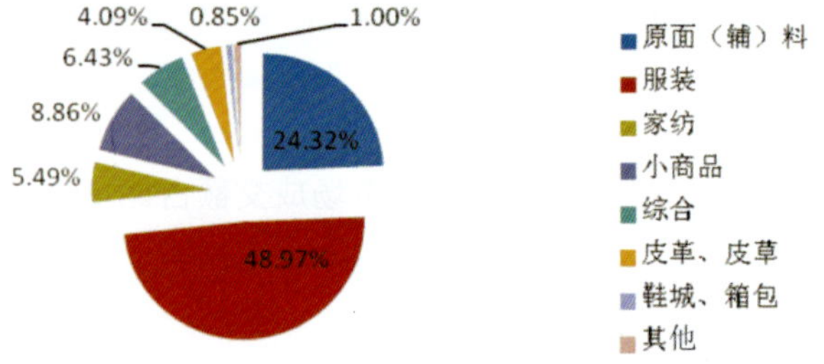

资料来源：流通分会数据库

从各品类市场经营面积同比情况看，家纺类、小商品类及皮草皮革类市场的经营面积同比增速分别高于全国平均水平3.29、0.23及2.85个百分点。

2.各品类市场成交额分析

服装类市场成交额为1.01万亿元，占全国专业市场总成交额的48.97%，第二梯队为原面（辅）料类市场，占全国比重为24.32%；第三梯队为小商品、综合、家纺和皮草皮革类市场，占全国比重分别为8.56%、6.43%、5.49%和4.09%。

从各品类市场成交额同比情况看，小商品、家纺、原面（辅）料及其他类市场的同比增速分别高于全国平均水平7.1、4.5及3.3和2.1百分点，综合及皮草皮革类市场的成交额同比有所下滑。

二、专业市场运行效率分析

数据显示，2015年纺织服装专业市场平均每个市场拥有1491个商铺，每个商铺年均成交额（商铺效率）为159.73万元/铺，同比增长1.25%；每个市场平均拥有1252个商户，每个商户年均成交额（商户效率）为190.28万元/户，同比增长1.28%；每个

表3 2015年各品类专业市场成交额同比情况

市场类别	2014年成交额（亿元）	2015年成交额（亿元）	同比（%）
原面（辅）料	4717.08	4992.97	5.85
服装	10041.97	10053.26	0.11
家纺	1052.12	1126.70	7.09
小商品	1657.56	1818.05	9.68
综合	1325.32	1320.74	–0.35
皮草、皮革	849.40	839.70	–1.14
鞋城、箱包	172.42	174.64	1.29
其他	195.94	205.14	4.70

资料来源：流通分会数据库

市场平均面积7.8万平方米，每平方米年均成交额（市场效率）为30518.09元/平方米，同比上涨1.68%。

（一）重点集群效率分析

重点集群内市场的市场效率为42564.35元/平方米，同比上涨8.7%。重点集群外市场的市场效率为27432.47元/平方米，同比下跌0.77%。可见，重点集群内市场整体经营状况良好，市场效率不仅高出重点集群外市场15131.88元/平方米，较2014年同期还呈现出小幅增长。

（二）区域市场效率分析

从市场运行效率看，东部地区市场每平方米年均成交额（东部市场效率）为34594.86元/平方米，高出全国平均水平4076.77元/平方米，中部、西部地区市场效率均低于全国平均水平，分别为21268.6元/平方米、19510.72元/平方米。

（三）各品类市场效率分析

数据显示、原面（辅）料市场效率最高，服装、家纺市场其次，三者的市场效率均超过30000元/平方米；皮草皮革、小商品市场的市场效率处于20000～30000元/平方米之间；鞋城、箱包和综合类市场处于10000～20000元/平方米之间。

三、重点市场运行情况

2015年，流通分会重点监测的45家专业市场总成交额达到9543.66亿元，同比增长5.88%。其中，29家市场成交额上涨，平均增幅为8.08%；15家市场成交额下降，平均降幅为16.9%；1家市场成交额持平。

（一）市场运行效率分析

从市场运行效率看，2015年重点监测的45家专业市场的单位营业面积运行效率为40628.25元/平方米，同比增长5.29%；单位经营商户运行效率为360.19万元/户，同比增长5.88%。

（二）市场区域结构分析

从区域结构看，东部地区专业市场36家，总体运行质量较好，2015年成交额达到8324.25亿元，同比增长7.35%；中部地区专业市场6家，成交额所占比重不高，仅占全国专业市场总成交额的5%，但保持了4.84%的增长速度；西部地区专业市场3家，成交额为742.41亿元，同比下降7.72%。

（三）流通层级结构分析

从流通层级来看，45家专业市场中包括24家产地型市场、21家销地型市场。2015年，产地型市场的经营状态好于销地型市场。其中，产地型市场总成交额7723.05亿元，同比增长8.06%；销地型市场成交额1820.6亿元，同比下降2.48%。

产地型市场凭借良好的集群优势，在产品研发设计、渠道拓展等方面不断创新，特别是电子商务成为产业转型的重要推动力。以河北清河县羊绒制

表4 重点品类的市场效率

指标	原面（辅）料	服装	综合	小商品	皮草、皮革	家纺	鞋城、箱包
效率（元/平方米）	39625	34412	16117	20251	25298	30191	19812

资料来源：流通分会数据库

表5 区域市场成交额分析

指标名称	东部地区	中部地区	西部地区
成交额（亿元）	8324.25	477.00	742.41
占比（%）	87.22	5.00	7.78
增幅（%）	7.35	4.84	−7.72

资料来源：流通分会数据库

品市场为例，其注重有形市场与无形市场互补，大力推动线上线下融合，相继建成了电子商务孵化区、电子商务聚集区和电子商务产业园，并积极引进物流快递、人才培训、研发设计、摄影、美工等专业机构入驻。2015年市场商户的电子商务应用率达92.5%，同时由于市场扩大统计样本，2015年市场成交额同比增长62%，实现了传统专业市场与电子商务齐头并进、协调发展的良性格局。

四、新增专业市场情况

据流通分会统计，2015年新增纺织服装类专业市场32家，新增市场数量与2014年持平；新增专业市场总投资额为587.4亿元，同比增长11.69%；新增专业市场总建筑面积为1411.55万平方米，同比增长11.03%。

其中，新开工市场15家，较2014年减少8家；新开工市场投资额220.8亿元，同比下降49.39%；新开工市场建筑面积439.1万平方米，同比下降58.46%。

新开业市场17家，较2014年增加8家；新开业市场投资额366.6亿元，同比上涨309.01%；新开业市场建筑面积972.45万平方米，同比上涨353.48%。

（一）投资成本分析

数据显示，2015年新增纺织服装专业市场投资成本（单位建筑面积投资额）为41613.83元/平方米，同比增长0.6%。

（二）新开工市场分析

经过30多年的发展，纺织服装专业市场已经从建设高峰期进入了新常态时期，目前市场容量整体饱和。2011～2015年，新开工市场建筑面积骤增后逐年下跌，2012年达到峰值2257.3万平方米，

表6 2015年新增纺织服装专业市场情况

项目	年份	市场数量(家)	投资额（亿元）	建筑面积(万平方米)
新开工	2014年	23	436.30	1056.93
	2015年	15	220.80	439.10
新开业	2014年	9	89.63	214.44
	2015年	17	366.60	972.45
合计	2014年	32	525.93	1271.37
	2015年	32	587.40	1411.55

资料来源：流通分会数据库

表7 2011～2015年新开工市场建筑面积

单位：万平方米

年份	2011	2012	2013	2014	2015
建筑面积	1358.68	2257.3	1503.36	1056.93	439.1

资料来源：流通分会数据库

表8 2011～2015年新开业市场建筑面积

单位：万平方米

年份	2011	2012	2013	2014	2015
建筑面积	298	109.86	213.98	214.44	972.45

资料来源：流通分会数据库

2015年降至谷值439.1万平方米，较2012年降幅达到80.55%。

（三）新开业市场分析

2011～2014年，新开业市场建筑面积总体保持平稳，2015年呈较大幅度增加，说明新开工市场相继投入运营。

（四）对比分析

2011～2015年，新开工市场总建筑面积6615.37万平米，新开业市场总建筑面积1808.73万平方米，新开业市场仅占新开工市场建筑面积的27.34%，显示新市场招商面临较大困难。2015年，新开工市场建筑面积439.1万平米，新开业市场建筑面积972.45万平方米，显示招商困难的局面有所改善，新开工市场从建设阶段进入了招商运营阶段。

2015年新开工与新开业市场的走势出现拐点，预计2016年新开工市场建筑面积进一步减少，新开业市场建筑面积将进一步增大。

表9 2011～2015年新开业市场建筑面积

单位：万平方米

年份	新开工建筑面积	新开业建筑面积
2011	1358.68	298
2012	2257.3	109.86
2013	1503.36	213.98
2014	1056.93	214.44
2015	439.10	972.45
合计	6615.37	1808.73

资料来源：流通分会数据库

图6 2011～2015年新增纺织服装专业市场建筑面积

单位：万平米

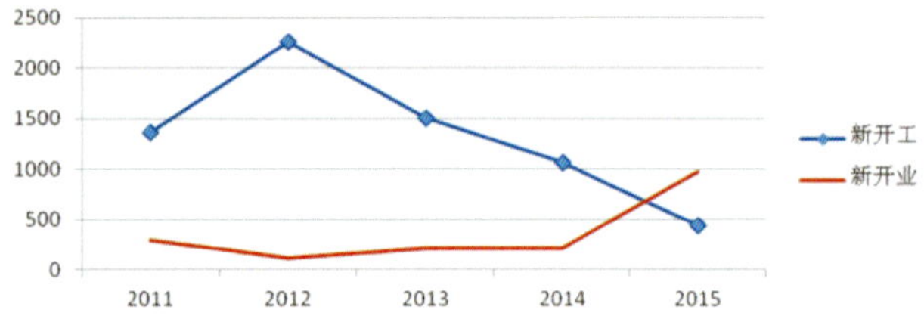

资料来源：流通分会数据库

当前纺织服装专业市场运行现存问题

一、定位模糊加剧同质化竞争

过去几年纺织服装专业市场存在一定程度的投资过热，导致专业市场总体规模庞大，同质化竞争加剧。另一方面，部分市场自身定位模糊，产品品类与档次划分、市场的管理与服务理念，都没有形成清晰的自身特色，因而无法凝聚核心竞争优势，陷入了同质化竞争的僵局。

二、管理与服务水平参差不齐

传统市场向商贸综合服务平台转变的过程中，市场的管理与服务水平差异较大。部分专业市场的服务专业化水平低，无法与商户需求精准对接，缺乏人性化、个性化、便利性、体验化和快速反应能力，造成了平台的闲置和资源的浪费。

三、中心城区专业市场面临转型升级压力

近年来，随着我国城市快速发展和定位调整，中心城区专业市场发展面临困难，各地政府相继摸索出台了一系列搬迁、升级、改造的政策措施。部分市场目前在安全生产、物流管理、配套设施等方面存在问题，无法满足城市规划的要求。专业市场自身的硬件改造与管理升级工作，亟需快速跟上城市规划建设的步伐。

纺织服装专业市场发展趋势

随着政府工作报告中正式提出“互联网+”行动计划，本土商业模式的变革进入了快车道。下一阶段，随之而来的将是商业模式、品牌理念、运营方式等层面的进一步探索与革新。

一、“互联网+”带来理念性变革

随着“互联网+”概念的正式提出，专业市场加速运用信息技术全面构建运营管理服务体系，推进智能化建设与发展，将物联网、大数据等信息技术贯穿于流通环节，深化两化融合。如广州白马服装市场融合“互联网+”思维，提出了“白马+”的渠道战略，这种把传统业态与电子商务相结合的线上线下互融模式，将逐渐成为纺织服装专业市场的主流。

二、商业模式升级速度加快

专业市场开始着手研究新的商业模式，向主题、创意、展贸、网络、体验等新型专业市场转变，向规模化、综合化、批零兼营化方向发展。随着城市化进程不断加快，纺织服装专业市场硬件设施水平逐步完善，规划布局以及客流、货流动线设计更加合理，商铺陈列日趋美观，市场经营环境更加人性化，专业市场商场化和购物中心化的趋势日渐凸显。

三、原创设计成为品牌孵化原动力

部分服装专业市场意识到原创设计在差异化竞争中的核心作用，以设计带动品牌孵化，以原创提

升品牌价值，启动了一系列以原创设计为核心的品牌战略。广州白马服装市场、杭州四季青服装市场、虎门富民时装城等专业市场都启动了与设计师合作的重点项目，合作模式包含邀请资深设计师与商户进行一对一指导、搭建新晋设计师创业平台、打造具有设计和制造能力的集成店等。

四、开启合作共赢的“竞合”时代

各集群地专业市场之间打破狭义竞争思维，共同探索出合作共赢的“竞合”模式。集群内部的专业市场也不断强化同产业集群的互动式发展，共同打造区域总部基地，逐步借助品类细分等手段来不断深化市场的专业化水平，实现市场和产业的有效联动，为行业发展和进步提供新的推动力。

在我国社会经济发展增速换挡的新常态下，纺织服装专业市场从快速增长期进入了平稳调整阶段。下一阶段专业市场的工作将紧紧围绕转型升级、电子商务、品牌建设等重心进行推进。第一，要积极推动专业市场的智能化建设，提升纺织供应链的快速反应能力，更好地满足产业发展需求和消费者不断变化的消费需求。第二，要加大品牌培育和孵化力度，不断提升创意研发设计能力，提升品牌培育质量和效率。第三，要推动行业内外资源的强强联合，实现资源的最佳配置，提升产业流通效率。第四，要加强人才培训，重点加强电子商务、市场推广和品牌营销等方面人才的培训力度，优化人才队伍。在新型商业模式变革的深度影响下，顺势而为，紧抓机遇，积极主动调整创新，为建设纺织强国做出更大的努力。

（撰稿人：刘珊姗）

2015年纺织服装行业上市公司情况综述

中国银河证券股份有限公司

纺织服装综合版块上市公司现状与特点

截止2016年4月A股纺织服装综合板块的上市公司总数为83家，在A股上市公司总数（2835家）中的占比为2.93%，其中，子板块纺织制造的上市公司数量为38家、服装家纺为45家。2015年纺织服装综合板块新上市公司数量有8家，在当年首发上市公司数（223家）中占比3.59%，其中，3家公司在上海交易所上市，5家在深圳交易所上市。

因纺织行业以中小企业为主，盈利能力薄弱，在规模指标方面，纺织上市公司的股本、资产等指标在A股中的占比很小。截止2015年3季度，纺织综合版块上市公司总股本在两市总股本中的占比为1.11%，总市值占比1.49%，净资产占比0.79%，总资产占比仅0.23%，远低于纺织上市公司数量在上市公司中的比重。

图1 纺织板块与沪深两市规模比较

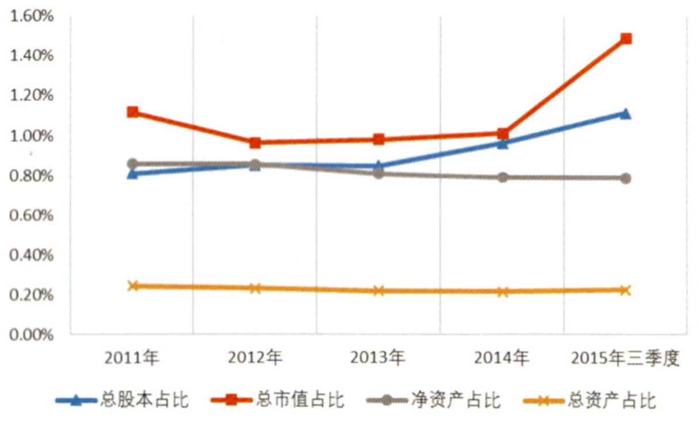

资料来源：WIND资讯、中国银河证券研究部

在每股指标方面，2011～2013年，纺织板块的平均每股盈余（EPS）一直高于市场平均水平，2014～2015年略低于市场平均水平。平均每股净资产（BPS）在2011年高于市场水平，从2012年开始低于市场平均水平。2015年三季报，纺织综合版块的EPS与沪深两市平均EPS均下滑，且行业EPS低于沪深两市水平。2015年三季报，两市BPS较2013年上升，但纺织综合版块的BPS仍然下滑。

图2 纺织板块与沪深两市每股收益（EPS）走势比较

单位：元/股

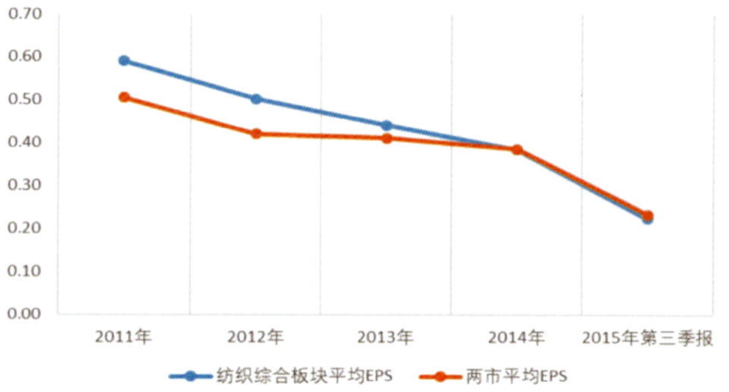

资料来源：WIND资讯、中国银河证券研究部

图3 纺织板块与沪深两市每股净资产（BPS）走势比较

单位：元/股

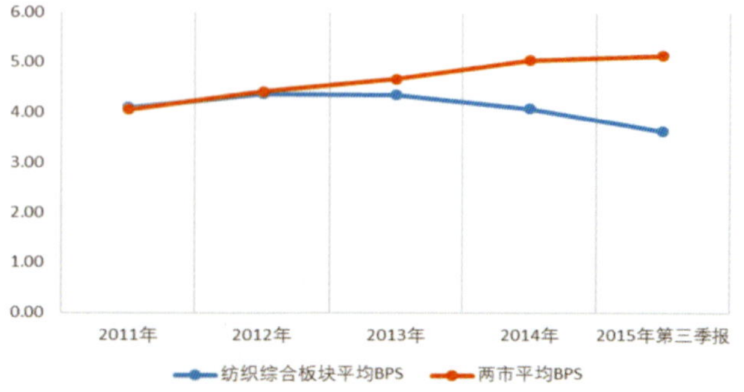

资料来源：WIND资讯、中国银河证券研究部

纺织服装上市公司经营业绩分析

一、上市公司全行业整体业绩有所上升，重点个股板块业绩有所下降

（一）全行业板块比较

纺织综合板块上市公司2015年前三季度平均营业收入同比上升6.08%，净利润同比上升20.87%。上市公司业绩上升主要在于板块内公司转型频现导致的业绩干扰。接下来我们选取了部分具有代表性

表1 纺织服装主要子板块收入与净利增长情况

板块名称	2015年三季营业总收入（亿元）	2014年三季营业总收入（亿元）	同比（%）	2015三季平均归属母公司股东的净利润（亿元）	2014三季平均归属母公司股东的净利润（亿元）	同比（%）	2015三季销售毛利率（%）	2014三季销售毛利率（%）	增幅（%）
纺织服装	1540.03	1451.80	6.08	140.54	116.27	20.87	26.96	26.02	0.94
纺织制造	637.47	643.09	−0.87	31.67	32.61	−2.88	16.27	16.35	−0.08
服装家纺	902.56	808.72	11.60	108.87	83.66	30.12	34.61	33.72	0.89

资料来源：WIND资讯、中国银河证券研究部

表2 纺织服装主要子板块收入与净利增长情况

板块名称	2015年三季营业总收入（亿元）	2014年三季营业总收入（亿元）	同比（%）	2015三季平均归属母公司股东的净利润（亿元）	2014三季平均归属母公司股东的净利润（亿元）	同比（%）	2015三季销售毛利率（%）	2014三季销售毛利率（%）	增幅（%）
纺织服装重点个股	756.95	723.49	4.63	77.23	71.18	8.50	36.04	37.26	−1.22
纺织制造重点个股	377.56	397.58	−5.04	28.95	27.97	3.51	20.98	21.68	−0.70
服装家纺重点个股	379.39	325.91	16.41	48.28	43.21	11.73	45.72	47.28	−1.56
服装家纺重点个股（剔除海澜、森马）	204.45	190.84	7.13	17.09	20.37	−16.06	47.00	48.86	−1.86

资料来源：WIND资讯、中国银河证券研究部

的主流公司来计算整个行业业绩情况。

（二）重点个股板块比较

重点个股板块分析选取主流代表性公作为样本。纺织制造重点个股子板块选取鲁泰纺织、联发股份、华孚色纺、百隆东方、伟星股份、兴业科技、华斯股份、际华集团和航民股份。服装家纺重点个股子板块选取朗姿股份、七匹狼、报喜鸟、九牧王、卡奴迪路、搜于特、美邦服饰、森马服饰、探路者、罗莱家纺、富安娜、梦洁家纺、奥康国际和海澜之家，其中雅戈尔、际华集团剔除多元化业务影响。

纺织服装板块上市公司2015年前三季度平均营业收入同比上升4.63%，净利润同比上升8.5%。纺织服装板块净利润的增加主要来自于服装家纺子板块净利润大幅增加了11.73%，主要由于板块内服装类上市公司出现明显收入利润分化，海澜之家、森马服饰这样的行业龙头上市公司收入增速保持快速稳定增长，若剔除两家公司，则板块内服装上市公司收入和利润同比增速分别为7.13%和–16.06%，说明我国销售大环境依旧不景气。

二、重点个股板块主要财务指标分析

选取重点个股板块，取算术平均值进行财务指标分析。

盈利能力方面，服装家纺重点个股的销售净利率同比下降1.44个百分点至10.61%。纺织制造和服装家纺重点个股板块的净资产收益率均下降，截至2015年三季报，纺织制造重点个股板块的净资产收益率为6.83%，同比下降1.2个百分点；服装家纺为7.8%，同比下降1.5个百分点。

在偿债能力方面，重点个股子版块流动比率有下降趋势。截至2015年第三季度，纺织制造和服装家纺重点个股子版块的流动比率分别为2.14和2.68。

表3 纺织上市公司财务指标比较

指标		报告期	纺织制造重点个股	服装家纺重点个股
盈利能力	销售净利率（%）	2015年1～3季度	7.96	10.61
		2014年1～˜3季度	9.69	12.05
	净资产收益率（%）	2015年1～3季度	6.83	7.80
		2014年1～3季度	8.03	9.30
偿债能力	流动比率	2015年1～3季度	2.14	2.68
		2014年1～3季度	2.54	3.43
	带息债务/股权价值（%）	2015年1～3季度	19.11	5.96
		2014年1～3季度	20.99	6.58
营运能力	存货周转率（次）	2015年1～3季度	3.18	1.37
		2014年1～3季度	3.80	1.18
	应收账款周转率（次）	2015年1～3季度	5.84	7.12
		2014年1～3季度	6.72	10.05

资料来源：WIND资讯、中国银河证券研究部

表4 纺织服装重点个股各细分行业营收、净利增速及费用率指标表现

单位：%

细分板块	政券简称	营收同比	净利润同比	销售费用率		管理费用率		财务费用率		销售净利率	
				2015年三季报	2014年三季报	2015年三季报	2014年三季报	2015年三季报	2014年三季报	2015年三季报	2014年三季报
色织布	鲁泰A	−1.36	−21.68	3.16	2.89	10.43	9.95	0.35	0.23	12.43	15.66
	联发股份	5.26	−0.15	4.90	5.12	4.25	3.89	2.31	1.25	6.85	7.22
色纺纱	华孚色纺	11.18	49.74	3.42	4.31	3.81	4.12	2.58	2.73	4.88	3.63
	百隆东方	7.90	−30.95	2.92	2.93	5.97	5.68	4.16	1.17	7.22	11.28
纽链	伟星股份	4.23	4.17	8.32	8.31	12.38	11.55	−.30	0.24	13.85	13.86
皮革	兴业科技	11.65	−99.60	0.40	0.51	5.51	5.30	3.12	0.87	0.02	6.01
印染	航民股份	−4.87	22.40	1.94	1.65	6.64	5.61	0.36	1.03	17.48	13.59
裘皮	华斯股份	−33.42	−92.12	7.91	5.64	11.87	6.78	3.41	1.58	1.33	11.26
女装	朗姿股份	−5.49	−45.48	34.40	33.19	16.20	15.87	2.72	−0.09	5.74	9.95
男装	七匹狼	2.10	−18.66	17.55	17.62	10.62	9.62	−3.36	−3.54	10.66	13.37
	报喜鸟	−1.77	30.34	31.47	33.20	12.56	12.59	1.29	0.83	10.56	7.95
	九牧王	7.15	−9.76	22.69	24.30	8.82	9.84	−0.27	4.83	17.27	20.50
	摩登大道	−0.37	−24.62	42.72	45.48	11.75	11.73	2.61	0.75	1.51	2.03
	海澜之家	39.04	41.61	7.75	7.47	5.84	7.39	−0.73	−0.79	20.22	19.85
休闲	搜于特	44.78	39.57	14.59	15.55	5.59	6.46	2.03	0.31	11.40	11.52
	森马服饰	15.07	23.49	12.52	12.22	3.94	4.07	−2.01	−1.70	13.39	12.48
	美邦服饰	−7.80	−178.12	36.35	33.08	5.37	3.94	2.04	2.20	−4.08	4.81
户外	探路者	92.63	19.24	11.60	17.48	5.66	11.00	−0.28	0.76	6.06	16.50
家纺	罗莱生活	8.84	19.54	22.60	21.59	8.19	6.72	−0.50	−0.95	16.17	14.72
	富安娜	−0.08	2.67	24.06	21.90	4.88	5.03	−1.20	−0.34	19.29	18.77
	梦洁家纺	−10.45	7.40	30.91	28.84	6.81	7.19	−0.18	−0.05	6.99	5.83
鞋业	奥康国际	12.13	45.47	13.46	15.28	7.78	7.17	−0.38	−0.49	11.48	8.85

鲁泰A资料来源：WIND资讯、中国银河证券研究部

在营运效率方面，截至2015年三季度，纺织制造重点个股存货周转率为3.18，较2014年同期有所下降，主要仍是由于终端销售不理想导致纺织企业存货有所堆积。服装家纺重点个股的存货周转率为1.37，同比有所上升，主要是由于服装家纺企业近年持续的渠道库存清理使得原先堆积的库存有所缓解。

三、重点个股子行业上市公司业绩分析

选取重点个股子行业上市公司，逐个观察并进行业绩分析。

从各细分子行业来看，根据公司2015年三季报，纺织制造子行业如色织布、色纺纱、纽链、皮革等营业收入有所增加，但一些公司净利润有所下降。色织布行业由于需求不振，鲁泰A和联发股份的净利润均有所下降。色纺纱市场由于快时尚体育等行业发展势头较好，华孚色纺与百隆的营业收入均有上市上升，百隆东方净利润下降主要是人民币贬值导致其美元借款利息增加所致。皮革和裘皮行业形势受到皮价大幅波动影响，业绩下滑明显。印染业航民股份则由于营业结构调整向高利润部分，收入下滑的同时净利润上升。

服装行业中，女装行业业绩由于宏观经济和异常天气等原因有所下滑；男装行业整体稳步增长，各家公司由于运营能力的差异而出现分化。家纺行业的净利润增速大于营业收入增速，主要由于行业内上市公司费用控制能力有所增强。

纺织服装板块二级市场表现

A股市场2015年1月至5月随大盘上涨而持续上行，6月起与大盘一起出现大幅下降，至年末与年初大约持平。纺织各子板块大趋势上与上证综指波动一致。分行业看，2015年中纺织制造与服装家纺均好于大盘，其中服装家纺略胜于纺织制造。

图4 2015年纺织服装板块与全部A股走势对比

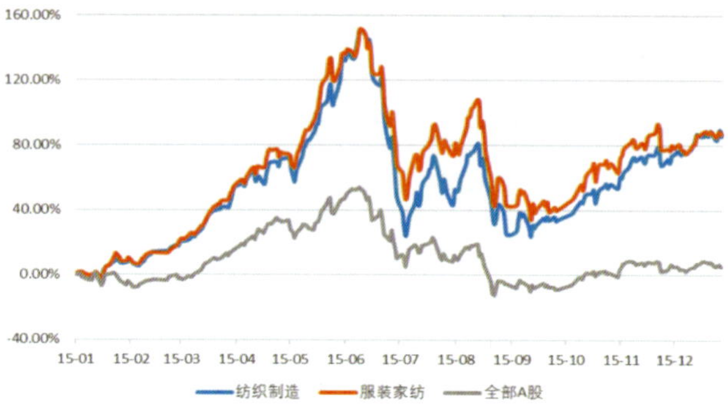

资料来源：WIND资讯、中国银河证券研究部

表5 沪深两市及纺织综合板块一级市场2011～2015年融资状况重点招商项目

市场融资		2011年		2012年		2013年		2014年		2015年	
		金额	同比(%)	金额	同比(%)	金额	同比(%)	金额	同比(%)	金额	同比(%)
沪深	筹资额(亿元)	7116	−31.4	4721	−33.7	4191.41	−11.22	6718.16	60.28	11177.59	66.38
两市	筹资次数	481	−9.4	324	−32.6	263	−18.83	532	102.28	551	3.57
纺织	筹资额(亿元)	197.03	12.89	98.25	−50.1	8.40	−91.45	292.69	3384.40	162.86	−44.36
板块	筹资次数	22	4.76	11	−50.0	2	−81.82	15	650.00	20	33.33

资料来源：WIND资讯、中国银河证券研究部

表6 2014年主要纺织上市公司筹资及项目投向

代码	名称	募集总金额（亿元）	筹资类型	拟投项目
002761.SZ	多喜爱	2.18	首发募投	营销网络拓展项目；信息化建设项目；补充营运资金
002762.SZ	金发拉比	4.42	首发募投	营销网络建设项目；信息化建设项目；补充流动资金
002763.SZ	汇洁股份	7.07	首发募投	江西生产基地建设项目；信息系统建设项目；补充流动资金
002776.SZ	柏堡龙	6.11	首发募投	创意设计中心建设项目；服装生产线建设项目；创意展示中心建设项目
002780.SZ	三夫户外	1.60	首发募投	营销网络建设；信息系统升级改造；补充流动资金
603116.SH	红蜻蜓	10.41	首发募投	营销渠道建设项目；信息系统提升建设项目
603558.SH	健盛集团	3.85	首发募投	年新增1200万双高档棉袜生产线技改项目；年新增7800万双中高档棉袜生产线技改项目；补充营运资金项目
603808.SH	歌力思	7.66	首发募投	营运管理中心扩建；设计研发中心建设；补充营运资金
000158.SZ	常山股份	5.49	增发	购买北明软件股份有限公司100%股权；用于北明软件云中心管理平台建设项目
002098.SZ	浔兴股份	3.10	增发	偿还银行贷款；补充流动资金
002239.SZ	奥特佳	7.50	增发	购买奥特佳股权；购买奥特佳股权对价；奥特佳项目建设
002291.SZ	星期六	2.18	增发	补充公司流动资金
002425.SZ	凯撒股份	4.50	增发	购买深圳市酷牛互动科技有限公司100%股权
002517.SZ	恺英网络	56.30	增发	购买恺英网络100%股权
002699.SZ	美盛文化	3.67	增发	补充流动资金
600400.SH	红豆股份	7.83	增发	偿还银行贷款；补充流动资金
600510.SH	黑牡丹	16.00	增发	偿还借款；补充流动资金

资料来源：WIND资讯、中国银河证券研究部

2015年纺织服装板块筹资情况

得益于首次公开募股（IPO）开闸等因素，我国上市公司融资规模2015年明显上升。截至2015年底，两市通过新股发行、增发、配股及发行可转债共筹资11177.59亿元。其中219家企业发行新股筹资1576.39亿元；5家公司配股筹资157.62亿元；增发公司322家募资合计9272.57亿元；发行可转债公司5家

合计募资171.0亿元；平均每家筹资额12.63亿元。

纺织服装行业2015年总筹资额为162.86亿元。其中，有8只新股在A股发行上市，共筹资43.31亿元；常山股份、高升控股、恺英网络、黑牡丹、红豆股份等12家通过增发筹资162.86亿元；平均每家筹资额8.14亿元。

此外，据WIND数据，2016年4月纺织服装板块处于IPO排队的企业共计有26家，其中按照中国证券监督管理委员会（CSRC）行业标准，属于“纺织业”分类的有14家，属于“纺织服装、服饰业”的有12家。在26家排队企业中，处于“已反馈”状态的有雷迪波尔服饰股份有限公司、宁波太平鸟时尚服饰股份有限公司、比音勒芬服饰股份有限公司、欣贺股份有限公司、深圳玛丝菲尔时装股份有限公司、浙江康隆达特种防护科技股份有限公司、安徽华辰造纸网股份有限公司、牧高笛户外用品股份有限公司，处于“已受理”状态的有深圳市安奈儿股份有限公司、日播时尚集团股份有限公司、地素时尚股份有限公司、浙江台华新材料股份有限公司、新凤鸣集团股份有限公司、厦门延江新材料股份有限公司、浙江真爱美家股份有限公司、杭州诺邦无纺股份有限公司，处于“辅导备案登记受理”状态的有上海水星家用纺织品股份有限公司，处于“已预披露更新”状态的有江苏申利实业股份有限公司，处于“中止审查”状态的有上海拉夏贝尔服饰股份有限公司、安徽开润股份有限公司，处于“终止审查”状态的有江苏云蝠服饰股份有限公司、北京富泰革基布股份有限公司、泉州海天材料科技股份有限公司、江苏丹毛纺织股份有限公司。2015年，伴随着注册制的推行，监管逐步放开，新股发行进入市场化，纺织服装板块企业的上市节奏将会加快。

2016年纺织服装行业发展展望

一、需求增长缓慢和成本上升仍旧是纺织行业需要面临的挑战

在过去的2015年，我国纺织工业坚持深入推进产业结构调整，积极适应国内宏观经济发展新常态，基本保持了平稳发展态势，运行质效稳中趋好，但是增速比2014年普遍回落。全年规模以上纺织企业工业增加值同比增长7%，增速较2014年同期增加0.3个百分点；出口总额达3376亿美元，同比下降4.8%；实现利润总额2167.5亿元，同比增长5.1%，增速增加1.5个百分点。

目前，纺织行业面临的发展形势仍较为复杂。首先在需求端，国际金融危机后续影响还没有完全消除，一些作为主要出口市场的经济体的复苏仍然脆弱；其次是国内经济形势不甚客观，国内消费需求增长放缓。另一方面，在成本端一方面随着我国经济的发展我国土地、人力等生产要素的成本不断上升；同时棉价、牛皮价格走势不确定性增强、政府环保标准日趋严格等因素的影响仍然突出，行业继续保持平稳运行面临较大的压力。所以纺织工业需要进一步提供自身的创新能力，应用新一代信息技术，进一步提升装备现代化水平，深入推动信息化建设，为破解当前发展瓶颈实现产业转型升级提供新动力。

二、线下零售环境依旧低迷，品牌商线上业务快速发展

2015年，中国线下销售仍然持续低迷态势。该年度全国50家重点大型零售企业零售额同比下降0.2%，其中服装类零售额同比下降0.4%；全国百家大型零售企业零售额同比下降0.1%，其中服装类零售额同比下降0.3%，持续了2014年的下降趋势。

电子商务的迅速发展，为国内服装品牌提供了一个全新的助推力。2015年纺织品服装电子商务十分活跃，成为最具活力的商业渠道，扩大了服装零售渠道的覆盖面，极大地满足了消费者的消费需求，刺激了服装消费增长，提升了服装市场规模，现已成为重要的服装零售渠道。2015上半年服装网络零售总额为2871亿元，占全国各类商品网络零售

总额的17.4%；零售总额较2014年同期同比增长39.1%，增速较2014年同期加快5.7个百分点，远远高于传统渠道10.7%的增速。

在这样的大背景下，传统企业纷纷开始向线上销售转型。各品牌均以品牌官网、第三方平台旗舰店以及网络分销等方式积极拓展网络零售市场，并取得了可观的销售业绩。另外，一批服装网络品牌，形成了全新的服装品牌轻资产运作模式。这些网络品牌通过电子商务、网络零售在短期内成为具有较高知名度和美誉度的品牌，并形成规模销售，这对于传统品牌企业是难以想象的。

三、行业整体积极探索新模式

随着移动互联网和社交平台的迅速发展，网红等新兴事物的发展以及国外快时尚巨头进入中国对我国纺织服装行业带来的冲击，我们欣喜地发现纺织服装行业在整条产业链上出现了新型的变革。

如果把产业链按照“怎么生产”—“怎么卖”—“在哪卖”拆解，“在哪卖”需要解决的是流量获取问题，“怎么卖”需要解决的是运营问题，而“怎么生产”需要解决的是供应链匹配问题。

依次来看，流量获取可以简单粗暴地认为有依靠线下实体店（传统）—依靠线上平台（平台电商时代）—依靠内容本身（以网红为代表）这几种方式，每种方式从无到有均会经历爆发性增长-成熟的历程，目前如何继续通过内容的制作、推广获取高效、低成本流量依旧是市场热点，华斯股份（参股微卖）凭借与微博的合作关系有望切入网红挖掘、培育这个蓝海市场，微卖也有望凭借网红供应链上的服务找到新的商业模式。

在运营端，通过优质内容获取流量后需要通过商业运营进行变现，线下的运营很多传统企业做的都很好，在纺织服装板块目前线上运营做的最好的无疑是南极电商（三板有许多代运营公司已挂牌），南极电商不是代运营，它已经到了另一个阶段——把线上运营可以产生规模经济的环节抓在手上，在其他的环节进行管理输出，同时为渠道端撮合供应链。南极电商中短期的成长路径非常明确，运营新的品牌、强化除了内衣家居服其他品类的供应链能力。

在供应链匹配方面，网红目前销售的最大比例的商品就是服装，但网红经济催生出的是个性化需求，这种需求是长尾需求，也只有通过互联网的方式才能够实现，但从服装产业本身来看，服装产业的供应链并没有为这种个性化需求的实现做好准备，导致网红经济借以变现的产品端存在太大的提升空间。行业内也有很多创业公司在做一些供应链端的模式创新，比如做快反、比如搭交易撮合式的B2B平台，但都没有在“交期—品质—价格”与“现金流—三角债”方面解决行业的痛点。在产业供应链基础设施建设环节，众多上市公司已经积极投入在这方面的挖掘，比如华孚色纺，其基于产业互联网下的供应链运营商/服务商的战略框架应该最有可能是解决行业痛点的答案所在。

（撰稿人：马　莉）

新疆发展纺织服装业促进就业对策研究

中国纺织经济研究中心

研究背景和意义

2014年5月，第二次新疆工作座谈会召开，改善民生、促进就业被放在突出位置，纺织服装业作为促进就业的重要产业得到重视。7月，自治区制定了一系列支持纺织服装业发展的优惠政策。2015年1月，国务院办公厅发布《关于支持新疆纺织服装产业发展促进就业的指导意见》，提出新疆纺织服装业发展重点和内容，新疆纺织服装业面临历史上最好的发展机遇期。

一、是国家建设“丝绸之路经济带”核心区的重要内容

“丝绸之路经济带”连接着亚太和欧洲经济圈，覆盖50多个国家和38亿人口，经济总量规模23亿美元，约占全球的67%。推动“丝绸之路经济带”建设作为国家优化经济发展空间格局的重要内容之一，将通过加强政策沟通、道路联通、贸易畅通、货币流通和民心相通，构建向西的贸易走廊，推动我国优势产业走出去。新疆地处亚欧中心，随着“一带一路”战略的不断推进和大区域合作模式的不断创新，为新疆发展纺织服装业促进就业创造更加有利的外部经贸环境。

二、是促进新疆社会经济稳定发展的重要内容

改革开放以来，新疆以资源开发利用为主推进工业化方面取得了巨大成就，2014年第二产业就业人数181.3万人，比1980年增长了1.4倍，而同期全国增长了2倍，新疆还明显落后于全国平均水平，仍满足不了新疆实现新型工业化、城镇化和社会稳定的要求。新疆发展纺织业促进就业能够显著提高工业领域稳定就业人口，将棉花资源优势转化为纺织产业优势，通过承接东中部的产业转移带动和培育本地中小企业发展，在转移中实现对传统产业的升级改造。

三、是我国纺织强国建设的重要组成部分

新疆棉花产量约占全国的60%，棉短绒产量占全国的二分之一左右，长绒棉产量占全国的90%以上，棉花品级高、可纺性强，羊毛、羊绒、麻等天然纤维原料也较为丰富。新疆利用资源优势积极开发高品质的棉纱布产品，对新疆纺织业乃至对全国纺织业的可持续发展至关重要，新疆作为优质棉花及制品生产基地的地位不可动摇。新疆富余劳动力数量多，地处面向欧亚市场的有利位置，新疆纺织服装业与内地特别是东部沿海地区有明显的互补作用。随着物流和经贸条件的不断改善，以及各项利好政策，新疆完全有条件将天然原料、区位和政策优势转化为产业优势，为纺织强国建设做出贡献。

四、有利于扩大向西的纺织品服装出口市场

欧盟、美国、日本和东盟是我国纺织品服装出口的四大国际市场，2014年占行业出口总额的55.1%，其中超过出口比重1/3的美国、日本和东盟主要通过海路出口。新疆提升纺织服装业竞争力，一方面针对俄罗斯、中亚五国等周边国家的消

费需求，通过陆路联运打通从内陆到中亚及欧洲大陆的贸易通道，构造多元化的市场格局；另一方面，依托新疆将国际市场重心西移，可改变过于依赖美、日及东盟市场的被动局面，减少跨太平洋伙伴关系协定（TPP）、跨大西洋贸易与投资伙伴协议（TTIP）等对我国纺织业国际竞争力可能造成的冲击。我国纺织服装企业还可以利用欧亚次区域内已经形成的关税同盟、优惠关税等区域制度安排，在新疆周边国家及地区投资建厂，为我国纺织行业“走出去”做出有益的尝试。

新疆纺织服装业的历史和现状

一、新疆纺织服装业发展历程

新中国成立后新疆从零起步建设纺织工业，到第二个五年计划末期，在乌鲁木齐、伊宁、石河子、喀什、和田和阿克苏等主要城市都建了纺织厂，能够生产当地居民尤其是少数民族喜爱的印染布、毛线、精纺呢绒以及针织品等。改革开放后纺织业进一步成为自治区的支柱产业之一，到“八五”末期，棉纺和毛纺分别达到182万锭和12.8万锭，1998年全疆纺织行业职工13万人，约占全区工业职工人数的15%。在“九五”和“三年突破口战役”阶段，新疆纺织业实施了压锭、减员。2000年后，新疆纺织业进入结构调整的新阶段，加大优质棉基地建设，大力发展优质棉纱和棉布，尤其是2010年中央新疆工作座谈会以来，新疆纺织业快速发展，全国纺织500强和国内外知名企业已有40余家在新疆投资建厂，新建和重组棉纺产能占全区总产能的85%左右，内地入疆知名企业成为新疆纺织业的主力军。

二、新疆纺织服装业发展现状

规模平稳发展。2015年新疆规模以上纺织企业105家，实现主营业务收入225.96亿元，占全国的比重为0.32%，但从2010年以来占全国的比重有所下降，规模以上纺织企业主营业务收入的增长低于全国平均水平。

利润波动较大。与全国纺织业利润率平稳增长的趋势不一样，新疆纺织业的利润率波动性较大，尤其是2010年后利润率明显低于全国平均水平，2012和2013年的利润率都低于1%，2014年提高到2.36%，2015年更是明显提高到6.5%。新疆规上纺织业集中在棉纺和粘胶行业，盈利水平与原料市场的波动相关性很大，2015年利润率明显提升与国家相关支持政策直接相关。

出口有所放缓。2015年新疆出口纺织品服装45.5亿美元，同比减少41.8%，其中服装33.7亿美元，占比74%，比全国纺织品服装出口中服装占60%高14个百分点，与新疆出口结构中边境小额贸易占比高，面向周边国家的服装消费为重点的特征相符。2013年是“十三五”期间纺织品服装出口额最高的年份，为83亿元在全国位居第七位。

投资增长迅速。2015年新疆纺织行业完成固定资产投资额320.3亿元，“十三五”期间年均复合增长率为56%，是全国平均水平24.2%的2.3倍，尤其是2014年以来在一系列积极政策的影响下，2014年和2015年分别同比增长79.7%和247.4%。

三、新疆纺织服装产业链特点

棉纺产业具备优势。依托区域内丰富的棉花资源，新疆纺织工业中棉纺的主导产业地位十分突出，截止2013年全疆拥有棉纺环锭560万锭，转杯纺13.4万头，分别比2005年增长106.6%和57.6%，到2015年末已建成产能约1100万锭（含转杯纺）。2015年，新疆纱产量为54.91万吨，同比增长27.1%，总体呈现逐步增长的态势；布产量为4万米，疆内布产量呈逐年下降的趋势。近年来，内地知名企业到新疆投资棉纺厂的步伐加快，新建产能的装备水平较高，棉纺清梳联、精梳机、自动络筒机等关键装备比重达62%，高于全国平均水平。

粘胶产业规模大。新疆已经形成年产80万吨化纤用浆粕和67万吨粘胶纤维的生产能力，是全国最大的化纤用浆粕和粘胶纤维生产基地。2014年生产粘胶纤维55.4万吨，占全国的比重分别为17.8%。

服装产业有所发展。新疆规模以上服装企业只有8家，2015年规模以上服装企业的产量为1387万件，同比增长35.6%。中小规模的服装加工企业有4000多家，产品主要有民族服装、职业装和棉毛针织服装等。

地毯产业特色明显。地毯是新疆的特色产业，主要在和田地区，2006年被中国纺织工业联合会确定为“中国手工羊毛地毯名城”。和田手工羊毛地毯60%左右在疆内销售，20%销往内地省市，18%远销欧美、中西亚各国及港澳地区，有广阔的销售市场。

四、新疆纺织服装产业区域布局

“十二五”以来，新疆乌鲁木齐—昌吉、石河子—奎屯、库尔勒—尉犁、阿克苏—阿拉尔、喀什地区五大产业集聚区和“三城七园一中心”的发展格局已略有雏形。阿克苏纺织城和石河子纺织城新增棉纺产能占全疆新增产能总量的80%左右，玛纳斯县、霍尔果斯口岸、尉犁县、阿拉尔市等多个以纺织业为主要发展产业的开发区（园区）项目建设均取得了积极进展，乌鲁木齐纺织品服装国际商贸中心的规划建设工作已启动。

新疆发展纺织服装业的资源和条件

一、新疆是全国最重要的产棉区

新疆是我国最重要的棉花产区，棉花生产从1985年后规模快速增长，2014年播种面积2421万亩，占全国的57.3%，比1985年4.9%高52.4个百分点；2014年棉花产量451万吨，占全国的73%，比1985年的4.5%高68.5个百分点。新疆棉花种植产量高，棉花平均单产为每公顷1863公斤，高出全国平均水平400公斤。新疆棉花品种丰富，既有中绒陆地棉也有海岛长绒棉，但是，近年来新疆长绒棉产量逐年下降，2014年为8.24万吨，在棉花产量中的比重只有1.8%。

二、新疆发展纺织服装业人力资源丰富

从劳动力人口情况看，2012年新疆劳动力人口1534.3万人，占总人口的68.7%，其中城镇劳动力人口675.1万人，占44%，农村劳动力人口859.2万人，占56%。南疆三地州劳动力人口占全疆的28.2%，而农村劳动力占全疆的40.5%，农村富余劳动力占全疆的近60%。南疆地区劳动力供应充足，而相应的就业岗位却明显不足，根据新疆相关部门的调查，截止2012年底，南疆五地州需转移就业的农村富余劳动力（主要是少数民族）有140万人左右。

三、向西出口重点纺织品服装贸易市场容量较大

中亚地区紧邻新疆，市场前景广阔。根据中国海关数据，2013年我国向中亚5国出口纺织品服装共计80.8亿美元，同比增长12.4%，其中通过新疆海关出口71.6亿美元，占新疆纺织品服装出口总额的86.3%，分产品大类看，服装及衣着附件出口占比为62.6%。其中，哈萨克斯坦和吉尔吉斯斯坦是新疆最主要的两大出口目的地，2013年在新疆纺织品服装出口总额中的占比达到78.1%。

图1 新疆纺织品服装出口市场结构

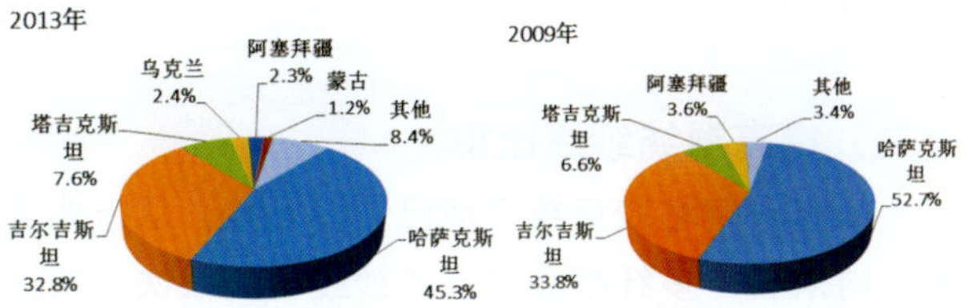

数据来源：中国海关

俄罗斯服装消费量较大，增长潜力突出。俄罗斯现有人口1.4亿，人均国内生产总值（GDP）14037美元，年消费纺织品服装约450亿美元，纺织工业基础薄弱，约80%依赖进口。俄是中国第5大纺织品服装出口国家，2014年对其出口额为132.6亿美元，其中用于最终消费的服装及衣着附件占比75.4%。与新疆有地缘便利，出口增长潜力较大。

欧盟纺织品服装市场容量较大，经济带为扩大出口创造机遇。欧盟总人口5.1亿，人均GDP34038美元，是世界第一大纺织品服装消费市场。2014年，欧盟自全球进口纺织品服装总额约合1022亿欧元，其中服装及衣着附件占比76.6%。中国是欧盟外第一大进口来源国，市场份额为38.3%，其次是孟加拉和印度。

新疆发展纺织服装业促进就业的重点措施

《国务院办公厅关于支持新疆纺织服装产业促进就业的指导意见》分两个阶段提出了新疆纺织服装产业到2020年的发展目标。在建设新疆丝绸之路经济带核心区的战略背景下，新疆纺织服装产业以扩大就业规模为根本目标，优先发展产业链两端的纺纱织造和终端消费品制造，构建欧亚大陆桥上的纺织品服装商贸中心区，积极开拓向西出口市场，满足本地不断升级的消费需求，优化新疆纺织产业结构、增加就业岗位、维护社会稳定、促进城镇化建设。

一、发展终端消费产品制造业

（一）发展适合本地消费的服装产业

新疆城乡居民衣着类消费支出均高于全国平均水平，经估算新疆居民年衣着消费支出总额超过240亿元，而新疆现有服装产业年销售收入约30亿元，新疆居民消费的服装服饰产品约90%来自于疆外。将多元民族文化和先进纺织服装制造技术相结合，发展适合新疆本地消费的服装产业，适合在新疆本地尤其是南疆发展，既能够满足新疆居民消费需求，也能够提供扎根本土的就业机会。

促进现有服装产业升级发展。扶持乌鲁木齐、昌吉、石河子等地的小微型服装企业提升发展，形成一部分现代化水平的服装企业。在喀什、阿克苏、和田等人口集中的南疆地区，促进一批服装加工作坊向服装企业转型，满足当地服装消费需求。

引导民族服装产业发展。新疆少数民族人口占比在62%，民族服装种类丰富，目前高端民族服饰主要从土耳其进口，中低端产品由内地或本地的中小型服装企业生产。新疆民族服装服饰文化内涵丰富，截止2014年，我国纺织类国家级非物质文化遗产共有93项，其中新疆就有13项位居全国第一位。引导民族文化研究和服装产业发展相结合，培育一批少数民族及对民族文化深入理解的设计师，促进文化创意产业和服装生产制造业相结合。

（二）发展适应向西出口的服装产业

新疆毗邻中亚五国和俄罗斯市场，跨过中亚可连接欧盟市场。随着“渝新欧”、“郑新欧”等国际铁路联运和中巴经济走廊等国际贸易条件的不断改善，具有进一步扩大向中亚、南亚和欧洲的服装出口规模的潜力。

提高向周边国家出口服装的自产比重。目前向中亚五国出口服装主要通过边疆宾馆这样的边贸市场以边境贸易的形式出口，也有部分企业到吉尔吉斯斯坦比什凯克的多尔多伊集市这样的贸易中枢开设摊点，部分新疆服装企业承担样衣制作的工作，而大批量的成衣制造则是委托内地企业生产。通过相应的政策支持，扶持出口服装生产企业扩大生产规模、提高产品质量、降低生产成本，提高在疆内生产的比重。

提高向欧盟地区出口服装的比重。现在已经入疆发展的棉纺和化纤企业，大部分都是国内纺织行业的龙头骨干企业，在国际化经营方面拥有丰富的经验，支持这些企业向下游延伸产业链，利用疆内纱线生产适合向欧盟和中东地区出口的服装类产品，同时吸引出口型服装企业到新疆投资，利用“渝新欧”、“郑新欧”及未来开发建设的向西贸易通道，采用陆路方式运输缩短运距、提高物流速度，提高我国纺织品服装出口的国际竞争力。

（三）发展袜业、巾被、床品、地毯等终端消费产业

袜子、巾被、床品、地毯等消费产品，新疆居民有大量的消费需求，向中亚邻国的出口潜力大，生产制造环节投资门槛不高，具有较强的就业容纳能力，在新疆就业战略中应给予重点考虑。在人口集中区域和口岸地区发展袜业、巾被、床品、地毯等终端消费产业，吸引内地产业链完整的大型企业和促进本地中小企业成长并重，同步建设专业市场，提高终端消费产品在疆内生产的比重，并利用口岸资源出口到周边国家。

二、提升棉纺织产业竞争力

（一）夯实棉纺产业基础

使已投产的产能高效运转起来，让已在新疆投资的棉纺企业恢复信心，起到良好的示范作用。改造和新增棉纺项目坚持高效率、高水平，采用清梳联、精梳机、自动落纱细纱长车、粗细联、细络联、自动络筒机等智能化、自动化先进装备，重视信息化技术的应用。产品定位上发挥新疆优质棉花优势，以40S以上中高支纱为重点，大力发展用于中高档面料所需的精梳纱、高支气流纺等梭织纱和高档针织用纱。

（二）提高混纺纱线比重

新疆现有粘胶纤维产能已达67万吨，从行业发展方向来看，多纤维品种混纺纱线增长很快，新疆生产的粘胶短纤维和涤纶短纤维宜逐步实现本地转化，除纯棉产品外，增加混纺纱比重，纺纱能力的增长以棉纱线和混纺纱线并重，并且以发展混纺纱品种为主。

（三）扩大织造生产规模

将新疆纺纱环节的优势进一步延伸到织造环节，扩大疆内织造规模，为服装和家纺产业的发展提供原材料。织造积极采用先进适用的整经、浆纱、无梭织机、30"以上大圆机等装备，鼓励采用高速电子多臂和高速电子提花及电子控制技术。积极开发高附加值面料产品，强化产业优势，形成名副其实的优质棉纺织品生产基地。

三、提升化纤产业竞争力

（一）加快粘胶产业的转型升级

保持现有粘胶行业产能规模，重点放到做好质量、品种改善提升和环境保护工作上。鼓励发展差别化、功能化粘胶纤维，严格按照《粘胶行业准入条件》，推进浆粕、纤维一体化进程。同时，扩大粘胶产品在新疆深加工的比重，如发展原液染色技术和产品，向下游发展包装纸（玻璃纸）、针织物、无纺布等。加快用高新技术改造现有企业的传统工艺，做到节能降耗，污染治理排放达标。

（二）适当发展聚酯涤纶产业

利用新疆石化基地和炼化产业基础，采用国际先进技术装备，实现聚酯涤纶产业链的突破，为纺织服装产业发展提供更多的原料选择。可考虑发展聚酯直纺色纺涤纶长丝和色纺涤纶短纤维，并积极

延伸化纤产业链，以与地区能源、化工等产业相衔接的产业用纺织品为重点，发展安全防护用纺织品、多功能篷盖材料、高技术功能性过滤材料、土工合成材料、车用纺织品等。

四、推动纺织服装业进一步向西开放

（一）打通国内与经济带沿线国家贸易通道

加强与中亚、南亚、西亚以及欧洲国家公路、铁路、通信等基础设施的跨境互联互通，全面打通向西贸易通道。着重完善新疆至俄罗斯、哈萨克斯坦、土耳其及欧洲等地的国际铁路货运通道；进一步完善疆内相关物流基础设施，实现出口产品高效集结、仓储与装运；推进中国至巴基斯坦、吉尔吉斯斯坦、乌兹别克斯坦等国的国际公路、铁路建设，对停运、断头公路、铁路设施进行修复、再建。全面摸清我国与中亚、南亚、西亚以及欧洲的贸易结构情况，结合进口产品结构，研究相应的运费政策，鼓励在中西部销售或投产的产品途径西线完成自进口，解决回程空运问题。

（二）打造向西的商贸物流中心

以乌鲁木齐市为中心，打造新疆国际纺织品服装商贸中心。强化乌鲁木齐的纺织服装商品国际采购功能，深入结合新疆加工制造产业动态，发展多层次、多业态、专业化的商品交易市场，与商品交易相适应的信息、人力等要素市场，专业化的物流、金融等服务市场，以及满足采购商生活及商业活动需要的交通、食宿、娱乐等城市基础设施条件。

强化边境口岸的商贸物流功能。完善霍尔果斯、喀什、阿拉山口等边境经济开发区的区域性商贸物流中心，加强商贸及物流基础设施建设，完善口岸跨境物流管理，引进专业化物流服务企业，形成相应的仓储、物流及集散功能，使口岸及临近地区外贸产品实现顺畅贸易及流动。

构建多元化的国际商贸平台。充分发挥中国—亚欧经贸博览会以及各种地区性国际贸易展览平台作用，广泛展示新疆纺织服装业发展成果，创造国际贸易合作机遇。加强利用电子信息技术，积极发展国际贸易电子商务平台，更好适应国际市场细分化、小批量、多品种、快速反应的需求新趋势。

（三）充分发挥新疆边境口岸优势

新疆共有一类口岸17个，二类口岸12个，是我国拥有陆路口岸最多的省区，与哈萨克斯坦、吉尔吉斯斯坦、塔吉克斯坦、蒙古、巴基斯坦都有直接的边境口岸。结合边境口岸优势及相关资源条件，适当强化喀什、霍尔果斯、阿拉山口等边境口岸载体城市或地区的生产性功能，利用好口岸海关特殊监管区的有利政策条件，发展纺织品服装出口加工贸易。加强边境口岸与疆内纺织生产基地的布局联动性，鼓励在临近口岸、交通便利的工业园区发展纺织服装出口加工业，以及能够与边境园区形成产业链配套关系的上游纺织加工业。

（撰稿人：张　倩　牛爽欣）

与时俱进 进一步夯实和提升纺织企业班组建设水平

中国纺织职工思想政治工作研究会

新常态下，加强纺织企业班组建设的重要性日益凸显

班组工作是企业一切工作的落脚点和着力点，是企业管理的永恒主题，班组活则企业活，班组强则企业强。当前，随着我国纺织经济总量不断增大，纺织工业在发展中遇到了一系列新情况新问题，最主要的就是纺织经济发展进入新常态。在新常态下，纺织工业发展的环境、条件、任务、要求等都发生了新的变化，面临速度换挡节点、结构调整节点、动力转换节点，适应新常态、把握新常态、引领新常态，努力保持经济平稳较快增长，是当前和今后一个时期我国纺织经济工作的中心任务。班组作为企业最基层的组织作业单元，是实现这一目标的基础，其重要性显而易见。我们必须充分认识新常态形势下班组建设的重要性、紧迫性和长期性。

一、加强班组建设是建一流职工队伍，提高企业核心竞争力的基础

企业的核心竞争力贯穿于企业的技术、管理、组织和文化之中，而其中人是最关键的因素。新常态下，对职工素质的要求越来越高。企业不仅要有优秀的管理者、优秀的科技人员，更要有一批优秀的员工，这是企业核心竞争力的基础。没有一流的职工队伍，就不可能有一流的企业。推动结构调整、经济转型、企业发展，需要一大批知识型、技能型、创新型职工。先进的技术，先进的工艺、先进的设备可以引进，但是高素质的职工队伍是无法引进的。班组是建设一流职工队伍的重要载体，通过班组把职工组织起来，引导和帮助班组成员学习新知识、钻研新技术，鼓励和组织职工互帮互学、共同进步，有效提高职工队伍的文化素养、专业技能、创新能力、职业道德，从而有效地把企业的生产经营管理任务落实下去，这是和整个企业运行体系密切相关的一个关键环节。建一流职工队伍，提高企业核心竞争力，必须要夯实班组基础，把班组建设当作企业的核心工作抓紧抓好。

二、加强班组建设是提高企业管理水平、创新发展的内在需要

在新常态下，纺织工业正在经历由要素驱动、投资驱动向创新驱动转变。随着发展方式加快转变和产业结构优化升级，企业核心竞争力的提升将主要依靠科技进步、劳动者素质提高和管理创新来实现。班组管理是企业管理的落脚点，企业的发展战略、管理目标、管理思想以及企业生产管理、创新发展的各个环节、各项要求，都要由班组的具体工作来落实、由班组成员的劳动成果来体现。企业的执行力要在班组工作中体现，企业的科技进步要在班组工作中实现，企业的效益要通过班组工作来完成，企业的安全要由班组工作来保证，企业的文化要靠班组工作来落地。当前，企业生产方式信息化、智能化，企业组织结构扁平化、运行柔性化、联系网络化等发展趋势，对班组建设提出了新的挑战，加强班组建设的重要性日益凸显。切实加强班组建设，提高班组工作水平，是企业软实力建设的硬基础，是企业面向未来、实施长远发展战略的重要举措。

三、加强班组建设是构建和谐企业的重要途径

加强班组建设，是构建和谐劳动关系、促进企业和社会和谐稳定的重要途径。班组是职工工作学习和思想交流的重要场所，和谐的班组是企业劳动关系和谐稳定的基础。通过加强班组建设，发挥班组贴近职工的优势，做好深入细致的思想政治工作，及时反映职工意愿诉求，热忱帮助职工排忧解难，有利于把各种矛盾消除在班组一线和萌芽状态，调动好、保护好职工的劳动积极性和创造性，推动形成企业关爱职工、职工关心企业、共建共享共赢的新型劳动关系，营造和谐稳定的发展环境。

当前，纺织企业转型升级和结构调整正处于关键时期，企业改革创新的一系列工作措施，不可避免会触及到一些职工的切身利益，需要得到职工的理解和支持。班组作为企业最基层的组织，在宣传引导、解疑释惑、凝聚人心等方面具有十分重要的作用，也担负着重大责任。我们要通过班组及时准确地反映职工的意愿和需求，通过班组强化对职工的重视、关心和爱护，以班组和谐促企业和谐。

以创建活动推动班组建设实效明显

继2014年中纺政研会与中国财贸轻纺烟草工会开展郝建秀小组式全国纺织先进班组创建活动后，2015年双方进一步调整了活动方案，使活动更加接地气，更贴近企业实际。各地纺织企业按照创建活动的部署和要求，结合实际，强化措施，努力探索新形势下加强班组建设的路径和形式，不断创新班组建设载体，在推动企业改革创新、实现生产经营目标、提高职工素质、增强市场竞争力、保证安全生产等方面做了大量卓有成效的工作，涌现出了一批郝建秀小组式全国纺织先进班组，取得了明显实效，特别是在加强适合非公企业特点的班组建设方面，因企制宜、积极探索、大胆实践，总结和积累了一些经验，同时也有力推动了非公企业的发展。

一、争创一流，创建优质型班组

班组是企业的细胞，是企业核心竞争力的基础。作为企业主导产品的基本生产单位，2015年所推介的先进班组尤为重视员工综合素质的提升，争创一流业绩，发挥示范效应，创建优质型班组。经纬榆次纺机车工组以创建精益班组为载体，形成班组争星创星制度，2015年初被经纬榆次纺机公司评为“五星级班组”，同时先后被有关部门授予“工人先锋号”荣誉称号。山东康平纳染整分公司修补班倡导“一专多能”，操作多面手占全班总人数的一半以上，既提高了综合素质，又保证了岗位之间相互补充，职工操作技术保持在优一级率100%水平。

二、攻关克难，创建创新型班组

坚持克难奋进、不断创新，创建创新型班组是所推介先进班组的一大共同特点。常州旭荣公司环境工程设备组，用冷轧堆前处理工艺对棉/氨纶针织物进行前处理，较缸内精炼其产能大大提高，节水约三分之二，节约蒸汽约70%，获得“中国纺织工业联合会科学技术奖”、“全国印染行业节能减排达标竞赛先进班组”。武汉裕大华纺纱分厂细纱工序设备班组围绕提升质量、改造设备、完善操作开展各种攻关课题，先后获得“全国纺织行业优秀质量管理小组”其中1人获得武汉市劳动模范，1人获得武汉市“创新能手”称号。

三、钻研技能，创建学习型班组

学习技术、钻研技能，创建学习型班组是所推介班组的共同追求。西安纺织织造车间乙班一组，采取“集中学”、“师傅带”、“一帮一”、“一对红”师徒帮教竞赛等，理论培训帮教升级率达到

100%，从而有效地提高了整个小组操作水平。盛虹控股集团纺织品检测小组积极参加行业机构举办的各类培训，并取得相应证书，提升了班组素质。

四、团结协作，构建和谐型班组

优秀的班组必然是一个和谐抱团、互帮互助的团队。如黑牡丹集团公司后织甲班一组始终秉承“模范带头、团队协作、拼搏进取、不断创新”的班组精神，产、质量连年名列前茅，被评为常州市“工人先锋号”。山东南山集团公司后纺一车间A班细纱挡车工朱义兰，遭遇车祸昏迷不醒，为帮助其家庭缓解高额的治疗费用，班组成员多次进行捐款，并且利用下班时间到其家中帮助看护，营造出互帮互助、和谐关爱的班组文化氛围。

五、健全制度，创建管理型班组

一个好的团队必须要有一个好的执行力和民主规范的管理制度。浙江富润集团王鸽细纱帮带小组先后制订了《细纱工艺检查步骤》、《帮带小组组长岗位责任制》等一系列规章制度，规范了操作。吉林碳谷碳纤维纺丝工段综合班组重视制度管理，制定岗位卫生考核制度、岗位记录考核制度劳动纪律考核制度，粘贴在班组的公示栏，并要求大家轮流做考核员，提高了员工积极性。青岛纺织机电气公司开关箱班生产经营中贯彻落实7S现场管理制度同时建立标准化管理长效机制，起到了龙头班组的表率作用，曾荣获“山东省女职工建功立业标兵岗”称号。

进一步夯实和提升班组建设水平

重视班组建设是我国纺织行业的光荣传统，长期以来涌现出了郝建秀小组、赵梦桃小组、邓建军小组等一大批在全行业乃至全国有重要影响的先进班组，为纺织企业班组建设积累了丰富的经验，发挥了示范和引领作用。近年来，全行业开展的郝建秀小组式全国纺织先进班组创建活动，以弘扬郝建秀小组的火车头精神为主线，以培养高素质、高技能员工队伍为重点，大力推进班组建设在新形势下的创新和发展，对于夯实企业管理基础、培育高素质职工队伍、提升企业核心竞争力、实现纺织强国战略发挥了建设性的作用。下一步，我们仍需把这项活动持续不断引向深入。

一、加强组织领导，注重工作指导，形成和完善长效工作机制

班组工作是企业各项工作的立足点。火车跑得快，还需车头带。企业负责人要高度重视企业班组建设，把这项工作作为提高企业竞争能力、事关企业发展战略的全局性、基础性工作来考虑，提到议事日程，认真研究制定加强班组建设的目标、实施步骤和具体措施，纳入到企业战略发展的规划进行布局。班组建设是一项难度很大的战略性、基础性、长期性的系统工程，要求党、政、工、团同心协力，齐抓共管，要结合企业实际情况，明确主要职责部门，建立从领导体制到各班组上下共同推进班组建设的组织体系和工作体系，深入组织实施，建立健全推动班组建设的长效机制。

同时，还要注重在总结实践经验的基础上，组织开展班组建设理论的研究，针对新形势下班组建设的新情况、新要求，与时俱进，探索班组建设的新内涵、新路径，创新班组建设，不断提升班组建设水平，推动班组建设跃上更高台阶。

二、突出重点，抓好班组建设的几个关键环节

首先要抓制度建设这个基础。建立班组建设长

效机制，是企业班组建设的基础。一是建立健全班组的各项管理制度，如岗位职责、操作管理、质量管理、安全管理、目标管理、考勤制度等，明确班组内的工作职责，任务、作业程序等要求，形成制度，做到有考核、有总结、有奖惩。二是建立班组培训制度，培育高素质职工队伍。要通过操作示范、练功比武、技术观摩，引进来、走出去等形式，不断加大职工特别是技能人才的培训力度，不断提升职工队伍素质。三是推进班组自主管理和民主管理，引导班组人员围绕产量质量、操作工艺、技术创新、安全生产、经营管理等深入开展合理化建议和民主评议活动，为班组建设献计献策，主动改进工作方法，提升班组人员自我教育、自我控制、自我完善的责任意识。

其次要抓班组长培养、选拔这个关键。班组长是企业从事生产经营活动的直接组织者，是生产经营现场的直接管理者，班组长所处的地位和担负的责任，客观上要求班组长必须具备相应的政治素质和业务素质。一是要选配政治素质高、业务素质强、有一定组织能力的班组长，明确班组长负责制，形成以班组长为核心的班组管理体系。二是要根据时代与企业发展的需要，从班组长岗位工作内容、工作职责和工作关系等方面科学制定班组长岗位任职资格标准和岗位规范，建立班组长培养、选拔、使用、评价等机制，促进班组长在实践中锻炼提高，增长才干，提高领导水平和工作能力，充分发挥班组长在班组建设中的作用。三是要加强班组长的培训力度，要结合企业的实际，确定培训内容，以参加企业组织的培训与有关培训机构组织的培训相结合的方式，开展班组长轮训，提高班组长的综合素质。要有计划组织班组长外出学习交流，学习班组建设的先进经验与管理理念，开阔视野。

第三要抓创新这个核心，增强班组管理的科学性。要适应新常态，把班组工作放在建设纺织强国的大背景下考量谋划，紧紧围绕“转方式、调结构、促发展”和纺织“十三五”规划这条主线开展工作，依托班组建设深入推进创业创新，立足班组建设推动转型升级；要以弘扬郝建秀小组的火车头精神，培养高素质、高技能员工队伍为重点推动班组建设创新发展，充分发挥班组建设在稳增长和提质增效中的基础作用。

创新班组建设要与时俱进。企业改革发展的深入、市场环境的变化、结构调整的推进、人员素质的提升、产品升级换代、技术装备更新，都将对班组建设的内容、方法不断提出新的要求，必须坚持不懈，常抓常新，永不止步。要更加注重融入中心，使班组建设与企业战略及生产经营紧密结合；更加注重效率效益，坚持以提升班组绩效作为核心；更加注重全员参与，发挥职工的主体作用，调动职工的积极性和创造性；更加注重学习创新，借鉴当今先进的企业管理理念和方式方法，如精益管理的思想、卓越绩效管理、6S（整理、整顿、清扫、清洁、素养、安全）现场管理的理念、全面质量管理和全员设备管理等方法，汲取其先进的管理思想，增强班组管理的科学性。

三、弘扬纺织行业班组建设的优良传统和精神，建设优秀班组文化

班组文化是企业文化的重要组成部分，是职工价值理念、理想追求、岗位目标凝聚成的群体意识。纺织行业班组建设具有优良的传统和作风，郝建秀小组、赵梦桃小组、邓建军小组在班组建设中积累和形成的优秀班组文化，都是我们班组建设宝贵的精神财富，要在学习传承中不断发扬光大并赋予其新的时代内涵。

在建设优秀的班组文化的过程中，要根据本企业文化特点，大力弘扬改革创新的时代精神，把实现纺织强国梦与培育个人愿景结合起来，把员工的个人愿景融入团队的使命中，培育员工共同价值理念和团队意识，努力塑造独具特色、凝聚员工精神内涵和价值取向的班组理念，用团队文化凝聚力量，引导班组建设。班组文化的核心是以人为本，

要注重每个人的发展，尊重每个人的感情，尊重每一位劳动者的劳动价值，尊重他们对社会、对企业的奉献，建立班组良好的沟通氛围与沟通平台，构建和睦的人际关系，构筑起关心人、爱护人、发展人的和谐环境，构建团结和谐班组，形成班组团队精神，塑造班组良好的团队形象。要制定和完善职工行为规范，加强以爱岗敬业、诚实守信、遵章守纪、团结和谐、开拓创新和提升执行力为主要内容的班组文化建设，推行与传播优秀班组团队文化，加强班组间的协作配合。要紧紧围绕中心工作，结合班组实际，重视并努力做好职工群众的思想政治工作，提高班组的民主管理、自主管理水平，发挥班组作为连接职工和企业的桥梁纽带作用，及时准确地反映职工的意愿和需求，将各类矛盾和冲突稳妥化解在基层，推进和谐企业建设。

四、树立典型，宣传典型，充分发挥先进典型的示范引领作用

各地要在郝建秀小组式全国纺织先进班组创建活动中进一步健全和规范先进典型的培养机制，从企业实际情况和行业特点出发，鼓励班组在创建活动中发挥集体的智慧和力量，做到有亮点，有创新；要注意总结、提炼本企业开展班组建设的经验，注重在创建先进班组活动中培养、树立先进典型，强化典型引路作用；要充分发挥传统信息传播平台和现代信息传播手段的作用，大力宣传推广班组建设的工作经验和先进典型。通过典型引路和榜样带动的作用，营造互相学习、共同提高的良好氛围，激发更多班组打造班组建设的品牌工程。

（撰稿：秘书处）

纺织导报®
CHINA TEXTILE LEADER
关注《纺织导报》官方微信
传递纺织科技信息
推动企业价值增长
以全新视野、宏观视角、深刻思想、前瞻观点，发现纺织科技进步所带来的巨大价值和无限潜力，解析技术市场变局，促进价值生产和传递，实现传媒自身价值，构建纺织业交流平台。
欢迎订阅《纺织导报》杂志
纺织导报®
CHINA TEXTILE LEADER
July 2014 No.7
订阅热线：010-85229079
更多精彩内容请登录本刊网站：www.texleader.com.cn

2015年棉花市场回顾及2016年展望

中国棉花协会

前言

2015年，全球经济复苏缓慢，我国经济下行压力继续增大。纺织品服装出口下降，棉花产量虽然减少，但储备棉数量巨大，市场供给充足而需求低迷，棉花销售较为困难，价格继续下跌，棉农收益有所减少，大量棉花和纺织企业出现不同程度的亏损，棉花产业面临严峻挑战。

受国内外经济形势影响，2015年度国内棉花市场运行艰难。市场低迷，价格下跌，棉农收益减少，2015年度面积和产量继续大幅减少，同时进口棉数量也大幅下降，但是国家储备棉余量高达1100万吨以上，市场资源仍然充裕。中国棉花协会预计，全年度消费量670万吨，生产量和进口量预计661万吨，当年产需基本平衡，但由于库存压力较大，价格仍呈下行趋势。

目标价格试点稳步推进。2015年是新疆棉花目标价格改革试点的第二年，各项工作进展顺利，2014年补贴分四批已发放至基本农户和农业生产单位，至2015年3月资金全部发放到位，棉农基本收益得到保障，棉花价格回归市场机制，达到预期目的。2015年，在综合考虑棉花生产成本收益、市场供求等因素后，目标价格水平为每吨19100元。在总结2014年棉花年度目标价格改革试点经验的基础上，相关部门对试点工作进行了优化完善，将年度可用补贴总额的10%用于向南疆四地州基本农户兑付面积部分补贴，90%用于兑付全区实际种植者交售量部分补贴，补贴资金兑付次数由原来的4次减少为2次。2015年11月底，首批2015年度棉花目标价格改革补贴资金已预拨至各县市（区），预拨资金总额80亿元，补贴兑付标准为1.2元/千克，目前部分棉农反映资金已到账，剩余补贴将在2016年2月底下拨。

2015年度的中央经济工作会议、中央农村工作会议和今年的中央一号文件明确了我国的经济和农业政策。应当看到，农业供给侧改革不是聚焦数量问题，主要是结构和效益问题。要围绕市场需求进行生产，优化资源配置，扩大有效供给，增强供给结构的适应性和灵活性。一号文件提出要优化农业生产结构和区域布局，提高农业综合效益。要改革完善粮食等重要农产品价格形成机制和收储制度。坚持市场化改革取向与保护农民利益并重，采取“分品种施策、渐进式推进”的办法，完善农产品市场调控制度，深入推进新疆棉花、东北地区大豆目标价格改革试点。改进农产品市场调控方式，避免政府过度干预，搞活市场流通，增强市场活力。完善农产品收储政策，坚持按贴近市场和保障农民合理收益的原则确定收储价格，降低储备成本，提高储备效率。

2016年国内经济下行压力仍然较大，棉花需求短期内难以恢复。库存仍处于高位，储备棉消化即将开始启动，棉花总量仍处于供大于求的状态。中央农村工作会议指出，农业要“去库存、降成本、补短板”，加快消化过大的农产品库存量。2015年有关部门按照“四个有利于”的原则，采取“不对称轮换、先轮出后轮入、多轮出少轮入”的方式，逐步将储备规模降至合理水平。当年试点实际成交量较小，有关部门经充分研究并报国务院同意，确定原有原则的基础上实现常态化、机制化，给市场以稳定预期。预计随着储备棉投放数量的增加，国内棉纺织品生产成本将有所降低，有利于纺织生产和出口，减少棉纱进口，有利于用棉需求的恢复，另一方面，由于政策已经明确，棉花企业也能尽早确定经营策略，有利于新年度棉花收购和销售工作顺利进行。

全球经济危机以来，棉花产业遇到了前所未有的困难。棉花和纺织行业是关系到棉农收入、工人就业、出口贸易等多方面的重要产业，虽然暂时遇到了困难，但长期来看，行业在国际、国内有相对完备的产业链，有一定的技术和人才优势，有相对成熟的销售渠道，还有十几亿人口不断增长的需求，整体发展趋势稳中向好。随着供给侧改革的深化，企业的经营环境会极大改善，融资成本将会下降，人民币汇率更有弹性，适当贬值会减轻企业的压力。对于棉花行业来说，要调整生产结构，棉农要围绕市场需求进行生产，优化资源配置，扩大有效供给，增强供给结构的适应性和灵活性；棉花质量要适应纺织企业的需求，目标价格要与质量挂钩，实行价补分离；流通企业要加速转型，进行多元化经营。随着经济逐步走出低谷，消费也将陆续恢复，棉花和纺织产业抓住新的机遇，一定会重新走向繁荣。

棉花供求基本形势

一、棉花供给

（一）棉农收益减少面积产量下降

2014年度起，我国启动新疆棉花目标价格改革试点，内地实行定额补贴。如果不考虑补贴，棉农收益基本为亏损，即使获取补贴后，新疆棉农收益较前三年收储时期大幅减少，内地棉农收益仍为负数，各地棉农植棉积极性持续下挫。

国家统计局公布的全国棉花产量数据显示，2015年全国棉花总产量560.5万吨，比2014年减少57.4万吨，下降9.3%。棉花产量减少主要由于面积下降，2015年全国棉花播种面积5698.4万亩，比2014年减少635.1万亩，下降10%。分地区看，新疆主产区地位进一步巩固，黄河、长江流域主要棉区减产较多。2015年新疆棉花产量350.3万吨，占全国的比重为62.5%，比2014年提高3个百分点；播种面积占全国的比重为50.1%，提高3.9个百分点；单产122.6千克/亩，高于全国平均水平24.6%，棉花生产区位优势进一步提升。

中国棉花协会监测统计，2015年全国植棉面积4817.8万亩，同比下降24%，全国平均单产水平增加，新疆棉区由于7～8月高温，导致单产下降，全国棉花单产同比增加4%，其中新疆下降4.76%；全国棉花产量514.9万吨，同比下降20.76%。

图1 2003～2015年我国棉花产量

单位：万吨

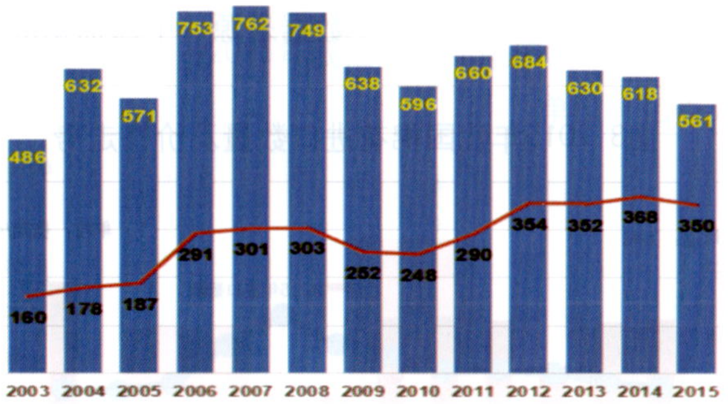

注 红色线代表新疆棉产量

数据来源：国家统计局

（二）外棉优势减弱，棉花进口量大幅减少

2015年，全球经济复苏缓慢，国内经济总体下行，人民币汇率贬值，纺织品出口形势持续恶化，棉花需求量继续下降，而棉花供给相对充裕，国内棉花现货价格以下跌为主，外棉价格优势持续减弱，棉花进口量大幅回落。三年的临时收储政策退出后，取而代之的是棉花目标价格和内地棉花补贴政策，从全年走势看，内外棉价差继续缩小，国内棉花现货价格小幅下跌，国际棉价稳中略增，年末中国进口棉价格指数（FC Index M）1%关税下折人民币价格低于中国棉花价格指数1300元，而年初内外棉价差为2500元，缩减1200元左右。据中国海关统计，2015年我国累计进口棉花147.24万吨，同比减少39.6%；全年平均进口价格1741美元/吨，同比下跌14.9%；进口贸易方式以海关特殊监管区域物流货物为主，超过进料加工方式，位居首位；美国重新为第一大进口来源国，澳大利亚和印度分别排第二和第三位。

2015年澳洲供应量总计为1889628包，成交1749921包，成交率为92.6%。其中前五名买家分别是泰克羊毛购买222010包，中纺（澳）购买182100包，福克斯利购买135912包，伦普利购买81263包，天宇购买67987包。

二、新西兰羊毛市场

在“双面呢”的火热情绪下，2015年新西兰市场整体上扬。特别是上半年，新西兰供应量紧缺，强烈的购买兴趣和快速装船需求推进部分品种羊毛竞争激烈。直到七月进入新的羊毛年度，由于欧洲假期及中国库存充足，使得对羊毛的需求放缓，毛价起伏不定。但由于天气原因影响剪毛导致供应量不足，羊毛价格很快价格再次上涨。

进入九月下旬之后，需求平平导致新西兰市场连续走软。中国国内面料及服装成品销售低迷，即使市场略有起色，也基本都以消化库存为主，从而影响了前道原料市场。再加上中国配额紧缺，限制了羊毛采购，即使有订单基本都延迟货期，新西兰拍卖市场成交率连续下跌。

接近年底中国市场需求依旧平淡，毛条需求结束，目前为来年后开工备货谨慎，地毯市场持续低迷。同行市场供应紧张，上市量不足，造成供需在较低水平达到平衡，价位僵持，仅因为新西兰元汇率走软，支撑了市场价格。

图2 2015年新西兰羊毛市场常规品种价格指数走势

单位：新分/千克

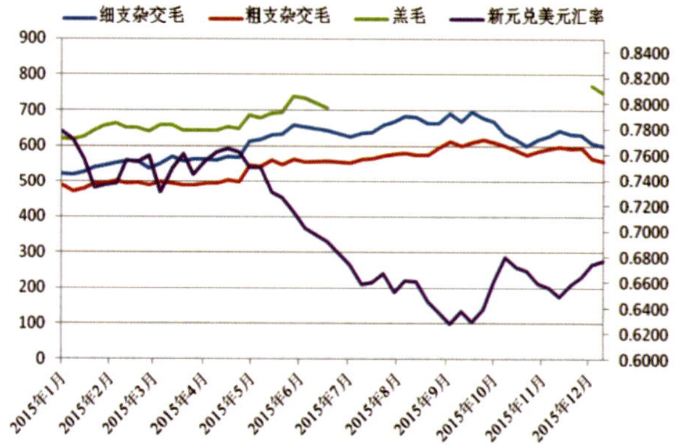

2015年新西兰羊毛拍卖量总计457078包，成交409622包，成交率为89.6%。购买羊毛的前五名买家是马修德公司购买95060包，福曼公司购买69035包，新西兰国际羊毛公司购买68515包，JSB公司购买53610包，B&B公司购买26570包。

三、南非马海毛市场

2015年夏季南非马海毛拍卖从第一次开拍，就一直表现着良好的势头，特别是好质量马海毛，兰特兑美金汇率走软也支撑着市场继续上涨。虽然夏季第四次马海毛拍卖因一家毛条厂失火受到影响略有走跌，但很快市场再次上扬，尤其是成年马海毛一直保持强劲势头，幼年和青年马海毛因为欧洲的不确定因素稍有下跌。2015年夏季马海毛指数收于

表2 2015年新西兰羊毛市场常规品种价格指数表

单位：新分/千克

品种	年初	年末	最高价	最低价	平均价	均价同比(%)
细支杂交毛	523	600	696	518	611	13.1
粗支杂交毛	488	556	619	472	547	6.2
羔毛	621	748	769	618	648	23.9

194.23兰特/千克，比2014年夏季收市指数上涨9.5%。2015年夏季平均市场指数同比上涨23%。供应总量为868106千克，成交率为94.9%。

2015年冬季南非马海毛拍卖也令人振奋。虽然全球经济不确定，但走软的兰特汇率支撑着市场，尤其是好质量马海毛的拍卖竞争激烈，市场指数一次比一次高涨。最后一次冬季拍卖指数收于217.89兰特/千克，与首拍相比上涨了18%，与2014年同比上涨16%。2015年冬季市场平均价格指数同比上涨10%。供应总量为847801千克，成交率为97.9%。

国内羊毛市场

一、我国原毛价格情况

从图3可以看出，从2015年4月开始，国内市场迅速飙涨，一是双面呢效应，一批“投资大军”直接推动了羊毛原料包括绵羊绒和精短毛等价格节节攀升，原料供不应求。二是正逢精纺出口旺季，三是因为环保问题，不少洗毛厂关门整改，导致有钱都买不到货。

图3 南京羊毛市场综合指数走势

单位：分/千克

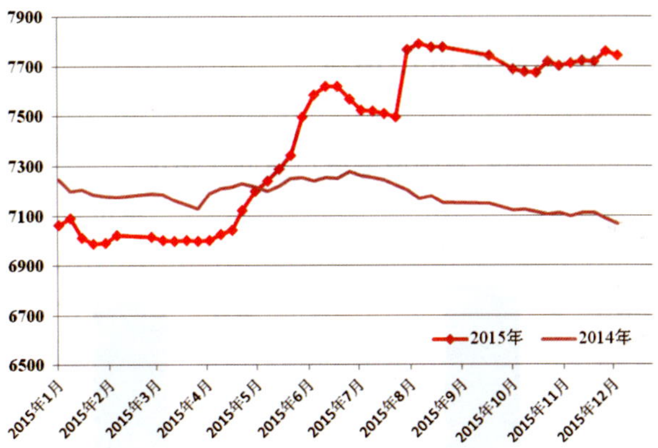

表3 2015年底各品种平均价格指数

单位：分/千克

品种	2014年12月份平均	2013年12月份平均	环比(%)(2014年11月)	同比(%)(2013年12月)
澳原毛	81.6	78.84	1.69	1.69
澳毛自梳条	83.49	84.94	1.15	1.15
澳炭化毛	66.75	62.00	0.00	0.00
新原毛	37.54	35.95	1.19	1.19
新洗净毛	37.76	38.03	1.42	1.42
新毛自梳条	51.34	46.37	−0.06	−0.06
乌拉圭毛条	49.84	48.82	0.73	0.73
欧洲毛条	43.1	35.10	0.00	0.00
国毛条	83.1	70.70	0.00	0.00

聚酯产品类

截至2015年底，国内聚酯有效产能达到4515万吨，较2014年年底增长2.2%。2015年，全国聚酯产量达到3530万吨，同比增长8%；其中涤纶长丝产量增速在5.5%，聚酯瓶片在5.7%，涤纶短纤在10%。

一、聚酯切片市场

（一）2015年聚酯切片市场运行回顾

据统计，2015年中国化纤信息网半光切片的均价为6293元/吨，相比2014年下跌1995元/吨。2015年产业链供需矛盾依然突出，切片产业链继续受到压制，加之切片纺整体开工率已经降至历史低位，聚酯切片市场行情持续弱势运行。

图6 2015年聚酯切片现货价格走势

单位：元/吨

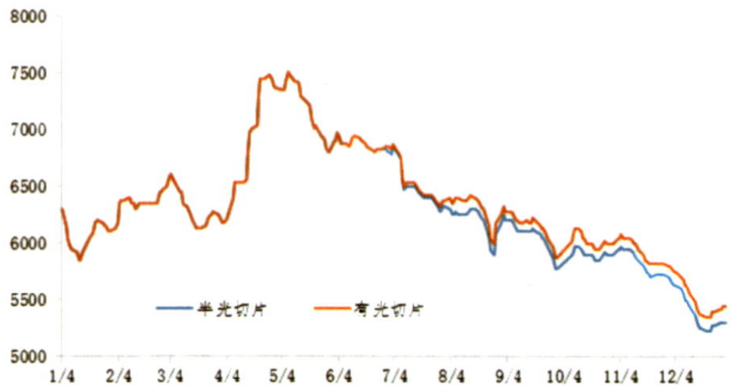

2015年，聚酯切片价格低位弱势震荡，年内最高点在5月初7500元/吨，最低点在12月底5200元/吨；受大宗商品整体弱势，加之自身供需矛盾突出，聚酯切片全年来看，其中一季度窄幅震荡，二季度冲高回落，三季度弱势下行，四季度低位震荡。

图7 2015年聚酯半光切片现金流走势

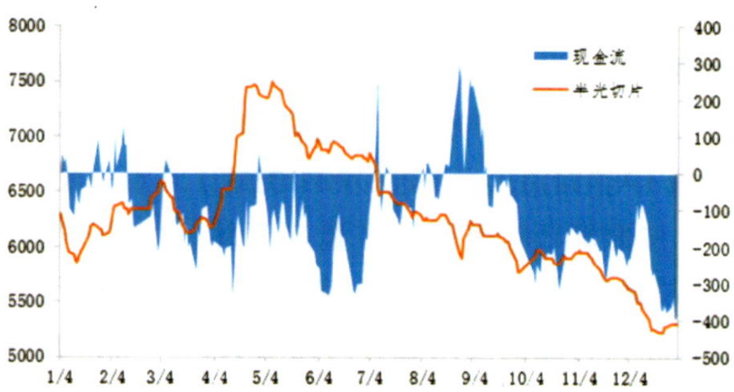

注 左轴为半光切片（元/吨），右轴为现金流（元/吨）。

2015年聚酯切片市场效益再度处于大幅亏损境地，全年平均亏损达到100元/吨以上，现金流较2014年大幅回落，因下游切片纺开工率几乎全年低位，切片纺常规产品工厂几乎全军覆没，仅差别化工厂维持生产，对聚酯切片需求进一步下滑，虽然聚酯切片工厂保持减产，且局部装置长时间停车，但整体供需矛盾依然较大，加之整体聚酯环节表现低迷，聚酯切片也难以幸免。

（二）2015年聚酯切片市场供需情况

目前国内切片总产能大概在750万吨左右，江浙地区是聚酯切片主要生产地。2015年我国聚酯切片进口总量13.61万吨，同比去年减少6.5%，出口总量19.79万吨，同比去年上升14.2%。

2015年国内纺丝级聚酯切片消费量大约在250万吨，较比去年继续减少80万吨左右，主要受下游切片纺开工率持续下滑影响。

（三）2016年聚酯切片市场展望

从聚酯切片价格来说，2016年聚酯市场仍将处于低位震荡局面，对于常规聚酯切片而言，供需依然处于过剩格局，多数时段市场整体表现或将弱于整个聚酯大盘，当然市场关注焦点仍在原油石化及聚酯原料成本方面，但若在外围宏观面配合下，预计2016年聚酯切片价格总体趋势或有望从底部逐步震荡上移。

从聚酯切片效益来说，预计2016年聚酯切片亏损局面难有改观，产能过剩格局延续，切片纺需求继续面临小幅下滑，同时对于聚酯大格局来看，上游原料端尤其是PTA在2015年下半年已经表现出强势姿态，聚酯环节整体效益或面临压制，聚酯切片同样难以幸免。

二、聚酯瓶片市场

（一）2015年聚酯瓶片市场运行

2015年，国内聚酯瓶片现货价格整体呈现一个倒" V" 走势，高点出现在二季度，低点出现在四季度。据CCF测算，2015年1～12月华东水瓶片均价在6737.6元/吨现款出厂，而1～12月出口离岸（FOB）均价在932.3美元/吨。

图8 201DOTP5年华东水瓶片价格和现金流走势

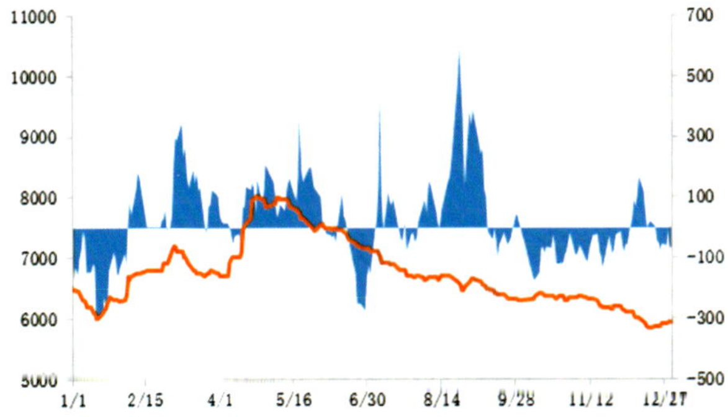

注 左轴为中国化纤信息网华东水瓶片现款出厂价（元/吨），右轴为现金流（元/吨）。

据中国化纤信息网统计，2015年内外销平均现金流分别在25元/吨和18美元/吨(加工成本分别按700元/吨和110美元/吨计算)。综合内外销，聚酯瓶片工厂全年基本摆脱亏损，部分出口比重较大的工厂效益维持良好。

（二）2015年聚酯瓶片市场供需状况

2015年，根据中国化纤信息网统计，聚酯瓶片产量在630万吨，内需在430万吨附近，内需增速至16.2%附近，全年出口在189万吨附近，年末社会库存在40万吨附近（包含上年度末库存）。

（三）2016年瓶片市场展望

作为原料带动型产品，2016年国内聚酯瓶片现货价格预计跟随上游原料成本波动为主，而如何解决好原料供应问题以及锁定成本，仍将是工厂后期操作的重点之一。同时由于国内聚酯瓶片新投产能多集中在下半年甚至年底，因此对国内供应增长方面影响有限，预计供需状况继续改善。而出口方面由于地区反倾销影响，部分地区需求将会受到抑制，预计总体维持缓慢复苏为主。从工厂效益来看，上游原料仍处于低位，在出口市场小幅回升的预期下，聚酯瓶片2016年的利润状况预计可能会继续改善。

三、涤纶长丝市场

（一）2015年涤纶长丝市场运行回顾

2015年的涤纶长丝价格走势近似呈一个 "几"字形。

1月初在聚酯成本下移，销售相对清淡的情况下，丝价价格呈下跌之势，中旬，随着下游抄底补货出现，丝价有所反弹。农历春节后，涤丝经历了短暂的" 开门红" ，随后持续产销低迷使得丝价进入阴跌通道，价格逼近前低。

4月份，腾龙芳烃PX、扬子MEG意外爆炸，在成本的推动下，加之传统的旺季需求及投机性需求拉动，涤丝价格大幅上涨。5月份下游前期备货较多尚未完全消化，在成本塌陷及需求走弱的拖累下，快速下跌。

6月至8月中旬，下游处于季节性淡季，涤丝工厂库存维持高位，聚酯成本一路下探，拖累涤丝价格继续震荡下行，屡创新低。8月底，在聚酯原料企稳反弹以及下游对传统 "金九银十" 旺季的预期下，涤丝销售放量，价格出现了一小波反弹行情。

进入9月份，预期的传统旺季并未明显显现，下游需求依旧偏弱，丝价重回下跌通道，再创新低。10～11月，聚酯原料震荡多稳，涤丝维持刚需出

中国纺织行业社会责任建设十年成绩显著

从 2005年中国纺织行业率先开展社会责任建设10年来，纺织服装行业社会责任建设以理论为先导，制定并践行前瞻性标准，取得了“中国第一个社会责任行为准则和管理体系”等10项“全国第一”。在2015年12月10日举行的2015中国纺织服装行业社会责任年会暨中国纺织服装行业社会责任建设10周年纪念活动上，这一成果受到多方肯定。

10年来，纺织行业已连续9年编制和发布行业社会责任报告，针对服装、家纺、产业用纺织品、化纤和印染等5个重点行业进行社会责任信息披露；目前已有近百家骨干企业和覆盖上万家企业、年产值超5000亿元的10多个产业集群地区发布了200多份社会责任报告，在中国制造业社会责任信息披露中占最大份额。10年来，纺织服装行业社会责任建设影响广泛，不断创新，跨体系合作深入开展，并着手研发推广“责任资产”。

纺织印染重镇严厉治污再升级

2015年，各地为整治环境保护，对印染行业环境保护工作提出了更为严格的要求。随着按日计罚、查封扣押、行政拘留等一系列政策措施的出台和深入实施，部分印染集群的升级工作初见成效。

柯桥区全面整治提升小微排污企业，仅2015年上半年就已关停企业1191家，规范提升企业1231家。2015年1～4月，柯桥区印染布产量52.29亿米，产销逆市上扬，增幅分别达到6.3%、5.6%。印染重镇石狮也在不断加大印染集聚区的“煤改汽”力度。2015年春节之后，石狮三大集控区内印染企业不再招聘锅炉工，三大印染集控区印染企业“家家点火、户户冒烟”的“烧煤时代”至此终结。

《纺织工业“十三五”发展规划》目标重在升级

2015 年，工业和信息化部将纺织“十三五”规划列为部级规划，并委托中国纺织工业联合会开展编制工作。纺织“十三五”规划根据行业在国民经济“十三五”规划发展目标框架下的地位和特点而设计，将在多方面体现与国家“十三五”发展新理念、新方向的对接，战略目标重在产业升级，目标体系包括行业增长、结构调整、科技创新、品牌创建、绿色发展等几个方面。

中国家纺 产业链的专业期刊

引领家纺 营销新时代

感知家纺行业大势·把握市场趋势脉搏·分享家居流行情报·解读家纺品牌故事

HOME TEXTILE TIMES

家纺时代

杂志社订阅：
电话：010-85872537
传真：010-85872566
邮发代号：80-775

汇款方式：
开户单位：《纺织服装周刊》杂志社有限公司
开 户 行：招商银行北京分行东四环支行

地 址：朝阳区东四环中路39号华业国际中心B座207室
邮政编码：100025
收 款 人：《纺织服装周刊》杂志社有限公司

《家纺时代》杂志每月一日出版，全年12期，单价20元/期。全年订阅240元，特快300元。

CNTAC

中国纺织工业发展报告

CHINA TEXTILE INDUSTRY DEVELOPMENT REPORT

2015/2016

年度奖项

续表

获奖企业及标识	获奖简评
魏橋創業 WEIQIAO PIONEERING	**3.山东魏桥创业集团有限公司** 主要从事棉及其混纺纱线、面料、服装、家纺、热电、铝业、新材料等的生产、销售业务，被认定为“国家特宽幅印染产品开发基地”，建有“省级企业技术中心”和“省级行业技术中心”。拥有国家专利165项，参与制定国家、行业标准共8项。曾获“中国纺织十大品牌文化企业”、“全国棉纺织行业经济效益排头兵企业”等荣誉称号，多个系列产品荣获中国棉纺织行业协会评定的“新产品奖”、“用户信得过产品”、“最具竞争力品牌产品”等奖项
BROS®	**4.百隆东方股份有限公司** 主要从事色纺纱的研发、生产、销售业务，被认定为“国家高新技术企业”、“国家棉纺织色纺纱产品开发基地”，建有“省级企业技术中心”。拥有国家专利38项，其中发明专利15项，实用新型专利23项；参与制定国家、行业标准共10项。曾荣获“中国纺织工业联合会科学技术进步二等奖”、“最具影响力产品品牌”、“2015首届中国生态环保面料设计大赛”最佳生态环保技术应用奖、“中国国际面料设计大赛”最佳科技应用奖等荣誉
huafu 華孚	**5.华孚色纺股份有限公司** 主要从事时尚、环保、科技色纺纱线生产和销售业务，被认定为“国家高新技术企业”、“国家新型色纺纱产品开发基地”、“中国纱线色彩研发基地”、“中国色纺纱精品基地”，“华孚研究中心”被认定为“新型色纺纱企业研究院”。拥有国家发明专利28项，实用新型专利21项；参与制定国家、行业标准共15项。曾荣获“2013年度中国纺织工业联合会产品开发贡献奖”、“2014～2015年用户信得过产品”等荣誉，产品获得Oeko-Tex Standard 100、有机棉、再生涤GRS、碳足迹等认证
岱银集团 DAIYIN GROUP	**6.山东岱银纺织集团股份有限公司** 主要从事棉纱、牛仔面料及服装生产、经营业务，建有“省级工业设计中心”。拥有国家发明专利7项，实用新型专利27项，参与制定行业标准1项。2014年有13个项目通过了省部级以上科技鉴定，其中4个项目达到国际先进水平，9个项目达到国内领先水平。“介入式彩色竹节纱研究及其在牛仔面料中的应用”项目获省级科技进步三等奖，“竹节纱自动检测及其CADCAM技术研究与应用”项目获2014年度中国纺织工业联合会科学技术进步二等奖
Firstextile	**7.江阴福斯特纺织有限公司** 主要从事色织衬衣面料、衬衣及职业装的设计与生产业务，被认定为“省级高新技术企业”，建有“江苏省特种功能织物与服装工程技术研究中心”。拥有国家专利27项，其中发明专利6项，实用新型专利21项，计算机软件著作专利9项。参与制定国家、行业标准共3项。企业“系列高支功能性色织面料加工关键技术及产业化”项目获得“纺织之光”中国纺织工业联合会科学技术进步三等奖
际华三五零九纺织有限公司 JIHUA 3509TEXTILE CO.,LTD	**8.际华三五零九纺织有限公司** 主要从事棉及棉混纺本色纱、线、面料的研发及生产业务，被认定为“国家高新技术企业”，建有“省级企业技术中心”。拥有国家专利70项，其中发明专利13项，实用新型专利57项。获得“湖北省首批创新型企业”等荣誉称号，产品获得8项“湖北省重大科技成果”奖，3项“纺织之光”中国纺织工业联合会科学技术进步奖，1项“湖北省技术发明奖”三等奖
国周 GUOZHOU	**9.绍兴国周控股集团有限公司** 主要从事涡流色纺、筒子纱染色、织造、印染、新材料研发等业务，被认定为“国家高新技术企业”，建有“省级研发中心”。拥有发明专利15项，实用新型专利43项，牵头制定国家标准1项，参与制定行业标准2项。曾获得“中国纺织服装行业企业竞争力500强”、“中国棉纺织行业竞争力百强”、“浙江省突出贡献企业”等荣誉称号。企业产品获得“浙江省名牌产品”等称号

续表

获奖企业及标识	获奖简评
	10. 枣庄海扬王朝纺织有限公司 主要从事牛仔面料及纱线的生产及销售业务，被认定为“国家弹力牛仔面料开发基地”。企业典型产品包括：平纱牛仔、竹节纱牛仔、纬弹牛仔、四面弹牛仔等。拥有国家发明专利 2 项，实用新型专利 6 项。企业及产品获得“最具影响力产品品牌”、“山东省名牌”、“中国国际面料设计大赛暨中国流行面料入围评审”优秀奖等荣誉
联润® longrun	**11. 山东联润新材料科技有限公司** 主要从事高档新材料赛络紧密纺纱线的生产与销售业务，被认定为“国家纺织新材料纱线产品开发基地”，建有“省级企业技术中心”、“山东省工业设计中心”，在建“山东省新材料纱线工程技术研究中心”。拥有国家发明专利1项，实用新型专利7项。曾获得“纺织之光”2015年度中国纺织工业联合会科学技术进步二等奖，4次获得“山东省优秀新产品一等奖”，2次获得“山东省优秀成果一等奖”
F.J.H.Y	**12. 福建省长乐市华源纺织有限公司** 主要从事粘胶及其混纺纱生产、经营业务，被认定为“中国粘胶纱特色产品生产基地”，建有“省级企业技术中心”。拥有实用新型专利1项，参与制定行业标准3项。荣获“中国棉纺织行业百强企业”、“中国纺织服装企业竞争力500强”、“福建省百家重点工业企业”、“福建工业主要行业前十强”等荣誉称号。产品获“福建省名牌产品”，被中国棉纺织行业协会评为“用户信得过优等产品”
Danmao丹毛	**13. 江苏丹毛纺织股份有限公司** 主要从事精毛纺梭织、针织时装面料和时装的研发、生产及营销业务，被认定为“国家精毛纺时装面料开发基地”、“江苏省高新技术企业”，建有院士工作站。拥有国家专利200项，其中发明专利9项、实用新型专利13项。“羊毛纤维的植物染料染色及生态性研究”项目获“纺织之光”2015年度中国纺织工业联合会科学技术进步二等奖，“羊毛针织面料”获得“澳大利亚美丽诺中国羊毛大奖最佳时尚产品奖”
新光	**14. 山东新丝路工贸股份有限公司** 主要从事品牌毛毯产品的研究、设计、开发、生产及营销业务，建立了以市场需求为驱动的产品研发体系，被认定为“国家经编毛毯产品开发基地”，主要生产拉舍尔毛毯、亚克力毛毯、超柔云毯等“新光毛毯”品牌产品。拥有发明专利3项，实用新型专利25项，外观设计专利83项。企业及产品获得“中国纺织行业质量奖”等奖项
Macinfur™	**15. 宁波纬一长毛绒有限公司** 主要从事高端人造皮草的研发、生产和销售业务，建立了良好的产品创新与管理体系，被认定为“国家人造皮草产品开发基地”。每年自主创新开发新产品约200款，多款新产品被选入法国第一视觉（PREMIERE VISION）面料展中心展台及外套等流行趋势展台。与中国毛纺织行业协会和日本株式会社KANEKA合作举办了三场不同形式的产品发布会，赢得了业内广泛好评
TIANXIANG	**16. 山东天翔毛纺织有限公司** 主要从事中高档毛纺呢绒面料的研发、生产和营销业务，被认定为“国家粗毛纺织产品开发基地”，建有“省级企业技术中心”。参与制定国家标准1项，曾荣获“中国纺织服装企业竞争力500强”、“2013年度中国纺织工业联合会产品开发贡献”等荣誉。多个新产品荣获“中国国际面料设计大赛暨中国流行面料入围评审”优秀奖、“最佳色彩应用奖”、“优秀设计奖”，2个产品获得“唯尔佳”杯全国毛纺年会优秀设计奖

续表

获奖企业及标识	获奖简评
Enda 恩达麻艺	**17.江西恩达麻世纪科技股份有限公司** 主要从事苎麻织品、纺织织物和装饰织品的研发、生产加工、出口与销售业务，被认定为“国家高新技术企业”、“江西省苎麻纺织基地”，建有“国家级麻类服务平台”、“省级苎麻工程试验中心”、“省级企业技术中心”和“江西省博士后工作站”。拥有国家专利40项，其中发明专利3项，实用新型专利20项，外观设计专利17项；参与制定国家、行业标准2项。获得“中国纺织服装企业竞争力500强”、“中国麻纺行业竞争力10强企业”、“中国纺织服装行业出口百强企业”等荣誉
HUAJIA The Leading Silk Family	**18.江苏华佳控股集团有限公司** 主要从事丝绸制品的设计、生产和销售业务，形成了具有自身特色的产品创新体系，被认定为“江苏省高新技术企业”、“国家真丝面料与服装产品开发基地”。拥有国家发明专利14项，参与制定国家、行业标准共5 项。曾获得“2014年度全国丝绸行业年度创新企业”、“江苏省服务业创新示范企业”、“中国丝绸企业前三强”、“中国纺织服装企业竞争力500强”等荣誉，以及2013年度中国纺织工业联合会科学技术进步一等奖、“江苏省高新技术产品”等奖项
淄博大染坊丝绸集团 ZIBO DARANFANG SILK GROUP 诺宝·丝邦	**19.淄博大染坊丝绸集团有限公司** 主要从事丝绸面料的研发、生产和销售业务，建立了完善的技术研发体系和自主创新体系。拥有国家专利40项，其中发明专利4项，实用新型专利11项。完成自主创新研发项目近100项，“高档宽幅蚕丝被”获得“山东省工业设计一等奖”，“高档宽幅家纺床上用品四件套”和“高档真丝丝带衣”在“全国丝绸创新产品推介会”上分别获得金奖和银奖
海利集團 HAILI GROUP	**20.海盐海利环保纤维有限公司** 主要从事再生聚酯涤纶长丝的研发、生产和销售业务，被认定为”浙江省高新技术企业”，建有“浙江省高新技术研发中心”。拥有国家专利25项，参与制定国家、行业标准共6项。荣获“国家纺织行业循环经济示范中心”、“‘双百工程’全国100家资源综合利用骨干企业”、“浙江省标准创新型企业”等荣誉，产品被编入《生态产品采购指南》并成为武警森林指挥部物资供应商
	21.威海拓展纤维有限公司 主要从事高性能碳纤维及复合材料的研发和生产业务，建有“碳纤维制备及工程化国家工程实验室”、“山东省碳纤维及制品工程技术研究中心”、“省级中俄新材料合作研发中心”。拥有发明专利5项，实用新型专利19项，参与制定国家标准1项。“CCF-1级PAN级碳纤维中试稳定化和连续化生产关键技术研究”项目获得“山东省科学技术一等奖”
Different 德福伦	**22.上海德福伦化纤有限公司** 主要从事差别化聚酯新材料研发、生产业务，被认定为“国家火炬计划重点高新技术企业”、“国家差别化聚酯新材料产品开发基地”。拥有发明专利7项，实用新型专利13项，参与制定国家、行业标准共5项。曾荣获“中国纺织工业联合会科学技术进步奖”、“中国纺织工业联合会产品开发贡献奖”、“全国优秀化纤行业品牌贡献奖”等荣誉称号
TONGKUN	**23.桐昆集团股份有限公司** 主要从事聚酯切片和涤纶长丝的生产和经营业务，被认定为“国家新合纤产品开发基地”，建有“浙江省企业技术中心”。拥有国家专利157项，其中发明专利7项，实用新型专利148项，外观设计专利2项，参与制定国家、行业标准共5项。“直纺半光多孔扁平纤维的研制与产业化技术”项目获2015年度中国纺织工业联合会科学技术进步三等奖

续表

获奖企业及标识	获奖简评
恒申 HSC	**24.长乐恒申合纤科技有限公司** 主要从事锦纶、氨纶化纤原料的开发和生产业务，被认定为“国家高新技术企业”、“国家差别化锦纶6开发基地”。拥有国家专利101项，其中发明专利2项，实用新型专利96项，外观专利3项。主导制订行业标准2项，参与制订行业标准3项，参与修订行业标准1项。企业及产品荣获“全国化纤行业优秀品牌贡献奖”、“福建名牌产品”、“福建省著名商标”等奖项
KaiBang	**25.福建凯邦锦纶科技有限公司** 主要从事锦纶民用丝生产和销售业务，被认定为“国家差别化尼龙6新纤维研发生产基地”。拥有国家专利37项，参与制定国家、行业标准共3项。先后获得“福建省科技型企业”、“福建省知识产权优势企业”、“福建省质量管理先进企业”、“福建省名牌产品”、“福建省著名商标”等多项荣誉
	26.辽宁胜达化纤有限公司 主要从事再生资源回收利用、再生涤纶短纤维的研发、制造和销售业务，建有“辽宁省企业技术中心”。拥有国家发明专利1项，实用新型专利9项，软件著作权1项。参与制定国家标准1项，行业标准3项。企业及产品荣获“辽宁省创新型中小企业”、“辽阳市名牌产品”、“辽宁省优秀新产品”等多项荣誉
百川	**27.福建省百川资源再生科技股份有限公司** 主要从事绿色生态环保纺织品生产业务，产品开发管理体系完善。拥有国家专利19项，其中发明专利1项，实用新型专利17项，外观设计专利1项，参与制定行业标准2项。企业及产品获得“福建省创新型试点企业”、“福建省战略性新兴产业骨干企业”、“福建省科技型企业”、“国家安全生产标准化三级企业”、“福建名牌产品”等荣誉。“废聚酯瓶片色纺涤纶丝”项目被列为“国家火炬计划产业化示范项目”
华兴集团 HUAXING GROUP	**28.山东华兴纺织集团有限公司** 主要从事纤维、纱线、纺织品等的生产和销售业务，被认定为“国家高新技术企业”，建有“山东省企业技术中心”、“山东省壳聚糖工程技术研究中心”、“山东省多糖生物质工程实验室”、“山东省院士工作站”。拥有国家发明专利7项，实用新型专利70余项，国际发明专利5项，参与制定行业标准4项。获得“山东省创新性试点企业”等荣誉，以及中国纺织工业联合会科学技术进步一等奖、“化纤行业‘十一五’技术突破奖”等奖项
中远企业 GROUP	**29.郑州中远氨纶工程技术有限公司** 主要从事氨纶工程技术的研究开发及工程技术的推广业务，被认定为“河南省氨纶及聚氨酯材料工程技术合作研发基地”，建有“河南省氨纶工程技术研究中心”。拥有国家发明专利17项，实用新型专利15项，参与制定行业标准 3 项。曾获得“化纤行业‘十一五’技术突破奖”、中国纺织工业联合会科学技术进步二等奖等奖项，“干法氨纶工程技术”被列入“化纤行业十大节能减排技术推广目录”
吉林化纤 JLFIBER	**30.吉林化纤集团有限责任公司** 主要从事国有资产经营、化纤及纺织纱线生产、设计研发、商业贸易业务，建有“国家级企业技术中心”和2个“省级企业技术中心”。拥有专利46项，其中发明专利35项；参与制定国家、行业标准共2项。曾荣获中国纺织工业联和会科学技术进步一等奖、“中国纺织工业联合会产品开发贡献奖”等奖项。“竹浆纤维及其制品加工关键技术和产业化应用”项目获“国家科技进步奖”

续表

获奖企业及标识	获奖简评
众和股份 ZHONGHE	**31.福建众和股份有限公司** 主要从事棉及棉混纺休闲面料的开发、生产和销售业务，被认定为“国家高新技术企业”、“国家棉休闲面料染整产品开发基地”，建有“省级企业技术中心”、“福建省纺织面料染整企业重点实验室”。拥有国家专利92项，其中发明专利13项，实用新型专利8项，外观设计专利71项。主持制定行业标准2项，参与制定行业标准2项。曾荣获“福建省创新型企业”荣誉称号、中国纺织工业联合会科学技术进步三等奖
鲁丰织染有限公司 LUFENG COMPANY LIMITED.	**32.鲁丰织染有限公司** 主要从事高档印染面料的研发、生产和销售业务，被认定为“国家印染免烫面料产品开发基地”，建有“省级企业技术中心”。拥有发明专利6项，实用新型专利53项，外观设计专利7项，参与制定国家、行业标准共5项。曾荣获中国纺织工业联合会科学技术进步奖二等奖3项、三等奖4项，荣获印染协会“优秀印染面料”一等奖和二等奖各4项，多个产品获得“中国国际面料设计大赛暨中国流行面料入围评审”优秀奖
	33.浙江红绿蓝纺织印染有限公司 主要从事各类棉、麻、化纤、真丝等中高档数码印花面料的研发、生产、加工和销售业务，被认定为“国家数码印花产品开发基地”。拥有国家发明专利4项，实用新型专利9项，外观设计专利300项，浙江省版权局花型版权1465个。曾获得“中国印染行业二十强企业”、“浙江省著名商标”、“2014年经济发展突出贡献企业”等荣誉，“九分色数码印花技术”项目荣获“浙江省科技进步奖二等奖”
	34.即发集团有限公司 主要从事纺织服装研发、生产和出口业务，被认定为“国家高新技术企业”、“国家火炬计划重点高新技术企业”，建有“国家级企业技术中心”、中国合格评定国家认可委员会（CNAS）认证的“纺织服装材料检测中心”、“山东省甲壳素工程研究中心”、院士工作站和博士后工作站。拥有国家发明专利14项，实用新型专利16项，美国发明专利1项，参与制定国家、行业标准30余项。曾获得“中国纺织技术创新示范企业”、2014年度中国纺织工业联合会科学技术进步二等奖等荣誉
艺蝶 Art Butterfly	**35.宜兴市艺蝶针织有限公司** 主要从事经编成型产品的设计、研发、生产、销售业务，产品开发管理体系完善。拥有花型、成型设计专利和知识产权200多个，参与经编连裤袜、筒袜和成型内衣等行业标准及化纤、机械、服饰等相关标准制定。产品获“江苏省著名商标”、“中国纺织工业联合会针织内衣创新贡献奖”等多个奖项
华宇 HUAYU	**36.福建省晋江市华宇织造有限公司** 主要从事经编间隔织物的研发、设计、生产、销售业务，被认定为“国家高新技术企业”，建有“省级经编间隔织物技术中心”、“省级经编间隔织物企业重点实验室”。拥有国家发明专利5项，实用新型专利28项，外观设计专利1项，参与制定行业标准2项。曾获得“福建省创新型企业”、“福建省知识产权优势企业”、“福建省高成长型企业”、“闽商建设海西突出贡献奖”等荣誉
江阴市恒亮纺织有限公司 JIANGYIN HENGLIANG TEXTILE CO.,LTD	**37.江阴市恒亮纺织有限公司** 主要从事针织牛仔面料产品业务，被认定为“国家针织牛仔产品开发基地”，主要生产靛蓝牛仔、硫化黑牛仔、活性牛仔、汗布、罗纹、硫化彩色等产品。拥有国家专利4项，实用新型专利3项。产品多次获得“中国国际面料设计大赛暨中国流行面料入围评审”优秀奖等奖项

续表

获奖企业及标识	获奖简评
MF -Textile-	**38.海安启弘纺织科技有限公司** 主要从事经编绒类面料的生产与销售业务，被认定为"江苏省高新技术企业"、"国家经编毛绒产品开发基地"，主要生产经编超短绒面料、功能性绒类面料、仿真面料等产品。拥有国家发明专利3项，实用新型专利6项，外观发明专利61项。曾获得"江苏省民营科技企业"称号等荣誉
	39.江苏新凯盛企业发展有限公司 主要从事针织面料的织造、染整业务，被认定为"江苏省高新技术企业"、"国家功能性纬编产品开发基地"。拥有国家发明专利、实用新型专利和外观设计专利共11项，参与制定行业（国家）标准1。曾荣获"江苏省民营科技型企业"等荣誉称号，产品获"江苏省高新技术产品"2项
紅柳 ® HONG LIU	**40.江阴市红柳被单厂有限公司** 主要从事家用纺织品的开发与生产业务，建有"江苏省企业技术中心"。拥有国家发明专利5项，实用新型专利12项，外观设计专利50项，参与制定行业标准1项。曾获得"江苏民营科技企业"等荣誉称号，产品获得"江苏名牌产品"等荣誉，通过"Oeko-Tex 100"认证
RUICHUN 瑞春	**41.河北瑞春纺织有限公司** 主要从事毛巾、浴巾、方巾等家纺产品生产、销售业务。拥有实用新型专利3项，参与制定行业标准3项。曾荣获"河北省信息化与工业化融合重点企业"、"河北省质量效益型企业"等荣誉称号。产品通过欧盟"Oeko-Tex100"、"Step-可持续环保企业"认证，获得"中国驰名商标"、"河北省名牌产品"、"河北省著名商标"等荣誉
和心® HEXIN	**42.浙江和心控股集团有限公司** 主要从事窗帘布、窗纱生产销售业务，被认定为"浙江省高新技术企业"。拥有国家发明专利3项，实用新型专利26项，外观设计专利58项，参与制定行业标准1项。企业及产品曾获"国家科学技术进步奖"、"纺织之光"中国纺织工业联合会科学技术进步奖、"浙江省科技进步奖"、"中国驰名商标"、"浙江著名商标"等奖项和荣誉
台华新材 TAIHUA NEW MATERIAL	**43.浙江台华新材料股份有限公司** 主要从事锦纶休闲运动、户外旅行及羽绒服装面料的研发、生产、销售业务，被认定为"国家火炬计划重点高新技术企业"、"锦纶（尼龙）织造产品开发基地"、"中国功能性锦纶丝织物精品生产基地"，建有"浙江省高新技术企业研究开发中心"。拥有发明专利18项，实用新型专利34项，参与制定国家、行业标准1项。多个新产品获得"中国长丝面料名优精品"金奖、精品奖、入围奖，"中国国际面料设计大赛暨中国流行面料入围评审"优秀奖
JINTONG 衣錦中華 通贏天下	**44.吴江市锦通纺织有限公司** 主要从事化纤女装仿真丝面料和防寒休闲类面料产品的研发、生产和销售业务。拥有实用新型专利5项，平均每年开发的新面料100项以上，自主研发的20多项新产品获得"中国国际面料设计大赛暨中国流行面料入围评审"优秀奖、1项产品获得"最佳色彩应用奖"，2项产品获得盛泽赛区铜奖、白金奖，2项产品获得"中国长丝面料名优精品"奖，1项产品获得"最佳生态环保产品市场应用奖"

续表

获奖企业及标识	获奖简评
德華紡織 DEHUA TEXTILES	**45.江苏德华纺织有限公司** 主要从事化纤面料的研发、生产、销售业务，建有“省级企业技术中心”。拥有实用新型专利8项，曾获得“江苏省民营科技企业”、“两化融合试点企业”等荣誉。拥有省级高新技术产品6个，承担国家、省级科技计划共5项，2个产品获得“中国化纤长丝面料名优精品奖”等奖项
CINC 志向科研	**46.苏州志向纺织科研股份有限公司** 主要从事体系化品牌防寒服面料的研发与推广业务，被认定为“江苏省高新技术企业”、“国家休闲及防寒服面料产品开发基地”，建有“江苏省功能性防寒面料工程技术研究中心”、“江苏省企业技术中心”。拥有国家发明专利6项，实用新型专利10项，外观设计专利1000余项，参与制定国家标准1项，起草制定行业标准1项。曾荣获“中国纺织工业联合会产品开发贡献奖”、“中国纺织服装自主创新十大品牌”、“品牌培育示范企业”等荣誉
FUHUA 福华世家	**47.吴江福华织造有限公司** 主要从事高档化纤织物的研发、生产及销售业务，被认定为“江苏省高新技术企业”、“国家锦纶面料产品开发基地”，建有“江苏省企业技术中心”、“江苏省高端细旦锦纶面料工程技术研究中心”。拥有国家发明专利6项，实用新型专利50项，参与制定行业（国家）标准1项。曾获得“江苏省民营科技企业”、“江苏省创新型企业”、"中国纺织工业联合会产品开发贡献奖"、“中国国际面料设计大赛暨中国流行面料入围评审”优秀奖等荣誉
DE	**48.吴江德伊时装面料有限公司** 主要从事高档织物面料的织染及后整理加工（印花）、服装服饰的生产业务，被认定为“江苏省高新技术企业”、“国家女装面料产品开发基地”。拥有国家发明专利10项，实用新型专利4项，参与制定行业标准2项。“再生纤维素纤维织物铜氨面料”等产品多次获得“江苏省高新技术产品”等荣誉
TDF 天鼎丰	**49.天鼎丰非织造布有限公司** 主要从事聚酯长丝纺粘针刺土工布、油毡基布、高性能滤料滤袋、高强粗旦聚丙烯纺粘针刺土工布、医疗卫生材料等各类非织造产品的研发、生产、深加工、贸易等业务，建有“山东省企业技术中心”、“省级工程技术研究中心”和“省级工程实验室”。拥有国家专利8项，其中发明专利6项，实用新型专利2项，参与制定国家标准1项，行业标准3项。曾荣获“2014年中国产业用纺织品行业质量奖”、“2014年度全国纺织行业设备管理先进单位”等奖项
RUIGUANG 瑞光集团	**50.大连瑞光非织造布集团有限公司** 主要从事非织造布的生产销售业务，建有“辽宁省企业技术中心”。拥有国家发明专利4项，实用新型专利7项，参与制定行业标准1项。企业及产品曾获得“2014中国工业行业排头兵企业”、“全国纺织行业实施卓越绩效模式先进企业”、“中国产业用纺织品行业竞争力20强企业”、“2014年中国产业用纺织品行业质量奖”、“中国纺织服装行业十大纺织企业”等荣誉
南京际华三五二一环保科技有限公司 NANJING JIHUA 3521 ENVIRONMENTAL PROTECTION SCIENCE & TECHNOLOGY CO., LTD.	**51.南京际华三五二一环保科技有限公司** 主要从事各类耐高温、耐腐蚀非织造过滤材料生产制造业务，建有“江苏省二噁英烟气分解除尘工程技术中心”。拥有国家发明专利10项，实用新型专利10项，参与制定行业标准2项。企业承接国家科技部‘863计划’项目，“高强耐腐蚀PTFE纤维及其滤料开发和产业化”项目荣获中国纺织工业联合会科技进步一等奖

续表

获奖企业及标识	获奖简评
	52.泰安鲁普耐特塑料有限公司 主要从事以化纤、塑料、金属、植物、特种纤维为主要原料的绳、线、网、带产品的生产、经营、研发和服务业务，被认定为“中国绳网研发基地”，建有“山东省新材料绳网工程技术研究中心”、“山东省企业技术中心”。拥有国家发明专利4项，实用新型专利140余项，参与制定国家标准6项，行业标准4项。2项发明成果获国际博览会银奖，“消防用玄武岩纤维绳”获“省科学技术安全二等奖”等
	53.常熟市飞龙无纺机械有限公司 主要从事无纺机械制造业务，建有“省级工程技术研究中心”，主要生产混合纤维汽车隔音毡生产联合机、木浆/纤维水刺复合联合机、高效节能水刺非织造布联合机、针刺非织造布生产联合机等产品。拥有国家发明专利21项，实用新型专利8项，计算机软件著作权1项。参与制定国家标准3项，行业标准9项。“飞龙牌”无纺设备获得“江苏省名牌产品”称号
	54.上海和鹰机电科技股份有限公司 主要从事服装领域数字化全面解决方案的开发业务，被认定为“国家火炬计划重点高新技术企业”，建有“中国产业用纺织品数控裁剪技术研发中心”。拥有专利140多项，其中发明专利98项，软件著作权26项。参与制定国家标准1项，行业标准3项。企业曾获得“上海市创新型企业”、“上海市科技小巨人企业”等荣誉称号
	55.北京中丽制机工程技术有限公司 主要从事化纤专用设备、机械电器设备的设计、制造、销售等业务，同时承担专业承包、技术开发、技术服务、货物进出口、技术进出口等业务，被认定为“国家高新技术企业”。拥有国家发明专利13项，实用新型专利73项。参与制定国家标准3项，行业标准6项。曾获得“改革开放三十年推动中国纺织产业升级重大技术进步企业”、“中央企业先进集体”等荣誉称号，以及2012年度中国纺织工业联合会科学技术进步一等奖等奖项
	56.北京机械工业自动化研究所 主要从事物流自动化包装业务，被认定为“国家高新技术企业”、“国家‘863’计划智能机器人产业化基地”，建有“制造业自动化国家工程研究中心”、“国家液压元件质量监督检验中心”。拥有发明、外观设计专利共4项，实用新型专利10余项。企业及产品获得“桑麻纺织科技奖一等奖”等奖项
	57.深圳影儿时尚集团有限公司 主要从事时装的生产和销售业务，产品开发体系建设完备。拥有实用新型、外观设计专利共150项。企业参与制定地方标准1项。企业及产品先后获得“深圳市民营领军骨干企业”、“深圳市自主创新龙头企业”、“中国纺织服装行业竞争500强”、“中国驰名商标”、“中国服装行业十大影响力品牌”等荣誉
	58.榆林市蒙赛尔服饰有限责任公司 主要从事羊毛防寒服的研发、设计、生产、销售等业务，建有“省级企业技术中心”。拥有实用新型专利1项，外观设计专利2项。曾获得“中国纺织服装行业竞争力500强企业”、“国家重点跟踪培育服装家纺自主品牌企业”、“陕西服装行业十强企业”、“优势产品企业”、“陕西省中小企业专利产品”等荣誉。“蒙赛尔”品牌获得“中国著名品牌”、“陕西名牌”、“陕西省著名商标”等荣誉称号

续表

获奖企业及标识	获奖简评
SUNSI®	**59.山东仙霞服装有限公司** 主要从事服装加工、服饰营销、职业装定制等业务，建有“省级企业技术中心”、“山东省技师工作站”。拥有国家发明专利3项，实用新型专利20余项，外观设计专利7项。连续十五年被评为“中国服装行业‘双百强’企业”，获得“中国专利优秀企业”、“中国职业装领军企业”等荣誉称号
七只羊 SEVEN SHEEP	**60.榆林市七只羊服饰有限责任公司** 主要从事羊毛防寒服研发、设计、生产、销售及售后服务为主导的羊毛防寒服生产业务，主要生产九大类上百个款式的产品。参与制定地方标准1项。企业技术中心累计开展新产品研发与工艺改进20余项100多款。曾获得“中国服装行业百强企业”荣誉称号，“七只羊”品牌获得“中国驰名商标”、“陕西省名牌产品”等荣誉
广州国际轻纺城 CHINA FABRICS & ACCESSORIES CENTER	**61.广州国际轻纺城** 广州国际轻纺城为“中国纺织工业联合会流通分会副会长单位”，现有商户3000余家，汇集数十万种最新面辅料产品，除国内市场外，销售范围辐射韩国、日本、法国、意大利、东盟、中东等20多个国家和地区，年交易额超200亿元。广州国际轻纺城着眼专业市场转型升级，通过公共服务平台建设，创新服务机制，提升入驻商户和采购商的运营管理效率。积极建设流行趋势发布体系、产品质量检验检测体系和电子商务交易体系，推动企业在产品研发、技术更新、质量控制、展贸交易智能化管理和交易成本控制等方面做出积极的探索，取得显著成效
	62.山东省德州市陵城区 山东省德州市陵城区是中国纺织工业联合会命名的纺织产业特色名城——中国土工用纺织材料名城，现有高新技术企业12家，企业技术中心19个，省级工业设计中心1家，工程研发中心4家。累计创办科技企业65家，开发新产品75项，拥有专利技术近130项，拥有“中国驰名商标”5件、“山东省著名商标”15件、“山东省名牌产品”14个。区内已形成以土工复合材料、生物技术、新型纤维纺织、新能源汽车、装备制造、生态化工为主导的产业格局

2015中国纺织十大品牌文化等先进单位和个人

中国纺织工业联合会

当前，我国纺织经济进入内涵式发展“新常态”。随着纺织经济转向中高速增长，迈向中高端水平，深化纺织品牌文化建设，是纺织经济发展新常态的必然选择。不断丰富品牌的文化内涵，对于提升品牌价值和影响力，增强企业核心竞争力和综合实力；对于企业创新创业，深化改革，整合资源，助推纺织行业在稳增长与调结构平衡中实现升级发展都具有重要意义。

为传播品牌文化工作经验，展示品牌文化建设成果，共同分享品牌文化理念，提升品牌文化内涵，推进纺织品牌文化建设，经纺织专业协会、省市纺织行业主管部门推荐和企业自荐申报，并经审核初评、调研考察、推介活动领导小组审定等程序，中国纺织工业联合会、中国纺织职工思想政治工作研究会决定授予陕西羊老大服饰股份有限公司等10家企业“2015中国纺织十大品牌文化”荣誉称号；授予北京中丽制机工程技术有限公司等17家企业“2015中国纺织品牌文化创新奖”荣誉称号；授予上海培罗蒙西服公司“中国纺织服装老字号品牌文化传承奖”荣誉称号；授予黑牡丹（集团）股份有限公司党委书记、董事长戈亚芳等13位同志“2015中国纺织品牌文化建设杰出人物”荣誉称号。

希望受到表彰的单位和个人发扬成绩，开拓创新，不断超越，在应对国内外复杂的发展环境中，发挥示范引领作用，为推动纺织经济深化改革，转型升级，提振发展信心，为实现纺织强国梦作出新的更大的贡献。

2015中国纺织十大品牌文化企业名单

陕西羊老大服饰股份有限公司	天津天纺投资控股有限公司
上海新联纺进出口有限公司	浙江泰坦股份有限公司
山西恒晟纺织印染有限公司	安徽天鹅科技实业（集团）有限公司
淄博大染坊丝绸集团有限公司	浙江德芙瑞服装股份有限公司
陕西雅兰寝饰用品有限公司	吴江市鼎盛丝绸有限公司

2015中国纺织品牌文化创新奖企业名单

北京中丽制机工程技术有限公司	北京雪莲集团有限公司
天津纺织集团进出口股份有限公司	山西绿洲纺织有限责任公司
上海华申进出口有限公司	上海上实国际贸易(集团)有限公司
无锡歌迪服饰有限公司	达利丝绸（浙江）有限公司
福建锦江科技有限公司	石狮大帝集团有限公司
江西恩达麻世纪科技股份有限公司	德州恒丰集团
山东舒朗服装服饰股份有限公司	四川嘉陵纺织（集团）股份有限公司
际华三五一三实业有限公司	榆林市七只羊服饰有限责任公司
陕西五环（集团）实业有限责任公司	

中国纺织服装老字号品牌文化传承奖企业名单

上海培罗蒙西服公司

2015中国纺织品牌文化建设杰出人物

（以姓氏笔划为序）

姓名	工作单位及职务
戈亚芳	黑牡丹（集团）股份有限公司党委书记、董事长
安秀清	上海申达股份有限公司董事长
刘光胜	山西绿洲纺织有限责任公司纪委书记
陈忠伟	恒源祥（集团）有限公司总经理
宋永生	陕西昌荣纺织有限责任公司党委书记、董事长、总经理
宋德武	吉林化纤集团有限责任公司党委书记、董事长、总经理
杨为东	青岛即发集团控股有限公司总经理

续表

姓名	工作单位及职务
金建华	上海培罗蒙集团党委书记、董事长
吴华新	福建锦江科技有限公司董事长兼总裁
赵秀珍	德州恒丰集团党委副书记
赵　焱	北京市大华衬衫厂党委书记、厂长
侯志宏	陕西羊老大服饰股份有限公司总经理
管幼平	经纬纺织机械股份有限公司榆次分公司党委书记、总经理

第四届全国纺织行业质量奖、实施卓越绩效模式先进企业、质量杰出人物

中国纺织工业联合会

2015年是“十二五”收官之年，为了树立追求卓越的典范企业，激励和引导纺织企业提高产品、服务质量和经营管理水平，为顾客、企业及其他相关方创造价值，实现卓越绩效，提升企业竞争力，一如既往的积极开展全国纺织行业质量奖活动，并于2015年3月启动了全国纺织行业质量奖申报评审工作。根据《卓越绩效评价准则》（GB/T 19580—2012）和《全国纺织行业质量奖评审管理办法》的有关规定，由全国纺织行业质量奖评审委员会对资料和现场进行评审，经全国纺织行业质量奖审定委员会审议通过，山东南山纺织服饰有限公司等14家企业荣获第四届全国纺织行业质量奖；保定天鹅新型纤维制造有限公司等9家企业荣获第四届全国纺织行业实施卓越绩效模式先进企业；富润控股集团有限公司徐可成等12位同志荣获第四届全国纺织行业质量杰出人物。

希望获奖企业和个人再接再厉，珍惜荣誉，持续改进，不断追求卓越。希望全国纺织企业和个人不断加强学习实践《卓越绩效评价准则》和获奖企业的成功经验与做法，不断提高自主创新能力和产品质量水平，积极参与国际竞争，为建设纺织强国做出更大贡献。

2015年全国纺织行业质量奖

山东南山纺织服饰有限公司	山东如意科技集团有限公司
金轮针布（江苏）有限公司	宜宾海丝特纤维有限责任公司
江苏联发纺织股份有限公司	江苏堂皇集团有限公司
魏桥纺织股份有限公司	山东立昌纺织科技有限公司
河北宁纺集团有限责任公司	经纬纺织机械股份有限公司榆次分公司
龙福环能股份有限公司	浙江台华新材料股份有限公司
黑牡丹（集团）股份有限公司	愉悦家纺有限公司

2015年全国纺织行业实施卓越绩效模式先进企业

（排名不分先后）

保定天鹅新型纤维制造有限公司	佛山市南海必得福无纺布有限公司
福建华阳超纤有限公司	广州市东海鹏染整织造有限公司
金富春集团有限公司	南京际华三五二一环保科技有限公司
山东省永信非织造材料有限公司	深圳市广德教育科技股份有限公司
天鼎丰非织造布有限公司	

2015年全国纺织行业质量杰出人物

（排名不分先后）

序号	企业名称	姓名
1	宜宾海丝特纤维有限责任公司	邓传东
2	魏桥纺织股份有限公司	张红霞
3	南京际华三五二一环保科技有限公司	夏前军
4	经纬纺织机械股份有限公司榆次分公司	管幼平
5	江苏梦兰集团有限公司	陈建华
6	黑牡丹（集团）股份有限公司	姜为民
7	河北宁纺集团有限责任公司	徐建林
8	深圳市广德教育科技股份有限公司	陈桂林
9	灌南宏益纺织有限公司	时香
10	富润控股集团有限公司	徐可成
11	福建华阳超纤有限公司	张哲
12	佛山市南海必得福无纺布有限公司	邓伟雄

2015年度全国纺织行业优秀质量管理小组

中国纺织工业联合会
中国财贸轻纺烟草工会全国委员会

2015年，中国纺织工业联合会和中国财贸轻纺烟草工会在纺织行业企业积极推进质量管理小组活动，取得了显著成效，并涌现出一批优秀质量管理小组、质量信得过班组、质量管理小组活动优秀企业、质量管理小组活动卓越领导者、质量管理小组活动优秀推进者和质量管理小组活动优秀成果。为鼓励和引导纺织企业进一步开展质量管理创新，树立全国纺织行业质量管理的先进典型，全面提升市场竞争力，在行业推荐和企业申报的基础上，组织专家对资料进行了认真审核，召开了成果发表会议。经评审，决定命名唐山三友集团兴达化纤有限公司远达酸浴一车间QC小组等73个小组为2015年度全国纺织行业优秀质量管理小组；北京光华集团佳泰新材料有限公司篷房制作班组等18个班组为质量信得过班组；富润控股集团有限公司等12家企业为质量管理小组活动优秀企业；安徽华茂纺织股份有限公司倪俊龙等12位同志为质量管理小组活动卓越领导者；鲁泰纺织股份有限公司马晓丽等10位同志为质量管理小组活动优秀推进者。

恒天重工股份有限公司加工事业部QC小组提高道夫结合件冷冻合配项目合格率等5个质量管理小组成果荣获2015年全国纺织行业质量管理小组活动成果一等奖；石家庄常山纺织有限公司恒盛分公司希望之星QC小组降低自络工序不合格率等10个质量管理小组成果荣获2015年全国纺织行业质量管理小组活动成果二等奖；金轮针布（江苏）有限公司"攻垒"QC小组提高自锁型坯条轧制利用率等15个质量管理小组成果荣获2015年全国纺织行业质量管理小组活动成果三等奖。

神马实业股份帘子布公司浸胶一厂一期丁班荣获2015年全国纺织行业质量信得过班组一等奖；鲁泰纺织股份有限公司织造事业部织布四厂质量控制班组，中石化仪征化纤有限责任公司PTA生产中心装置一线第二运行班组荣获2015年全国纺织行业质量信得过班组二等奖；浙江富润印染有限公司孙旭安核样班组，青岛纺织机械股份有限公司非织造布厂梳理辅网装配班，唐山三友远达纤维有限公司电仪车间DCS技术班组等三个班组荣获2015年全国纺织行业质量信得过班组三等奖。

请各单位按照中国纺织工业联合会与中国财贸轻纺烟草工会联合发布的《纺织行业优秀质量管理小组活动表彰与奖励意见》对获得国家级、省部级、省部厅局级、公司总厂内的优秀QC小组、信得过班组、优秀推进者、卓越领导者称号的人员予以表彰，有条件的单位要给予适当的物质奖励，积极支持职工参加全国的经验交流活动，促进QC小组活动水平的不断提高。

为进一步推动纺织企业质量管理创新活动的开展，在全行业扩大QC小组活动的影响，主办方将在《中国纺织报》、《中国纺织经济信息网》（网址：www.ctei.cn）、《纺织服装周刊》、《中国财贸轻纺烟草工会网站》（网址：cmqfyc.acftu.org）上进行宣传报道。

希望获奖团体和个人珍惜荣誉、再接再厉，继续攀登新的高峰。希望全国广大纺织企业、职工以此为榜样，求真务实、开拓创新，积极主动地推进质量管理工作，努力推动纺织强国战略的实现。

2015年度中国纺织工业联合会经济研究成果奖

中国纺织工业联合会

2015年是"十二五"的收官之年，针对纺织行业"十二五"时期各方面发展情况的总结和评价工作全面展开，纺织行业"十三五"发展规划的研究和制定工作也在积极进展中。在国家全面推进"一带一路"、京津冀协同发展、长江经济带三大战略背景下，为进一步加快纺织工业结构调整、优化升级，落实《纺织工业"十二五"发展规划》及《建设纺织强国纲要》，增强纺织工业创新能力，实现纺织经济平稳健康发展，中国纺织工业联合会在全行业开展了"2015年中国纺织经济研究成果"的征集评审工作，并将主题确定为："'一带一路'战略与纺织业国际化新格局"。

根据中国纺织工业联合会经济研究成果评审的有关规定，经中国纺织工业联合会经济研究成果评审委员会的初评和终评，现决定授予"2015年度中国纺织工业联合会经济研究成果奖"共计25项，其中《我国纺织业低碳绿色化水平评价及分析等5项研究成果为一等奖；《"一带一路"倡议下中国纺织业国际化研究：风险控制和协同发展》等9项研究成果为二等奖；《"一带一路"战略背景下提升我国纺织服装产业价值链优势探讨》等11项研究成果为三等奖；《京津冀纺织产业与文化创意产业融合发展研究》等18项研究成果为优秀奖。

希望获表彰的个人以及研究团队，以此成果作为新的契机，继续关注行业发展面临的新形势，针对新问题加强行业经济研究，坚持创新发展、协调发展、绿色发展、开放发展和共享发展的新理念，促进纺织行业的结构调整和质效提升，为纺织行业完成"十三五"规划目标和到2020年建成纺织强国做出新的更大贡献。

2015年度中国纺织工业联合会经济研究成果奖获奖项目

一等奖

序号	论文题目	主要完成人	主要完成单位
1	我国纺织业低碳绿色化水平评价及分析	张雪花　余敦涌　张宏伟	天津工业大学　天津环境经济研究所
2	基于T-plan技术路线图的纺织服装企业战略目标制定研究	郭　伟　郑　健 姜　铸　李军训	西安工程大学管理学院
3	丝绸之路经济带背景下促进纺织行业向西开放对策研究	张　倩	中国纺织经济研究中心
4	TPP背景下越南服装在美国市场的竞争力研究	黎忠孝　李　廷	东华大学旭日工商管理学院
5	《低碳路径下纺织服装产业发展问题研究》专著	姚　蕾	北京服装学院商学院

二等奖

序号	论文题目	主要完成人	主要完成单位
6	"一带一路"倡议下中国纺织业国际化研究：风险控制和协同发展	何　涛　姜宁川　王　歆	成都纺织高等专科学校
7	"一带一路"下纺织服装产业发展问题研究	胡星辉	武汉纺织大学中国纺织业绩效评价与风险预警研究中心
8	浅论新疆发展服装产业的必要性与制约因素	徐　红　王志坚 肖爱民　星　辉	新疆大学
9	基于产业集群的陕西纺织工业园区发展研究	李军训　宋　玉 荆　媛　陈　月	西安工程大学管理学院
10	基于战略联盟和"互联网+"的广州康拜思公司ERM系统之创新与实践	周郝阳　杨鸿川 郭　伟　易佳岐	广州康拜思企业管理咨询有限公司 西安工程大学管理学院
11	服装商品网络消费者购买决策过程的性别差异研究	张克英　吴晓曼 田　蜜	西安工程大学管理学院
12	"互联网+"时代纺织产业创新驱动发展突破路径研究	邵景峰　王进富　马创涛 章玉铭　沈建中　郭迎辉	西安工程大学管理学院 浙江洁丽雅集团有限公司
13	纺织类非遗的生产性保护不能失去传统	姜　弘　赵　宏 朱春红	天津市现代纺织产业创新研究中心 天津工业大学经济学院
14	以非物质文化遗产推动天津文化产业创新发展研究	马艳华　高玉静	天津工业大学经济学院

三等奖

序号	论文题目	主要完成人	主要完成单位
15	"一带一路"战略背景下提升我国纺织服装产业价值链优势探讨	李桂付　曹林峰 赵　磊　程友刚	盐城工业职业技术学院经贸管理学院
16	京津冀协同发展下纺织非物质文化遗产的惠益扩散	王　巍　张晓盼	天津工业大学经济学院 天津工业大学现代纺织产业创新研究中心
17	服装企业全面预算管理"五个体系"建设探索与实践	李维民　李剑涛　王秀利 王建科　刘艳华　任俊芳 吴彦君　贾丽丽	际华三五零二职业装有限公司

续表

序号	论文题目	主要完成人	主要完成单位
18	试论大趋势下服装产业升级的途径及选择	张俊霞　马大力　陈苗淼	天津工业大学纺织学院
19	中国男装品牌格局与运营现状分析	王　涓	北京服装学院商学院
20	基于创新驱动的生产性服务业与纺织业双重集群升级研究	王铁山　康云鹏	西安工程大学管理学院
21	新常态下陕西纺织产业转型升级战略研究	郭　伟　蒲　菲 姜　铸　丁　田	西安工程大学
22	逐步推广以回收箱为主的废旧纺织品回收模式	陈遊芳	北京服装学院商学院
23	废旧纺织品回收联盟利益分配中带风险修正因子的Shapley模型	庞　凯　赵小惠 赵广强	西安工程大学机电工程学院
24	互联网视阈下中国纺织服装跨界融和发展之路	沈　蕾	东华大学旭日工商管理学院
25	基于服装O2O模式的消费者行为调查研究	李集城	广东职业技术学院经济管理系

优秀奖

序号	论文题目	主要完成人	主要完成单位
26	“一带一路”背景下的四川纺织服装园区发展探析	刘银锋　何　涛	成都纺织高等专科学校
27	京津冀纺织产业与文化创意产业融合发展研究	陈禹旭　尹艳冰	天津工业大学经济学院
28	纺织产业升级新趋势背景下技术与设计关联的思考	王　利	天津美术学院
29	纺织专业背景临时团队中情绪智力对团队创造力影响机制分析	王　渊　郝向举 薛　琳	西安工程大学管理学院

续表

东丽合成纤维（南通）有限公司涤纶制造1部纺丝课工程测定组	淮安嘉德纺织有限公司成品整理小组
江苏卧尔康家居用品有限公司发泡班	淮安亨通手套帽业有限公司帽冠车间
淮安百隆实业有限公司淮安百隆研发中心	江苏三禾鞋业服饰有限公司研发部
常州纺兴精密机械有限公司CNC加工中心工段	常州恒基纺织有限公司喷气班组
黑牡丹纺织有限公司后织甲班一组	江苏纺织器材研究所有限公司针辊工段
浙江富润纺织有限公司王鸽细纱帮带小组	宿州博洋纺织有限公司棉纺细纱工段
山东如意科技集团有限公司如意天容纺纱分厂设备工段	华纺股份有限公司花布车间后处理乙班
青岛纺织机械股份有限公司电气公司开关箱班	山东南山纺织服饰有限公司后纺一车间A班
山东康平纳集团有限公司染整分公司修补班	德州恒丰纺织有限公司生产技术处纺部实验班
武汉裕大华集团股份有限公司纺纱分厂细纱工序设备班组	深圳市广德教育科技有限公司精准立裁人台研发小组
重庆三峡技术纺织有限公司紧密纺一厂细纱乙班	咸阳纺织集团有限公司一分厂织布工序丙班三组
西安纺织集团有限责任公司织造车间乙班一组	际华三五一三实业有限公司三车间缝纫班组
咸阳华润纺织有限公司细纱丁班五组	陕西羊老大服饰股份有限公司研发技术部
宝鸡大荣纺织有限责任公司织布车间常日班平检小组	

纺 织 天 下 ◆ 强 国 版 图
中国纺织
CHINA TEXTILE
中国纺织工业联合会会刊
—栏目设置—
纺织日历/Calendar
服装/Fashion
专栏/Column
[声音] [荣盲]
封面人物/Feature
面料/Fabric
[焦点] [一线]
封面故事/Cover Story
视野/View
特别策划/Special Report
纺织之光/Textile Vision
化纤/Chemical Fiber
[热点] [一线]
纺机/Textile Machinery
中纺联/CNTAC
NEW
决策者的智囊
创业者的指南
—联系方式—
地址:北京市东长安街12号530室
邮编:100742
E-Mail：zgfz530@126.com
Web：www.tex1951.com
发行热线：010-85229008
1951年创刊／每月5日出版
定价／30元
《中国纺织》微信二维码
重组背后：恒天的新生
宋锦新纪元
纺织新"宣言"

CNTAC

中国纺织工业发展报告

CHINA TEXTILE INDUSTRY DEVELOPMENT REPORT

2015/2016

统计资料

国内统计

表1　2015年国民经济主要指标

指标名称 Indicators	单位 Unit	数值 Volume	比上年增长(%) Percentage Change over Previous Year
国内生产总值 GDP	亿元 100 million yuan	676708	6.9
规模以上工业企业实现利润 Gained Profit of Enterprises above Designated Size	亿元 100 million yuan	63554	-2.3
其中：国有及国有控股企业 State-owned and State-controlling Enterprises	亿元 100 million yuan	10944	-21.9
全部工业增加值 All Industrial Added Value	亿元 100 million yuan	228974	5.9
其中：规模以上企业增加值 Added Value of Enterprises above Designated Size	亿元 100 million yuan		6.1
其中：国有及国有控股企业 State-owned and State-controlled Enterprises	亿元 100 million yuan		1.4
集体企业 Collective-owned Enterprises	亿元 100 million yuan		1.2
股份制企业 Stock Enterprises	亿元 100 million yuan		7.3
外商及港澳台投资企业 Foreign, Hong Kong, Macao and Taiwan Invested Enterprises	亿元 100 million yuan		3.7
私营企业 Private Enterprises	亿元 100 million yuan		8.6
其中：采矿业 Mining and Quarrying	亿元 100 million yuan		2.7
制造业 Manufacturing	亿元 100 million yuan		7.0
电力、燃气和水的生产和供应业 Production and Distribution of Electricity, Gas and Water	亿元 100 million yuan		1.4
全社会完成固定资产投资 Total Fixed Assets Investment in the Whole Country	亿元 100 million yuan	562000	9.8
固定资产投资（不含农户） Fixed Assets Investment Excluding Rural Household	亿元 100 million yuan	551590	10.0
全年社会消费品零售总额 Social Consumable Retail Total Amount	亿元 100 million yuan	300931	10.7
全国居民消费价格指数 National Residents' Consumption Price Index	上年=100	101.4	1.4
全国城镇居民人均可支配收入 National Urban Residents' Disposable Income Per Capita	元 RMB YUAN	31195	8.2
全国农村居民人均纯收入 National Rural Residents' Net Income Per Capita	元 RMB YUAN	11422	8.9
全年进出口总额 Imports and Exports Total Value	亿美元 USD 100 million	245849	-7.0

Table1 Main Indicators of National Economy in 2015

指标名称 Indicators	单位 Unit	数值 Volume	比上年增长(%) Percentage Change over Previous Year
其中：出口总额 Export Total	亿美元 USD 100 million	141357	-1.8
进口总额 Import Total	亿美元 USD 100 million	104492	-13.2
全年进出口差额 Favorable Balance of Imports and Exports	亿美元 USD 100 million	36865	56.9
国家外汇储备 National Foreign Exchange Reserve	亿美元 USD 100 million	33304	-13.3
广义货币供应量(M2)余额 Money Supply (M2) Balance in Broad Sense	万亿元 1,000 billion yuan	139.2	13.3
狭义货币供应量(M1)余额 Money Supply (M1) Balance in Narrow Sense	万亿元 1,000 billion yuan	40.1	15.2
流通中现金 (M0)余额 Balance of Cash (M0) in Circulation	万亿元 1,000 billion yuan	6.3	4.9
金融机构本外币存款余额 Home and Foreign Currency Balance of Deposits of Financial Organization	万亿元 1,000 billion yuan	139.8	12.4
全国总人口 National Total Population	万人 10,000 persons	137462	0.5
全年城镇新增就业人员 Urban Newly-increased Employees	万人 10,000 persons	1312	-0.8
城镇登记失业率 Urban Registered Unemployment Rate	%	4.05	-0.04 (百分点)

表4-1　2015年纺织工业经济指标分省完成情况（规模以上全行业）

地　区	Region	企业户数 Number of Enterprises	亏损企业数 Number of Loss-making Enterprises	亏损面(%) Proportion of Loss-making Enterprises	主营业务收入 Reveneue from Principal Business		
					本月止累计 Current Year	去年累计 Previous Year	同比(%) Compared Ratio
全　国	National Total	38744	4411	11.38	707134586	673543318	4.99
北京市	Beijing	174	51	29.31	1930488	2194355	-12.02
天津市	Tianjin	196	21	10.71	5527263	4532296	21.95
河北省	Hebei	1073	105	9.79	22566634	22129643	1.97
山西省	Shanxi	54	23	42.59	736619	798123	-7.71
内蒙古	Inner Mongolia	156	18	11.54	5013097	4605689	8.85
辽宁省	Liaoning	725	110	15.17	7915488	11157446	-29.06
吉林省	Jilin	110	13	11.82	3415257	3114397	9.66
黑龙江	Heilongjiang	75	10	13.33	1238858	1224657	1.16
上海市	Shanghai	648	201	31.02	6782128	7087886	-4.31
江苏省	Jiangsu	8166	1130	13.84	143153250	137362861	4.22
浙江省	Zhejiang	8320	1081	12.99	107561597	107398014	0.15
安徽省	Anhui	1781	146	8.20	20533699	18701418	9.80
福建省	Fujian	2229	153	6.86	49142299	45648222	7.65
江西省	Jiangxi	1283	63	4.91	25721224	23999768	7.17
山东省	Shandong	4142	298	7.19	127942058	116744775	9.59
河南省	Henan	1586	88	5.55	38711193	36160958	7.05
湖北省	Hubei	1598	115	7.20	32313765	30524694	5.86
湖南省	Hunan	483	42	8.70	9638683	8969958	7.46
广东省	Guangdong	4473	557	12.45	66119911	62749390	5.37
广　西	Guangxi	206	52	25.24	3829041	3434080	11.50
海南省	Hainan	2			42261	34357	23.00
重庆市	Chongqing	201	12	5.97	3169911	3061723	3.53
四川省	Sichuan	517	36	6.96	13694269	12624498	8.47
贵州省	Guizhou	65	9	13.85	596260	328641	81.43
云南省	Yunnan	45	15	33.33	528430	475040	11.24
西　藏	Tibet	2			4786	9175	-47.84
陕西省	Shaanxi	181	19	10.50	3444915	2973819	15.84
甘肃省	Gansu	46	5	10.87	328787	424759	-22.59
青海省	Qinghai	17	1	5.88	629845	586183	7.45
宁　夏	Ningxia	85	10	11.76	2642918	2126594	24.28
新　疆	Xinjiang	105	27	25.71	2259656	2359902	-4.25

Table4—1 Textile Industry Main indicators by Provinces in 2015 (Enterprises above Designated Size)

单位：万元
Unit：10,000 yuan

主营业务成本 Cost of Principle Business			主营业务税金及附加 Taxes and Other Charges on Principal Business			营业费用 Sales Expenses		
本月止累计 Current Year	去年累计 Previous Year	同比(%) Compared Ratio	本月止累计 Current Year	去年累计 Previous Year	同比(%) Compared Ratio	本月止累计 Current Year	去年累计 Previous Year	同比(%) Compared Ratio
623213160	593339215	5.03	3829873	3581735	6.93	14282221	13427136	6.37
1385089	1621989	−14.61	12560	14027	−10.45	240298	243944	−1.49
4210432	3333501	26.31	28433	17967	58.25	794622	732566	8.47
20176531	19709819	2.37	101801	101717	0.08	322645	326695	−1.24
661498	708388	−6.62	2043	3002	−31.93	15099	15380	−1.83
4242226	3845569	10.31	15760	14319	10.06	86783	85751	1.20
7114501	10119425	−29.69	51955	67007	−22.46	155380	185966	−16.45
3069136	2826315	8.59	10363	9216	12.44	80502	69305	16.16
1104560	1086788	1.64	2800	2381	17.63	22372	21151	5.77
5720386	5928911	−3.52	16680	15794	5.61	457723	472878	−3.20
126066815	121411004	3.83	737604	654077	12.77	2748133	2540873	8.16
95107797	95024578	0.09	500624	482749	3.70	1711365	1702087	0.55
18313808	16579603	10.46	138007	108384	27.33	365937	335776	8.98
43110121	39852852	8.17	200376	175147	14.40	981551	962057	2.03
22618484	21024299	7.58	114576	102255	12.05	412993	402012	2.73
114766559	104481807	9.84	756753	702189	7.77	1658015	1458405	13.69
33851771	31704238	6.77	247045	214891	14.96	644029	595608	8.13
28297027	26630975	6.26	273848	271222	0.97	879880	801050	9.84
8381471	7768554	7.00	93044	87687	6.11	304245	285297	6.64
57788808	54914061	5.23	340730	370570	−8.05	1787719	1602691	11.54
3271861	2912879	12.32	23518	17416	35.04	39865	40010	−0.36
35607	29263	21.68	31	15	113.70	1328	1214	9.33
2691329	2602444	3.42	24251	23963	1.20	86128	96020	−10.30
12208862	11141984	9.58	87600	83812	4.52	284457	275592	3.22
539081	291879	84.69	3474	2124	63.57	12273	6620	85.39
442781	389972	13.54	3931	4508	−12.81	4473	4159	7.56
3856	7854	−50.91		13	−96.97	150	469	−67.96
2832858	2444500	15.89	29705	25978	14.35	62671	55225	13.48
285661	383854	−25.58	1570	1897	−17.24	12407	11013	12.65
592642	545808	8.58	526	629	−16.30	3795	4105	−7.54
2317718	1848173	25.41	2032	1610	26.20	25880	18212	42.10
2003884	2167928	−7.57	8234	5172	59.22	79506	75008	6.00

表4-2 2015年纺织工业经济指标分省完成情况（规模以上全行业）

省 市	Region	管理费用 Management Expenses			财务费用 Financial Expenses		
		本月止累计 Current Year	去年累计 Previous Year	同比(%) Compared Ratio	本月止累计 Current Year	去年累计 Previous Year	同比(%) Compared Ratio
全 国	National Total	21545994	20122576	7.07	7786704	7959628	-2.17
北京市	Beijing	206328	203415	1.43	25481	29077	-12.37
天津市	Tianjin	222789	211871	5.15	28415	17834	59.33
河北省	Hebei	399069	397387	0.42	137455	149683	-8.17
山西省	Shanxi	46177	46218	-0.09	16411	15802	3.85
内蒙古	Inner Mongolia	133214	130842	1.81	84017	87300	-3.76
辽宁省	Liaoning	287502	345311	-16.74	59941	70327	-14.77
吉林省	Jilin	144769	137392	5.37	43790	52528	-16.64
黑龙江	Heilongjiang	33732	34473	-2.15	6854	6588	4.04
上海市	Shanghai	535686	531358	0.81	29538	47101	-37.29
江苏省	Jiangsu	4506764	4209914	7.05	1557692	1644664	-5.29
浙江省	Zhejiang	3808983	3654581	4.22	1677516	1888172	-11.16
安徽省	Anhui	604141	581958	3.81	169512	181026	-6.36
福建省	Fujian	1597620	1473528	8.42	569235	541783	5.07
江西省	Jiangxi	558825	534241	4.60	130716	128582	1.66
山东省	Shandong	2377024	2100531	13.16	1558074	1511679	3.07
河南省	Henan	715401	631134	13.35	334248	332060	0.66
湖北省	Hubei	1127957	1033991	9.09	407618	418376	-2.57
湖南省	Hunan	360458	351995	2.40	101180	105355	-3.96
广东省	Guangdong	2838611	2560904	10.84	412306	338338	21.86
广 西	Guangxi	266468	252953	5.34	23830	24741	-3.68
海南省	Hainan	5101	3420	49.18	702	1337	-47.53
重庆市	Chongqing	83200	83164	0.04	26654	26880	-0.84
四川省	Sichuan	341020	333699	2.19	164644	142443	15.59
贵州省	Guizhou	21809	13387	62.91	4061	3016	34.64
云南省	Yunnan	27564	27126	1.61	8905	10275	-13.33
西 藏	Tibet	221	475	-53.55	69	167	-58.50
陕西省	Shaanxi	96487	87355	10.45	46404	39745	16.76
甘肃省	Gansu	19367	19413	-0.24	4737	4527	4.63
青海省	Qinghai	11340	10870	4.32	6185	6260	-1.19
宁 夏	Ningxia	55121	33868	62.75	107654	85056	26.57
新 疆	Xinjiang	113248	85802	31.99	42862	48912	-12.37

Table4–2 Textile Industry Main indicators by Provinces in 2015 (Enterprises above Designated Size)

单位：万元
Unit：10,000 yuan

其中：利息支出 (Include) Interest			利润总额 Total Profit			亏损企业亏损额 Total Loss of Loss–making Enterprises		
本月止累计 Current Year	去年累计 Previous Year	同比(%) Compared Ratio	本月止累计 Current Year	去年累计 Previous Year	同比增减 Change	本月止累计 Current Year	去年累计 Previous Year	同比(%) Compared Ratio
6778089	7176840	-5.56	38604056	36637179	1966877	1925405	2018548	-4.61
32579	35104	-7.19	123187	158779	-35592	32841	18892	73.84
32970	26389	24.94	304755	272943	31812	7076	21767	-67.49
108210	123553	-12.42	1449309	1445793	3517	85425	59364	43.90
16250	14496	12.10	600	14879	-14280	21228	14474	46.66
83659	89993	-7.04	435365	293483	141883	11322	4687	141.58
36673	42293	-13.29	271095	383579	-112484	33021	41471	-20.38
34315	39073	-12.18	83150	62214	20936	11339	10768	5.30
5095	5338	-4.55	69796	71117	-1321	2264	2434	-6.96
37153	43472	-14.53	182960	176271	6689	128639	145649	-11.68
1402543	1529295	-8.29	8080135	7497376	582759	378110	477361	-20.79
1804923	1988686	-9.24	5452454	5203485	248969	323959	289879	11.76
127687	141402	-9.70	1010865	988860	22005	46518	41352	12.49
440164	432243	1.83	2698804	2592935	105869	167634	153515	9.20
96030	106663	-9.97	1902415	1749122	153293	22694	15027	51.02
1322473	1398545	-5.44	6901386	6692792	208595	186358	192809	-3.35
285066	284362	0.25	2965023	2669234	295790	64553	80390	-19.70
242299	248455	-2.48	1362802	1382363	-19561	78438	85803	-8.58
62090	62230	-0.22	377042	337114	39928	29343	41745	-29.71
236100	215258	9.68	3041758	2960866	80892	180211	196108	-8.11
22426	20883	7.39	188312	172869	15443	23108	23914	-3.37
1388	2044	-32.11	652	2082	-1430	0	0	0.00
12720	15124	-15.89	258810	247629	11181	1529	4364	-64.97
143029	134304	6.50	645341	629183	16158	11435	18641	-38.66
3065	2592	18.24	15711	13591	2120	4665	1145	307.64
9626	11848	-18.76	46102	44461	1641	7835	6221	25.95
68	127	-46.22	590	305	285			
30596	27198	12.49	394287	331481	62806	16716	23522	-28.93
4181	4321	-3.24	4077	6863	-2786	8844	4196	110.75
1925	2786	-30.92	14330	16670	-2340	1409		
99176	81044	22.37	176000	163239	12761	9921	2705	266.81
43611	47720	-8.61	146943	55606	91337	28971	40349	-28.20

表4—3　2015年纺织工业经济指标分省完成情况（规模以上全行业）

省市	Region	应交增值税 The Due VATs			资产合计 Total Assets		
		本月止累计 Current Year	去年累计 Previous Year	同比(%) Compared Ratio	本月止累计 Current Year	去年累计 Previous Year	同比(%) Compared Ratio
全国	National Total	17883629	17111408	4.51	452666092	432832573	4.58
北京市	Beijing	91221	100526	−9.26	3454373	3416252	1.12
天津市	Tianjin	239324	215700	10.95	4847252	4794774	1.09
河北省	Hebei	381568	386324	−1.23	10199828	9455781	7.87
山西省	Shanxi	14185	16011	−11.41	1203584	1159386	3.81
内蒙古	Inner Mongolia	170950	160056	6.81	4314367	4370694	−1.29
辽宁省	Liaoning	112413	174367	−35.53	4533820	4808044	−5.70
吉林省	Jilin	32078	29680	8.08	2237353	2350107	−4.80
黑龙江	Heilongjiang	30925	29962	3.21	768264	768588	−0.04
上海市	Shanghai	141765	141459	0.22	6629969	6716371	−1.29
江苏省	Jiangsu	4472456	4336337	3.14	95850235	92305915	3.84
浙江省	Zhejiang	2754431	2668731	3.21	100748866	99121908	1.64
安徽省	Anhui	367989	340110	8.20	10862451	10250729	5.97
福建省	Fujian	939631	887596	5.86	33829234	32387144	4.45
江西省	Jiangxi	823030	781457	5.32	11678507	9236367	26.44
山东省	Shandong	3329792	3088537	7.81	55374006	52438127	5.60
河南省	Henan	723310	677347	6.79	27430167	25281038	8.50
湖北省	Hubei	678743	712453	−4.73	14066478	13826901	1.73
湖南省	Hunan	306445	307915	−0.48	5055215	4524062	11.74
广东省	Guangdong	1411607	1303426	8.30	34226426	33396227	2.49
广西	Guangxi	129443	94186	37.43	1951958	1834105	6.43
海南省	Hainan	85	79	7.59	124868	112869	10.63
重庆市	Chongqing	170586	157101	8.58	1519763	1519764	0.00
四川省	Sichuan	340910	324986	4.90	7215647	6955633	3.74
贵州省	Guizhou	8376	3281	155.28	419657	276640	51.70
云南省	Yunnan	17632	12901	36.67	720373	725163	−0.66
西藏	Tibet				17566	18175	−3.35
陕西省	Shaanxi	120228	95881	25.39	2345792	2110788	11.13
甘肃省	Gansu	3968	4939	−19.66	410397	394271	4.09
青海省	Qinghai	5473	4561	19.99	431277	383390	12.49
宁夏	Ningxia	8388	10687	−21.51	6144725	4434983	38.55
新疆	Xinjiang	56678	44813	26.48	4053676	3458378	17.21

Table4—3 Textile Industry Main indicators by Provinces in 2015 (Enterprises above Designated Size)

单位：万元
Unit：10,000 yuan

其中：流动资产合计 Total Working Capitals			其中：应收帐款 (Include) Net Receivables			存货 Inventory		
本月止累计 Current Year	去年累计 Previous Year	同比(%) Compared Ratio	本月止累计 Current Year	去年累计 Previous Year	同比(%) Compared Ratio	本月止累计 Current Year	去年累计 Previous Year	同比(%) Compared Ratio
239282117	232666133	2.84	50886023	48237925	5.49	64702746	63107245	2.53
2347322	2324448	0.98	385164	453599	−15.09	739567	725018	2.01
3697863	3758807	−1.62	292493	283537	3.16	938155	873789	7.37
4458444	4165955	7.02	929536	791712	17.41	1444512	1420579	1.68
733056	714944	2.53	176432	136125	29.61	213039	194140	9.73
1830425	1812875	0.97	557558	481471	15.80	529284	538273	−1.67
2293249	2378892	−3.60	448084	449157	−0.24	507861	540176	−5.98
931146	885853	5.11	225632	217074	3.94	262111	276161	−5.09
389679	378695	2.90	72020	66369	8.51	184660	153940	19.96
4783599	4875573	−1.89	1451545	1426181	1.78	1427291	1508098	−5.36
50929678	49001362	3.94	11327243	10905153	3.87	14101593	13722165	2.77
59955311	60313731	−0.59	13639781	13101733	4.11	13861104	13680371	1.32
5032612	4666027	7.86	1439321	1282486	12.23	1618069	1358734	19.09
19075765	18478699	3.23	4486310	4323808	3.76	4361685	4347425	0.33
4264721	3604957	18.30	1052226	967943	8.71	1020800	832793	22.58
24449375	23519092	3.96	3496764	3211492	8.88	8011233	7524543	6.47
11665899	10852276	7.50	1368094	1247369	9.68	2155319	2182427	−1.24
6830211	7137152	−4.30	1286627	1234613	4.21	2058928	1990977	3.41
2094670	1896802	10.43	478260	402069	18.95	660704	700460	−5.68
20699248	20520673	0.87	5625806	5368079	4.80	6041682	6260895	−3.50
1214618	1166302	4.14	243108	234700	3.58	435474	420545	3.55
49856	37946	31.39	4720	3929	20.13	6548	5574	17.46
725158	741421	−2.19	175095	148625	17.81	244101	270404	−9.73
3391308	3185326	6.47	527556	471299	11.94	1118275	1037033	7.83
188507	170909	10.30	42729	31103	37.38	46120	30307	52.17
387443	422792	−8.36	57740	60169	−4.04	98783	111528	−11.43
14129	14963	−5.57	2452	1365	79.66	5639	3225	74.83
988627	927688	6.57	144871	139873	3.57	456138	421451	8.23
247328	245359	0.80	68985	65779	4.87	55579	74413	−25.31
220000	185246	18.76	47064	47321	−0.54	74468	61107	21.87
3630746	2813263	29.06	550839	447872	22.99	1450488	1233078	17.63
1762127	1468108	20.03	281972	235919	19.52	573539	607616	−5.61

表4-4 2015年纺织工业经济指标分省完成情况（规模以上全行业）

省 市	Region	其中：产成品 (Include)Manufactured Products			负债合计 Total Liabilities		
		本月止累计 Current Year	去年累计 Previous Year	同比(%) Compared Ratio	本月止累计 Current Year	去年累计 Previous Year	同比(%) Compared Ratio
全 国	National Total	30034402	28713922	4.60	236361704	231133288	2.26
北京市	Beijing	414202	419973	−1.37	2035587	2016823	0.93
天津市	Tianjin	785906	717653	9.51	2988470	2986379	0.07
河北省	Hebei	684729	645232	6.12	4411861	4135983	6.67
山西省	Shanxi	79014	75240	5.02	886564	830163	6.79
内蒙古	Inner Mongolia	261928	193473	35.38	2511876	2500749	0.44
辽宁省	Liaoning	246244	275871	−10.74	2316481	2444877	−5.25
吉林省	Jilin	155367	115850	34.11	1180890	1375925	−14.17
黑龙江	Heilongjiang	103251	85864	20.25	327282	328875	−0.48
上海市	Shanghai	851823	864427	−1.46	3485546	3535520	−1.41
江苏省	Jiangsu	6276021	6132579	2.34	53222505	52473644	1.43
浙江省	Zhejiang	7125303	6848960	4.03	60427947	61126314	−1.14
安徽省	Anhui	869802	632199	37.58	5282122	5226107	1.07
福建省	Fujian	2321896	2213570	4.89	16482338	15972819	3.19
江西省	Jiangxi	575903	464004	24.12	4477955	3675070	21.85
山东省	Shandong	2748581	2489784	10.39	25616486	24887697	2.93
河南省	Henan	885303	852639	3.83	9968854	8981022	11.00
湖北省	Hubei	1049121	1010577	3.81	6459569	6357753	1.60
湖南省	Hunan	368317	367339	0.27	2292904	2180421	5.16
广东省	Guangdong	2332583	2406076	−3.05	17968930	17856825	0.63
广 西	Guangxi	204480	200312	2.08	1240993	1081705	14.73
海南省	Hainan	2403	3024	−20.53	36951	27483	34.45
重庆市	Chongqing	119454	134398	−11.12	671917	682787	−1.59
四川省	Sichuan	411667	379743	8.41	3824980	3735283	2.40
贵州省	Guizhou	24873	14989	65.95	176583	139067	26.98
云南省	Yunnan	46390	46892	−1.07	382337	412455	−7.30
西 藏	Tibet	3072	1385	121.78	9566	10858	−11.90
陕西省	Shaanxi	166529	171109	−2.68	1142583	1056305	8.17
甘肃省	Gansu	27809	33032	−15.81	227266	218489	4.02
青海省	Qinghai	36925	31798	16.12	216574	196964	9.96
宁 夏	Ningxia	608447	642509	−5.30	3655338	2409981	51.67
新 疆	Xinjiang	247060	243423	1.49	2432451	2268948	7.21

Table4—4　Textile Industry Main indicators by Provinces in 2015 (Enterprises above Designated Size)

单位：万元
Unit：10,000 yuan

出口交货值 Export Delivered Value		
本月止累计 Current Year	去年累计 Previous Year	同比(%) Compared Ratio
94256609	96498370	−2.32
236347	300873	−21.45
1177725	1007464	16.90
1144663	1441979	−20.62
76751	96991	−20.87
300154	317869	−5.57
1731311	2336883	−25.91
405511	378913	7.02
178014	174280	2.14
1703969	1842385	−7.51
18814445	19360903	−2.82
22715520	24074189	−5.64
3129501	2897995	7.99
7599552	7146022	6.35
3396756	2960466	14.74
9419186	10089552	−6.64
923029	860434	7.27
3224308	2988037	7.91
202044	267844	5.41
15628315	15923359	−1.85
381253	346398	10.06
14128	14962	−5.57
437551	463013	−5.50
700286	600202	16.68
44759	35607	25.70
56365	57098	−1.28
115327	104457	10.41
13212	10895	21.27
51782	20701	150.14
291440	286651	1.67
63109	91953	−31.37

表5-2 2015年纺织工业经济指标分行业完成情况（规模以上全行业）

行业 Industrial Sectors	企业户数 Number of Enterprises	亏损企业数 Number of Loss-making Enterprises	亏损面(%) Proportion of Loss-making Enterprises	主营业务收入 Reveneue from Principal Business		
				本月止累计 Current Year	去年累计 Previous Year	同比(%) Compared Ratio
化纤织造及印染精加工 Filament Weaving & Dyeing, Printing and Finishing Process	1269	167	13.16	12326838	12095450	1.91
化纤织造加工 Filament Weaving Sector	1106	145	13.11	10201610	10078416	1.22
化纤织物染整精加工 Filament Fabric Dyeing, Printing and Finishing Sector	163	22	13.50	2125227	2017034	5.36
针织或钩针编织物及其制品制造 Knitting and Braiding Textiles	2392	211	8.82	32094154	31234482	2.75
针织或钩针编织物织造 Knitted and Braided Fabric Processing Sector	1787	172	9.63	23679176	22960038	3.13
针织或钩针编织物印染精加工 Knitted and Braided Fabric Dyeing, Printing and Finishing Sector	168	18	10.71	3215378	2998543	7.23
针织或钩针编织品制造 Knitted and Braided Products Manufacturing Sector	437	21	4.81	5199601	5275900	−1.45
家用纺织制成品制造 Home Textile Made-Ups Manufacturing	1847	189	10.23	26064213	25925175	0.54
床上用品制造 Bed Linen Manufacturing Sector	976	95	9.73	13225703	12978874	1.90
毛巾类制品制造 Towel Manufacturing Sector	296	26	8.78	6269267	6701787	−6.45
窗帘、布艺类产品制造 Curtain Manufacturing Sector	206	23	11.17	2337624	2233931	4.64
其他家用纺织制成品制造 Other Home Textile Made-ups Sector	369	45	12.20	4231619	4010584	5.51
非家用纺织制成品制造 Non-Home Textile Made-Ups Manufacturing	1886	182	9.65	29260059	27565336	6.15
非织造布制造 Nonwoven Fabric Sector	876	72	8.22	14805736	13803525	7.26
绳、索、缆制造 Rope, Cords & Cables Large and Thick Rope Sector	234	22	9.40	2780093	2455945	13.20
纺织带和帘子布制造 Belt and Cord Fabric Sector	254	27	10.63	5862021	5863754	−0.03
篷、帆布制造 Canvas Manufacturing Sector	196	22	11.22	2324632	2172241	7.02
其他非家用纺织制成品制造 Other Non-Home Textile Made-ups Sector	326	39	11.96	3487577	3269871	6.66

Table5—2 Textile Industry Main indicators by Industrial Sectors in 2015 (Enterprises above Designated Size)

单位：万元
Unit：10，000 yuan

主营业务成本 Cost of Principle Business			主营业务税金和附加 Taxes and Other Charges on Principal Business			营业费用 Sales Expenses		
本月止累计 Current Year	去年累计 Previous Year	同比(%) Compared Ratio	本月止累计 Current Year	去年累计 Previous Year	同比(%) Compared Ratio	去年累计 Previous Year	去年累计 Previous Year	同比(%) Compared Ratio
10939647	10739785	1.86	66276	58827	12.66	138213	136413	1.32
9120876	9000427	1.34	51673	47980	7.70	109720	107651	1.92
1818771	1739358	4.57	14603	10847	34.63	28493	28762	−0.94
28052822	27356797	2.54	179046	174889	2.38	583108	545782	6.84
20928187	20275468	3.22	131727	125357	5.08	412677	381952	8.04
2607550	2500153	4.30	17666	17172	2.87	78410	75439	3.94
4517085	4581177	−1.40	29653	32359	−8.36	92021	88391	4.11
22682079	22675373	0.03	161411	143940	12.14	634820	635165	−0.05
11352287	11212887	1.24	76365	68220	11.94	383741	388669	−1.27
5600483	5989549	−6.50	37521	39860	−5.87	95596	103220	−7.39
2064220	1971613	4.70	12939	11616	11.39	40799	39725	2.70
3665088	3501324	4.68	34585	24244	42.66	114684	103552	10.75
25254765	23992313	5.26	170339	146732	16.09	679147	633070	7.28
12686466	11877996	6.81	80796	77719	3.96	382914	359517	6.51
2348814	2123174	10.63	31301	15789	98.25	64902	53025	22.40
5217526	5288752	−1.35	24358	22567	7.94	79997	78917	1.37
2025766	1901549	6.53	13611	11577	17.57	52069	53651	−2.95
2976194	2800842	6.26	20272	19080	6.24	99265	87960	12.85

表5—4 2015年纺织工业经济指标分行业完成情况（规模以上全行业）

行 业 Industrial Sectors	管理费用 Management Expenses			财务费用 Financial Expenses		
	本月止累计 Current Year	去年累计 Previous Year	同比(%) Compared Ratio	本月止累计 Current Year	去年累计 Previous Year	同比(%) Compared Ratio
纺织行业 The Overall Textile Industry	21545994	20122576	7.07	7786704	7959628	−2.17
纺织业 Textile	10052518	9386867	7.09	4791265	4963008	−3.46
棉纺织及印染精加工 Cotton Textile & Dyeing, Printing and Finishing Process	5796787	5372371	7.90	3135625	3260210	−3.82
棉纺纱加工 Cotton Spinning Sector	2988045	2763928	8.11	2115380	2167466	−2.40
棉织造加工 Cotton Weaving Sector	1484956	1396896	6.30	621093	664562	−6.54
棉印染精加工 Cotton Textile Dyeing, Printing and Finishing Sector	1323786	1211547	9.26	399152	428183	−6.78
毛纺织及染整精加工 Wool Textile & Dyeing, Printing and Finishing Process	583485	520497	12.10	377690	343127	10.07
毛条和毛纱线加工 Wool Top and Yarn Processing Sector	272920	245293	11.26	211899	191811	10.47
毛织造加工 Wool Weaving Sector	248082	215578	15.08	145442	130519	11.43
毛染整精加工 Wool Textile Dyeing, Printing and Finishing Sector	62484	59625	4.79	20349	20797	−2.16
麻纺织及染整精加工 Bast Fiber Textile & Dyeing, Printing and Finishing Process	148919	147639	0.87	68106	70640	−3.59
麻纤维纺前加工和纺纱 Bast Fiber Prespinning Processing & Spinning Sector	72255	72086	0.23	39003	40648	−4.05
麻织造加工 Bast Fiber Weaving Sector	73023	72047	1.35	26194	27065	−3.22
麻染整精加工 Bast Fiber Textile Dyeing, Printing and Finishing Sector	3642	3506	3.88	2909	2927	−0.60
丝绢纺织及印染精加工 Silk and Schappe Textile & Dyeing, Printing and Finishing Process	312189	316965	−1.51	127319	132631	−4.00
缫丝加工 Filature Sector	164685	179451	−8.23	71808	77875	−7.79
绢纺和丝织加工 Schappe Spinning & Silk Weaving Sector	112437	103474	8.66	46525	46014	1.11
丝印染精加工 Silk Printing, Dyeing and Finishing Sector	35067	34040	3.02	8987	8742	2.80

Table5–4 Textile Industry Main indicators by Industrial Sectors in 2015 (Enterprises above Designated Size)

单位：万元
Unit：10，000 yuan

其中：利息支出 (Include) Interest			利润总额 Total Profit			亏损企业亏损额 Total Loss of Loss–making Enterprises		
本月止累计 Current Year	去年累计 Previous Year	同比(%) Compared Ratio	本月止累计 Current Year	去年累计 Previous Year	同比增减 Change	去年累计 Previous Year	去年累计 Previous Year	同比(%) Compared Ratio
6778089	7176840	–5.56	38604056	36637179	1966877	1925405	2018548	–4.61
4244017	4525315	–6.22	21675315	20629783	1045532	941852	990289	–4.89
2816368	3036382	–7.25	13330599	12880481	450119	612121	688606	–11.11
1848560	1995421	–7.36	8143888	7962581	181307	389961	496738	–21.50
574583	618379	–7.08	3282857	3157197	125660	123541	115295	7.15
393225	422582	–6.95	1903855	1760703	143152	98619	76573	28.79
325221	309635	5.03	1413282	1388332	24950	100976	70136	43.97
188902	174283	8.39	660328	661346	–1018	56101	40608	38.15
118532	117250	1.09	641881	632772	9108	38058	18727	103.22
17788	18102	–1.73	111073	94213	16860	6817	10801	–36.88
54931	60247	–8.82	354819	302644	52175	9720	11517	–15.60
31757	36564	–13.15	186022	169255	16766	2686	2053	30.87
20073	20637	–2.73	167203	131519	35683	5465	8357	–34.60
3101	3046	1.79	1594	1869	–275	1568	1107	41.64
113723	124924	–8.97	664438	626666	37772	33776	27793	21.53
62050	69875	–11.20	395829	378188	17640	22284	17486	27.44
42464	44345	–4.24	237986	216760	21226	7613	5116	48.81
9208	10704	–13.97	30623	31717	–1095	3879	5191	–25.28

表5-7 2015年纺织工业经济指标分行业完成情况（规模以上全行业）

行业 Industrial Sectors	应交增值税 The Due VATs			资产合计 Total Assets		
	本月止累计 Current Year	去年累计 Previous Year	同比(%) Compared Ratio	本月止累计 Current Year	去年累计 Previous Year	同比(%) Compared Ratio
纺织行业 The Overall Textile Industry	17883629	17111408	4.51	452666092	432832573	4.58
纺织业 Textile	10023164	9494963	5.56	244227692	235108548	3.88
棉纺织及印染精加工 Cotton Textile & Dyeing, Printing and Finishing Process	6305154	6012524	4.87	147175984	143139972	2.82
棉纺纱加工 Cotton Spinning Sector	3788712	3597922	5.30	83863154	80537655	4.13
棉织造加工 Cotton Weaving Sector	1482045	1427074	3.85	37587261	37149689	1.18
棉印染精加工 Cotton Textile Dyeing, Printing and Finishing Sector	1034397	987528	4.75	25725569	25452628	1.07
毛纺织及染整精加工 Wool Textile & Dyeing, Printing and Finishing Process	545846	502062	8.72	20126334	17832965	12.86
毛条和毛纱线加工 Wool Top and Yarn Processing Sector	251801	224652	12.08	11401522	9923722	14.89
毛织造加工 Wool Weaving Sector	251880	232992	8.11	7309140	6538831	11.78
毛染整精加工 Wool Textile Dyeing, Printing and Finishing Sector	42165	44418	−5.07	1415673	1370412	3.30
麻纺织及染整精加工 Bast Fiber Textile & Dyeing, Printing and Finishing Process	165637	148156	11.80	3758147	3602882	4.31
麻纤维纺前加工和纺纱 Bast Fiber Prespinning Processing & Spinning Sector	79432	72285	9.89	1791044	1709957	4.74
麻织造加工 Bast Fiber Weaving Sector	83054	73683	12.72	1888341	1810280	4.31
麻染整精加工 Bast Fiber Textile Dyeing, Printing and Finishing Sector	3151	2187	44.07	78761	82646	−4.70
丝绢纺织及印染精加工 Silk and Schappe Textile & Dyeing, Printing and Finishing Process	357598	324351	10.25	7023685	6962049	0.89
缫丝加工 Filature Sector	232645	215914	7.75	3619528	3713331	−2.53
绢纺和丝织加工 Schappe Spinning & Silk Weaving Sector	107789	92285	16.80	2722826	2544772	7.00
丝印染精加工 Silk Printing, Dyeing and Finishing Sector	17163	16151	6.27	681331	703946	−3.21

Table5—7 Textile Industry Main indicators by Industrial Sectors in 2015 (Enterprises above Designated Size)

单位：万元
Unit:10,000 yuan

其中：流动资产合计 Total Working Capitals			其中：应收帐款 (Include) Net Receivables			存货 Inventory		
本月止累计 Current Year	去年累计 Previous Year	同比(%) Compared Ratio	本月止累计 Current Year	去年累计 Previous Year	同比(%) Compared Ratio	去年累计 Previous Year	去年累计 Previous Year	同比(%) Compared Ratio
239282117	232666133	2.84	50886023	48237925	5.49	64702746	63107245	2.53
125618304	122861309	2.24	26499150	25142084	5.40	35633132	34965113	1.91
72709191	71849427	1.20	13442871	12640742	6.35	20755290	20514985	1.17
38688693	37587704	2.93	5663751	5206023	8.79	12359930	12093296	2.20
20603535	20737010	−0.64	4437275	4160210	6.66	5471939	5401036	1.31
13416964	13524713	−0.80	3341844	3274509	2.06	2923420	3020653	−3.22
11532326	10696460	7.81	2361435	2142187	10.23	4257568	3916731	8.70
6932136	6389407	8.49	1465787	1307441	12.11	2592470	2438260	6.32
3885781	3605135	7.78	714170	671655	6.33	1409660	1212616	16.25
714409	701918	1.78	181478	163091	11.27	255438	265855	−3.92
1758123	1752807	0.30	332050	328365	1.12	635405	602280	5.50
785723	801892	−2.02	126880	121082	4.79	248235	236317	5.04
944750	918968	2.81	199795	200514	−0.36	376278	354492	6.15
27650	31947	−13.45	5375	6770	−20.61	10891	11472	−5.06
3821357	3848234	−0.70	780548	778642	0.24	1321269	1385822	−4.66
1879345	1995528	−5.82	318627	323854	−1.61	747697	835288	−10.49
1602973	1495840	7.16	385127	376451	2.30	505551	482364	4.81
339039	356866	−5.00	76794	78337	−1.97	68022	68170	−0.22

表5-8 2015年纺织工业经济指标分行业完成情况（规模以上全行业）

行业 Industrial Sectors	应交增值税 The Due VATs			资产合计 Total Assets		
	本月止累计 Current Year	去年累计 Previous Year	同比(%) Compared Ratio	本月止累计 Current Year	去年累计 Previous Year	同比(%) Compared Ratio
化纤织造及印染精加工 Filament Weaving & Dyeing,Printing and Finishing Process	295576	277874	6.37	10685404	10623683	0.58
化纤织造加工 Filament Weaving Sector	210514	207537	1.43	8584151	8549709	0.40
化纤织物染整精加工 Filament Fabric Dyeing,Printing and Finishing Sector	85062	70337	20.93	2101253	2073974	1.32
针织或钩针编织物及其制品制造 Knitting and Braiding Textiles	838279	800546	4.71	23058497	22420992	2.84
针织或钩针编织物织造 Knitted and Braided Fabric Processing Sector	519223	503614	3.10	17316327	16484410	5.05
针织或钩针编织物印染精加工 Knitted and Braided Fabric Dyeing,Printing and Finishing Sector	201651	184844	9.09	2358608	2492284	-5.36
针织或钩针编织品制造 Knitted and Braided Products Manufacturing Sector	117405	112088	4.74	3383563	3444298	-1.76
家用纺织制成品制造 Home Textile Made-Ups Manufacturing	736788	714253	3.15	14739686	14268784	3.30
床上用品制造 Bed Linen Manufacturing Sector	387402	362991	6.73	7439938	7206281	3.24
毛巾类制品制造 Towel Manufacturing Sector	170029	182753	-6.96	3476682	3468960	0.22
窗帘、布艺类产品制造 Curtain Manufacturing Sector	68192	66076	3.20	1410099	1386413	1.71
其他家用纺织制成品制造 Other Home Textile Made-ups Sector	111165	102434	8.52	2412967	2207131	9.33
非家用纺织制成品制造 Non-Home Textile Made-Ups Manufacturing	778287	715197	8.82	17659957	16257221	8.63
非织造布制造 Nonwoven Fabric Sector	385404	361914	6.49	8453727	7627689	10.83
绳、索、缆制造 Rope, Cords & Cables Large and Thick Rope Sector	85318	74412	14.66	1254338	1088639	15.22
纺织带和帘子布制造 Belt and Cord Fabric Sector	155458	143493	8.34	4040129	3783925	6.77
篷、帆布制造 Canvas Manufacturing Sector	63361	49668	27.57	1420614	1418642	0.14
其他非家用纺织制成品制造 Other Non-Home Textile Made-ups Sector	88747	85710	3.54	2491149	2338328	6.54

Table5—8 Textile Industry Main indicators by Industrial Sectors in 2015 (Enterprises above Designated Size)

单位：万元
Unit：10，000 yuan

其中：流动资产合计 Total Working Capitals			其中：应收帐款 (Include) Net Receivables			存货 Inventory		
本月止累计 Current Year	去年累计 Previous Year	同比(%) Compared Ratio	本月止累计 Current Year	去年累计 Previous Year	同比(%) Compared Ratio	去年累计 Previous Year	去年累计 Previous Year	同比(%) Compared Ratio
5945231	5975874	−0.51	1466000	1477389	−0.77	1532055	1478179	3.64
5015863	5059824	−0.87	1207697	1244438	−2.95	1341500	1279446	4.85
929367	916050	1.45	258303	232951	10.88	190555	198733	−4.11
11981503	11778096	1.73	3453371	3356966	2.87	2814779	2774469	1.45
9227931	8953879	3.06	2762161	2612361	5.73	2238422	2199244	1.78
957911	1002976	−4.49	179762	185649	−3.17	162200	161782	0.26
1795661	1821241	−1.40	511448	558957	−8.50	414157	413444	0.17
8306148	8123096	2.25	2003586	1917296	4.50	2213407	2246900	−1.49
4379840	4343086	0.85	1243617	1196070	3.98	1127989	1134854	−0.60
1793859	1784029	0.55	236644	235534	0.47	489174	522256	−6.33
917021	866435	5.84	197544	190560	3.66	271693	269345	0.87
1215429	1129547	7.60	325782	295132	10.39	324551	320445	1.28
9564426	8837316	8.23	2659289	2500497	6.35	2103360	2045747	2.82
4339262	3957670	9.64	1356259	1264885	7.22	902111	878758	2.66
584788	518927	12.69	163230	159100	2.60	152193	138094	10.21
2297505	2112823	8.74	498035	472586	5.39	487765	478914	1.85
933586	930546	0.33	210842	225326	−6.43	264021	260763	1.25
1409286	1317351	6.98	430924	378601	13.82	297271	289220	2.78

表5-9 2015年纺织工业经济指标分行业完成情况（规模以上全行业）

行业 Industrial Sectors	应交增值税 The Due VATs			资产合计 Total Assets		
	本月止累计 Current Year	去年累计 Previous Year	同比（%）Compared Ratio	本月止累计 Current Year	去年累计 Previous Year	同比（%）Compared Ratio
纺织服装、服饰业 Garment and Accessory Manufacturing	6126971	5788040	5.86	130316582	122722757	6.19
机织服装制造 Woven Garment Manufacturing	4759731	4531010	5.05	98560023	93469979	5.45
针织或钩针编织服装制造 Knitted Garment Manufacturing	1018873	942157	8.14	24496815	22842914	7.24
服饰制造 Garment Accessory Manufacturing	348367	314873	10.64	7259744	6409864	13.26
化学纤维制造业 Chemical Fiber Manufacturing	1346332	1483837	-9.27	67666360	65089782	3.96
纤维素纤维原料及纤维制造 Cellulose Fiber (Raw Material) and Fiber Manufacture	457103	616803	-25.89	20736598	20101766	3.16
化纤浆粕制造 Pulp Sector	62146	64029	-2.94	2438034	2478767	-1.64
人造纤维（纤维素纤维）制造 Man-made Fiber (Cellulose Fiber) Sector	394957	552774	-28.55	18298564	17622999	3.83
合成纤维制造 Synthetic Fiber Manufacturing	889229	867035	2.56	46929763	44988016	4.32
锦纶纤维制造 Polyamide Fiber Sector	136671	125517	8.89	7205379	6536922	10.23
涤纶纤维制造 Polyester Fiber Sector	602794	603530	-0.12	31465383	30139926	4.40
腈纶纤维制造 Acrylic Fiber Sector	16447	13507	21.77	998454	1128508	-11.52
维纶纤维制造 Polyvinyl Fiber Sector	5334	5741	-7.09	932681	924691	0.86
丙纶纤维制造 Polypropylene Fiber Sector	12249	9912	23.58	365297	404205	-9.63
氨纶纤维制造 Polyurethane Fiber Sector	57240	57071	0.30	3334913	3259310	2.32
其他合成纤维制造 Other Synthetic Fiber Sector	58493	51756	13.02	2627656	2594454	1.28
纺织专用设备制造 Textile Machinery Manufacturing	387162	344569	12.36	10455458	9911487	5.49

Table5-9 Textile Industry Main indicators by Industrial Sectors in 2015 (Enterprises above Designated Size)

单位：万元
Unit：10,000 yuan

其中：流动资产合计 Total Working Capitals			其中：应收帐款 (Include) Net Receivables			存货 Inventory		
本月止累计 Current Year	去年累计 Previous Year	同比(%) Compared Ratio	本月止累计 Current Year	去年累计 Previous Year	同比(%) Compared Ratio	去年累计 Previous Year	去年累计 Previous Year	同比(%) Compared Ratio
75052195	72592251	3.39	18062027	17075738	5.78	19797645	19188741	3.17
56710355	54857228	3.38	12864101	12290421	4.67	14775777	14402305	2.59
14263585	13951979	2.23	4032000	3774774	6.81	3886637	3709683	4.77
4078256	3783044	7.80	1165926	1010543	15.38	1135232	1076754	5.43
32829688	31422787	4.48	4842859	4645918	4.24	7907737	7552003	4.71
9229305	8904068	3.65	1340883	1270338	5.55	2882423	2580910	11.68
1078655	1064429	1.34	207049	202964	2.01	335267	354725	-5.49
8150650	7839639	3.97	1133834	1067374	6.23	2547156	2226185	14.42
23600383	22518719	4.80	3501975	3375581	3.74	5025314	4971093	1.09
4061330	3558507	14.13	631007	599357	5.28	814957	751851	8.39
15480590	14932771	3.67	2010163	1938936	3.67	3343440	3322566	0.63
469144	485667	-3.40	56886	62745	-9.34	95650	128826	-25.75
198540	210341	-5.61	39371	32371	21.63	61482	64055	-4.02
257368	282296	-8.83	52430	63173	-17.01	42692	52740	-19.05
1557569	1531608	1.69	305558	282633	8.11	335419	335694	-0.08
1575843	1517530	3.84	406561	396366	2.57	331673	315362	5.17
5781930	5789786	-0.14	1481989	1374185	7.84	1364231	1401387	-2.65

表5-10 2015年纺织工业经济指标分行业完成情况（规模以上全行业）

行业 Industrial Sectors	其中：产成品 (Include)Manufactured Products			负债合计 Total Liabilities		
	本月止累计 Current Year	去年累计 Previous Year	同比(%) Compared Ratio	本月止累计 Current Year	去年累计 Previous Year	同比(%) Compared Ratio
纺织行业 The Overall Textile Industry	30034402	28713922	4.60	236361704	231133288	2.26
纺织业 Textile	15550242	15071217	3.18	127586517	125593740	1.59
棉纺织及印染精加工 Cotton Textile & Dyeing, Printing and Finishing Process	8823130	8525197	3.49	76354289	75711916	0.85
棉纺纱加工 Cotton Spinning Sector	4812849	4612092	4.35	42142218	40963890	2.88
棉织造加工 Cotton Weaving Sector	2811354	2709906	3.74	19438263	19812551	−1.89
棉印染精加工 Cotton Textile Dyeing, Printing and Finishing Sector	1198927	1203199	−0.36	14773807	14935476	−1.08
毛纺织及染整精加工 Wool Textile & Dyeing, Printing and Finishing Process	1740760	1677646	3.76	10862677	9662224	12.42
毛条和毛纱线加工 Wool Top and Yarn Processing Sector	1138037	1166055	−2.40	6548249	5656706	15.76
毛织造加工 Wool Weaving Sector	483918	445332	8.66	3531436	3231330	9.29
毛染整精加工 Wool Textile Dyeing, Printing and Finishing Sector	118805	66260	79.30	782992	774188	1.14
麻纺织及染整精加工 Bast Fiber Textile & Dyeing, Printing and Finishing Process	335513	320511	4.68	1567669	1558174	0.61
麻纤维纺前加工和纺纱 Bast Fiber Prespinning Processing & Spinning Sector	115852	105597	9.71	608578	634381	−4.07
麻织造加工 Bast Fiber Weaving Sector	217899	210764	3.39	919909	876778	4.92
麻染整精加工 Bast Fiber Textile Dyeing, Printing and Finishing Sector	1762	4150	−57.53	39183	47015	−16.66
丝绢纺织及印染精加工 Silk and Schappe Textile & Dyeing, Printing and Finishing Process	647003	638341	1.36	3681563	3766808	−2.26
缫丝加工 Filature Sector	350240	362734	−3.44	1973048	2094716	−5.81
绢纺和丝织加工 Schappe Spinning & Silk Weaving Sector	264920	243708	8.70	1326791	1276272	3.96
丝印染精加工 Silk Printing, Dyeing and Finishing Sector	31844	31899	−0.17	381725	395820	−3.56

Table5—10 Textile Industry Main indicators by Industrial Sectors in 2015 (Enterprises above Designated Size)

单位：万元
Unit:10,000 yuan

出口交货值 Export Delivered Value		
本月止累计 Current Year	去年累计 Previous Year	同比(%) Compared Ratio
94256609	96498370	−2.32
38033423	39584359	−3.92
15429117	16848054	−8.42
4545414	5076616	−10.46
5350663	5921455	−9.64
5533041	5849983	−5.42
3099846	3109400	−0.31
974741	1044553	−6.68
1908558	1843893	3.51
216547	220955	−1.99
605660	503443	20.30
162886	153521	6.10
431116	345752	24.69
11657	4170	179.56
1005945	1073526	−6.30
422617	436975	−3.29
530892	576648	−7.93
52436	59903	−12.47

表5-11 2015年纺织工业经济指标分行业完成情况（规模以上全行业）

行业 Industrial Sectors	其中：产成品 (Include)Manufactured Products			负债合计 Total Liabilities		
	本月止累计 Current Year	去年累计 Previous Year	同比(%) Compared Ratio	本月止累计 Current Year	去年累计 Previous Year	同比(%) Compared Ratio
化纤织造及印染精加工 Filament Weaving & Dyeing,Printing and Finishing Process	770859	744006	3.61	6626000	6697762	−1.07
化纤织造加工 Filament Weaving Sector	704009	685682	2.67	5211122	5268073	−1.08
化纤织物染整精加工 Filament Fabric Dyeing,Printing and Finishing Sector	66851	58325	14.62	1414878	1429689	−1.04
针织或钩针编织物及其制品制造 Knitting and Braiding Textiles	1289462	1321963	−2.46	12356170	12570337	−1.70
针织或钩针编织物织造 Knitted and Braided Fabric Processing Sector	1017611	1049721	−3.06	9646885	9720360	−0.76
针织或钩针编织物印染精加工 Knitted and Braided Fabric Dyeing,Printing and Finishing Sector	84592	82048	3.10	984350	1034235	−4.82
针织或钩针编织品制造 Knitted and Braided Products Manufacturing Sector	187259	190194	−1.54	1724936	1815742	−5.00
家用纺织制成品制造 Home Textile Made−Ups Manufacturing	1009598	964359	4.69	7525684	7443672	1.10
床上用品制造 Bed Linen Manufacturing Sector	537070	518386	3.60	3546611	3495335	1.47
毛巾类制品制造 Towel Manufacturing Sector	240077	230931	3.96	1745802	1793637	−2.67
窗帘、布艺类产品制造 Curtain Manufacturing Sector	100208	93880	6.74	821441	828030	−0.80
其他家用纺织制成品制造 Other Home Textile Made−ups Sector	132244	121163	9.15	1411830	1326670	6.42
非家用纺织制成品制造 Non−Home Textile Made−Ups Manufacturing	933917	879194	6.22	8612465	8182846	5.25
非织造布制造 Nonwoven Fabric Sector	388966	393192	−1.07	3861407	3675803	5.05
绳、索、缆制造 Rope, Cords & Cables Large and Thick Rope Sector	69425	64758	7.21	463402	428406	8.17
纺织带和帘子布制造 Belt and Cord Fabric Sector	208915	193802	7.80	2346649	2163046	8.49
篷、帆布制造 Canvas Manufacturing Sector	122511	101196	21.06	816112	855615	−4.62
其他非家用纺织制成品制造 Other Non−Home Textile Made−ups Sector	144099	126246	14.14	1124895	1059976	6.12

Table5—11 Textile Industry Main indicators by Industrial Sectors in 2015 (Enterprises above Designated Size)

单位：万元
Unit：10,000 yuan

出口交货值 Export Delivered Value		
本月止累计 Current Year	去年累计 Previous Year	同比(%) Compared Ratio
1295717	1362953	−4.93
1110145	1202965	−7.72
185572	159989	15.99
5797340	5941448	−2.43
4800792	4966363	−3.33
125251	141113	−11.24
871297	833972	4.48
5854472	6060561	−3.40
3232308	3239768	−0.23
1002827	1108748	−9.55
871517	898322	−2.98
747820	813723	−8.10
4945328	4684974	5.56
2495935	2224107	12.22
409905	423942	−3.31
673331	689069	−2.28
781558	811636	−3.71
584599	536221	9.02

表6 2015年纺织工业产量汇总表（规模以上全行业）

序号 Number	名称 Products	单 位 Unit	企业户数 Number of Enterprises	本年累计 Current Year	累计同比(%) Percentage Change over Previous Year
1	纱 Yarn	万吨 10,000 ton		3538	4.70
2	布 Cloth	万米 10,000 meters		703	
3	印染布 Dyed and Printed Fabric	万米 10,000 meters	1046	5095290	−3.31
4	绒线（毛线）Wool Yarn	吨 ton	168	404741	0.29
5	毛机织物（呢绒）Woolen fabrics	万米 10,000 meters	168	63326	0.52
6	亚麻布(含亚麻≥55%) Linen Fabrics	万米 10,000 meters	54	30536	−19.69
7	苎麻布（含苎麻≥55%） Ramie Fabrics	万米 10,000 meters	43	57857	13.13
8	蚕丝 Silk	吨 ton	404	172114	4.66
9	其中：绢纺丝 Schappe Silk	吨 ton	41	9798	−2.89
10	蚕丝及交织机织物(含蚕丝≥50%) Silk Textile	万米 10,000 meters	249	62411	2.21
11	蚕丝被 Silk Quilt	万条 10,000 pieces	128	2328	−7.61
12	非织造布 Nonwoven	吨 ton	532	4429375	14.67
13	帘子布 Cord fabric	吨 ton	60	784884	−6.15
14	服装 Garments	万件 10,000 pieces	10724	3082723	2.00

Table6 Main Products Output of Textile Industry in 2015 (Enterprises above Designated Size)

序号 Number	名称 Products	单 位 Unit	企业户数 Number of Enterprises	本年累计 Current Year	累计同比(%) Percentage Change over Previous Year
15	梭织服装 Non-knit Clothes	万件 10,000 pieces	7449	1646248	4.44
16	其中：羽绒服装 Down & feather clothes	万件 10,000 pieces	470	34579	-1.96
17	西服套装 Suits	万件 10,000 pieces	630	59400	5.75
18	衬衫 Shirts	万件 10,000 pieces	678	107968	-3.04
19	针织服装 Knit clothes	万件 10,000 pieces	4162	1436475	-0.66
20	化学纤维用浆粕 Pulp for Man-made Fiber	吨 ton	47	1719159	-17.08
21	化学纤维 Chemical Fiber	万吨 10,000 ton		4832	10.10

注 纱、化学纤维产量为全社会数据。

Note: The production data of yarn and chemical fiber are based on the whole society.

表7-1 2015年纺织工业产量分地区汇总表（规模以上全行业）

省市	Region	布(万米) Cloth(10,000 meters)		印染布（万米） Dyed and Printed Fabric (10,000 meters)		绒线（毛线）（吨） Knitting Wool (ton)	
		本年累计 Current Year	累计同比(%) Percentage Change over Previous Year	本年累计 Current Year	累计同比(%) Percentage Change over Previous Year	本年累计 Current Year	累计同比(%) Percentage Change over Previous Year
全国	National Total	703.12		5095290	-3.31	404741	0.29
北京市	Beijing					273	-59.54
天津市	Tianjin	2.50		266	-77.17	1958	22.99
河北省	Hebei	68.09		12437	-28.93	81859	2.92
山西省	Shanxi	0.50		13922	-10.32	38	-26.96
内蒙	Inner Mongolia					12408	-31.61
辽宁省	Liaoning	3.40		9467	-15.39	4801	1.59
吉林省	Jilin	0.40					
黑龙江	Heilongjiang	0.10					
上海市	Shanghai	0.90		2596	-30.99		
江苏省	Jiangsu	90.68		644737	1.44	118763	2.19
浙江省	Zhejiang	151.11		3176271	-1.53	36206	-9.82
安徽省	Anhui	14.10		18462	37.09	2227	19.89
福建省	Fujian	73.70		382163	-4.83	2148	-9.06
江西省	Jiangxi	10.59		6169	6.61	296	18.40
山东省	Shandong	113.31		275112	-7.29	61498	0.99
河南省	Henan	25.20		30508	-67.70	54047	7.81
湖北省	Hubei	84.84		43530	-12.75		
湖南省	Hunan	3.90		5244	-35.63		
广东省	Guangdong	28.70		402299	-2.50	24634	3.59
广西	Guangxi						
海南省	Hainan						
重庆市	Chongqing	4.90		9510	-38.34	809	28.21
四川省	Sichuan	18.50		56678	2.54		
贵州省	Guizhou	0.50					
云南省	Yunnan			2979	-17.46		
西藏	Tibet						
陕西省	Shaanxi	6.80		2941	21.22		
甘肃省	Gansu					894	38.61
青海省	Qinghai						
宁夏	Ningxia					1656	-2.06
新疆	Xinjiang	0.40				225	-2.15

Table7—1 Main Products Output of Textile Industry by Provinces in 2015 (Enterprises above Designated Size)

毛机织物（呢绒）（万米） Woolen Fabrics (10,000 meters)		亚麻布（万米） Linen (10,000 meters)		苎麻布（万米） Ramie Fabrics (10,000 meters)	
本年累计 Current Year	累计同比(%) Percentage Change over Previous Year	本年累计 Current Year	累计同比(%) Percentage Change over Previous Year	本年累计 Current Year	累计同比(%) Percentage Change over Previous Year
63326	0.52	30536	-19.69	57857	13.13
28	-81.46				
58	-32.96				
428	-4.05				
984	-54.41	1611	1.70		
		148	-15.91		
1261	-13.51	95	-22.07		
		6667	4.14		
220	2.13				
26334	2.91	14094	7.38	4	-72.62
8463	2.60	880	-2.34		
188	66.91	2463	-39.12		
3515	11.95			35242	4.36
14126	-0.74	2916	-8.99	51	-6.62
527	-29.34				
3134	3.37	316	34.38	1810	112.01
		381	-61.40	16467	28.63
787	6.54				
1802	33.04			3384	20.24
437	8.38			898	7.78
		966	1.94		
475	-9.98				
166	93.47				
391	44.81				

表7-2 2015年纺织工业产量分地区汇总表（规模以上全行业）

省市	Region	蚕丝（吨） Silk (ton)		绢纺丝（吨） Schappe Silk (ton)		蚕丝及交织物（万米） Silk Textile (10,000 meters)	
		本年累计 Current Year	累计同比(%) Percentage Change over Previous Year	本年累计 Current Year	累计同比(%) Percentage Change over Previous Year	本年累计 Current Year	累计同比(%) Percentage Change over Previous Year
全国	National Total	172114	4.66	9798	−2.89	62411	2.21
北京市	Beijing						
天津市	Tianjin						
河北省	Hebei	6	−90.07				
山西省	Shanxi	81	15.22				
内蒙	Inner Mongolia						
辽宁省	Liaoning	2948	−28.11			50	−23.08
吉林省	Jilin						0.00
黑龙江	Heilongjiang						0.00
上海市	Shanghai					3	−98.57
江苏省	Jiangsu	27153	−1.69	953	−33.34	8772	16.26
浙江省	Zhejiang	16060	4.24	6641	6.08	21524	1.38
安徽省	Anhui	8057	−10.95			7196	−7.18
福建省	Fujian						
江西省	Jiangxi	6680	7.30			186	30.73
山东省	Shandong	2396	−27.43	69	−13.43	1733	−6.49
河南省	Henan	1169	−45.88	178	−80.94	1057	14.27
湖北省	Hubei	1663	−2.01				
湖南省	Hunan						
广东省	Guangdong	2724	18.13				
广西	Guangxi	46496	15.41	1124	48.65	2290	23.74
海南省	Hainan						
重庆市	Chongqing	4632	−2.07	418	20.31	2009	17.66
四川省	Sichuan	40203	6.06	52	−46.82	17246	−1.65
贵州省	Guizhou	594	104.16	62			
云南省	Yunnan	4379	14.81	301	63.55	249	34.90
西藏	Tibet						
陕西省	Shaanxi	6872	26.62			95	26.17
甘肃省	Gansu						
青海省	Qinghai						
宁夏	Ningxia						
新疆	Xinjiang						

Table7—2 Main Products Output of Textile Industry by Provinces in 2015 (Enterprises above Designated Size)

蚕丝被(万条) Silk Quilt (10,000 pieces)		非织造布(吨) Nonwoven Fabric (ton)		帘子布(吨) Cord fabric (ton)	
本年累计 Current Year	累计同比(%) Percentage Change over Previous Year	本年累计 Current Year	累计同比(%) Percentage Change over Previous Year	本年累计 Current Year	累计同比(%) Percentage Change over Previous Year
2328	−7.61	4429375	14.67	784884	−6.15
		19699	−25.67		
		24147	−51.64		
1		142374	5.56		
1	−6.67				
		201	191.30		
37	−0.72	202020	−7.73		
		944	−46.15		
		15312	−33.24		
42	−9.49	49791	−18.31		
366	8.11	453157	8.68	165092	−23.48
344	−2.44	772331	11.37	143128	6.15
43	−60.26	274059	11.95	16854	−6.73
18	33.89	313885	28.53	11205	−2.80
76	−16.17	156402	6.29	5131	12.13
346	−1.32	880215	31.29	302830	0.79
507	11.51	181317	35.61	64468	−14.51
185	−52.04	418834	9.20	6333	37.17
65	43.35	133946	10.76		
67	−5.16	264956	20.34	69844	−1.77
11	1.34				
		13530	5.37		
17	25.42	29925	35.06		
146	−6.86	78697	133.71		
4	9.94				
52	51.98				
		2420	21.12		
		1213	70.85		

表7-4 2015年纺织工业产量分地区汇总表（规模以上全行业）
Table7-4 Main Products Output of Textile Industry by Provinces in 2015 (Enterprises above Designated Size)

省 市	Region	化学纤维用浆粕（吨） Pulp for Man-made Fiber (ton)		化学纤维（万吨） Chemical Fiber (10,000ton)	
		本年累计 Current Year	累计同比(%) Percentage Change over Previous Year	本年累计 Current Year	累计同比(%) Percentage Change over Previous Year
全 国	National Total	1719159	-17.08	4831.71	10.10
北京市	Beijing			0.20	
天津市	Tianjin			11.10	
河北省	Hebei	137246	-9.99	60.70	
山西省	Shanxi				
内 蒙	Inner Mongolia			2.50	
辽宁省	Liaoning			28.45	
吉林省	Jilin	15511	62.40	30.20	
黑龙江	Heilongjiang			8.00	
上海市	Shanghai			45.65	
江苏省	Jiangsu			1429.29	
浙江省	Zhejiang	30041	45.91	2158.30	
安徽省	Anhui	239005	10.05	27.00	
福建省	Fujian	88182	32.49	576.20	
江西省	Jiangxi	56018	24.62	46.90	
山东省	Shandong	275426	7.08	81.91	
河南省	Henan	53729	-67.90	48.60	
湖北省	Hubei	39658	-36.63	31.11	
湖南省	Hunan	50121	-18.86	6.50	
广东省	Guangdong			58.30	
广 西	Guangxi			0.30	
海南省	Hainan				
重庆市	Chongqing			5.80	
四川省	Sichuan	266393	12.48	118.10	
贵州省	Guizhou				
云南省	Yunnan			5.00	
西 藏	Tibet				
陕西省	Shaanxi	71525	-18.67	2.30	
甘肃省	Gansu	21505	-39.97		
青海省	Qinghai				
宁 夏	Ningxia			0.60	
新 疆	Xinjiang	374800	-28.21	48.70	

注 规模以上企业划分标准为年主营业务收入2000万元及以上工业法人企业。

Note: Enterprises above designated size refer to enterprises whose revenue from principle business is over 20 million yuan per year.

资料来源（表1～表7）：国家统计局

Source(Table 1～7): National Bureau of Statistics of China

China Textile

This is the ONLY paper-print English textile magazine in China, inclusively introducing China's textile and apparel industries monthly.

CALL US

0086-10-8522-9751

www.cntex2006.com / zgfz_fxb@126.com

表9 全国纺织品服装分月度进出口贸易总值表

年月 Month/Year	进出口 Import and Export	出口 Export	进口 Import	贸易差额 Balance of Trade	1至当月累计 From January to This Month			
					进出口 Import and Export	出口 Export	进口 Import	贸易差额 Balance of Trade
2014年1月 01/2014	316.47	294.23	22.24	271.99	316.47	294.23	22.24	271.99
2014年2月 02/2014	130.47	112.13	18.34	93.79	446.88	406.30	40.58	365.72
2014年3月 03/2014	215.93	192.50	23.43	169.07	662.81	598.80	64.01	534.79
2014年4月 04/2014	268.90	244.88	24.02	220.86	931.62	843.62	88.00	755.62
2014年5月 05/2014	279.62	257.05	22.57	234.48	1211.21	1100.64	110.57	990.07
2014年6月 06/2014	285.74	263.30	22.44	240.86	1496.90	1363.89	133.01	1230.88
2014年7月 07/2014	336.01	311.01	25.00	286.01	1832.91	1674.90	158.01	1516.89
2014年8月 08/2014	335.91	313.08	22.83	290.25	2168.72	1987.91	180.81	1807.10
2014年9月 09/2014	317.68	293.30	24.38	268.92	2486.36	2281.14	205.22	2075.92
2014年10月 10/2014	295.99	273.32	22.67	250.65	2782.23	2554.34	227.89	2326.45
2014年11月 11/2014	272.55	251.12	21.43	229.69	3054.64	2805.37	249.27	2556.10
2014年12月 12/2014	288.69	264.21	24.48	239.73	3343.33	3069.58	273.75	2795.83

Table9 China's Import and Export Total Value of Textile and Apparel by Month

单位：亿美元
Unit：USD 100 million

年月 Month/Year	进出口 Import and Export	出口 Export	进口 Import	贸易差额 Balance of Trade	1至当月累计 From January to This Month			
					进出口 Import and Export	出口 Export	进口 Import	贸易差额 Balance of Trade
2015年1月 01/2015	285.98	263.35	22.63	240.72	285.98	263.35	22.63	240.72
2015年2月 02/2015	238.60	223.49	15.11	208.38	524.57	486.83	37.74	449.09
2015年3月 03/2015	154.41	129.25	25.16	104.09	676.42	614.30	62.12	552.18
2015年4月 04/2015	228.13	204.77	23.36	181.41	904.55	819.07	85.48	733.59
2015年5月 05/2015	261.49	240.34	21.15	219.19	1165.98	1059.36	106.62	952.74
2015年6月 06/2015	281.89	259.30	22.59	236.71	1447.82	1318.62	129.20	1189.42
2015年7月 07/2015	303.86	278.66	25.20	253.46	1751.67	1597.23	154.44	1442.79
2015年8月 08/2015	317.89	294.80	23.09	271.71	2069.35	1891.83	177.52	1714.31
2015年9月 09/2015	299.07	275.90	23.17	252.73	2368.26	2167.57	200.69	1966.88
2015年10月 10/2015	263.28	243.15	20.13	223.02	2631.49	2410.67	220.82	2189.85
2015年11月 11/2015	246.67	225.65	21.02	204.63	2877.84	2636.03	241.81	2394.22
2015年12月 12/2015	299.22	275.58	23.64	251.94	3176.92	2911.48	265.44	2646.04

表11-1 2015年纺织品服装分省进出口额

省市名称 Region	出口 Export						进口 Import					
	小计 Subtotal		纺织品 Textiles		服装 Garments		小计 Subtotal		纺织品 Textiles		服装 Garments	
	当年 Current Year	同比(%) Percentage Change over Previous Year	当年 Current Year	同比(%) Percentage Change over Previous Year	当年 Current Year	同比(%) Percentage Change over Previous Year	当年 Current Year	同比(%) Percentage Change over Previous Year	当年 Current Year	同比(%) Percentage Change over Previous Year	当年 Current Year	同比(%) Percentage Change over Previous Year
1.北京 Beijing	32.96	40.87	6.81	-0.02	26.15	57.65	13.66	-16.99	9.77	-18.56	3.89	-12.76
2.天津 Tianjin	22.45	-9.28	9.93	-13.27	12.52	-5.85	3.43	0.93	2.33	-2.27	1.10	8.45
3.河北 Hebei	54.31	-16.10	16.05	-15.18	38.27	-16.48	0.98	-1.78	0.92	-5.10	0.06	109.48
4.山西 Shanxi	1.11	-31.28	1.02	-23.35	0.09	-68.06	0.03	-47.44	0.03	-47.11	0.00	-81.10
5.内蒙古 Inner Mongolia	8.75	-19.92	1.78	-27.98	6.97	-17.55	0.03	39.33	0.02	56.92	0.01	20.92
6.辽宁 Liaoning	47.06	-17.42	9.55	-17.93	37.51	-17.29	9.79	-9.47	5.57	-14.20	4.22	-2.37
沈阳 Shenyang	3.14	-24.84	0.86	-10.71	2.28	-29.05	0.26	4.95	0.16	-17.39	0.10	84.98
大连 Dalian	24.20	-12.45	2.69	-12.18	21.51	-12.48	4.65	-12.24	2.79	-13.67	1.86	-10.01
7.吉林 Jilin	6.00	-11.44	1.77	-23.94	4.24	-4.92	2.28	27.27	0.72	-24.38	1.56	86.33
长春 Changchun	0.90	-10.95	0.11	7.64	0.79	-13.06	0.23	-26.31	0.23	-26.80	0.00	237.78
8.黑龙江 Heilongjiang	12.05	-74.03	3.84	-68.10	8.21	-76.11	0.13	-27.82	0.10	57.36	0.03	-72.32
哈尔滨 Ha′er bin	1.03	-32.98	0.84	-17.39	0.19	-63.68	0.04	32.62	0.02	76.43	0.02	0.28
9.上海 Shanghai	202.87	-6.34	73.83	0.08	129.04	-9.65	65.37	0.99	24.52	-10.23	40.85	9.18
10.江苏 Jiangsu	460.96	-3.75	220.49	-0.92	240.47	-6.21	27.80	-6.21	22.72	-9.50	5.08	11.95
南京 Nanjing	60.67	-5.41	19.45	0.47	41.21	-7.95	2.12	-17.97	1.83	-6.62	0.29	-53.60

Table11—1 China's Import and Export of Textile and Apparel by Provinces in 2015

单位：亿美元
Unit：USD 100 million

省市名称 Region	出口 Export						进口 Import					
	小计 Subtotal		纺织品 Textiles		服装 Garments		小计 Subtotal		纺织品 Textiles		服装 Garments	
	当年 Current Year	同比(%) Percentage Change over Previous	当年 Current Year	同比(%) Percentage Change over Previous	当年 Current Year	同比(%) Percentage Change over Previous	当年 Current Year	同比(%) Percentage Change over Previous	当年 Current Year	同比(%) Percentage Change over Previous	当年 Current Year	同比(%) Percentage Change over Previous
11.浙江 Zhejiang	706.91	−3.14	381.13	−3.43	325.79	−2.80	27.21	11.31	21.45	−2.92	5.77	144.78
宁波 Ningbo	78.59	−3.38	29.92	−3.08	48.67	−3.56	3.31	25.41	3.06	29.98	0.24	−13.04
12.安徽 Anhui	41.98	−4.27	17.86	−2.50	24.12	−5.55	3.68	−2.85	3.66	−2.72	0.02	−19.83
13.福建 Fujian	235.07	0.09	65.69	10.62	169.38	−3.48	10.47	3.93	9.77	3.90	0.70	4.33
厦门 Xiamen	8.30	−8.11	3.63	−5.86	4.67	−9.78	1.35	−10.87	1.24	−9.58	0.11	−23.35
14.江西 Jiangxi	52.59	−10.55	12.57	4.82	40.02	−14.49	1.38	−16.77	1.32	−6.56	0.06	−75.00
15.山东 Shandong	216.84	−4.07	97.96	−8.00	118.88	−0.58	16.41	−0.63	15.69	0.62	0.73	−21.67
青岛 Qingdao	39.84	−12.45	17.73	−11.28	22.11	−13.38	2.50	−27.66	2.34	−28.24	0.16	−17.73
16.河南 Henan	18.42	−24.99	9.47	−11.26	8.96	−35.54	1.38	114.59	0.49	−15.83	0.90	1233.26
17.湖北 Hubei	31.06	−6.55	7.45	−5.86	23.61	−6.76	1.65	−5.71	1.48	−8.36	0.17	26.08
武汉 Wuhan	6.81	−21.43	1.53	−15.39	5.28	−23.02	0.12	−44.94	0.09	−33.38	0.03	−62.84
18.湖南 Hunan	11.28	−41.71	3.09	−29.89	8.19	−45.19	1.08	2.25	1.00	7.64	0.08	−38.36
19.广东	531.79	7.97	132.05	4.70	399.74	9.09	74.60	−2.45	62.79	−5.58	11.81	18.40
广州 Guangzhou	89.10	9.64	14.59	8.59	74.51	9.85	6.90	6.55	6.28	11.24	0.63	−25.15
深圳 Shenzhen	17.01	−6.94	4.21	−16.26	12.80	−3.40	3.84	−11.08	3.76	−10.46	0.07	−34.74

表11-2 2015年纺织品服装分省进出口额

Table11-2 China's Import and Export of Textile and Apparel by Provinces in 2015

单位：亿美元

Unit：USD 100 million

省市名称 Region	出口 Export						进口 Import					
	小计 Subtotal		纺织品 Textiles		服装 Garments		小计 Subtotal		纺织品 Textiles		服装 Garments	
	当年 Current Year	同比(%) Percentage Change over Previous Year	当年 Current Year	同比(%) Percentage Change over Previous Year	当年 Current Year	同比(%) Percentage Change over Previous Year	当年 Current Year	同比(%) Percentage Change over Previous Year	当年 Current Year	同比(%) Percentage Change over Previous Year	当年 Current Year	同比(%) Percentage Change over Previous Year
20.广西 Guangxi	75.09	37.95	33.08	57.63	42.01	25.61	0.46	-8.94	0.44	-6.49	0.02	-46.39
21.海南 Hainan	1.13	-45.50	0.52	-29.41	0.61	-54.45	0.65	208.08	0.07	-24.39	0.58	390.68
22.四川 Sichuan	19.88	-36.68	9.73	-20.89	10.14	-46.86	0.71	-25.08	0.28	7.81	0.43	-37.41
成都 Chengdu	9.94	-38.60	4.56	-18.14	5.38	-49.33	0.52	-29.01	0.10	-0.93	0.41	-33.61
23.重庆 Chongqing	25.97	-3.75	9.13	18.26	16.84	-12.57	0.88	-4.10	0.51	94.59	0.38	-43.18
24.贵州 Guizhou	10.23	-32.75	1.98	-18.10	8.26	-35.52	0.01	-73.64	0.00	-80.16	0.01	-69.25
25.云南 Yunnan	13.76	-20.38	6.26	-17.36	7.49	-22.74	0.05	-39.19	0.04	36.09	0.01	-79.33
26.西藏 Tibet	3.67	-76.52	0.36	-69.31	3.30	-77.11	0.06	-35.36	0.02	-61.97	0.04	-8.14
27.陕西 Shaanxi	3.71	-24.12	2.52	-9.49	1.20	-43.38	0.07	-19.84	0.05	-2.89	0.02	-41.69
西安 Xi' an	1.69	-1.98	0.87	-7.39	0.82	4.46	0.03	21.43	0.01	2.99	0.01	43.60
28.甘肃 Gansu	9.31	-4.82	1.57	17.74	7.74	-8.38	0.31	59.82	0.03	69.72	0.28	58.86
29.青海 Qinghai	3.00	18.46	1.70	0.17	1.30	55.80	0.01	-37.38	0.01	-37.89	0.00	28.05
30.宁夏 Ningxia	5.75	-14.65	1.59	-9.05	4.15	-16.63	0.12	-42.66	0.04	45.49	0.08	-54.40
31.新疆 Xinjiang	45.55	-41.76	11.85	-28.70	33.69	-45.29	0.73	10.19	0.69	26.57	0.04	-65.90

毛纺科技

Wool Textile Journal

Wool Textile Technology

行业期刊、网站：行业技术支持与咨询

行业产品流通：行业会议及形象策划

- 邮发代号：2-195
- 刊号：ISSN1003-1456/CN11-2386/TS
- 栏目：纺织工程、针织工程、染整和化学品、服装工程与设计、机械与器材、综述

《毛纺科技》杂志社

北京市朝阳区延静里中街3号主楼6层

邮编：100025　　E-mail：mfkj333@sina.com

电话：010-65913844　65008693

传真：010-69513844　　　网址：www.wooltex.org

表12-2 2015年纺织原料及制品章类进出口额
Table12-2 Import and Export of Textile Raw Material and Manufactures by Chapters in 2015

单位：亿美元
Unit：USD 100 million

类章 Category and Chapter	全贸易方式 Multi-Trade Mode		一般贸易 Normal Trade		进料加工 Import Material Processing		来料加工 Raw Materials on Client's Demand	
	当年 Current Year	同比(%) Percentage Change over Previous Year	当年 Current Year	同比(%) Percentage Change over Previous Year	当年 Current Year	同比(%) Percentage Change over Previous Year	当年 Current Year	同比(%) Percentage Change over Previous Year
56章 絮、毡、非织造布 Chapter 56:Wadding, Felt, Non-woven Fabric	11.76	-10.30	6.44	-11.62	3.58	-10.61	1.07	-8.18
57章 铺地织品 Chapter 57:Floor Cover	1.46	-11.01	0.76	-14.93	0.05	-45.29	0.15	60.09
58章 特种织物花边 Chapter 58:Special Fabric Lace	5.87	-12.54	1.23	-4.92	2.80	-11.79	1.70	-17.78
59章 涂层布及工业用布 Chapter 59:Coating and Industrial Fabric	17.98	-10.78	7.44	-6.84	7.56	-11.47	2.21	-19.69
60章 针织布 Chapter 60:Knitting Fabric	18.48	-9.48	3.29	-0.34	9.39	-7.09	5.41	-15.49
61章 针织服装及附件 Chapter 61:Knitting Garments and Accessories	23.10	11.74	15.88	14.72	0.51	-36.00	0.17	-30.98
62章 梭织服装及附件 Chapter 62:Non-Knit Garments and Accessories	36.94	3.73	24.67	3.88	1.08	-36.94	1.20	-5.83
63章 其他纺织织物 Chapter 63:Other Fabric	4.62	-4.37	2.40	-2.75	0.76	5.09	0.15	21.53

资料来源（表8～表12）：中国海关
Source (Table8～12): China Customs

纺织科学研究

TEXTILE SCIENCE RESEARCH

国际标准刊号 ISSN1003-1308 国内统一刊号 CN11-2717/TS 邮发代号 80-502 定价 RMB20 www.fzkxyj.com

差异化 专业化 视觉化

《纺织科学研究》杂志创刊于1984年，是由中国纺织工业联合会主管，中国纺织科学研究院主办的纺织专业期刊，国内外公开发行，每月5日出刊。

杂志致力于推进科技与产业的融合，为科技成果产业化搭建平台。其内容贯穿科技创新的全领域和全过程。

在确保权威性、专业性、可读性的基础上，杂志形成内容丰富、前瞻性强、观点鲜明、形式简约的风格。包括封面文章、专栏、科技、产业、商业、学术、文化、教育等具有影响力的精彩版块，倾力打造最实用的纺织专业媒体。

中国纺织科学研究院

China Textile Academy

官方微信二维码 官方网站二维码

国际统计

表1 世界纺织纤维产量（含PP纤维）
Table1 Worldwide Textile Fiber Production (Including Olefin Fiber)

单位：万吨
Unit: 10,000 ton

年份 Year	总计 Total	天然纤维 Natural Fiber	化学纤维 Chemical Fiber	
			小计 Subtotal	合纤 Synthetic Fiber
2000	5515.0	2125.6	3389.4	3199.4
2005	6961.5	2679.7	4081.8	3822.4
2006	7068.9	2800.4	4389.2	4127.6
2007	7622.9	2834.6	4788.3	4450.1
2008	7095.0	2538.8	4556.2	4311.7
2009	7175.4	2383.4	4792.0	4474.4
2010	7822.8	2656	5166.8	4839.3
2011	8098.6	2528.4	5570.2	5206.1
2012	8480.9	2459.1	6021.8	5593.6
2013	8896.7	2516.7	6380.0	5898.7
2014	9197.1	2544.0	6653.1	6152.0

表2 世界天然纤维及化学纤维比重
Table2 The Proportion of Worldwide Natural Fiber and Chemical Fiber Production

单位：%
Unit: %

年份 Year	总计 Total	天然纤维 Natural Fiber	化学纤维 Chemical Fiber	
			小计 Subtotal	合纤 Synthetic Fiber
2000	100.0	38.5	61.5	58.8
2005	100.0	39.6	60.4	56.6
2006	100.0	37.9	62.1	58.4
2007	100.0	37.2	62.8	58.4
2008	100.0	35.8	64.2	60.8
2009	100.0	33.2	66.8	62.4
2010	100.0	34.0	66.0	61.9
2011	100.0	31.2	68.8	64.3
2012	100.0	29.0	71.0	66.0
2013	100.0	28.3	71.7	66.3
2014	100.0	27.7	72.3	66.9

表3 全球纺织纤维结构变化
Table3 The Structural Change of Worldwide Textile Fiber

单位：万吨
Unit：10,000 tonon

年份 Year		2014年 Year 2014		2000年 Year 2000		2014/2000增减 Percentage Change of 2014 over 2000	
		产量 Output	占(%) Proportion(%)	产量 Output	占(%) Proportion(%)	增减量 Change	占(%) Proportion(%)
总计	Total	9197.1	100.0	5515.0	100.0	3682.1	3.7
化纤	Chemical Fiber	6653.1	72.3	3389.4	61.5	3263.7	4.9
棉花	Cotton	2395.1	26.0	1917.0	34.8	478.1	1.6
羊毛	Wool	110.4	1.2	134.3	2.4	−23.9	−1.4
丝、麻等	Silk, Linen & others	38.5	0.4	74.3	1.3	−35.8	−4.6

注 羊毛为洗净毛，麻中不含黄麻。
Note The wool refers to the scoured wool, and the jute is not included.

表4 世界合成纤维产量（含PP纤维）
Table4 Worldwide Synthetic Fiber Production (Including Olefin Fibers)

单位：：万吨
Unit：10,000 ton

年份 Year	合计 Total	涤纶 Terylene			锦纶 Polyamide Fiber	腈纶 Acrylic Fiber	其他 Others
		小计 Subtotal	长丝 Filament	短纤 Staple Fiber			
2000	3199.4	1891.2	1088.9	802.3	411.8	266.8	629.6
2005	3998.4	2645.1	1547.9	1097.2	385.1	269.7	698.5
2006	4127.6	2780.8	1665.1	1115.7	388.3	253.4	705.1
2007	4450.1	3109.4	1894.9	1244.6	389.1	240.6	710.9
2008	4311.7	3099.1	1886.7	1212.4	359.6	183.7	669.3
2009	4474.2	3281.3	2026.9	1254.4	360.8	198.0	634.1
2010	4839.3	3719.7	2372.4	1347.3	382.6	195.8	541.2
2011	5206.1	4059.6	2637.6	1422.0	387.4	199.0	560.1
2012	5593.6	4416.5	2912.6	1503.8	406.5	193.7	576.9
2013	5898.7	4673.4	3145.3	1528.1	435.2	191.3	598.8
2014	6152.0	4914.1	3384.9	1521.2	455.2	184.9	597.8

表5 世界合成纤维分品种构成
Table5 Proportion of Worldwide Synthetic Fiber Production by Fiber

单位:%
Unit:%

年份 Year	合计 Total	涤纶 Terylene			锦纶 Polyamide Fiber	腈纶 Acrylic Fiber	其他 Others
		小计 Subtotal	长丝 Filament	短纤 Staple Fiber			
2000	100.0	59.1	34.0	25.1	12.9	8.3	19.7
2005	100.0	66.2	38.7	27.4	9.6	6.7	17.5
2006	100.0	67.4	40.3	27.1	9.4	6.1	17.1
2007	100.0	69.8	42.0	27.8	8.7	5.5	16.0
2008	100.0	71.9	43.8	28.1	8.3	4.3	15.5
2009	100.0	73.3	45.3	28.0	8.1	4.4	14.2
2010	100.0	76.9	49.0	27.8	7.9	4.0	11.2
2011	100.0	78.0	50.7	27.3	7.4	3.8	10.8
2012	100.0	79.0	52.1	26.9	7.3	3.5	10.3
2013	100.0	79.2	53.3	25.9	7.4	3.2	10.2
2014	100.0	79.9	55.1	24.8	7.4	3.0	9.7

表6 世界主要国家（地区）化纤产量（含PP纤维）
Table6 Worldwide Chemical Fiber Production by Countries and Regions (Including Olefin Fibers)

单位：万吨
Unit:10,000 ton

年份 Year	全球 World	中国 China	美国 USA	西欧 West Europe	中国台湾 Taiwan, China	韩国 Korea	日本 Japan	印度 India	中国占(%) Proportion of China
2000	3389.4	694.2	475.1	430.9	341.1	278.1	161.2	180.0	20.3
2005	4246.0	1817.7	410.0	*461.9	287.4	182.9	120.2	225.2	42.8
2006	4389.2	2024.4	379.2	*452.8	270.4	162.6	117.5	257.9	46.1
2007	4788.5	2397.2	365.9	*445.3	268.9	162.6	116.6	291.7	50.1
2008	4556.2	2430.5	309.9	*322.5	221.1	148.4	101.6	308.2	53.3
2009	4792.2	2733.5	267.6	289.1	234.3	152.9	81.2	343.4	57.0
2010	5166.8	2983.3	248.6	224.2	250.3	168.6	87.0	378.3	57.7
2011	5570.2	3361.0	240.9	215.2	232.0	174.7	88.0	399.5	60.3
2012	6021.8	3796.5	247.5	210.2	222.6	174.8	84.7	411.7	63.0
2013	6380.0	4107.5	256.0	202.1	224.2	169.3	84.9	428.0	64.4
2014	6653.1	4352.5	254.5	196.9	220.6	165.5	83.4	456.7	65.4

注 * 为全欧洲产量。
Note The data with "*" refers to the output of the whole Europe.

表7 世界主要国家（地区）合成纤维产量（含PP纤维）
Table7 Worldwide Synthetic Fiber Production by Countries and Regions (Including Olefin Fibers)

单位：万吨
Unit：10,000 ton

年 份 Year	全 球 World	中 国 China	美 国 USA	西 欧 West Europe	中国台湾 Taiwan, China	韩 国 Korea	日 本 Japan	印 度 India	中国占(%) Proportion of China
2000	3199.4	629.5	459.2	385.2	326.9	277.5	147.3	150.2	19.7
2005	3998.4	1712.1	405.1	*411.3	275.9	182.1	113.5	195.7	42.8
2006	4127.6	1906.9	376.7	*402.8	257.2	161.7	110.9	226.9	46.2
2007	4450.1	2239.2	360.9	*392.3	255.3	160.8	108.0	256.1	50.3
2008	4311.7	2267.8	307.6	*355.0	210.5	147.6	94.7	278.1	52.6
2009	4541.3	2552.2	265.6	253.1	223.5	152.9	75.7	310.6	56.2
2010	4839.3	2808.2	246.1	183.2	240.5	168.6	80.7	343.3	58.0
2011	5206.1	3151.7	238.3	175.3	223.9	174.7	81.8	362.6	60.5
2012	5593.6	3529.9	245.0	169.4	212.8	174.8	78.6	372.5	63.1
2013	5898.7	3789.8	253.4	161.5	212.3	169.3	78.7	386.7	64.2
2014	6152.0	4017.0	252.0	156.6	208.1	165.5	77.1	414.6	65.3

注 * 为全欧洲产量。
Note The data with "*" refers to the output of the whole Europe.

表8 全球化学纤维产量地域分布（不含PP纤维）（一）
Table8 Worldwide Chemical Fiber Production by Regions (Except Olefin Fiber) ——Part1

单位：万吨
Unit：10,000 ton

年 份 Year	全 球 World		亚 洲 Asia		西 欧 Western Europe	
	产 量 Output	占(%) Proportion	产 量 Output	占(%) Proportion	产 量 Output	占(%) Proportion
2000	2822.2	100.0	1877.4	66.5	279.8	9.9
2005	3598.4	100.0	2644.5	77.8	184.2	5.4
2006	3741.9	100.0	2999.1	80.1	214.2	5.7
2007	4102.7	100.0	3388.8	82.6	206.5	5.0
2008	3956.8	100.0	3349.8	84.7	181.6	4.6
2009	4227.9	100.0	3696.2	87.4	149.3	3.5
2010	4709.3	100.0	4112.2	87.3	167.0	3.5
2011	5098.5	100.0	4504.6	88.4	158.5	3.1
2012	5536.3	100.0	4937.1	89.2	153.9	2.8
2013	5882.0	100.0	5276.9	89.7	146.0	2.5
2014	6162.3	100.0	5560.2	90.2	140.8	2.3

表9 全球化学纤维产量地域分布（不含PP纤维）（二）
Table9 Worldwide Chemical Fiber Production by Regions (Except Olefin Fiber) ——Part2

单位：万吨
Unit：10,000 ton

年份 Year	东欧 Eastern Europe		北美 North America		南美、非洲等 South America, Africa etc.	
	产量 Output	占(%) Proportion	产量 Output	占(%) Proportion	产量 Output	占(%) Proportion
2000	70.2	2.5	408.4	14.5	186.4	6.6
2005	62.9	1.8	326.4	9.6	187.7	5.5
2006	61.3	1.6	293.4	7.8	173.9	4.6
2007	60.7	1.5	275.6	6.7	171.1	4.2
2008	57.0	1.4	224.9	5.7	143.5	3.6
2009	48.3	1.1	194.2	4.6	139.9	3.3
2010	51.7	1.1	220.0	4.7	158.4	3.4
2011	52.0	1.0	216.7	4.2	166.7	3.3
2012	52.1	0.9	223.7	4.0	169.5	3.1
2013	50.5	0.9	232.5	4.0	176.1	3.0
2014	46.5	0.8	234.9	3.8	179.9	2.9

表10 全球合成纤维产量地域分布（不含PP纤维）（一）
Table10 Worldwide Synthetic Fiber Production by Regions (Except Olefin Fiber) ——Part1

单位：万吨
Unit：10,000 ton

年份 Year	全球 World		亚洲 Asia		西欧 Western Europe	
	产量 Output	占(%) Proportion	产量 Output	占(%) Proportion	产量 Output	占(%) Proportion
2000	2601.1	100.0	1738.4	66.8	234.1	9.0
2005	3350.9	100.0	2614.1	78.0	176.0	5.2
2006	3480.3	100.0	2794.2	80.3	168.5	4.8
2007	3803.4	100.0	3152.2	82.9	159.9	4.2
2008	3702.3	100.0	3144.6	84.9	139.4	3.8
2009	3906.3	100.0	3421.9	87.6	113.3	2.9
2010	4381.8	100.0	3833.0	87.5	126.0	2.9
2011	4734.4	100.0	4187.6	88.5	118.6	2.5
2012	5108.1	100.0	4556.7	89.2	113.1	2.2
2013	5400.7	100.0	4841.6	89.6	105.4	2.0
2014	5661.2	100.0	5102.0	90.1	100.5	1.8

表11　全球合成纤维产量地域分布（不含PP纤维）（二）

Table11　Worldwide Synthetic Fiber Production by Regions (Except Olefin Fiber) ——Part2

单位：万吔
Unit：10,000 ton

年　份　Year	东 欧　Eastern Europe		北 美　North America		南美、非洲等 South America, Africa etc.	
	产 量 Output	占(%) Proportion	产 量 Output	占(%) Proportion	产 量 Output	占(%) Proportion
2000	58.9	2.3	391.0	15.0	178.7	6.9
2005	58.5	1.7	323.1	9.6	178.9	5.3
2006	57.0	1.6	291.0	8.4	175.2	5.0
2007	54.3	1.4	270.6	7.1	166.2	4.4
2008	54.4	1.5	222.6	6.0	141.3	3.9
2009	45.8	1.2	192.2	4.9	136.7	3.5
2010	49.2	1.1	217.5	5.0	156.1	3.6
2011	49.5	1.0	214.0	4.5	164.7	3.5
2012	49.8	1.0	221.2	4.3	167.3	3.3
2013	48.7	0.9	229.9	4.3	175.1	3.2
2014	46.5	0.8	232.4	4.1	179.8	3.2

表12　全球合成纤维主要生产国(地区)(不含PP纤维)

Table12 The Proportion of Synthetic Fiber Production and Producing Capacity of Main Countries and Regions (Except Olefin Fiber)

序号 Rank	国别（地区） Countries (Regions)		产量占全球(%) Proportion of Output			产能占全球(%) Proportion of Producing Capacity		
			2010	2013	2014	2010	2013	2014
1	中　国	China	62.3	68.5	69.4	61.2	68.1	70.2
2	印　度	India	7.6	6.9	7.1	8.1	6.5	6.7
3	美　国	U.S.A.	4.2	3.7	3.6	4.2	3.3	3.3
4	中国台湾	Taiwan, China	5.1	3.6	3.4	5.1	3.5	3.4
5	韩　国	Korea	3.6	2.9	2.7	3.3	2.8	2.7
6	西　欧	Western Europe	2.9	2.0	1.8	2.9	2.1	1.7
7	土耳其	Turkey	1.7	1.5	1.5	1.7	1.3	1.3
8	日　本	Japan	1.5	1.1	1.0	1.8	1.2	1.1
	合　计	Total	88.8	90.0	90.5	88.2	88.8	90.4

资料来源（表1～12）：Fiber Organon
Source (Table 1～12): Fiber Organon

表13 全球棉花产量地域分布
Table13 Worldwide Cotton Production by Producing Regions

单位：万吨
Unit：10,000 ton

年份 Year	全球 World	亚、澳洲 Asia，Australia	北美 North America	南美 South America	西欧 Western Europe	东欧 Eastern Europe	非洲 Africa
2000	1917.0	1079.5	381.7	121.4	51.9	139.2	143.3
2005	2439.8	1505.1	494.2	165.7	45.8	172.3	204.4
2006	2533.5	1372.5	484.3	147.2	36.7	176.9	189.3
2007	2628.0	1500.9	431.9	163.2	32.6	180.3	157.3
2008	2340.0	1659.7	291.5	121.4	25.7	154.0	134.2
2009	2208.4	1620.7	274.4	130.6	23.7	128.2	107.9
2010	2487.9	1521.2	410.1	199.9	22.5	154.2	101.4
2011	2744.4	1569.0	366.7	191.0	22.5	154.2	96.8
2012	2633.6	1821.4	399.8	129.0	30.8	155.7	158.9
2013	2590.0	1740.0	300.4	173.9	33.0	148.7	154.2
2014	2616.4	1758.0	392.3	170.6	34.7	139.9	145.4
*2015	2385.4	1702.0	335.8	154.8	30.6	135.4	146.8

注 *为预计数。
Note The data with "*" is the estimated data.

表14 世界主要国家棉花产量
Table14 Worldwide Cotton Production by Producing Countries

单位：万吨
Unit：10,000 ton

年份 Year	全球 World	中国 China	美国 U.S.A.	印度 India	巴基斯坦 Pakistan	巴西 Brazil	土耳其 Turkey	中国占(%) The Proportion of China
2000	1917.0	432.0	379.0	235.0	170.0	85.8	88.0	22.5
2005	2439.8	632.0	479.0	408.0	248.2	127.3	90.0	25.9
2006	2533.5	581.9	470.0	380.5	230.8	143.9	80.5	23.0
2007	2628.0	672.9	418.2	459.0	209.1	160.3	85.0	25.6
2008	2340.0	807.8	279.0	535.5	184.5	119.3	67.5	34.5
2009	2208.4	802.5	265.4	493.0	196.0	127.4	44.0	36.3
2010	2487.9	680.0	394.2	510.0	212.2	196.0	38.0	27.3
2011	2744.4	640.0	339.1	552.5	190.7	187.7	45.0	23.3
2012	2633.6	740.0	376.4	600.1	229.4	126.3	75.0	28.1
2013	2590.0	730.0	281.1	596.7	209.3	170.5	55.0	28.2
2014	2616.4	692.9	365.5	663.4	207.6	167.3	63.9	26.5
*2015	2385.4	648.0	316.8	650.7	230.5	151.8	84.7	27.2

注 *为预计数。
Note The data with "*" is the estimated data.

表15 全球棉花耗用量地域分布
Table15 Worldwide Cotton Consumption by Regions

单位：万吨
Unit：10,000 ton

年份 Year	全球 World	亚、澳洲 Asia and Australia	南北美 South and North America	西欧 Western Europe	东欧 Eastern Europe	非洲 Africa
2000	1969.9	1297.1	377.4	107.3	90.9	97.2
2005	2368.8	1846.1	315.3	56.2	73.9	77.3
2006	2544.7	2030.0	283.8	53.1	70.7	107.1
2007	2643.8	2176.7	295.2	33.6	68.7	69.6
2008	2404.4	1976.0	253.7	30.0	69.1	75.6
2009	2539.3	2128.9	259.9	24.3	64.6	61.6
2010	2448.9	2029.6	265.7	18.1	62.9	58.9
2011	2294.5	1940.0	234.1	17.2	43.1	60.1
2012	2247.4	1879.5	236.8	16.4	45.2	69.5
2013	2319.6	1943.7	246.1	16.5	60.4	52.9
2014	2354.2	2003.5	230.9	20.1	61.0	38.7
*2015	2471.3	2097.5	232.9	19.3	61.8	59.8

注 *为预计数。
Note The data with "*" is the estimated data.

表16 全球棉花耗用量地域分布比例
Table16 Worldwide Cotton Consumption Proportion by Regions

单位：%
Unit：%

年份 Year	全球 World	亚、澳洲 Asia and Australia	南北美 South and North America	西欧 Western Europe	东欧 Eastern Europe	非洲 Africa
2000	100.0	65.8	19.2	5.4	4.6	4.9
2005	100.0	77.9	13.3	2.4	3.1	3.3
2006	100.0	79.8	11.2	2.1	2.8	4.2
2007	100.0	82.3	11.2	1.3	2.6	2.6
2008	100.0	82.2	10.6	1.2	2.9	3.1
2009	100.0	83.8	10.2	1.0	2.6	2.4
2010	100.0	82.9	10.8	0.7	2.6	2.4
2011	100.0	84.6	10.2	0.7	1.9	2.6
2012	100.0	83.6	10.5	0.7	2.0	3.1
2013	100.0	83.8	10.6	0.7	2.6	2.3
2014	100.0	85.1	9.8	0.9	2.6	1.6
*2015	100.0	84.9	9.4	0.8	2.5	2.4

注 *为预计数。
Note The data with "*" is the estimated data.

表17 世界主要国家棉花耗用量（一）
Table17 Worldwide Cotton Consumption by Countries ——Part1

单位：万吨
Unit：10,000 ton

年份 Year	全球 World	占总(%) Proportion	中国 China	占总(%) Proportion	美国 U.S.A.	占总(%) Proportion	印度 India	占总(%) Proportion
2000	1969.9	100.0	538.5	27.3	192.9	9.8	288.5	14.6
2005	2368.8	100.0	860.0	36.3	129.3	5.5	330.0	13.9
2006	2544.7	100.0	1050.0	41.3	106.7	4.2	346.5	13.6
2007	2643.8	100.0	1090.0	41.2	100.2	3.8	399.0	15.1
2008	2404.4	100.0	900.0	37.4	78.4	3.3	401.1	16.7
2009	2539.3	100.0	1010.2	39.8	75.4	3.0	382.7	15.1
2010	2448.9	100.0	986.1	40.8	78.4	3.2	422.2	17.2
2011	2294.5	100.0	863.5	37.6	71.8	3.1	461.1	20.1
2012	2247.4	100.0	829.0	36.9	74.0	3.3	442.1	19.7
2013	2319.6	100.0	753.1	32.5	80.3	3.5	500.0	21.6
2014	2354.2	100.0	770.5	32.7	77.8	3.3	504.2	21.4
*2015	2471.3	100.0	774.3	31.3	80.6	3.3	543.4	22.0

注 *为预计数。
Note The data with "*" is the estimated data.

表18 世界主要国家棉花耗用量（二）
Table18 Worldwide Cotton Consumption by Countries ——Part2

单位：万吨
Unit：10,000 ton

年份 Year	巴基斯坦 Pakistan	占总(%) Proportion	土耳其 Turkey	占总(%) Proportion	日本 Japan	占总(%) Proportion	巴西 Brazil	占总(%) Proportion
2000	171.0	8.7	112.1	5.7	25.0	1.3	90.0	4.6
2005	230.0	9.7	155.0	6.5	16.5	0.7	90.0	3.8
2006	241.5	9.5	155.0	6.1	15.7	0.6	84.0	3.3
2007	259.3	9.8	155.0	5.9	13.0	0.5	99.6	3.8
2008	257.4	10.7	135.0	5.6	12.5	0.5	93.7	3.9
2009	245.2	9.7	114.0	4.5	10.3	0.4	100.2	3.9
2010	230.7	9.4	130.0	5.3	7.5	0.3	104.1	4.3
2011	210.0	9.2	125.0	5.4	6.0	0.3	88.8	3.9
2012	216.3	9.6	125.0	5.6	6.3	0.3	89.7	4.0
2013	244.4	10.5	132.5	5.7	6.3	0.3	88.9	3.8
2014	227.1	9.6	140.6	6.0	6.0	0.3	80.8	3.4
*2015	252.8	10.2	137.2	5.6	6.5	0.3	80.6	3.3

注 *为预计数。
Note The data with "*" is the estimated data.

资料来源（表13～18）：国际棉花咨询委员会
Source (Table 13～18)：ICAC

表19 美国纺织纤维最终用途分布
Table19 The End Use of Textile Fiber in USA

单位：万吨
Unit：10,000 ton

年 份 Year	衣 着 Clothing	家 用 Home textile	地 毯 Carpet	工业及其他 Industial Textile and others	合 计 Total
2000	274.1	130.0	204.1	203.3	811.5
2005	156.5	70.7	205.2	195.3	627.6
2006	133.5	57.8	191.8	187.7	570.8
2007	76.3	41.8	174.5	187.0	479.6
2008	66.7	36.1	148.2	168.6	419.7
2009	49.7	26.6	128.0	155.4	359.6
2010	58.3	30.1	133.2	163.9	385.5
2011	37.9	16.0	120.2	151.1	325.1
2012	39.9	15.9	122.4	163.2	341.3
2013	40.3	16.1	124.5	171.4	352.3
2014	38.9	16.6	123.7	179.0	358.2

表20 美国人均纤维表观消费量
Table20 U.S. Per Capita Fiber Apparent Consumption

年 份 Year	国内总纤维消费量(万吨) Total Fiber Consumption (10,000 ton)					人口（百万） Population (million persons)	人均消费（Kg/年） Consumption Per Capita (Kg/year)
	化 纤 Chemical Fiber	棉 花 Cotton	羊 毛 Wool	其 他 Others	合 计 Total		
1990	446.1	262.5	13.3	29.6	751.6	250.0	30.1
2000	620.0	446.6	14.8	33.9	1115.2	282.4	39.5
2005	667.5	502.1	18.8	41.3	1229.7	296.4	41.5
2006	651.5	514.1	18.7	39.6	1223.9	298.2	41.1
2007	651.0	511.4	20.0	35.9	1218.3	301.7	40.4
2008	598.9	447.9	18.2	32.9	1098.0	304.5	36.1
2009	523.1	409.3	15.5	28.3	976.2	307.4	31.8
2010	599.2	451.2	18.3	30.4	1099.2	309.3	35.5
2011	601.4	385.5	18.2	32.9	1038.0	311.6	33.3
2012	616.4	369.3	17.6	31.8	1035.2	313.9	33.0
2013	650.2	372.5	17.7	31.8	1072.2	316.1	33.9
2014	664.7	379.2	20.9	32.3	1097.2	318.4	34.5

资料来源（表19～20）：Fiber Organon
Source (Table 19～20)：Fiber Organon

表21 2014年全球纺织品、成衣进出口额

Table21 Global Import and Export of Textile and Apparel in 2014

单位：亿美元

Unit：USD 100 million

年 份 Year	出口额 Export			进口额 Import		
	合计 Total	纺织品 Textiles	成衣 Garments	合计 Total	纺织品 Textiles	成衣 Garments
2014	7973.6	3140.8	4832.8	8612.4	3352.6	5259.8
2013	7637.5	3040.9	4596.6	8271.2	3245.1	5026.1
2012	7030.9	2835.7	4195.2	7589.8	3019.5	4570.3
2011	7134.3	2942.2	4192.1	7494.9	3113.0	4381.9
2010	3527.1	1547.8	1979.3	3668.7	1637.7	2031.0
2014/2013 (%)	4.4	3.3	5.1	4.1	3.3	4.6
2014/2000年均增长(%) Average Annual Change from 2000 to 2014	6.0	5.2	6.6	6.3	5.3	7.0

表22 2014年中国纺织品、成衣进出口额

Table22 China's Import and Export of Textile and Apparel in 2014

单位：亿美元

Unit：USD 100 million

年 份 Year	出口额 Export			进口额 Import			贸易顺差 Trade Surplus
	合计 Total	纺织品 Textiles	成衣 Garments	合计 Total	纺织品 Textiles	成衣 Garments	
2014	2982.7	1116.6	1866.1	263.7	202.5	61.2	2719
2013	2839.8	1065.7	1774.1	269.0	215.6	53.4	2570.8
2012	2550.5	954.4	1596.1	243.3	198.1	45.2	2307.2
2011	2481.8	944.1	1537.7	229.1	189.0	40.1	2252.7
2010	522.1	161.4	360.7	140.2	128.3	11.9	381.9
2014/2013 (%)	5.0	4.8	5.2	−2.0	−6.1	14.8	5.8
2014/2000年均增长(%) Average Annual Change from 2000 to 2014	13.3	14.8	12.5	4.6	3.3	12.4	15.1

表23 中国纺织品、成衣出口额占全球出口份额
Table23 The Proportion of China's Export Value of Textile and Garment to the World's

单位：亿美元
Unit：USD 100 million

年份 Year	纺织品出口 Export Value of Textile			成衣出口 ExportValue of Garment		
	全球 World	中国 China	中国占(%) Ratio of China(%)	全球 World	中国 China	中国占(%) Ratio of China(%)
2000	1547.8	161.4	10.4	1979.3	360.7	18.2
2006	2186.1	486.8	22.3	3105.9	953.8	30.7
2007	2388.1	560.3	23.5	3483.3	1155.2	33.2
2008	2496.8	653.7	26.2	3641.7	1204.1	33.1
2009	2110.8	598.2	28.3	3173.0	1072.6	33.8
2010	2524.5	768.7	30.4	3544.9	1298.2	36.6
2011	2942.2	944.1	32.1	4192.1	1537.7	36.7
2012	2835.7	954.4	33.7	4195.2	1596.1	38.0
2013	3040.9	1065.7	35.0	4596.6	1774.1	38.6
2014	3140.8	1116.6	35.6	4832.8	1866.1	38.6

表24 中国纺织品、成衣进出口贸易状况
Table24 China's Export of Textile and Garment

单位：亿美元
Unit：USD 100 million

年份 Year	出口额 Export			进口额 Import			贸易顺差 Trade Surplus
	合计 Total	纺织品 Textiles	成衣 Garments	合计 Total	纺织品 Textiles	成衣 Garments	
2000	522.1	161.3	360.7	140.2	128.3	11.9	381.9
2006	1440.6	486.8	953.8	180.8	163.6	17.2	1259.8
2007	1715.5	560.3	1155.2	186.2	166.5	19.8	1529.3
2008	1857.7	653.7	1204.1	185.7	162.9	22.8	1672.0
2009	1670.9	598.2	1072.6	167.9	149.5	18.4	1503.0
2010	2066.9	768.7	1298.2	202.0	176.8	25.2	1864.9
2011	2481.9	944.1	1537.7	229.1	189.0	40.1	2252.8
2012	2550.5	954.4	1596.1	243.3	198.1	45.2	2307.2
2013	2839.8	1065.7	1774.1	269.0	215.6	53.4	2570.8
2014	2982.7	1116.6	1866.1	263.7	202.5	61.2	2719.0

表25　2014年全球纺织品进出口国(地区)15强
Table25　The Top 15 Textile Trading Countries (Regions) in the World in 2014

单位：亿美元
Unit：USD 100 million

出口 Export				进口 Import			
国家(地区) Countries(Regions)		金额 Value	占全球(%) Proportion to the world(%)	国家(地区) Countries(Regions)		金额 Value	占全球(%) Proportion to the world(%)
全　球	World	3140.8	100.0	全　球	World	3352.6	100.0
中　国	China	1116.6	35.6	欧盟(28国)	EU(28)	831.8	24.8
欧盟(28国)	EU(28)	748.3	23.8	自欧盟(28国)外	From External EU	317.3	9.5
向欧盟(28国)外	To External EU	233.8	7.4	美　国	U.S.A.	282.8	8.4
印　度	India	183.4	5.8	中　国	China	202.5	6.0
美　国	U.S.A.	143.7	4.6	越　南	Vietnam	120.2	3.6
土耳其	Turkey	125.2	4.0	中国香港	Hongkong, China	93.6	2.8
韩　国	Korea Rep	119.1	3.8	日　本	Japan	88.9	2.7
中国台湾	Taiwan, China	102.3	3.3	土耳其	Turkey	71.2	2.1
中国香港	Hongkong, China	97.9	3.1	孟加拉	Bangladesh	67.8	2.0
巴基斯坦	Pakistan	90.8	2.9	墨西哥	Mexico	64.1	1.9
日　本	Japan	63.9	2.0	印度尼西亚	Indonesia	58.1	1.7
越　南	Vietnam	52.6	1.7	韩　国	Korea Rep	53.7	1.6
印度尼西亚	Indonesia	47.3	1.5	加拿大	Canada	45.8	1.4
泰　国	Thailand	38.9	1.2	巴　西	Brazil	43.8	1.3
阿联酋	United Arab Emirates	27.2	0.9	俄罗斯	Russia	41.0	1.2
墨西哥	Mexico	25.5	0.8	印　度	India	37.6	1.1

表26 2014年全球成衣进出口国(地区)15强
Table26 The Top 15 Garment Trading Countries (Regions) in the World in 2014

单位：亿美元
Unit: USD 100 million

出口 Export				进口 Import			
国家(地区) Countries(Regions)		金额 Value	占全球(%) Proportion to the world(%)	国家(地区) Countries(Regions)		金额 Value	占全球(%) Proportion to the world(%)
全　球	World	4832.8	100.0	全　球	World	5259.8	100.0
中　国	China	1866.1	38.6	欧盟(28国)	EU(28)	1982.6	37.7
欧盟(28国)	EU(28)	1265.9	26.2	自欧盟(28国)外	From External EU	1036.5	19.7
向欧盟(28国)外	To External EU	319.8	6.6	美　国	U.S.A.	931.6	17.7
孟加拉	Bangladesh	245.8	5.1	日　本	Japan	311.6	5.9
中国香港	Hongkong, China	205.1	4.2	中国香港	Hongkong, China	161.7	3.1
越　南	Vietnam	195.4	4.0	加拿大	Canada	100.8	1.9
印　度	India	177.4	3.7	俄罗斯	Russia	85.1	1.6
土耳其	Turkey	166.8	3.5	韩　国	Korea Rep	84.8	1.6
印度尼西亚	Indonesia	76.7	1.6	澳大利亚	Australia	65.2	1.2
美　国	U.S.A.	61.1	1.3	瑞　士	Switzerland	61.3	1.2
柬埔寨	Cambodia	58.7	1.2	中　国	China	61.2	1.2
巴基斯坦	Pakistan	49.9	1.0	阿联酋	United Arab Emirates	38.9	0.7
斯里兰卡	Sri Lanka	49.2	1.0	墨西哥	Mexico	35.9	0.7
马来西亚	Malaysia	47.7	1.0	土耳其	Turkey	32.3	0.6
墨西哥	Mexico	46.2	1.0	沙　特	Saudi Arabia	31.9	0.6
泰　国	Thailand	41.3	0.9	智　利	Chile	29.8	0.6

表27　2014年全球纺织品、成衣出口国(地区)10强

Table27　The Top 10 Export Countries (Regions) of Textile and Garment in the World in 2014

单位：亿美元

Unit：USD 100 million

排序 Rank	国家(地区) Countries(Regions)		合计 Total	纺织品 Textiles	成衣 Garments	占全球(%) Proportion to the world(%)
	全　球	World	7973.6	3140.8	4832.8	100.0
1	中　国	China	2982.7	1116.6	1866.1	37.4
2	欧盟（28国）*	EU(28)	553.6	233.8	319.8	6.9
3	印　度	India	360.8	183.4	177.4	4.5
4	中国香港	Hongkong，China	303.0	97.9	205.1	3.8
5	土耳其	Turkey	292.0	125.2	166.8	3.7
6	孟加拉	Bangladesh	269.4	23.6	245.8	3.4
7	越　南	Vietnam	248.0	52.6	195.4	3.1
8	美　国	U.S.A.	204.8	143.7	61.1	2.6
9	韩　国	Korea Rep	141.6	119.1	22.5	1.8
10	巴基斯坦	Pakistan	140.8	90.8	50.0	1.8

注　*为欧盟（28国）向区外出口。

Note　The data with "*" refers to the external trade of EU.

表28　2014年全球纺织品、成衣进口国(地区)前10名

Table28　The Top 10 Import Countries(Regions) of Textile and Garment in the world in 2014

单位：亿美元

Unit：USD 100 million

排序 Rank	国家(地区) Countries(Regions)		合计 Total	纺织品 Textiles	成衣 Garments	占全球(%) Proportion to the world(%)
	全　球	World	8612.4	3352.6	5259.8	100.0
1	欧盟（28国）*	EU(28)	1353.8	317.3	1036.5	15.7
2	美　国	U.S.A.	1214.4	282.8	931.6	14.1
3	日　本	Japan	400.5	88.9	311.6	4.7
4	中　国	China	263.7	202.5	61.2	3.1
5	中国香港	Hongkong，China	255.3	93.6	161.7	3.0
6	加拿大	Canada	146.6	45.8	100.8	1.7
7	韩　国	Russia	138.5	53.7	84.8	1.6
8	越　南	Vietnam	128.3	120.2	8.1	1.5
9	俄罗斯	Turkey	126.1	41.0	85.1	1.5
10	土耳其	Korea	103.5	71.2	32.3	1.2

注　*为欧盟（28国）自区外进口。

Note　The data with "*" refers to the external trade of EU.

表29 2013～2014年亚洲主要国家(地区)纺织品、成衣出口贸易变化
Table29 The Export of Textile and Garment in Asia from 2013 to 2014

单位：亿美元
Unit：USD 100 million

排序 Rank	国家(地区) Countries and Regions		纺织品出口 Textile Export		成衣出口 Garment Export		合计 Total	
			2014	2013	2014	2013	2014	2013
1	中　　国	China	1116.6	1065.7	1866.1	1774.1	2982.7	2839.8
2	印　　度	India	183.4	174.2	177.4	155.4	360.8	329.6
3	中国香港	Hongkong, China	97.9	107.1	205.1	219.2	303.0	326.3
4	孟 加 拉	Bangladesh	23.6	22.6	245.8	235.0	269.4	257.6
5	越　　南	Vietnam	52.6	46.1	195.4	171.5	248.0	217.6
6	韩　　国	Korea	119.1	120.4	22.5	21.0	141.6	141.4
7	巴基斯坦	Pakistan	90.8	93.4	49.9	45.5	140.7	138.9
8	印度尼西亚	Indonesia	47.3	46.3	76.7	76.9	124.0	123.2
9	中国台湾	Taiwan, China	102.3	102.2	8.7	9.2	111.0	111.4
10	泰　　国	Thailand	38.9	38.7	41.3	41.0	80.2	79.7
11	日　　本	Japan	63.9	68.4	6.2	4.9	70.1	73.3
12	马来西亚	Malaysia	19.0	18.5	47.7	45.8	66.7	64.3
13	柬 埔 寨	Cambodia	1.1	1.0	58.7	50.3	59.8	51.3
14	斯里兰卡	Sri Lanka	2.7	2.4	49.2	45.2	51.9	47.6
15	新 加 坡	Singapore	8.8	8.9	13.5	12.7	22.3	21.6
16	菲 律 宾	Filipine	2.5	1.7	18.4	15.6	20.9	17.3
以上合计		Total Value of the Above	1970.5	1917.6	3082.6	2923.3	5053.1	4840.9

资料来源（表21～29）：世界贸易组织
Source (Table 21～29): World Trade Organization

从熔体到纱线、纤维和非织造布

一切均始于化工原料。但是要将其转化为功能性服装、产业用纺织品或者轮胎帘子线，就需要智慧的创意、精良的设备和成熟的工艺。

欧瑞康化学纤维的工程师们会提供全力支持并确保您的项目完全成功。我们将全程辅助您，从最初的化工原料到化学纤维。从工程和聚合到纺丝、加弹及非织造产品。

从熔体到纱线、纤维和非织造布。

oerlikon barmag

oerlikon neumag

更多信息请访问我们的网站
www.oerlikon.com/manmade-fibers

"RoTac³网络单元意味着高效节能，并能在高速工艺条件下进行非常均匀的网络打结。压缩空气消耗量可减少达50%."

Mathias Stündl
BCF开发部主管
欧瑞康纽马格

S+ RoTac³
BCF技术的未来

BCF纱线的网络通常是用来预防在簇绒和机织的时候形成毛圈。另外，网络结头可以确保最终地毯成品表面的均匀性，尤其是针对三色地毯纱。

- 采用脉冲式气流，压缩空气用量可减少达50%
- 高速工艺条件下均匀的网络打结
- 柔和的丝束路径带来高的工艺稳定性

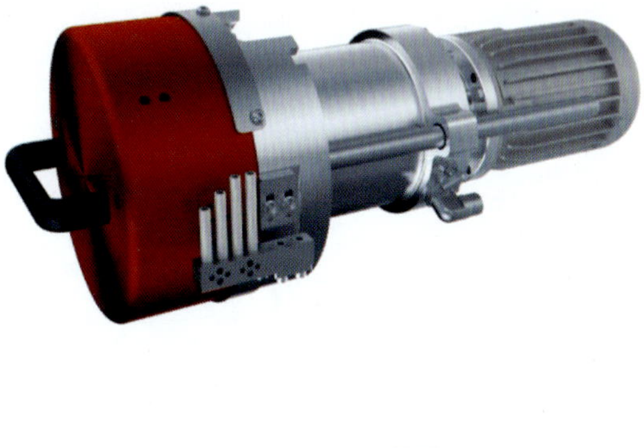

高能耗不仅使成本增加，并且给环境带来持续的危害。RoTac³网络单元可同时实现：成本优化及环境保护。因此RoTac³拥有e-save标签。

oerlikon
neumag

www.oerlikon.com/manmade-fibers

北京燕阳新材料技术发展有限公司

Beijing YanYang New Materials Technology Development Co,Ltd.

地址：北京市大兴区瀛海镇工业区南二路2号

电话：010-69276013

网址：www.yanyang.com.cn

聚氨酯软体储罐

聚氨酯软质管线

河北固安聚氨酯软质装备产业园

聚氨酯大口径软管